北海道/地域産業と中小企業の未来

成熟社会に向かう北の「現場」から

関 満博

新評論

　　　　は　じ　め　に

　30年前の1987年8月1日、新日鐵と日本製鋼所の企業城下町として知られる室蘭の「現場」に初めて立った。それに先立つ1987年2月、新日鐵は日本の産業構造の歴史的転換ともいえる第4次合理化案を発表、全国の製鐵所の高炉を大幅に削減、特に、室蘭製鐵所については、既に1970年代中頃から4基あった高炉の休止、リストラを重ねていたのだが、最後に残されていた第2号炉も休止するというのであった。
　当時、私は東京都庁の東京都商工指導所という機関で都内中小企業の経営指導、工業団地の計画、運営などに携わっていた。その頃、開発計画研究所の主任研究員であった柏木孝之氏(現西武文理大学教授)を通じて、それまで縁のなかった北海道庁から室蘭の産業再生に協力して欲しいとの要請が入り、室蘭に向かうことになった。
　初めての室蘭の製造業の現場は、想像していた通り大物機械加工、製缶・溶接を基軸にする古い鉄工所風の中小企業ばかりであり、大半の企業は新日鐵室蘭製鐵所か日本製鋼所室蘭製作所の仕事をメインにしていた。そして、地元の二大企業の1970年代中頃以降の縮小、リストラの中で仕事が減少していた。さらに、1990年とされた最後の高炉の休止により、いっそう困難が増すことが予想された(その後、室蘭製鐵所は特殊鋼に特化し、高炉1基は維持されている)。その時の報告は本書「補論1」として掲載してある。
　そして、ここから、私の北海道地域産業、中小企業との付き合いが始まる。室蘭を皮切りに、函館、苫小牧、帯広、釧路、旭川、江別、北見へと拡がっていった。函館、苫小牧も特定大企業による企業城下町であり、帯広は農業を基盤とする都市、釧路は水産業を基盤とする都市であり、1980年代中頃以降、構造的ともいえる不況に苦しめられていた。
　その頃は、機械金属系のモノづくり中小企業を中心に訪問を重ねたが、京浜工業地帯の中小企業を見慣れた目からすると、北海道の機械金属系の中小企業は一時代遅れているという印象を拭いきれなかった。当時の京浜工業地帯は、

最新鋭のNC工作機械が大量に導入された時代であり、先端の半導体関連産業などの精密な金型、機械加工、精密鈑金などが拡がっていた。また、低付加価値の量産的な領域は一気にアジア、中国に移り始め、国内は高精度、高難度、多種少量、高付加価値の方向に向いていた。北海道の企業城下町は時間が止まっているかのようにみえた。その頃、企業城下町の産業集積構造に深く関心を覚え、室蘭、函館の機械金属工業を軸に『企業城下町研究』の刊行も考えたのだが、力及ばず実現できなかった。

バブル経済崩壊後の1990年代初めの頃は、1989年6月の天安門事件によりつまずいた中国が1992年春先の鄧小平の「南巡講話」により一気に活気づき、日本企業が一斉に中国に進出を開始していく時期であった。日本産業の中国との関わりの重大性が強く認識された。1990年前後からの20年ほど、私は中国に進出していく日本の中小企業に強く惹きつけられ、そして、中国の地域産業・企業の研究に大半の時間を費やしていくことになる。その間、北海道の製造業の現場を訪れる機会は少なくなっていった。

2000年代に入り、私の関心は国内の条件不利地域とされる中山間地域の産業に向いていく。当然、そのような地域では農業が基本であり、農業の勉強を重ねていく。そして、2000年代中頃から改めて北海道の「現場」を訪れることが増えていった。その頃、再び、北海道の地域産業・中小企業を軸にした書籍の刊行も考えたのだが、やはり力及ばずに挫折している。そして、2011年3月の東日本大震災となり、2010年代中盤の頃までは震災被災地に入る日々を重ねた。

振り返ると、この間、北海道との付き合いは30年になる。訪問した回数も100回を超えた。訪れた企業は300社を下らない。また、1996年4月からは、『北海道新聞』日曜版のコラム「寒風温風」の常連執筆者となり、現在までに110回ほどの寄稿を重ねている。これも20年を超え、現在も続けている。さらに、江別市では私が塾頭となり、地元中小企業の若手経営者、後継者を集めた「江別若手経営塾」を2007年にスタートさせている。私はこのような塾を全国20カ所ほどで主宰しているのだが、江別の塾は参加者の中に農業系の若者が多数入っているのであった。北海道農業も新たな時代を迎えていることが伝わって

きた。このように、私と北海道との付き合いは長い。だが、これまで北海道の地域産業、中小企業を対象にした研究書を1冊も上梓することもできなかった。

このような状況の中で、2015年5月20日、1980年代末からの数年、現場を共に歩いた旧知の坂口収氏と、夕張にコープさっぽろの移動販売車の調査に出かけた。その車中で北海道地域産業・中小企業の現状と課題を語り合い、「現場」からその未来を語る書籍を作ることを決めた。私もここが最後の機会と考えた。坂口氏は北海道経済部長を最後に2012年3月に北海道庁を退職、北洋銀行地域産業支援部特任審議役として仕事を続けていた。以後、2015年12月9日からほぼ毎月、多いときには月2回、各地の中小企業、農業者を訪問する日々を重ねた。その数は1年と少しで80企業は超えた。何度も訪れた企業、初めて訪れる企業と様々であったが、新たな発見を重ねる日々であった。

1900(明治33)年の人口約98万人が、100年経った2000年には約568万人と約5.8倍に増加した北海道、1995年をピークに人口減少の過程に入り、高齢化も急激に進んできた。他方、1900年には4万6103人にしかすぎなかった札幌市はその後一貫して人口を増加させ、2015年には195万人と世界の北方圏を代表する大都市に成長した。このことは、同時に、札幌市以外の広大な地域は急激な人口減少、高齢化に向かっていることを示している。

この間、かつての北海道の基幹産業であった炭鉱と北洋漁業は大幅に減退し、また、北海道を代表する鉄鋼の室蘭、造船の函館、製紙の苫小牧などの企業城下町は構造的な不況の中で苦しんできた。そこに、人口減少と高齢化が加わり、北海道産業の行く末が案じられていた。他方、苫小牧に進出していたトヨタ自動車北海道の事業が軌道に乗り、トヨタ系の有力協力企業が苫小牧から千歳周辺に集積を始めている。このような時代状況の中で訪れた北海道の各地の地域産業と中小企業は、まことに興味深い展開を重ねているのであった。

新たな自動車産業は本州方面の関連企業の進出を促し、また、地場企業の中からは自動車関連に向かう企業も生まれ、新たな可能性が感じられる状況になってきた。そして、基幹産業が大規模農業、水産という事情に加え、厳寒地、積雪地といった特異な背景から開始されてきた独特な機械群が完成度を高めてきたことも興味深い。機械金属系業種の集積が希薄といわれてきた中で、新た

な集積がみられるようになってきている。

　また、基幹の農畜水産業に関連する部分では、優れた素材をそのまま首都圏等の本州に提供するばかりではなく、従来からの課題であった6次産業化等による高付加価値化、多様化へと向かっていた。さらに、北方圏の大都市となってきた札幌には人材も集まり、新たな事業が登場してきつつあることも注目される。大都市は新たな産業を生み出し、育てる「揺り籠」とされるのだが、札幌からはそのような胎動が感じられる。

　他方、札幌大都市圏というべき地域以外は、人口減少、高齢化が著しく、産業も縮小している。人口、産業共に札幌大都市圏への一極集中が著しい。働く場がなければ人は暮らせない。人材がいなければ産業、企業は興きない。北海道がより豊かに、かつ持続可能になっていくためには、各地の人材育成、地域産業の振興は最大の課題となるであろう。地域産業と中小企業の「現場」をめぐり、本書を執筆しながら、そのようなことを願わずにはいられなかった。

　なお、本書を作成するにあたっては、本書に登場している企業の方々ばかりでなく、各市の産業振興担当、産業支援機関の担当の方々にたいへんにお世話になった。深く感謝を申し上げたい。特に北洋銀行の坂口収氏と江別市教育部主査の君一哉氏には資料収集、訪問企業のアレンジ、現地の案内までしていただいた。重ねて、お二人に深く感謝を申し上げたい。

　また、江別市職員であり、地域産業振興に力を尽くされていた寺島満喜子さんが2015年10月31日に永眠された。享年53歳であった。江別若手経営塾の立役者であり、若い経営者、後継者の育成に力を注いでいた。地域産業振興を願う私たちの同志であった。寺島さんが急逝されたことも、本書を書き上げる大きな後押しとなった。寺島さんとは、北海道産業の可能性を示す書籍を作ることを約束していた。本書を故寺島満喜子さんに捧げさせていただきたいと思う。

　また、編集の労をとっていただいた新評論の武市一幸氏、山田洋氏、吉住亜矢さんに、深くお礼を申し上げたい。まことに、ありがとうございました。

2017年7月12日

関　満博

目　次

　　はじめに……………………………………………………………………… 1

第1章　　北海道産業経済の輪郭………………………………………17
　1.　北海道の人口の動態 ………………………………………………18
　　（1）人口減少と札幌への一極集中 …………………………………18
　　（2）全国と北海道の人口と県民所得 ………………………………22
　2.　北海道工業の基本構図 ……………………………………………27
　　（1）相対的に工業は希薄で、付加価値も低い ……………………29
　　（2）食料品製造業の比重が圧倒的に高い …………………………31
　　（3）振興局、市町村別の工業の特徴 ………………………………33
　3.　北海道農業の基本構図 ……………………………………………40
　　（1）大規模農業と産出物の特徴 ……………………………………40
　　（2）地域的に際立つ農畜産物 ………………………………………43

第2章　　札幌大都市圏／北海道のモノづくりをリードする
　　　　　──大都市圏機械金属工業を形成── ………………………55
　1.　札幌大都市圏の工業構造 …………………………………………56
　　（1）石狩振興局管内／多様な産業が集積 …………………………56
　　（2）千歳市／内陸型加工組立産業が集積 …………………………59
　　（3）苫小牧市／自動車関連産業集積が進む ………………………63
　2.　地域需要をベースに発展 …………………………………………68
　　（1）札幌市／除雪機械のトップメーカー
　　　　──過酷な条件を克服して地域社会を支える（協和機械製作所）………69
　　（2）千歳市／牧草系農業機械の専門メーカー
　　　　──多様な機械の一貫生産に向かう（IHIスター）………………72
　　（3）江別市／北海道唯一のカラー鋼板工場
　　　　──寒冷地の屋根、壁材として展開（北海鋼機）………………76

（4）北広島市／北海道から生まれた製品で全国市場に向かう
　　　　――人力、動力不要の水門で注目される（旭イノベックス）・・・・・・・・・・79
　　（5）苫小牧市／苫小牧をベースに全国の製紙工場に展開
　　　　――製紙以後の課題に向かう（松本鐵工所）・・・・・・・・・・・・・・・・・・・・・・83
　　（6）札幌市／富士鐵室蘭の部品、試験機生産からスタートした名門企業
　　　　――鉄鋼用ローラーガイドの国内シェア80％（寿産業）・・・・・・・・・・86
　3．札幌大都市圏機械金属工業の基盤技術・・・・・・・・・・・・・・・・・・・・・・・・・・・・・90
　　（1）札幌市／特殊ステンレス鋼、鋳鋼に向かう
　　　　――道外の比重が70～80％になる（札幌高級鋳物）・・・・・・・・・・・・・・93
　　（2）札幌市／メッキに加え機械加工にも従事
　　　　――特殊ニッケル合金メッキから新境地を(札幌エレクトロプレイティング工業)・・・95
　　（3）石狩市／エッチング、プリント基板から鈑金加工までの一貫体制を形成
　　　　――北海道にはライバルはいない（中央ネームプレート製作所）・・・・・・99
　　（4）札幌市／一歩先の金型づくりを目指す
　　　　――金型不毛の地で先端に向かう（サカイ技研）・・・・・・・・・・・・・・・・103
　4．札幌大都市圏機械金属工業の行方・・・・・・・・・・・・・・・・・・・・・・・・・・・・・・・106

第3章　札幌大都市圏から生まれ、支える多様な産業
　　　　――ITベンチャーから食品、リサイクルまで――・・・・・・・・・・110
　1．サッポロバレーと大学発ベンチャーのその後・・・・・・・・・・・・・・・・・・・・・110
　　（1）札幌市／有力IT企業から独立して札幌にとどまる
　　　　――平均45歳のシニア集団（バーナードソフト）・・・・・・・・・・・・・・111
　　（2）札幌市／カメラ監視から事業を拡げる
　　　　――地域の特色をベースに事業を展開（エコモット）・・・・・・・・・・114
　　（3）札幌市／非ハドソン系、独立系のゲームソフト・メーカー
　　　　――札幌にちゃんとした企業を作りたい（インフィニットループ）・・・117
　　（4）札幌市／大学発ITベンチャーのその後
　　　　――中核、基盤となるソリューションサービスに向かう（テクノフェイス）・・・120
　　（5）札幌市／大学発ベンチャーとして特殊レーザー加工機に向かう
　　　　――開発、生産の拠点は徳島に移る（レーザーシステム）・・・・・・・・123
　2．臨空立地を意識する中小企業
　　　　――空港経済とリスクヘッジ・・・・・・・・・・・・・・・・・・・・・・・・・・・・・・・127
　　（1）恵庭市／進出半導体メーカーから球状太陽電池部門を分離独立
　　　　――発電効率向上、利用可能性の幅は大きい（スフェラーパワー／京セミ）・・・128

(2) 千歳市／大企業から独立創業の特殊複合材メーカー
　　　　——静岡県富士市から故郷の北海道に移転（FJコンポジット）……………131
　3. 食品加工業の展開
　　　——北海道の食材にこだわる……………………………………………………134
　　(1) 江別市／国産を軸に小麦粉の多種少量生産に向かう
　　　　——地元の小麦を大切に（江別製粉）……………………………………135
　　(2) 江別市／量販店向け豆腐製造で事業拡大
　　　　——地元産大豆を使った豆腐も生産（菊田食品）………………………139
　　(3) 札幌市／事業領域を変えながら、道産、創作菓子に向かう
　　　　——バターピーナッツから豆菓子、かりんとうに転換（池田食品）…………143
　4. 地域から多様な事業が生まれる……………………………………………………146
　　(1) 札幌市／布オムツ、保護帽から、クリーニング、清掃まで
　　　　——病院、介護の現場の困ったことに対応する（特殊衣料）………………147
　　(2) 小樽市／パッケージ素材の総合メーカーとして展開
　　　　——ポリエチレン、ラミネート、成形トレー、ダンボールまで（極東高分子）…151
　　(3) 江別市／巨大な中古自動車オークションを展開
　　　　——最大6000台を展示し、毎週実施（USS札幌会場）…………………155
　　(4) 江別市／伝統のレンガ生産を豊かに
　　　　——3代目から4代目に向かう（米澤煉瓦）……………………………159
　5. 札幌大都市圏産業の課題と可能性………………………………………………164

第4章　新たな集積を開始する自動車関連産業
　　　　——苫小牧、千歳から全道に拡がる——…………………………166

　1. 東北、北海道の自動車関連産業……………………………………………………167
　2. 北海道進出の有力自動車関連企業…………………………………………………171
　　(1) 苫小牧市／北海道への本格的自動車関連工場の進出
　　　　——トランスミッション製造工場として展開（トヨタ自動車北海道）…………174
　　(2) 苫小牧市／自動車用アルミダイキャスト工場の進出
　　　　——トヨタ自動車北海道向けに展開（アイシン北海道）………………180
　　(3) 千歳市・苫小牧市／世界シェア40％のクラッチディスク生産
　　　　——大阪から進出して45年を重ねる（ダイナックス）…………………185
　　(4) 千歳市／国内生産最適地として千歳に着地
　　　　——トヨタ向け車載センサの生産（デンソー北海道）…………………189
　3. 北海道に進出する中堅自動車部品企業……………………………………………193

（1）苫小牧市／早い時期に苫東に 148ha を取得、エンジン鋳造工場に
　　　　──稼働サポートの世界のセンターを目指す（いすゞエンジン製造北海道）… 193
　　（2）苫小牧市／北海道のアルミリサイクルの草分け
　　　　──自動車関連産業集積を支える（北海道ダイキアルミ）……………… 197
　　（3）室蘭市／中京地区のトヨタのティア 1 が室蘭に進出
　　　　──材料に近い所、震災リスクヘッジを意識（むろらん東郷）………… 199
　　（4）室蘭市／輸出比率 80％の自動車用鍛造部品生産
　　　　──リスクヘッジを求めて室蘭に着地（大岡技研）……………………… 203
　　（5）旭川市／道北に進出した自動車関連部品メーカー
　　　　──旭川に生産を集結（上原ネームプレート工業）……………………… 206
　4．北海道の新産業、自動車関連部門に展開　……………………………………… 210
　　（1）石狩市／独自に専用機メーカーに向かう
　　　　──自動車関連有力企業の進出を契機に飛躍（シンセメック）………… 211
　　（2）札幌市／自動車関連にシフトする熱処理企業
　　　　──機械加工、シリンダーにも向かう（池田熱処理工業）……………… 215
　　（3）小樽市／農機部品から自動車用部品、さらに開発型企業へ
　　　　──神奈川県綾瀬市と小樽市に立地するバネメーカー（北海バネ）…… 219
　　（4）恵庭市／パナソニックに付いて東大阪市から進出
　　　　──国内に残るあり方を追求（北新金属工業）…………………………… 222
　5．北海道自動車関連産業の行方……………………………………………………… 226

〈第5章〉　室蘭地域／典型的な企業城下町に立地する中小企業
　　　　　──重量級機械金属工業の集積の新たな局面──　………………… 232
　1．事業所の 70％、従業者の 85％ が機械金属系　………………………………… 233
　2．室蘭の伝統的機械金属工業の現在
　　　　──後継者がつなぐ中小企業………………………………………………… 237
　　（1）室蘭市／産業機械部品と金型に展開する名門企業
　　　　──自動車関係が増加（永澤機械）………………………………………… 238
　　（2）室蘭市／日本製鋼所の城下町で試験片製作に向かう
　　　　──父から子に承継（馬場機械製作所）…………………………………… 241
　　（3）室蘭市／地元名門鉄工所を女性が引き継ぐ
　　　　──大物加工に従事、水素ステーションにも向かう（今野鉄工所）…… 244
　　（4）室蘭市／大物製缶の特殊で難度の高いものに向かう
　　　　──地元にライバルはいない。全国に向かう（五嶋金属工業）………… 248

(5) 室蘭市／リヤカー、猫車から蓄熱式電気暖房機まで
　　　──鈑金、プレス、溶接、塗装までの一貫生産（アオキ製作）……………251
　(6) 室蘭市／機械部品製造修理から表面処理までこなす
　　　──溶射を軸に機械部品のリユースに貢献（西野製作所）………………254
3. 室蘭を起点に新たな事業に向かう中小企業
　　　──北海道の新たな産業化の芽………………………………………………257
　(1) 室蘭市／商社から船舶のハッチカバーの製造に進出
　　　──港湾地区に工場を展開（タカヤナギ）…………………………………258
　(2) 室蘭市／横浜から室蘭に定着した精密加工企業
　　　──創業者から第3者継承し、次に向かう（キメラ）……………………261
　(3) 室蘭市／精密研削部門でキメラから独立創業
　　　──インコーナー2～3μが可能（アルフ）………………………………265
4. 室蘭機械金属工業の課題と可能性………………………………………………269

第6章　函館地域／造船、漁労機械からの転換が進む
　　　──造船、水産都市の新たな取組み──………………272

1. 水産を主軸にする産業構造……………………………………………………273
2. 函館地域の新旧の機械金属工業………………………………………………276
　(1) 函館市／水道用異形鋳鉄管の製造
　　　──函館の代表的名門企業の行方（村瀬鉄工所）…………………………277
　(2) 北斗市／釣りの錘の世界を切り拓く
　　　──新製品開発、環境関係へも配慮（フジワラ）…………………………281
　(3) 函館市／北海道を代表する専用機メーカーに
　　　──函館にこだわり、高専卒を採用（メデック）…………………………285
　(4) 北斗市／漁労機械部品製作から真空装置へ転換
　　　──当初のOEM生産から、自社製品に向かう（菅製作所）……………289
3. テクノポリス、産学官連携から生まれる………………………………………293
　(1) 函館市／集魚灯から出発し、光の可能性に向かう
　　　──漁業から農業までを視野に入れる（仁光電機）………………………293
　(2) 北斗市／一人で難しい機械を受ける
　　　──函館高専出身の機械技術者（コムテック）……………………………297
　(3) 函館市／東京の仕事しかしないソフト会社
　　　──複雑なデータをわかりやすく表現するサービス（マイスター）………299

4. 函館地域の6次産業化の動き
　　　──地域資源を見直した産業化……………………………………302
　　（1）函館市／地域の未利用資源を活かした産業化
　　　　──がごめ昆布の6次産業化で20億円の事業に（ノース技研／函館がごめ昆布連合）…303
　　（2）函館市／飲食店経営から、鮮魚の卸、海外輸出にまで踏み出す
　　　　──地魚にこだわり、鮮度にこだわる（サンフーズ）……………306
　　（3）厚沢部町／北海道で本格焼酎を生産………………………………309
　　　　──原料生産地に工場建設（札幌酒精工業）
　5. ハイテク化と6次産業化を重ねて ………………………………312

第7章　旭川地域／道北の最大都市の産業展開
　　　──家具、農業関連機械、食料品など多様な領域に展開──…315

　1. 最北の産業都市の展開方向 ………………………………………315
　2. 家具産地／量的縮小も存在感を高める ………………………318
　　（1）旭川市／世界に向かう旭川家具のリーディング企業
　　　　──積極的に首都圏、海外に（カンディハウス）………………318
　　（2）東神楽町／田園で匠の技を磨く
　　　　──人材の育成に向かう（匠工芸）………………………………323
　3. 北海道農業に貢献する機械工業 …………………………………326
　　（1）旭川市／重量野菜の洗浄で新たな世界を切り拓く
　　　　──不断に進化を重ねる（エフ・イー）…………………………326
　　（2）旭川市／民事再生から脱し、次に向かう
　　　　──自社受注で幅を拡げる（ヒロシ工業）………………………330
　　（3）旭川市／オーダーメイドの産業機械に向かう
　　　　──3代目が自社製品に展開（旭川機械工業）…………………333
　4. 地域資源を活かした産業化 ………………………………………335
　　（1）旭川市／製餡から菓子製造、OEM生産、直売所も
　　　　──2代目女性社長が切り拓く（福居製餡所）…………………336
　　（2）旭川市／民事再生から立ち直り、酒づくりを深める
　　　　──旭川に残る3蔵の一つに（高砂酒造）………………………339
　5. 北方の都市から発信する企業群 …………………………………343
　　（1）旭川市／道北の地で精密機械加工に向かう
　　　　──離れたユーザーは1社もない（中央精工）…………………343

(2) 旭川市／風力発電機のメンテナンスに向かう
　　　──旭川の地から全国に向かう（北拓）・・・・・・・・・・・・・・・・・・・・346
 6. 北方35万人都市の産業化の行方 ・・・・・・・・・・・・・・・・・・・・・・・・・・・・・・・351

第8章　帯広・釧路地域／豊かな地域資源を活かした産業化
　　　　──農業関連の帯広、水産関連の釧路──・・・・・・・・・・・353

 1. 帯広市と釧路市の工業構造の特質 ・・・・・・・・・・・・・・・・・・・・・・・・・・・・・354
 2. 帯広市／北海道大型農業機械の展開 ・・・・・・・・・・・・・・・・・・・・・・・・・359
　(1) 帯広市／ポテトハーベスタの国内シェア80％を握る
　　　──大型農機生産の代表的企業（東洋農機）・・・・・・・・・・・・・・・359
　(2) 帯広市／北海道の農業に合わせた農機具を提供
　　　──次はバイオガスとアイスフィルター（土谷特殊農機具製作所）・・・・・363
　(3) 芽室町／長芋農家の要請に応える立植式半自動プランターを開発
　　　──自衛隊ヘリ整備士が創業（フクザワ・オーダー農機）・・・・・367
　(4) 帯広市／製糖工場のメンテから廃棄物処理設備に
　　　──地場産業をベースに展開（武田鉄工所）・・・・・・・・・・・・・・・370
 3. 北海道農業の魅力を高める ・・・・・・・・・・・・・・・・・・・・・・・・・・・・・・・・・373
　(1) 音更町／十勝をベースに雑穀商から製粉業、地域商社に
　　　──生産者と消費者のコミュニケーションを図る（山本忠信商店）・・・・・374
　(2) 帯広市／十勝、北海道の農業に貢献する
　　　──測量会社から農業総合コンサルタント企業へ（ズコーシャ）・・・・・377
　(3) 帯広市／街の「へそ」の屋台を展開
　　　──地域振興、起業支援、地産地消を目指す（北の屋台）・・・・・380
 4. 釧路市／水産都市の新たな産業化の方向 ・・・・・・・・・・・・・・・・・・・384
　(1) 釧路市／水産加工機械から畜産加工機械まで
　　　──形が不定形で生きてきた（ニッコー）・・・・・・・・・・・・・・・・・・・385
　(2) 釧路市／鮮度維持に新たな可能性を切り拓く
　　　──窒素水・氷に向かう（昭和冷凍プラント）・・・・・・・・・・・・・・・389
　(3) 釧路市／工場アパートを引き継ぎ、多角化に向かう
　　　──地域産業と共に歩む（島本鉄工）・・・・・・・・・・・・・・・・・・・・・392
　(4) 釧路町／ブリキ屋から鋼構造物、総合請負業に展開
　　　──さらに進化、拡大に向かう（残間金属工業）・・・・・・・・・・・395
 5. 豊かな農水産物の産業化の課題と可能性 ・・・・・・・・・・・・・・・・・・・・398

第9章 北海道農業をめぐる新たな動き
──大規模農業の変質と農業周辺の新たな可能性── ……401

1. 北海道農業の新たな動き ……………………………………401
   - (1) 幕別町／十勝の大地からベトナムまで
     ──早くから法人化を進める（北海道ホープランド）…………402
   - (2) 江別市／「農」と「環境」の田園都市の新たな取組み
     ──飛躍的に生産性向上、女性の活躍の場も（輝楽里）………406
   - (3) 江別市／若い2人で株式会社を形成
     ──大都市近郊型農業、直売所などを展開（アンビシャス・ファーム）……410
   - (4) 江別市／日本の酪農の発祥というべき牧場
     ──多様な加工品生産、直売店を展開（町村農場）………………414
   - (5) 恵庭市／野菜栽培から6次産業化に向かう
     ──農産物生産、農産加工品、観光、直販、飲食の展開（余湖農園）……418

2. 農業周辺の新たな取組み ……………………………………422
   - (1) 北見市／精密農業によるトータルフードシステム形成を目指す
     ──システム会社経営者が農業を変える（イソップアグリシステム）……422
   - (2) 苫小牧市／苫東に大型のオランダ型植物工場を展開
     ──ベビーリーフ、ミディトマト、南国果物を栽培（Jファーム）………426
   - (3) 北見市（旧端野町）／牛の尿から消臭剤を開発・販売
     ──公害の元が公害を制する（環境ダイゼン）…………………429

3. 北海道農業の課題と新たな可能性 ……………………………432

終章 北海道地域産業、中小企業の新たな時代 ……………435

1. 人口減少、高齢下の中の北海道地域産業 ……………………435
2. 地域産業、中小企業振興の三つの側面 ………………………440
3. 地域に新たな「長」を ……………………………………443
4. 北海道の地域産業、中小企業を追い求めて
   ──あとがきにかえて── ……………………………………446

補論1 1987年／企業城下町と中小企業の課題
──構造調整下の室蘭工業── ………………………………451

Ⅰ 企業城下町の基本構造と工業集積 ……………………………454
  1. 構造調整の中の企業城下町 ……………………………………454

2．奇形化した工業集積 …………………………………………………459
Ⅱ　企業城下町の中小企業をめぐる構造問題 …………………………………462
　1．特定企業への依存の構造 ……………………………………………463
　　（1）特定企業への依存と独自性の欠如（ムロテツ）………………463
　　（2）加工機能の特殊化と展開力の課題（富岡鉄工所）……………465
　2．構内企業の現状と課題 ………………………………………………467
　　（1）操業停止の懸念と構内企業の対応（吉川工業）………………468
　　（2）子会社の自立化への課題（日鋼検査サービス）………………469
　3．付帯サービス業の当面する課題 ……………………………………470
　　（1）専属設計企業の制約と課題（光和技研）………………………471
　　（2）専属的運輸業者の展開方向（新和産業）………………………472
　4．企業城下町における工業集積の制約 ………………………………473
　　（1）工業集積の未成熟と加工機械の内部化（第一金属）…………474
　　（2）受注範囲の制約からの飛躍の課題（永澤機械）………………475
　5．独自的展開の胎動と課題 ……………………………………………477
　　（1）専門的技術の確立と独自的な展開（松岡工業）………………477
　　（2）共同出資会社による新分野への展開（ACT21）………………479
Ⅲ　独自的工業展開の課題 …………………………………………………481
　1．城下町企業からの脱皮と独自化の課題
　　　――開発力、営業力の強化　………………………………………481
　2．加工機能の拡がりと高度化の課題
　　　――支持基盤の形成―― …………………………………………484
　3．工業集積の充実と先進地域とのリンケージ ………………………486

補論2　1990年／函館テクノポリスと地域中小企業 ………………………489

　1．地域企業からみた函館経済の実態 …………………………………489
　　（1）地場百貨店からみた函館地域経済（丸井今井函館支店）……489
　　（2）都市型漁村の現在（根崎漁業協同組合）………………………491
　　（3）港湾土木業者からみた函館工業（富士サルベージ）…………492
　　（4）地域特性を反映した事業展開（道南漁業資材）………………494
　2．地域の中小機械金属工業の現在 ……………………………………495

(1) 特殊市場と開発型企業の現在（東和電機製作所）……………………497
　(2) 海から陸上への展開の課題（菅製作所）………………………………499
　(3) 地域市場から自社製品への指向（ガンマ工業）………………………501
　(4) 地方における機械製作専業メーカーの課題（ウロコ製作所）………502
　(5) 地域条件変化の中でのあり方の模索（北函造船鉄工所）……………504
　(6) 地域レベルからの脱出の模索（原工業／ひょうたん）………………505

補論3　1993年／造船企業城下町からテクノポリスへ
　　　　──函館機械金属工業の現状と高度化への課題──………508
　1. 函館地域の企業の存立構造 ………………………………………………510
　(1) 北海道を代表した企業城下町企業の現在（函館どつく）……………510
　(2) 函館どつくからの独立創業の唯一の企業（エンジニアリングHD）…514
　(3) 函館どつくの退職者の雇用（ユージット）……………………………516
　(4) 期待される有力誘致企業（函館エヌ・デー・ケー）…………………518
　(5) 函館エヌ・デー・ケーの協力企業として展開（朝日金属工業）……522
　(6) 異業種交流、広域への視野の拡がり（八州工機製作所）……………524
　2. 函館地域の技術的ポテンシャルと今後のトランスファーの課題 ……526
　(1) かつての盟主である「函館どつく」の遺産をどう評価するか ………526
　(2) 誘致企業の地域化をどう進めるか………………………………………527
　(3) テクノポリスの地域指定以後の新たな動きをどう結集するか ………529

北海道／地域産業と中小企業の未来
──成熟社会に向かう北の「現場」から──

関　満博

第1章　北海道産業経済の輪郭

　北海道、日本の北端に位置し、その面積（8万3424 km^2）は日本全体の面積（37万7708 km^2）の約22.1%を占める。2015年の国勢調査人口は538万1733人であり、日本の人口（約1億2710万人）の4.2%を占めている。この広大な面積に35市129町15村（国後、択捉、色丹の6村を除く）の179市町村を展開している。国勢調査ベースでは1995年をピークに人口は減少過程に踏み込みつつあり、2015年には65歳以上人口を示す高齢化率は29.1%（全国は26.6%）となった。特に際立っているのは札幌市への人口集中であり、札幌オリンピック（1972年）の少し前の1970年の101万人から2015年は195万人と45年でほぼ倍増したという点であろう。逆に、札幌以外の北海道の地域は、この間、416万人から343万人に減少していることになる。日本全国、人口減少と高齢化の進展の中で、大都市圏への人口集中、周辺地域の過疎化は著しいが、北海道の動きはその中でも際立っているようにみえる。

　また、かつての北海道の基幹産業は石炭、北洋漁業とされていたのだが、1960年代に入ってからの石炭から石油への転換というエネルギー革命に直面、石炭産業は一気に衰退した。北洋漁業も1970年頃からの200海里問題、1986年の日ソ漁業交渉以降、減船となり、かつての勢いを失っていった。製造業については、鉄鋼の室蘭、造船・漁労機械の函館、製紙の苫小牧という典型的な企業城下町を形成していたのだが、いずれも、1970年代以降の趨勢的な円高、近隣諸国の工業化などのグローバル化の中で競争力を失っていく。この点、農畜産業は大規模経営が行なわれ、国の保護政策の中で存在感は大きい。

　このような北海道をめぐる地域産業の基本的な骨格を意識し、この章では、幾つかの統計データを用いながら、北海道経済、産業の基本的な状況を確認していくことにしたい。

1. 北海道の人口の動態

　1900（明治33）年には98万5304人とされた北海道の人口は、戦前期の1940（昭和15）年には327万2718人と40年で3.3倍増となった。この時期には対ソ防衛の軍隊に加え、本州以南からの入植者が大量に北海道にやってきた。戦後は樺太等からの引揚者も加わり、人口は増加し続けた。1960年には500万人を超し、503万9206人を記録している。人口のピークは1995年の569万2321人であり、その後、減少過程に入っている。

　このような100年強の中で、人口が急増し、その後、減少過程に入っている北海道について、この節では、全国との比較を加えながら、人口動態、地域別の状況、県（道）民所得の動向等をみていくことにする。

（1）人口減少と札幌への一極集中

　表1―1は、1900（明治33）年以降の北海道の人口動態の基本的な数字を示している。1900年から1940年までは各10年間で50万人前後ずつの増加、終戦を挟んだ1940年から1950年までは102万人の増加となった。樺太、千島列島などからの引揚者が多かった。石炭から石油への転換という世界的なエネルギー革命の始まった1960年の503万9206人のあたりでやや落ち着き、1995年の569万2321人がピークであった。その後は減少過程に入っており、2015年は538万1733人となり、1995年に比べて31万0588人の減少、減少率は5.5％となっている。1995年以降の5年ごとの減少率は次第に上がり、2010年から2015年では12万4686人の減少、減少率は2.3％となっている。今後も人口減少が進むことが予想されている。

　また、表1―1では、他の都府県ではみられない際立った特徴が指摘される。その一つは男女比であり、1900年の頃は男性52万3019人に対し女性は46万2285人と、男性が6万0734人も多かった。男性が53.1％を占めていた。その後、女性が増え始め、1965年に初めて女性が男性を上回っている。その後は、女性が多くなり、2015年には男性253万7089人（47.1％）、女性284万4644

表1—1　北海道と札幌市の人口推移

区分	北海道			世帯数(世帯)	世帯当たり人口(人)	札幌市	
	人口（人）					人口(人)	増加(人)
	総数	男	女				
1900	985,304	523,019	462,285	186,405	5.24	46,103	—
1910	1,610,545	856,244	754,301	302,303	5.33	88,841	42,738
1920	2,359,183	1,244,322	1,114,861	449,820	5.24	102,580	13,739
1930	2,812,335	1,468,540	1,343,795	509,816	5.52	168,576	65,996
1940	3,272,718	1,695,600	1,577,118	580,535	5.64	206,103	37,527
1947	3,852,821	1,934,179	1,918,642	722,226	5.33	259,602	53,499
1950	4,295,567	2,169,393	2,126,174	796,538	5.39	313,850	54,248
1955	4,773,087	2,428,833	2,344,254	897,769	5.32	426,620	112,770
1960	5,039,206	2,544,753	2,494,453	1,194,470	4.22	523,839	97,219
1965	5,171,800	2,583,159	2,588,641	1,264,143	4.09	794,908	271,069
1970	5,184,287	2,552,806	2,631,481	1,527,751	3.39	1,010,123	215,215
1975	5,338,206	2,621,285	2,716,921	1,675,783	3.19	1,240,613	230,490
1980	5,575,989	2,737,089	2,838,900	1,843,386	3.02	1,401,757	161,144
1985	5,679,439	2,766,296	2,913,143	1,930,078	2.94	1,542,979	141,222
1990	5,643,647	2,722,988	2,920,659	2,031,612	2.78	1,671,742	128,763
1995	5,692,321	2,736,844	2,955,477	2,187,000	2.60	1,757,025	85,283
2000	5,683,062	2,719,389	2,963,673	2,306,419	2.46	1,822,368	65,343
2005	5,627,737	2,675,033	2,952,704	2,380,251	2.36	1,880,863	58,495
2010	5,506,419	2,603,345	2,903,074	2,424,317	2.27	1,913,545	32,682
2015	5,381,733	2,537,089	2,844,644	2,444,810	2.20	1,953,784	40,239

資料：1920年以降は『国勢調査』（各年10月1日）
　　　それ以前は『公簿調査』による常住人口。12月31日

人（52.9％）となっている。初期の北海道の場合、苛烈な労働を必要とする開拓、炭鉱開発が主軸であり、男性が本州以南から押し寄せ、次第に女性が付いてきたということであろう。そうした流れは戦後20年ほどで落ち着き、1965年には男女逆転ということになった。現在では、むしろ、人口減少、少子化、高齢化の中で男性の数が相対的に減少し、高齢女性（単身が多い）が目立つという構図になっている。それは全日本的現象なのだが、そのような流れが極端に現れているのが、北海道ということになろう。

　もう一つの特徴は、1960年代に入り1975年までの15年間に、札幌市の人口が急増している点に関わる。1960年代に入り石炭から石油へのエネルギー転換が進み、北海道の炭鉱の多くは閉山を余儀なくされていく。そのため炭鉱

地帯から人びとは流出し、札幌に向かったものとみられる。特に、1960年代後半は札幌オリンピック（1972年）開催に伴う都市基盤整備の頃であり、建設需要が炭鉱から多くの人びとを引き寄せた。いわば、炭鉱から流出する人びとを受け入れる「ダム効果」が働いたものとみられる。1980年代以降は、それ以前に比べると札幌市の人口増は鈍化するが、それでも、北海道の人口が減少局面に入る2000年代以降も、各5年間に5万人前後の流入者を受入れ続けている。近年の流入は、高齢化に伴う生活環境の優れる札幌への移住、教育環境を求めた若者の移住が多いとされている。その場合、人口の急角度な減少を余儀なくされている残された広大な地域のこれからが問われることになろう。

▶市町村別の人口格差の増大

表1─2は、2015年の国勢調査による北海道179市町村の人口の多い市（20市）

表1─2　北海道の市町村の人口（2015）

1. 人口の多い市

順位	市町村名	人口
1	札幌市	1,953,784
2	旭川市	339,797
3	函館市	266,117
4	釧路市	174,804
5	苫小牧市	172,794
6	帯広市	169,389
7	小樽市	121,910
8	江別市	120,677
9	北見市	120,652
10	千歳市	95,664
11	室蘭市	88,585
12	岩見沢市	84,541
13	恵庭市	69,745
14	北広島市	59,087
15	石狩市	57,462
16	登別市	49,656
17	北斗市	46,416
18	音更町	44,835
19	滝川市	41,209
20	網走市	38,966

2. 人口の少ない町村

順位	市町村名	人口
160	陸別町	2,475
161	幌延町	2,445
162	利尻町	2,303
163	喜茂別町	2,291
164	積丹町	2,113
165	真狩村	2,108
166	浦臼町	1,985
167	北竜町	1,981
168	留寿都村	1,905
169	泊村	1,763
169	中川町	1,763
171	中頓別町	1,752
172	幌加内町	1,523
173	島牧村	1,495
174	初山別村	1,218
175	占冠村	1,211
176	赤井川村	1,122
177	西興部村	1,118
178	神恵内村	1,004
179	音威子府村	832

資料：表1─1と同じ

と逆に少ない20町村を掲げている。札幌市の195万人は突出している。その他に20万人以上の市は旭川市（約34万人）と函館市（約27万人）の2市である。10万人以上の市は、釧路市、苫小牧市、帯広市、小樽市、江別市、北見市の6市ということになる。逆に最も人口の少ない町村は、道北の内陸部にある音威子府村の832人であった。人口2000人以下の町村が14ある。

表1―3は、2010年から2015年までの5年間の人口の増減の著しい市町村を示してある。北海道の179市町村の中で、増加は8市町であった。最大は札幌市（4万0239人増）、以下、千歳市（2060人増）、帯広市（1332人増）、東神楽町（939人）、恵庭市（361人増）、東川町（256人増）、幕別町（217人増）、ニセコ町（139人増）であった。札幌市への人口集中は都市環境を求めての一極集中というべきものである。同じ道央で産業活動が活発で、札幌大都市圏と

表1―3 北海道の人口増減の大きい市町村（2010―2015）

1 増加した市町村（8市町）

市町村名	2015（人）	2010（人）	増加数（人）	市町村名	2015（人）	2010（人）	増加率（％）
札 幌 市	1,953,784	1,913,545	40,239	東 神 楽 町	10,231	9,292	10.1
千 歳 市	95,664	93,604	2,060	東 川 町	8,115	7,859	3.3
帯 広 市	169,389	168,057	1,332	ニ セ コ 町	4,962	4,823	2.9
東 神 楽 町	10,231	9,292	939	千 歳 市	95,664	93,604	2.2
恵 庭 市	69,745	69,384	361	札 幌 市	1,953,784	1,913,545	2.1
東 川 町	8,115	7,859	256	幕 別 町	26,764	26,547	0.8
幕 別 町	26,764	26,547	217	帯 広 市	169,389	168,057	0.8
ニ セ コ 町	4,962	4,823	139	恵 庭 市	69,745	69,384	0.5

2 減少した市町村（減少数・減少率が大きい10市町村）

市町村名	2015（人）	2010（人）	減少数（人）	市町村名	減少率（％）
函 館 市	266,117	279,127	△13,010	夕 張 市	△19.0
小 樽 市	121,910	131,928	△10,018	歌 志 内 市	△18.2
旭 川 市	339,797	347,095	△7,298	音威子府村	△16.4
釧 路 市	174,804	181,169	△6,365	京 極 町	△16.4
室 蘭 市	88,585	94,535	△5,950	松 前 町	△16.1
岩 見 沢 市	84,541	90,145	△5,604	島 牧 村	△16.1
北 見 市	120,652	125,689	△5,037	積 丹 町	△16.0
稚 内 市	36,399	39,595	△3,196	木 古 内 町	△14.9
江 別 市	120,677	123,722	△3,045	上 砂 川 町	△14.6
美 唄 市	23,048	26,034	△2,986	天 塩 町	△14.3

資料：表1―1と同じ

いうべきエリアの中にある千歳市、恵庭市の人口も増加している。道東では中心都市の帯広市とそれに隣接する幕別町が増加し、道北では旭川市に隣接する東神楽町、東川町もスプロール的な人口増加を受け止めている。また、ニセコ町はスキー観光のメッカとして外国人を惹き寄せていることで知られる。

逆に、人口減少した市町村は残りの171市町村となるが、減少数では函館市（1万3010人減）、小樽市（1万0018人減）、旭川市（7298人減）、釧路市（6365人減）、室蘭市（5950人減）、岩見沢市（5604人減）、北見市（5037人減）などの各地の主要都市が5年で5000人以上を減らしている。

2015年までの直近の5年間の人口減少率では、夕張市（19.0％減）、歌志内市（18.2％減）、音威子府村（16.4％減）、京極町（16.4％減）、松前町（16.1％減）、島牧村（16.1％減）、積丹町（16.0％減）の7町村が15％以上の減少となった。夕張市はピークの1960年には11万6908人を数えていたのだが、炭鉱の閉山により急激に人口を減らし、2015年には1万人を割り込み、8845人（1960年比92.4％減）となった[1]。また、歌志内市（3587人）は全国の市の中で人口規模が最小として知られている。

このように、北海道は人口減少過程に入り、その中でも札幌への人口の一極集中、大半の市町村の人口急減、高齢化というサイクルに取り込まれているのである。

（2）全国と北海道の人口と県民所得

表1―4は、国勢調査による都道府県別人口推移と65歳以上人口（高齢人口）の推移を示したものである。日本の人口は2008〜09年頃を境に減少局面に入っている。国勢調査ベースでは2010年がピークの1億2806万人となり、2015年は1億2710万人と約96万3000人の減少、減少率は0.75％となった。合成出生率が低いところで推移している現在、今後も人口減少は進む。

▶人口減少と高齢化の行方

このような状況の中で、表1―4によれば、2010年と2015年の間に人口が増加した都道府県は、東京都（35.6万人増）、神奈川県（7.8万人増）、埼玉県

表 1—4　都道府県別 人口推移及び 65 歳以上人口率推移

区分	面積	人口（1000 人）						65 歳以上人口（%）		
		1980	1990	2000	2010		2015	1990	2010	2015
北海道	83,424	5,576	5,644	5,683	5,506	⑧	5,382	12.0	24.7	29.1
青　森	9,646	1,524	1,483	1,476	1,373	㉛	1,308	12.9	25.8	30.1
岩　手	15,275	1,422	1,417	1,416	1,330	㉜	1,280	14.5	27.2	30.4
宮　城	7,282	2,082	2,249	2,365	2,348	⑭	2,334	11.9	22.3	25.7
秋　田	11,638	1,257	1,227	1,189	1,086	㊳	1,023	15.6	29.6	33.8
山　形	9,323	1,252	1,258	1,244	1,169	㉟	1,124	16.3	27.6	30.8
福　島	13,784	2,035	2,104	2,127	2,029	㉑	1,914	14.3	25.0	28.7
茨　城	6,097	2,558	2,845	2,986	2,970	⑪	2,917	11.9	22.5	26.8
栃　木	6,408	1,792	1,935	2,005	2,008	⑱	1,974	12.3	22.0	25.9
群　馬	6,362	1,849	1,966	2,025	2,008	⑲	1,973	13.0	23.6	27.6
埼　玉	3,798	5,420	6,405	6,938	7,195	⑤	7,267	8.3	20.4	24.8
千　葉	5,158	4,735	5,555	5,926	6,216	⑥	6,223	9.2	21.5	25.9
東　京	2,191	11,618	11,856	12,064	13,159	①	13,515	10.5	20.4	22.7
神奈川	2,416	6,924	7,980	8,490	9,048	②	9,126	8.8	20.2	23.9
新　潟	12,584	2,451	2,475	2,476	2,374	⑮	2,304	15.3	26.3	29.9
富　山	4,248	1,103	1,120	1,121	1,093	㊲	1,066	15.1	26.2	30.5
石　川	4,186	1,119	1,165	1,181	1,170	㉞	1,154	13.8	23.7	27.9
福　井	4,190	794	824	829	806	㊸	787	14.8	25.2	28.6
山　梨	4,465	804	853	888	863	㊶	835	14.8	24.6	28.4
長　野	13,562	2,084	2,157	2,215	2,152	⑯	2,099	16.1	26.5	30.1
岐　阜	10,621	1,960	2,067	2,108	2,081	⑰	2,032	12.7	24.1	28.1
静　岡	7,777	3,447	3,671	3,767	3,765	⑩	3,700	12.0	23.8	27.8
愛　知	5,172	6,222	6,691	7,043	7,411	④	7,483	9.8	20.3	23.8
三　重	5,774	1,687	1,793	1,857	1,855	㉒	1,816	13.6	24.3	27.9
滋　賀	4,017	1,080	1,222	1,343	1,411	㉖	1,413	12.1	20.7	24.2
京　都	4,612	2,527	2,602	2,644	2,636	⑬	2,610	12.6	23.4	27.5
大　阪	1,905	8,473	8,735	8,805	8,865	③	8,839	9.7	22.4	26.1
兵　庫	8,401	5,145	5,405	5,551	5,588	⑦	5,535	11.9	23.1	27.1
奈　良	3,691	1,209	1,375	1,443	1,401	㉚	1,364	11.6	24.0	28.7
和歌山	4,725	1,087	1,074	1,070	1,002	㊵	964	15.3	27.3	30.9
鳥　取	3,507	604	616	613	589	㊼	573	16.2	26.3	29.7
島　根	6,708	785	781	762	717	㊻	694	18.2	29.1	32.5
岡　山	7,115	1,871	1,926	1,951	1,945	⑳	1,922	14.8	25.1	28.7
広　島	8,479	2,739	2,850	2,879	2,861	⑫	2,844	13.4	23.9	27.5
山　口	6,112	1,587	1,573	1,528	1,451	㉗	1,405	15.9	28.0	32.1
徳　島	4,147	825	832	824	785	㊹	756	15.5	27.0	31.0
香　川	1,877	1,000	1,023	1,023	996	㊴	976	15.4	25.8	29.9

愛 媛	5,676	1,507	1,515	1,493	1,431	㉘	1,385	15.4	26.6	30.6
高 知	7,104	831	825	814	764	㊺	728	17.2	28.8	32.8
福 岡	4,986	4,553	4,811	5,016	5,072	⑨	5,102	12.5	22.3	25.9
佐 賀	2,441	866	878	877	850	㊷	833	15.1	24.6	27.7
長 崎	4,132	1,591	1,563	1,517	1,427	㉙	1,377	14.7	26.0	29.6
熊 本	7,409	1,790	1,840	1,859	1,817	㉓	1,786	15.4	25.6	28.8
大 分	6,341	1,229	1,237	1,221	1,197	㉝	1,166	15.5	26.6	30.4
宮 崎	7,735	1,152	1,169	1,170	1,135	㊱	1,104	14.2	25.8	29.5
鹿児島	9,187	1,785	1,798	1,786	1,706	㉔	1,648	16.6	26.5	29.4
沖 縄	2,281	1,107	1,222	1,318	1,393	㉕	1,434	9.9	17.4	19.6
全 国	377,708	117,060	123,611	126,926	128,057		127,095	12.0	23.0	26.6

注：○数字は全国順位。
資料：面積は国土地理院『全国都道府県市区町村別面積調査』2015年
　　　人口は『国勢調査』

（7.2万人増）、愛知県（7.2万人増）、沖縄県（4.1万人増）、福岡県（3.0万人増）、千葉県（0.7万人増）、滋賀県（0.2万人増）の8都県だけであった。首都圏4都県と中京圏の愛知県、近畿圏では滋賀県、九州の中心の福岡県、それと沖縄県[2]であった。結果、都道府県別人口規模では、第1位が東京都、以下、神奈川県、大阪府、愛知県、埼玉県、千葉県、兵庫県、そして、北海道が第8位となった。

　近年、人口減少に加え、高齢化が進んでいるが、高齢人口（65歳以上人口）の比率は、全国的には1990年の12.1％から、2010年は23.0％、そして、2015年は26.6％となった。世界的には高齢化率が7％を超えると「高齢化社会」といい、14％を超えると「高齢社会」という。日本は1970年の頃にはすでに7％を超え、1995年には14.5％と14％を超えていた。世界的にみても高齢化が急角度に進んでいることが知られる。

　都道府県別にみた高齢化率は、最大が秋田県の33.8％、以下、高知県（32.8％）、島根県（32.5％）、山口県（32.1％）、徳島県（31.0％）、和歌山県（30.9％）、山形県（30.8％）、愛媛県（30.6％）、富山県（30.5％）、岩手県（30.4％）、大分県（30.4％）、長野県（30.1％）と12の県が30％を超えている。1995年に島根県が20％を超える21.7％となり、話題になったものだが[3]、2015年では当時の島根県の高齢化率を下回っているのは沖縄県（19.6％）以外

になくなっている。

　北海道は、1990年は12.0％と全国平均（12.1％）をわずかに下回っていたのだが、現在では29.1％と全国を2.5ポイント上回っている。また、国立社会保障・人口問題研究所の「将来人口推計」（2013年3月推計）によると、北海道の人口は、2030年には472万人、高齢化率は36.3％、2040年には419万人、高齢化率40.7％と推計されている。都道府県レベルで高齢化率が30％前後になると、市町村では中山間地域を中心に40％を超えるところが続出し、50％を超える市町村も出てくる。市町村レベルで人口が減少し高齢化率50％前後になると、農作業をできる人がいなくなり、買い物弱者が大量に発生してくると指摘されている。そのような社会経済的な課題にどう応えていくのかが問われていくであろう[4]。地域産業社会問題の新たな側面として受け止めていかなくてはならない。

▶県（道）民所得の推移

　表1―5は、2001年度、2010年度、2013年度の都道府県の1人当たり県民所得を示してある。この時期は1997年のアジア通貨危機を乗り越えたものの、2001～2002年のITバブル崩壊、2008年のリーマンショック、2011年の東日本大震災を挟んでおり、経済の悪化と回復の過程を含んでいる。

　全国的にみると、2001年度の1人当たり県民所得は308万円であり、リーマンショック直後の2010年度は292万円に低下、そして、2013年度には307万円にまで戻している。この間、東京都は、2001年度の498万円から、2010年度441万円、そして、2013年度は451万円と12年前の水準の91％水準にとどまっている。全体的に東京都、神奈川県、大阪府、兵庫県といった経済規模の大きいところの回復が遅く、東日本大震災の被災県から北関東などの回復が早いことが指摘される。それだけ公共投資が重ねられたということであろう。

　この点、北海道は、やや回復が弱く、2001年度の269万円から、2010年度は247万円、そして、2013年度は255万円（2001年度比94.8％）と推移している。この255万円は全国平均（2013年度）の83.0％水準であり、全国47都道府県では第34位に位置する。東京都を100.0とすると56.5水準となる。北

表1―5　1人当たり県民所得の推移（名目値、会計年度）

区分	1人当たり県民所得 (1,000円)			東京を100とした場合の指数		
	2001	2010	2013	2001	2010	2013
北海道	2,691	2,466	㉞ 2,545	54.0	56.0	56.5
青　森	2,367	2,328	㊵ 2,426	47.5	52.9	53.8
岩　手	2,472	2,299	㉛ 2,698	49.6	52.2	59.9
宮　城	2,686	2,448	⑳ 2,857	53.9	55.6	63.4
秋　田	2,429	2,289	㊳ 2,463	48.7	52.0	54.6
山　形	2,473	2,369	㉜ 2,629	49.6	53.8	58.3
福　島	2,696	2,534	㉗ 2,787	54.1	57.5	61.8
茨　城	2,908	2,996	⑧ 3,138	58.4	68.0	69.6
栃　木	3,017	2,999	⑤ 3,255	60.5	68.1	72.2
群　馬	2,850	2,842	⑪ 3,054	57.2	64.5	67.7
埼　玉	2,869	2,787	⑲ 2,859	57.6	63.3	63.4
千　葉	3,013	2,859	⑫ 3,019	60.5	64.9	67.0
東　京	4,983	4,405	① 4,508	100.0	100.0	100.0
神奈川	3,135	2,917	⑯ 2,972	62.9	66.2	65.9
新　潟	2,737	2,625	㉘ 2,767	54.9	59.6	61.4
富　山	3,209	3,023	⑦ 3,159	64.4	68.6	70.1
石　川	3,165	2,793	⑮ 2,972	63.5	63.4	65.9
福　井	2,856	2,848	㉑ 2,845	57.3	64.7	63.1
山　梨	2,695	2,788	⑰ 2,918	54.1	63.3	64.7
長　野	2,833	2,589	㉚ 2,714	56.8	58.8	60.2
岐　阜	2,882	2,652	㉙ 2,726	57.8	60.2	60.5
静　岡	3,179	3,171	③ 3,326	63.8	72.0	73.8
愛　知	3,421	3,103	② 3,579	68.7	70.5	79.4
三　重	2,857	2,945	⑥ 3,166	57.3	66.9	70.2
滋　賀	3,198	3,225	④ 3,273	64.2	73.2	72.6
京　都	2,782	2,900	⑭ 2,974	55.8	65.8	66.0
大　阪	3,180	2,922	⑬ 2,995	63.8	66.3	66.4
兵　庫	2,928	2,729	㉓ 2,816	58.8	62.0	62.5
奈　良	2,879	2,539	㊱ 2,530	57.8	57.6	56.1
和歌山	2,508	2,638	㉔ 2,816	50.3	59.9	62.5
鳥　取	2,584	2,253	㊻ 2,337	51.8	51.1	51.8
島　根	2,465	2,295	㊶ 2,424	49.5	52.1	53.8
岡　山	2,876	2,618	㉕ 2,800	57.7	59.4	62.1
広　島	2,984	2,880	⑩ 3,060	59.9	65.4	67.9
山　口	2,821	2,914	⑨ 3,125	56.6	66.2	69.3
徳　島	2,769	2,747	⑱ 2,878	55.6	62.4	63.8

香　川	2,843	2,706	㉖ 2,798	57.0	61.4	62.1
愛　媛	2,656	2,514	㉟ 2,543	53.3	57.1	56.4
高　知	2,722	2,269	㊴ 2,447	54.6	51.5	54.3
福　岡	2,760	2,766	㉒ 2,831	55.4	62.8	62.8
佐　賀	2,567	2,489	㊲ 2,513	51.5	56.5	55.7
長　崎	2,285	2,343	㊸ 2,419	45.8	53.2	53.6
熊　本	2,383	2,340	㊷ 2,422	47.8	53.1	53.7
大　分	2,635	2,476	㉝ 2,559	52.9	56.2	56.8
宮　崎	2,255	2,236	㊹ 2,407	45.2	50.8	53.4
鹿児島	2,391	2,398	㊺ 2,399	48.0	54.4	53.2
沖　縄	2,070	2,032	㊼ 2,102	41.5	46.1	46.6
全　国	3,081	2,922	3,065	61.8	66.3	68.0

注：2001年度は、2013年度と同一基準で比較可能な最も古い年次。○数字は全国順位。
資料：内閣府『2013年度県民経済計算』

海道は公共投資に依存する部分が多いが、今後も、公共投資の削減が続く見通しであり、地域産業の振興、活性化、そして、域外からの所得を得ていくための取組みが不可欠とされるであろう。

　このように、戦前、戦後を通じて人口を拡大させてきた北海道も、1995年をピークに人口減少過程に入り、高齢化も進んできた。また、北海道内では札幌市への人口集中が顕著であり、広大な町村部ばかりでなく、北海道第2の都市の旭川市、第3の都市の函館市、さらに、室蘭市、釧路市などのエリアの主要都市も人口減少に見舞われている。このような歴史的ともいえる動きに対してどのように応えていくのか、人口維持、産業振興等の地域政策が問われていくことになろう。

2. 北海道工業の基本構図

　江戸時代の頃から、函館は蝦夷地への入口として、あるいは、物資の集散地として拓かれていたが、1854（嘉永7）年の日米和親条約により、静岡県下田と共に開港された。特に、函館はアメリカ船への薪炭供給地とされたのだが、薪炭の供給能力が追いつかず、石炭に向かっていった。初期の炭鉱としては、1857（安政4）年に白糠炭山（白糠町）、1862（文久2）年に茅沼炭山（泊村）

が開鉱されていく。近代鉱山の嚆矢となったのは、1879（明治12）年の官営幌内炭鉱（三笠市）であり、この幌内炭鉱から小樽港に石炭を運ぶために、1882（明治15）年、小樽と三笠市幌内に鉄道が敷かれていく。この幌内鉄道は全国で3番目の鉄道開通となった。このように、北海道の産業化は石炭産業からスタートし、拠点となった小樽のあたりには、炭鉱関連の部品の修理などを担う鉄工所が生まれていった。現在でも、小樽あたりの機械金属系の中小企業で炭鉱関連から生まれたところは少なくない。

　近代工業については、1896（明治29）年に函館に函館どつくの前身（函館船渠）が設立され、1907（明治40）年、室蘭に日本製鋼所室蘭製作所、1909（明治42）年には同じ室蘭に新日鐵住金室蘭製鐵所（北海道炭礦汽船が溶鉱炉建設）、そして、1910（明治43）年には苫小牧に王子製紙苫小牧工場が設立されている。1900年を前後する頃に、その後の北海道工業の骨格となる主要工場が建設されていった。

　それから100年強、戦中には米軍による艦砲射撃などで壊滅的な被害を受けるが、戦後の朝鮮動乱の頃から息を吹き返し、高度経済成長を牽引していった。ただし、1971年のニクソンショック、1973年の第一次オイルショック、そして、1985年のプラザ合意と続く中で、これら鉄鋼、造船等の重厚長大産業は構造不況業種とされ、困難な時期を迎えていった。また、製紙業の王子製紙も、インドネシアなどの木材原産国の産業化などの高まりにより、次第に存在感を希薄化させていった。

　このような事態に対し、北海道は1964年の新産業都市建設促進法による地域指定（道央地区）、1984年の函館テクノポリス地域指定、1989年の道央テクノポリス地域指定などを重ね、重厚長大産業からの脱却、新たなハイテク産業化、地域産業化を模索していくのだが、1992年のバブル経済崩壊以降の「失われた25年」の中で、必ずしも思い通りの成果を得ることができないでいる。以上のような点を受け止めながら、この節では、幾つかの統計表を観察しながら、北海道工業の基本的な構図というべきものをみていくことにする。

(1) 相対的に工業は希薄で、付加価値も低い

都道府県別工業統計（2014年、全事業所）を示す表1—6からは、北海道の工業の事情が読み取れる。人口約540万人の北海道は都道府県別人口規模では第8位なのだが、工業の事業所数は9157事業所で第15位、従業者数は17万1924人で第18位、製造品出荷額等では6兆7435億円で第16位となった。人口は全国の4.2％を占めるものの、製造品出荷額等は2.2％を占めるにすぎない。

振り返ると、2005年の頃には、北海道財界では「北海道キタキツネ論」が交わされていた。「キタキツネは野生で自立心が強かったのだが、人間に餌付けされてしまい、自立心を失っている。北海道経済も公共投資主導型であり、企業に自立心が乏しい」というのであり、その時の論拠の一つとして、2005年の製造品出荷額等は、全国の297兆6706億円に対し、北海道は5兆5150億円と全国のわずか1.85％であることが指摘されていた。人口、消費額等は全国の4％水準であるにも関わらず「製造品出荷額等が2％を切っている」というのであった。後にみるように、北海道の製造品出荷額等には「石油・石炭（実質的には石油精製）」という攪乱要因があり、この数十年生産能力に変化はないものの、2005年当時に比べ石油・石炭の製造品出荷額等は倍以上になっていることが指摘される。先に、2014年の製造品出荷額等は全国の2.2％としたが、実際は「油ぶくれ」ということであろう。依然として、北海道の製造品出荷額等は全国の2％以下とみるべきと思う。

全国の詳細な分析をする余裕はないが、事業所数、従業者数、製造品出荷額等のいずれにおいても、都道府県別でみる場合、かつて京浜工業地帯とされた東京都、神奈川県に加え、千葉県、埼玉県から成る首都圏、愛知県、静岡県の中京工業地帯（あるいは太平洋ベルト地帯）、大阪府、兵庫県からなる阪神工業地帯の存在が大きい。50年前には北九州工業地帯を含めて日本の四大工業地帯といったものだが、北九州工業地帯は、現在、その面影はない。むしろ、茨城県、栃木県、群馬県等の北関東、滋賀県、三重県などの地区、岡山県、広島県等の瀬戸内工業地帯などが注目される。

表1—6　都道府県別工業統計（2014、全事業所）

区分	事業所数 （件）	従業者数 （人）	出荷額等 （億円）	粗付加価値額 （億円）	従業者1人 当たり粗付 加価値額 （万円）
北海道	⑮ 9,157	⑱ 171,924	⑯ 67,435	⑳ 14,327	㊱ 883
青　森	2,650	57,660	16,031	5,924	1,027
岩　手	3,405	85,004	22,843	6,348	746
宮　城	4,451	112,376	39,880	11,402	1,105
秋　田	3,383	63,432	12,249	4,695	740
山　形	4,743	102,441	26,237	8,358	816
福　島	6,726	158,437	51,247	16,151	1,019
茨　城	9,584	⑧ 267,838	⑧ 114,481	⑦ 34,943	⑩ 1,305
栃　木	8,534	198,316	83,264	26,506	1,337
群　馬	10,095	210,216	84,204	⑩ 29,342	⑦ 1,458
埼　玉	④ 23,477	④ 402,440	⑦ 125,104	⑥ 41,384	1,028
千　葉	8,854	208,196	⑥ 139,232	26,906	1,292
東　京	② 33,756	⑦ 312,636	83,550	⑧ 31,932	1,021
神奈川	⑦ 14,849	⑥ 363,045	② 178,044	④ 46,829	1,290
新　潟	⑩ 11,059	191,212	46,792	16,731	875
富　山	4,835	123,582	35,869	12,491	1,011
石　川	6,842	102,618	26,318	9,843	959
福　井	4,918	73,824	19,128	6,883	932
山　梨	4,165	73,178	21,488	8,288	1,133
長　野	10,076	200,194	54,968	19,659	982
岐　阜	⑧ 12,888	205,326	51,501	17,703	862
静　岡	⑤ 17,717	③ 402,576	④ 161,289	② 55,262	⑧ 1,373
愛　知	③ 31,377	① 825,243	① 439,899	① 128,646	③ 1,559
三　重	6,725	195,641	⑨ 105,761	⑨ 29,874	④ 1,527
滋　賀	4,875	156,137	68,326	22,788	⑥ 1,459
京　都	⑨ 12,021	150,434	48,768	18,837	1,252
大　阪	① 36,315	② 483,971	③ 167,336	③ 52,360	1,082
兵　庫	⑥ 15,836	⑤ 364,777	⑤ 149,600	⑤ 46,746	1,281
奈　良	4,496	66,565	19,132	6,429	966
和歌山	3,807	54,024	30,115	7,925	⑤ 1,467
鳥　取	1,305	30,853	6,846	2,122	688
島　根	2,124	40,208	10,662	3,490	868
岡　山	6,129	145,607	82,784	16,712	1,148
広　島	8,700	⑩ 216,682	⑩ 96,043	28,404	⑨ 1,311
山　口	3,038	93,683	65,309	17,778	① 1,898

30

徳　島	2,426	47,993	17,924	8,531	② 1,778
香　川	3,858	71,962	23,875	7,328	1,018
愛　媛	4,177	78,997	41,559	9,017	1,141
高　知	2,097	25,690	5,341	1,773	690
福　岡	9,917	⑨ 218,383	84,762	22,365	1,024
佐　賀	2,558	60,734	17,448	6,164	1,015
長　崎	3,513	58,614	15,728	3,849	657
熊　本	3,634	92,631	24,896	8,565	925
大　分	2,691	67,412	45,692	8,754	1,299
宮　崎	2,721	57,313	15,384	5,213	910
鹿児島	4,521	73,275	19,342	6,098	832
沖　縄	2,710	27,066	6,397	1,216	449
全　国	397,735	7,790,366	3,070,083	922,889	1,185

注：○数字は全国順位。
資料：『工業統計表』

　この都道府県別工業統計で注目すべきは、従業者 1 人当たりの粗付加価値額であろう。2014 年全国の平均は 1185 万円であった。石油精製、化学などの装置産業の拡がっている地域では高く出る傾向はある。都道府県別にみると、第 1 位が広島県であり 1898 万円、第 2 位が山口県であった。これらの県は瀬戸内臨海部に巨大な化学コンビナートを形成していることが寄与している。第 3 位の愛知県はトヨタ系自動車の集積がメインであろう。和歌山県、三重県は臨海型の鉄鋼業、化学工業が展開している。内陸の群馬県、栃木県が上位にいるが、これらは自動車関連産業の集積を背景にしている。

　この点、北海道は 883 万円と全国第 36 位であった。工業の事業所数、従業者数、製造品出荷額等が全国 20 位前後と相対的に低く、さらに生産性を示す従業者 1 人当たり粗付加価値額も小さいということであろう。このあたりは、北海道工業の基本的な特性としてみておく必要がある。

(2) 食料品製造業の比重が圧倒的に高い

　先の表 1—6 の工業統計は全事業所であったが、表 1—7 は北海道の従業者 4 人以上企業を対象にしている。2014 年の全 9157 事業所から従業者 4 人以上企業の 5464 事業所を差し引くと、従業者 3 人以下の事業所は 3693 事業所（構成比 40.3％）ということになる。ただし、この従業者 3 人以下の企業は、従業者

表 1-7 北海道工業の事業所、従業者、出荷額等、付加価値額 (2014)

区分	事業所数 (件)	(%)	従業者数 (人)	(%)	製造品出荷額等 (100万円)	(%)	付加価値額 (100万円)	(%)	付加価値率 (%)	従業者1人当たり付加価値額 (万円)
北海道計	5,464	100.0	164,716	100.0	6,672,809	100.0	1,577,685	100.0	23.6	958
食料品	1,890	34.6	75,567	45.9	1,984,584	29.7	565,717	35.9	28.5	749
飲料・飼料	169	3.1	3,388	2.1	225,211	3.4	56,745	3.6	25.2	1,675
繊維工業	169	3.1	3,042	1.8	27,584	0.4	13,195	0.8	47.8	433
木材・木製品	367	6.7	6,861	4.2	160,727	2.4	54,090	3.4	33.6	788
家具・装備品	210	3.8	2,923	1.8	37,714	0.6	17,897	1.1	47.5	612
パルプ・紙	99	1.8	6,157	3.7	411,910	6.2	149,475	9.5	36.4	2,428
印刷	355	6.5	7,096	4.3	109,393	1.6	51,019	3.2	46.6	719
化学工業	94	1.7	3,273	2.0	190,749	2.9	77,602	4.9	40.7	2,371
石油・石炭	43	0.8	931	0.6	1,530,717	22.9	-58,918	—	-3.8	—
プラスチック製品	158	2.9	4,055	2.5	94,580	1.4	37,438	2.4	39.6	923
ゴム製品	22	0.4	634	0.4	10,793	0.2	4,876	0.3	45.1	769
なめし革・毛皮	15	0.3	510	0.3	6,082	0.1	3,138	0.2	51.6	615
窯業・土石	394	7.2	5,474	3.3	174,458	2.6	68,310	4.3	39.2	1,248
鉄鋼	81	1.5	5,829	3.5	556,855	8.3	129,264	8.2	23.2	2,218
非鉄金属	26	0.5	440	0.3	20,062	0.3	3,703	0.2	18.5	842
金属製品	581	10.6	10,726	6.5	265,536	4.0	98,895	6.3	37.2	922
はん用機械	126	2.3	2,404	1.5	39,355	0.6	18,495	1.2	46.6	769
生産用機械	224	4.1	4,774	2.9	93,649	1.4	43,732	2.8	46.7	916
業務用機械	33	0.6	405	0.3	5,234	0.1	2,874	0.2	54.9	710
電子部品等	37	0.7	5,800	3.5	179,557	2.7	86,519	5.5	48.2	1,492
電気機械	70	1.3	2,301	1.4	50,211	0.8	18,112	1.1	36.1	787
情報通信機械	11	0.2	1,114	0.7	21,398	0.3	8,411	0.5	39.3	755
輸送用機械	132	2.4	9,026	5.5	352,414	5.3	112,120	7.1	31.8	1,242
その他	158	2.9	1,986	1.2	38,349	0.6	14,987	0.9	39.1	746
機械金属系10業種	1,241	22.7	42,919	26.1	1,027,386	15.4	522,125	33.1	44.1	1,217

注: ①従業者4人以上の統計。
②機械金属系10業種とは、鉄鋼、非鉄金属、金属製品、はん用機械、生産用機械、業務用機械、電子部品等、電気機械、情報通信機械、輸送用機械を指す。
資料: 表1-6と同じ

数の4.2%、製造品出荷額等については1.1%を占めるにすぎない。

　産業中分類別でみると、事業所の多い業種は食料品（1890事業所）であり、全体の34.6%を占める。他に目立つのは金属製品（581事業所）の10.6%であろう。従業者数でも、やはり食料品（7万5567人）が圧倒的であり、全体

の 45.9％ を占めていた。その他では金属製品（1 万 0726 人）の 6.5％ であった。

　製造品出荷額等については、最大が食料品であり 1 兆 9846 億円と全体の 29.7％ を占めるが、もう一つ大きいのは「石油・石炭」の 1 兆 5307 億円の 22.9％ であろう。工業統計上では石油・石炭の事業所数は 43 事業所とあるが、実質的には苫小牧の出光興産の精油所と室蘭の JX エネルギーの精油所で北海道の石油精製の 98.9％ を担っている。近年、原油価格が高騰しており、それが出荷額に跳ね返り、巨大な存在感となっているようにみえる。また、付加価値額をみると、石油・石炭が－589 億円とマイナスになっていることが注目される。寡聞ながら、私は工業統計ベースで付加価値額がマイナスというケースに初めて出会った。近年の北海道の場合、2011 年と 2014 年の 2 回にわたり、「石油・石炭」の付加価値額はマイナスを計上していた。「油ぶくれ」している現状では、具体的な北海道の工業統計の分析の際には、石油・石炭を外した方が実感がわくのではないかと思う。

　表 1―7 から石油・石炭を外すと、2014 年の北海道の製造品出荷額等は 5 兆 1421 億円となり、食料品が全体の 38.6％、1 兆 0274 億円をあげる機械金属系 10 業種は 20.0％ を占めることになる。付加価値額についても、食料品が 5867 億円（構成比 37.1％）、機械金属系 10 業種が 5221 億円（33.1％）を上げている。この二つの業種で事業所の 57.1％、従業者数の 82.0％、製造品出荷額等の 45.1％（石油・石炭を除くと 59.6％）、付加価値額の 70.2％ を占めることになる。全国工業の製造品出荷額等に占める「食料品」の比重は 8.5％ ほどなのだが、北海道の場合は 29.7％（石油・石炭を外すと 38.6％）となる。いずれにおいても、北海道工業における食料品の比重は圧倒的に高いことがわかる。なお、全国工業の製造品出荷額等に占める機械金属系 10 業種の比重は 57.5％ である。相対的なものだが、北海道の機械金属工業は全国ベースの半分の規模であり、全産業の基礎となる機械金属工業は、北海道では希薄ということになろう。

（3）振興局、市町村別の工業の特徴

　北海道は広大であり、日本全体の面積の約 22.1％ を占める。市町村も 179

を数えている。当然、地域や市町村によって産業構造は大きく異なるであろう。この節では、北海道独特の地域区分である振興局管内と市町村に注目し、地域別の工業構造を概観していくことにしたい。

▶振興局別の工業

　広大な北海道では、気候、地形も異なり、産業も各地で興味深い形で営まれている。また、生活圏、経済圏も異なる。こうした点を配慮し、表1—8、図1—1のように、北海道は、道央、道南、道北、道東の大きな四つのくくりと、14の振興局管内に分けられている。北海道の基幹産業である農畜業については、次節でみていくことにして、この節では、工業の側面から主として振興局別の特質をみていくことにする。

　表1—9によると、振興局別に工業の事業所数が多いのは、札幌市を中心とする石狩振興局管内であり1404事業所（構成比25.7%）と4分の1強を占める。次は旭川市が中心の上川総合振興局管内であり586事業所（10.7%）、以下、函館市が中心の渡島総合振興局管内の544事業所（10.0%）、室蘭市が中心の胆振総合振興局管内の514事業所（9.4%）などとなる。檜山振興局（51事業所、0.9%）、留萌振興局（61事業所、1.1%）あたりでは工業の影は薄い。

　製造品出荷額等については、やはり「石油・石炭」の影響が強く、室蘭市と苫小牧市を抱える胆振総合振興局管内が2兆8162億円と北海道全体の42.2%を占めた。胆振総合振興局内の石油・石炭の出荷額は1兆5987億円であり、これを差し引いた構成比では24.1%となる。石油・石炭の製造品出荷額等を除くと、石狩振興局の構成比は胆振総合振興局とほぼ同様の約24%となる。石油・石炭を除いても、石狩振興局と胆振総合振興局の二つの振興局管内で、北海道工業の製造品出荷額等のほぼ半分があげられていることになる。

　辺境の檜山振興局（51事業所、従業者700人、製造品出荷額等103億円）、留萌振興局（61事業所、1491人、303億円）、日高振興局（85事業所、1205人、130億円）、宗谷総合振興局（145事業所、2655人、1166億円）、根室振興局（163億円、3899人、1720億円）などの地域では工業の影は薄い。

表1—8　北海道の振興局別市町村

道央	
空知総合振興局	夕張市、岩見沢市、美唄市、芦別市、赤平市、三笠市、滝川市、砂川市、歌志内市、深川市、南幌町、奈井江町、上砂川町、由仁町、長沼町、栗山町、月形町、浦臼町、新十津川町、妹背牛町、秩父別町、雨竜町、北竜町、沼田町
石狩振興局	札幌市、江別市、千歳市、恵庭市、北広島市、石狩市、当別町、新篠津村
後志総合振興局	小樽市、島牧村、寿都町、黒松内町、蘭越町、ニセコ町、真狩村、留寿都村、喜茂別町、京極町、倶知安町、共和町、岩内町、泊村、神恵内村、積丹町、 古平町、仁木町、余市町、赤井川村
胆振総合振興局	室蘭市、苫小牧市、登別市、伊達市、豊浦町、壮瞥町、白老町、厚真町、洞爺湖町、安平町、むかわ町
日高振興局	日高町、平取町、新冠町、浦河町、様似町、えりも町、新ひだか町
道南	
渡島総合振興局	函館市、北斗市、松前町、福島町、知内町、木古内町、七飯町、鹿部町、森町、八雲町、長万部町
檜山振興局	江差町、上ノ国町、厚沢部町、乙部町、奥尻町、今金町、せたな町
道北	
上川総合振興局	旭川市、士別市、名寄市、富良野町、幌加内町、鷹栖町、東神楽町、当麻町、 比布町、愛別町、上川町、東川町、美瑛町、上富良野町、中富良野町、南富良野町、占冠村、和寒町、剣淵町、下川町、美深町、音威子府村、中川町
留萌振興局	留萌市、増毛町、小平町、苫前町、羽幌町、初山別村、遠別町、天塩町
宗谷総合振興局	稚内市、幌延町、猿払村、浜頓別町、中頓別町、枝幸町、豊富町、礼文町、利尻町、利尻富士町
道東	
オホーツク総合振興局	北見市、網走市、紋別市、美幌町、津別町、斜里町、清里町、小清水町、訓子府町、置戸町、佐呂間町、遠軽町、湧別町、滝上町、興部町、西興部村、 雄武町、大空町
十勝総合振興局	帯広市、音更町、士幌町、上士幌町、鹿追町、新得町、清水町、芽室町、中札内村、更別村、大樹町、広尾町、幕別町、池田町、豊頃町、本別町、足寄町、陸別町、浦幌町
釧路総合振興局	釧路市、釧路町、厚岸町、浜中町、標茶町、弟子屈町、鶴居村、白糠町
根室振興局	根室市、別海町、中標津町、標津町、羅臼町

▶35市の工業、商業

　表1—10は、北海道の35市の面積、工業統計、商業統計の基本的な数字を掲示したものである。面積1000 km^{2}を超える市が、北見市（1427 km^2）、釧路

図1―1　北海道の振興局別市町村

市 (1363 km^2)、札幌市 (1121 km^2)、士別市 (1119 km^2) の4市、逆に100 km^2 を下回る小さな市は、室蘭市 (81 km^2)、砂川市 (79 km^2)、歌志内市 (56 km^2) の3市であった。その他の28市は数百 km^2 の面積であった。

　2014年の工業 (従業者4人以上) の事業所数で最大は札幌 (940事業所)、以下、旭川市 (338事業所)、函館市 (283事業所)、小樽市 (238事業所)、苫小牧市 (208事業所) と続き、100事業所を超えている市は10市、少ない方は

表1―9　北海道主要都市の工業の事業所、従業者、出荷額等（2014）

区分	事業所数（件）	（％）	従業者数（人）	（％）	製造品出荷額等（100万円）	（％）
北海道計	5,464	100.0	164,716	100.0	6,672,809	100.0
道央						
空知総合振興局	398	7.3	11,562	7.0	259,458	3.9
夕張市	17	0.3	707	0.4	10,392	0.2
岩見沢市	66	1.2	2,277	1.4	72,288	1.1
石狩振興局	1,404	25.7	49,818	30.2	1,224,917	18.4
札幌市	940	17.2	27,665	16.8	529,979	7.9
江別市	80	1.5	3,587	2.2	92,025	1.4
千歳市	96	1.8	7,020	4.3	245,484	3.7
恵庭市	77	1.4	4,245	2.6	137,050	2.1
北広島市	78	1.4	2,229	1.4	84,844	1.3
石狩市	124	2.3	3,930	2.4	112,598	1.7
後志総合振興局	370	6.8	10,134	6.2	227,852	3.4
小樽市	238	4.4	7,310	4.4	173,081	2.6
胆振総合振興局	514	9.4	23,287	14.1	2,816,182	42.2
室蘭市	132	2.4	7,723	4.7	1,298,203	19.4
苫小牧市	208	3.8	11,114	6.7	1,391,335	20.9
日高振興局	85	1.6	1,205	0.7	12,980	0.2
道南						
渡島総合振興局	544	10.0	16,085	9.8	357,879	5.4
函館市	283	5.2	7,885	4.8	173,330	2.6
檜山振興局	51	0.9	700	0.4	10,290	0.2
道北						
上川総合振興局	586	10.7	12,126	7.4	274,016	4.1
旭川市	338	6.2	8,151	4.9	193,068	2.9
留萌振興局	61	1.1	1,491	0.9	30,341	0.5
宗谷総合振興局	145	2.7	2,655	1.6	116,573	1.7
道東						
オホーツク総合振興局	459	8.4	11,198	6.7	340,168	5.1
北見市	119	2.2	2,871	1.7	63,240	0.9
十勝総合振興局	375	6.9	11,907	7.2	438,777	6.6
帯広市	136	2.5	4,807	2.9	137,878	2.1
釧路総合振興局	309	5.7	8,649	5.3	372,467	5.6
釧路市	175	3.2	4,827	2.9	237,826	3.6
根室振興局	163	3.0	3,899	2.4	171,998	2.6

注：従業者4人以上の統計。
資料：表1―6と同じ

表1―10　北海道各市の面積、工業、商業

区分	面積 (2015年10月1日) (km²)	工業統計(2014)			商業統計(2014)		
		事業所数	従業員数 (人)	製造品出荷額等 (億円)	事業所数	従業員数 (人)	年間商品販売額 (2013) (億円)
北海道	83,423.82	5,464	164,716	66,728	42,769	358,174	164,552
札　幌	1,121.26	940	27,665	5,296	12,418	134,792	89,098
函　館	677.87	283	7,885	1,733	2,687	19,260	6,947
小　樽	243.83	238	7,310	1,731	1,347	8,625	2,615
旭　川	747.66	338	8,151	1,931	2,853	25,628	10,072
室　蘭	80.88	132	7,723	12,982	800	5,854	2,131
釧　路	1,362.90	175	4,827	2,378	1,568	12,263	4,810
帯　広	619.34	136	4,807	1,379	1,716	14,941	6,316
北　見	1,427.41	119	2,871	632	1,096	9,411	3,357
夕　張	763.07	17	707	104	113	453	94
岩見沢	481.02	66	2,277	723	579	4,648	1,364
網　走	471.00	67	1,447	491	331	2,420	619
留　萌	297.83	24	695	130	240	1,411	503
苫小牧	561.57	208	11,114	13,913	1,308	12,087	5,160
稚　内	761.47	74	1,595	507	365	3,056	1,267
美　唄	277.69	43	804	159	183	1,043	219
芦　別	865.04	27	1,056	144	136	799	126
江　別	187.38	80	3,587	920	568	6,088	1,322
赤　平	129.88	26	1,176	215	107	518	118
紋　別	830.71	68	1,689	485	227	1,561	985
士　別	1,119.22	38	517	112	229	1,388	311
名　寄	535.20	26	490	163	276	2,125	603
三　笠	302.52	21	567	132	100	605	131
根　室	506.25	83	2,003	659	307	2,054	1,262
千　歳	594.50	96	7,020	2,455	599	5,793	1,641
滝　川	115.90	25	571	119	394	3,408	937
砂　川	78.68	25	776	260	173	1,368	450
歌志内	55.95	3	71	7	30	146	58
深　川	529.42	21	276	44	222	1,416	323
富良野	600.71	26	344	84	236	1,593	372
登　別	212.21	43	836	159	298	2,380	499
恵　庭	294.65	77	4,245	1,371	330	3,012	889
伊　達	444.21	30	613	153	296	2,102	420
北広島	119.05	78	2,229	848	375	4,504	1,895
石　狩	722.42	124	3,930	1,126	347	4,010	1,537
北　斗	397.44	58	2,508	577	394	3,258	1,163

資料：面積は国土地理院、『工業統計表』従業員4人以上、『商業統計表』は有効回答事業所

歌志内市（3事業所）、夕張市（17事業所）、三笠市（21事業所）、留萌市（24事業所）などであった。従業者数もほぼ事業所数に相関している。

　製造品出荷額等は先にみたように、苫小牧市（1兆3913億円）、室蘭市（1兆2982億円）が石油・石炭の特殊な事情から過大に出ているが、その他では、札幌市（5296億円）、千歳市（2455億円）、釧路市（2378億円）、旭川市（1931億円）、函館市（1733億円）、帯広市（1379億円）、恵庭市（1370億円）、石狩市（1126億円）までが1000億円を超えている。逆に少ないところは、歌志内市（7億円）、深川市（44億円）、富良野市（84億円）の3市が100億円を下回っていた。

　商業関係では、北海道の事業所数は4万2769事業所だが、最大は札幌市の1万2418事業所であり、全道の29.2％を占めていた。以下、旭川市（2853事業所、6.7％）、函館市（2687事業所、6.3％）、帯広市（1716事業所、4.0％）、釧路市（1568事業所、3.7％）、小樽市（1347事業所、3.3％）、苫小牧市（1308事業所、3.1％）の順になっている。最小は歌志内市（30事業所）、以下、三笠市（100事業所）、赤平市（107事業所）、夕張市（113事業所）などが少ない。従業者数はほぼ事業所数に相関している。

　商業の年間商品販売額（2013年）は、北海道全体で16兆4552億円だが、札幌市が8兆9098億円と全体の54.1％を占めた。やはり北海道における札幌市の中心性は高い。以下、大きいところでは、旭川市（1兆0072億円、6.1％）、函館市（6947億円、4.2％）、帯広市（6316億円、3.8％）、苫小牧市（5160億円、3.1％）、釧路市（4810億円、2/9％）、北見市（3357億円、2.0％）、小樽市（2615億円、1.6％）などの順になっている。

　このようにみていくと、北海道の人口の約36％を占める札幌市は圧倒的な中心性を備え、北海道の年間商品販売額の過半を占めていることがわかる。旭川市、函館市、帯広市、苫小牧市、釧路市、北見市などはエリアの拠点として、一定程度の商業集積を形成しているようにみえる。

　北海道の179の市町村を眺めると、札幌市の存在感は圧倒的であり、旭川市、函館市、帯広市、苫小牧市、釧路市、北見市などはエリアの中心的な存在になっている。そして、圧倒的大多数を占める小さな市町村は、産業集積が乏しく、

人口減少、高齢化が進む中で、新たな局面を切り拓くことに苦慮しているようである。地域資源を見直した6次産業化[5]の取組み、さらに、新たな地域の社会課題に対する産業化、事業化など、地域活性化に向けた多様な取組みが求められているのである。

3. 北海道農業の基本構図

　北方圏に展開する北海道の農業は、幾つかの点で日本の中では際立った存在である。一つは日本の耕地面積のほぼ4分の1を占め、1経営体の耕地面積が本州以南の15倍ほどの大規模経営であること、第2に、水稲栽培の比重が低く、ジャガイモ、大豆等の根物野菜や穀類、さらに、牧草、そして、畜産の比重が高い点であることが指摘される。

　経営耕地面積の狭隘な本州以南の場合、大半の農家は兼業が普通であるが、北海道の場合は、大規模経営であることから専業が基本という点も指摘される。また、近年、本州以南では集落単位による「集落営農[6]」が一気に普及しているが、北海道では元々集落が濃密な形で形成されておらず、そのようなケースは見当たらない。

　さらに、日本最大の市場である首都圏から遠いことから、日持ちのしない葉物などの軟弱野菜の栽培は限定的であり、日持ちのするジャガイモなどの根物、大豆等の穀類の比重が高く、また、流通が圧倒的にホクレン（JA）依存の形になっている点なども指摘される。

　本節では、以上のような北海道農業の特質とでもいうべきものを概観し、後の第9章の新たな動きにつなげていくことにしたい。

（1）大規模農業と産出物の特徴

　表1―11によると、日本の耕地面積（2015年）は449万6000 haとされるが、北海道は圧倒的な存在であり、その4分の1を占める114万7000 haを展開している。全国の第2位は新潟県（17万2000 ha）だが、その6.7倍の面積となる。農業地帯とされる東北6県（84万8400 ha）に比べてもその1.35倍の

表1―11　都道府県別耕地面積（2015）　　（単位：ha）

区分		計	田	畑	普通畑	樹園地	牧草地
北海道	①	1,147,000	223,000	924,500	414,900	2,910	506,700
青森	④	153,300	81,200	72,100	34,500	22,700	14,900
岩手	⑤	151,100	94,600	56,500	25,200	3,660	27,700
宮城	⑧	129,400	106,100	23,300	16,100	1,370	5,830
秋田	⑥	149,500	130,400	19,000	12,100	2,430	4,500
山形		121,100	95,500	25,600	12,400	10,700	2,500
福島	⑦	144,000	100,800	43,200	30,700	6,980	5,550
茨城	③	170,900	99,000	71,900	64,600	6,940	376
栃木	⑩	124,500	97,100	27,400	22,500	2,330	2,570
群馬		71,900	27,100	44,900	39,900	3,380	1,560
埼玉		76,300	42,300	34,000	30,800	3,120	68
千葉	⑨	126,800	74,400	52,300	48,300	3,510	516
東京		7,130	277	6,860	5,180	1,620	64
神奈川		19,600	3,850	15,700	11,900	3,730	72
新潟	②	172,000	152,400	19,500	16,300	2,370	856
富山		58,800	56,300	2,500	1,490	743	269
石川		42,100	35,100	7,000	5,190	1,310	504
福井		40,600	36,800	3,770	2,720	782	263
山梨		24,200	8,040	16,200	4,940	10,400	857
長野		108,900	54,000	54,900	36,100	15,500	3,300
岐阜		56,900	43,700	13,200	8,700	3,390	1,160
静岡		67,900	22,700	45,200	15,800	28,200	1,170
愛知		76,900	43,600	33,300	27,100	5,780	392
三重		60,200	45,400	14,800	8,640	6,160	26
滋賀		52,600	48,500	4,100	2,990	1,040	66
京都		31,000	24,200	6,760	3,670	3,020	68
大阪		13,200	9,420	3,800	1,750	2,050	―
兵庫		75,000	68,500	6,490	4,490	1,660	340
奈良		21,800	15,500	6,270	2,530	3,700	40
和歌山		33,700	9,870	23,900	2,440	21,400	32
鳥取		34,700	23,600	11,100	8,580	1,700	869
島根		37,500	30,200	7,270	5,270	1,480	526
岡山		66,400	51,900	14,500	10,000	3,720	694
広島		56,000	41,600	14,400	7,720	5,840	849
山口		48,400	39,600	8,890	5,430	3,080	384
徳島		30,100	20,300	9,810	5,640	4,060	105
香川		31,000	25,800	5,280	2,220	3,040	20

愛　媛	50,400	23,200	27,200	6,190	20,800	196
高　知	28,100	21,200	6,950	2,990	3,750	214
福　岡	84,500	66,800	17,600	8,140	9,280	227
佐　賀	53,000	43,100	9,910	4,240	5,630	51
長　崎	49,100	22,700	26,400	19,800	6,250	300
熊　本	114,100	70,000	44,100	22,100	15,100	6,830
大　分	56,600	40,300	16,300	8,920	4,610	2,780
宮　崎	67,900	36,900	31,000	25,200	4,660	1,150
鹿児島	120,800	38,700	82,100	65,100	13,700	3,230
沖　縄	38,600	850	37,700	29,900	1,940	5,840
全　国	4,496,000	2,446,000	2,050,000	1,152,000	291,400	606,500

注：○数字は全国順位。
資料：農林水産省『2015年耕地面積』

面積になる。また、本州以南の1経営体当たりの耕地面積は1.6 ha 程度（『世界農林業センサス』2010年）だが、北海道の場合は23.5 ha（2010年）とされている。ただし、アメリカの場合はその10倍の200 ha 規模が普通であり、オーストラリアの場合はさらに10倍の2000 ha とされている。日本国内では大規模と思える北海道の1経営体当たりの耕作面積も、アメリカ、オーストラリアに比べると小さい。

　日本全体の耕地を類別すると、田は54.4％、畑は44.6％とされ、全耕地の中で普通畑は25.6％、樹園地6.5％、牧草地13.5％の構成なのだが、北海道は田が19.4％にすぎず、畑が80.6％を占めている。全耕地に対する畑の構成は普通畑36.2％、樹園地0.3％、牧草地44.2％となる。北海道の場合は、畑と牧草地の比重が高い。

　表1―12は、2014年の『生産農業所得統計』であるが、全国の農業産出額は8兆3639億円であった。先の表1―6でみた工業生産額（製造品出荷額等）は307兆円であったことからすると、農業産出額は工業生産額の2.7％にすぎない。通説では、日本の農業産出額8兆円はソニーやパナソニック1社分ともいわれている。ただし、農業は食糧安全保障や国土保全等の多面的な機能を備えているのであり、産出額だけでみていくことはできない。

　表1―12の農業産出額をみると、北海道は1兆1110億円となり、日本全体の13.2％を占める。第2位は首都圏に隣接する野菜の供給地である茨城県

(4292億円)、第3位は肉牛、ブロイラー等の畜産の比重の高い鹿児島県(4263億円)、第4位は茨城県と同様の位置にある千葉県(4151億円)、第5位は畜産の比重の高い宮崎県(3326億円)、第6位が畜産と野菜の熊本県(3283億円)、第7位が大都市近郊農業の愛知県(3010億円)と続く。耕地面積がかなり広く、米どころとしても知られる新潟県は第10位(2448億円)、秋田県は第22位(1473億円)であった。近年、米価の低下が著しく、米主体の県は軒並み産出額の順位を下げている。

▶畜産と根物の比重が高い

　日本全体では耕種(米、野菜等)と畜産の比重は、64：36なのだが、北海道は46：54と畜産の比重が高い。また、畜産の中でも、乳用牛(酪農)の比重が圧倒的に高い。乳用牛の比重は全国の49％を占め、北海道の畜産の中でも65.5％を占めている。なお、畜産の中でも、肉用牛、豚は鹿児島県、宮崎県、熊本県といった九州南部と北海道の比重が高く、鶏のブロイラーは鹿児島県、宮崎県、岩手県、青森県、北海道といった日本の南北端に傾斜している。また、特に鮮度が要求される鶏卵については、大きな市場圏に近接する茨城県、千葉県、愛知県、岡山県、広島県などが目立つ。

　このように、北海道農業は耕地面積が広い専業の大規模農業であり、田の比重は小さく、野菜、牧草が多く、また、乳用牛を中心とした畜産の比重が高いという点が指摘される。

　表1—13は、主要な野菜の収穫量を産出都道府県別に示したものだが、特に、北海道は、ばれいしょ(ジャガイモ)が全国の79.2％、たまねぎが64.6％、にんじんは29.9％、だいこんは12.3％を占め、それぞれ全国第1位であった。日持ちのする根物に特徴がある。この他に、ビート、甜菜、ホップなどの生産も多く、また、近年、ハウス栽培も増加し、トマト、その他の葉物の生産も増加している。

(2) 地域的に際立つ農畜産物

　以上のように、北海道の農業は本州以南とはかなり異なっているが、さらに、

表1—12 日本の農業

区分	農業産出額	耕種	米	野菜	果実	花き	工芸農作物
北海道	① 11,110	5,078	1,105	2,116	59	121	420
青森	⑧ 2,879	1,998	388	668	833	19	51
岩手	⑪ 2,352	942	471	250	103	44	50
宮城	⑲ 1,629	937	602	245	22	28	2
秋田	㉒ 1,473	1,140	773	235	63	27	16
山形	⑯ 2,128	1,766	668	355	642	70	5
福島	⑱ 1,837	1,356	529	452	248	78	13
茨城	② 4,292	3,025	762	1,707	132	136	14
栃木	⑨ 2,495	1,496	467	803	87	66	7
群馬	⑫ 2,335	1,294	114	920	91	48	91
埼玉	⑰ 1,902	1,612	350	967	65	165	14
千葉	④ 4,151	2,899	585	1,611	163	193	9
東京	㊼ 295	273	1	173	32	48	0
神奈川	㉟ 781	626	35	433	80	52	2
新潟	⑩ 2,448	1,913	1,296	383	88	96	12
富山	㊵ 581	484	377	52	22	11	0
石川	㊸ 475	381	236	90	24	7	2
福井	㊺ 400	354	250	66	10	7	0
山梨	㉞ 797	715	49	106	504	30	1
長野	⑬ 2,322	1,990	402	837	544	144	3
岐阜	㉗ 1,099	666	198	324	48	66	9
静岡	⑮ 2,154	1,524	173	598	283	175	231
愛知	⑦ 3,010	2,100	250	1,011	175	557	20
三重	㉙ 1,056	608	216	160	72	49	52
滋賀	㊶ 554	440	302	85	5	11	7
京都	㊲ 663	489	150	254	16	12	39
大阪	㊻ 320	297	77	141	52	19	0
兵庫	⑳ 1,491	948	401	414	33	46	1
奈良	㊹ 402	338	86	116	82	37	7
和歌山	㉜ 952	901	76	155	581	54	6
鳥取	㊳ 653	407	110	193	67	21	3
島根	㊷ 531	317	159	90	36	15	3
岡山	㉔ 1,235	698	271	188	174	29	2
広島	㉘ 1,086	576	203	182	142	24	1
山口	㊴ 614	412	197	129	35	29	3
徳島	㉛ 953	685	98	348	106	39	6

産出額（2014） （単位：億円）

畜産	乳用牛	肉用牛	豚	鶏	鶏卵	ブロイラー
6,032	3,949	896	456	369	222	145
880	76	143	260	387	181	201
1,410	246	218	270	668	130	515
690	132	213	132	213	162	45
332	32	45	182	71	58	x
357	81	110	128	34	24	x
475	91	111	97	175	141	16
1,200	175	144	414	465	411	35
991	366	200	271	151	129	7
1,040	276	121	411	218	140	63
289	71	36	69	108	107	x
1,248	262	54	478	443	368	49
21	12	1	3	4	4	—
153	52	9	48	42	41	—
534	66	28	146	294	222	14
90	17	12	20	41	40	—
92	29	9	15	40	39	x
45	10	8	3	24	23	x
74	24	10	13	26	19	x
301	120	75	54	42	20	22
432	53	102	71	200	153	25
502	100	90	82	197	157	33
906	217	95	276	282	240	30
411	63	69	86	191	154	24
112	26	56	7	22	20	1
141	37	17	12	74	59	10
23	13	1	6	3	3	—
542	116	132	18	274	175	77
57	30	7	4	16	14	0
49	6	8	2	29	18	9
246	66	26	54	100	23	77
213	72	68	27	43	34	8
536	113	80	26	316	244	62
509	71	66	74	294	270	18
201	21	44	18	115	64	33
268	40	61	36	131	25	84

香　川	㊱	758	444	96	236	57	29	4
愛　媛	㉖	1,186	883	126	198	452	36	5
高　知	㉚	962	883	99	574	100	71	12
福　岡	⑭	2,170	1,752	349	772	266	181	31
佐　賀	㉕	1,230	929	226	404	168	30	22
長　崎	㉑	1,477	974	117	466	125	81	45
熊　本	⑥	3,283	2,172	353	1,191	311	99	119
大　分	㉓	1,268	812	217	347	135	54	22
宮　崎	⑤	3,326	1,311	173	748	147	73	56
鹿児島	③	4,263	1,476	183	506	95	122	277
沖　縄	㉝	901	490	5	123	55	90	195
全　国		83,639	53,632	14,343	22,421	7,628	3,437	1,889

注：○数字は全国順位。
資料：農林水産省『2014年生産農業所得統計』

　広大な北海道の中においても、地域によって相当に異なっていることが指摘される。ここでは、振興局管内別、あるいは、より広い道央、道南、道北、道東といった地域区分を意識し、1農家当たりの耕地面積、栽培作物の特色、さらに畜産の状況などをみていくことにしたい。

　表1―14の地域別経営耕地の状況（2010年）によると、北海道全体の「経営耕地のある経営体」は4万5479戸、経営耕地の総面積は106万8251 ha とされ、1経営体当たりの耕地面積は 23.5 ha となった。本州以南の15倍程度の面積となる。この1経営体当たりの耕地面積を振興局別にみていくと、最大が宗谷振興局の 72.8 ha であり、以下、根室振興局の 71.3 ha、釧路総合振興局の 62.7 ha と続く。これらの地域の農業は後にみるように「牧草」主体とされている。逆に1経営体当たりの耕地面積が狭いのは、道南の渡島総合振興局の 9.8 ha、檜山振興局の 11.8 ha となる。道南は半島であり、全体的に平地が少なく、耕地面積も狭い。また、水稲主体の道央はいずれの振興局管内も 10～17 ha 規模であり、北海道農業全体に比べて相対的に狭い。

　なお、北海道の田（水稲）の比重は小さいが、道央の空知総合振興局（田の構成比 84.0％）、石狩振興局（59.8％）から道北の旭川のある上川総合振興局（49.8％）、留萌振興局（38.1％）にかけてが水稲地帯となっている。それ以外の地域では水稲栽培はあまり行われていない。

314	41	44	23	206	133	51
303	43	35	136	86	64	22
79	28	14	18	19	10	8
400	101	49	62	182	132	38
295	18	127	54	95	17	75
499	59	202	137	98	51	47
1,070	280	337	228	192	89	80
447	86	144	92	124	46	62
1,983	96	571	501	812	105	661
2,710	104	959	763	880	281	580
411	42	169	133	65	50	13
29,448	8,051	5,940	6,331	8,530	5,109	…

▶地域による栽培作物の偏在

　先のような事情から、地域別の主要農作物はかなり異なる。表1—15によると、水稲が多いのは岩見沢市を中心とする空知総合振興局であり、収穫量（29万2100トン）でみると北海道全体の45.3%を占める。さらに、その北の旭川市を中心とする上川総合振興局は収穫量18万2600トンと28.3%を占め、この二つの振興局管内で北海道の水稲の73.6%を生産している。

　小麦に関しては、最大の生産地帯は帯広市を中心にする十勝総合振興局であり、収穫量は20万9800トンで北海道全体の38.0%を占める。次が北見市を中心とするオホーツク総合振興局であり、収穫量は15万4700トンで28.1%となり、この二つで全体の66.1%を占める。

　大豆は、最大の生産地は空知総合振興局であり、収穫量2万0900トンで北海道全体の28.4%、十勝総合振興局が1万6100トン、21.9%、上川総合振興局が1万4700トン、20.0%となり、この三つの振興局管内で北海道全体の70.3%を占める。

　また、北海道特有の農産物であるてんさいは、道東の十勝総合振興局が157万9000トン、44.3%、同じ道東のオホーツク総合振興局の144万1000トン、40.4%、二つ合わせて84.7%を占めている。

　これらに対し、室蘭市や苫小牧市からなる胆振総合振興局、渡島総合振興局、

表1―13　主要な野菜の主な産出都道府県（2015年度産）

区分	全国収穫量（トン）	第1位（トン、%）	第2位（トン、%）	第3位（トン、%）
ばれいしょ	2,396,000	北海道 (1,897,000　79.2)	長崎県 (93,000　3.9)	鹿児島県 (76,200　3.2)
キャベツ	1,469,000	愛知県 (261,700　17.8)	群馬県 (243,900　16.6)	千葉県 (132,800　9.0)
だいこん	1,434,000	北海道 (176,800　12.3)	千葉県 (156,700　10.9)	青森県 (132,600　9.2)
たまねぎ	1,258,000	北海道 (812,200　64.6)	佐賀県 (118,800　9.4)	兵庫県 (91,900　7.3)
はくさい	894,600	茨城県 (236,000　26.4)	長野県 (222,300　24.8)	北海道 (30,000　3.4)
トマト	727,000	熊本県 (126,000　17.3)	北海道 (61,700　8.5)	茨城県 (47,300　6.5)
にんじん	633,100	北海道 (189,300　29.9)	千葉県 (119,200　18.8)	徳島県 (51,800　8.2)
レタス	568,000	長野県 (191,500　33.7)	茨城県 (87,400　15.4)	群馬県 (49,100　8.6)
きゅうり	550,500	宮崎県 (61,200　11.1)	群馬県 (51,000　9.3)	福島県 (41,300　7.5)
ねぎ	474,500	千葉県 (67,200　14.2)	埼玉県 (60,400　12.7)	茨城県 (47,900　10.1)
なす	308,900	高知県 (38,200　12.4)	熊本県 (31,700　10.3)	群馬県 (21,700　7.0)
ほうれんそう	250,800	千葉県 (35,300　14.1)	埼玉県 (26,200　10.4)	群馬県 (21,600　8.6)
さといも	153,300	千葉県 (20,100　13.1)	埼玉県 (17,300　11.2)	宮崎県 (13,000　8.5)
ピーマン	140,400	茨城県 (33,200　23.6)	宮崎県 (26,800　19.1)	高知県 (12,600　9.0)

資料：農林水産省『2015年産指定野菜（秋冬野菜等）および指定野菜に準ずる野菜の作付面積、収穫量および出荷量』2016年

　宗谷総合振興局、釧路総合振興局、根室振興局管内では目立った農作物はない。宗谷総合振興局、釧路総合振興局管内は厳しい気候であり、農作物としては牧草が栽培されている。
　このように、広大な北海道の地域条件は多様であり、農作物の生産も地域的に特色のあるものになっているのである。

表1—14 北海道の地域別経営耕地の状況 (2010)

区分	経営耕地のある経営体(戸)	経営耕地総面積(ha)	1戸当たりの耕地面積(ha)	田の面積(ha)	畑の面積(ha)	樹園地の面積(ha)	田の構成比(%)
北海道	45,479	1,068,251	23.5	222,188	843,421	2,641	20.8
道央							
空知総合振興局	8,021	106,229	13.3	89,190	16,676	364	84.0
岩見沢市	1,253	18,086	14.4	15,761	2,285	40	87.1
石狩振興局	2,933	37,337	12.7	22,345	14,894	97	59.8
江別市	437	7,329	16.8	4,712	2,612	17	64.3
後志総合振興局	2,854	29,177	10.2	8,019	19,875	1,283	27.5
胆振総合振興局	2,154	29,324	13.6	8,955	20,197	172	30.5
室蘭市	19	237	12.5	8	230	—	3.4
苫小牧市	58	922	15.9	—	919	3	0.0
日高振興局	2,005	34,644	17.3	4,004	30,626	13	11.6
道南							
渡島総合振興局	2,075	20,320	9.8	5,315	14,876	130	26.2
函館市	267	1,554	5.8	125	1,404	15	8.0
檜山振興局	1,388	16,391	11.8	8,376	7,896	118	51.1
道北							
上川総合振興局	8,111	122,732	15.1	61,117	61,464	151	49.8
旭川市	1,382	13,320	9.6	10,256	3,011	53	38.1
留萌振興局	999	26,671	26.7	10,164	16,396	111	38.1
宗谷総合振興局	810	58,959	72.8	—	58,960	—	0.0
道東							
オホーツク総合振興局	5,057	154,226	30.5	2,987	151,211	28	1.9
北見市	1,038	21,942	21.1	1,362	20,571	10	6.2
十勝総合振興局	6,148	235,582	46.5	1,716	233,718	148	0.7
帯広市	710	22,029	31.0	—	22,004	25	0.0
釧路総合振興局	1,387	87,009	62.7	—	86,984	25	0.0
釧路市	238	10,248	43.1	—	10,243	5	0.0
根室振興局	1,537	109,650	71.3	—	109,650	0	0.0

注：各振興局の中から、本書と関連する市を採り上げた。
資料：『世界農林業センサス』

▶畜産の状況

　北海道は全国一の酪農地帯だが、乳用牛を飼養している経営体は7564戸、飼養頭数は86万6058頭に及ぶ、1経営体当たり114.5頭となる。そして、この酪農経営体は圧倒的に道東に偏在している。十勝総合振興局が1621経営体（北海道全体に対する構成比21.4％）、23万5280頭（27.2％）、根室振興局が

表1—15 北海道の地域別主要作物作付面積及び収穫量（2014）

区分	水稲 作付面積 (ha)	水稲 収穫量 (トン)	小麦 作付面積 (ha)	小麦 収穫量 (トン)	大豆 作付面積 (ha)	大豆 収穫量 (トン)	てんさい 作付面積 (ha)	てんさい 収穫量 (トン)
北海道	111,000	640,500	123,400	551,400	28,600	73,600	57,400	3,567,000
道央								
空知総合振興局	50,000	292,100	17,600	73,100	8,230	20,900	494	31,100
岩見沢市	7,660	43,800	5,090	22,900	1,360	3,810	—	—
石狩振興局	7,660	43,200	9,880	40,100	2,240	6,030	935	58,900
江別市	1,080	5,920	1,800	7,290	386	1,060	62	3,290
後志総合振興局	4,850	26,800	1,790	6,860	1,410	3,570	1,240	76,500
胆振総合振興局	3,710	19,600	2,040	8,460	1,270	3,210	1,580	100,100
室蘭市	5	26	—	—	—	—	—	—
苫小牧市	—	—	x	x	18	41	39	2,250
日高振興局	1,510	7,890	58	242	x	x	44	2,720
道南								
渡島総合振興局	3,060	15,600	82	336	608	1,190	142	7,880
函館市	65	312	—	—	8	20	x	x
檜山振興局	4,200	22,300	902	3,090	1,330	2,700	209	13,000
道北								
上川総合振興局	30,500	182,600	13,700	48,100	5,830	14,700	3,550	219,600
旭川市	6,430	39,100	924	2,400	574	1,050	150	10,400
留萌振興局	4,500	24,800	1,570	5,490	745	1,350	328	13,200
宗谷総合振興局	—	—						
道東								
オホーツク総合振興局	1,070	5,950	29,500	154,700	1,320	3,790	23,400	1,441,000
北見市	726	4,070	5,820	25,400	185	487	3,570	202,700
十勝総合振興局	15	85	46,100	209,800	5,590	16,100	25,100	1,579,000
帯広市	—	—	6,890	33,900	617	1,930	3,240	222,400
釧路総合振興局	—	—	238	1,130	2	5	301	16,900
釧路市	—	—	x	x	—	—	—	—
根室振興局	—	—	57	102	x	x	125	6,250

注：採り上げた各市については、各振興局の中から本書と関連する市。
資料：農林水産省『作物統計調査』2014年

1406経営体（18.6％）、18万3559頭（21.2％）、オホーツク総合振興局が1130経営体（14.9％）、12万0694頭（13.9％）、釧路総合振興局が1048経営体（13.9％）、12万9567頭（15.0％）であり、道東が経営体数で68.8％、飼養頭数で77.3％を占めていることになる。水稲、その他の農作物の栽培が難しい道東においては、牧草、酪農が主軸となっている。

肉用牛については、乳用牛ほどではないがやはり道東の比重が高い。肉用牛を飼養している経営体は北海道全域で3469戸、飼養頭数は46万6553頭と、乳用牛のほぼ半分の規模である。1経営体当たりの飼養頭数は134.5頭であった。十勝総合振興局が794経営体（22.9％）、19万9665頭（42.7％）が最大であり、やはり道東が多く、オホーツク総合振興局が463経営体（13.3％）、6万5532頭（14.0％）、根室振興局が349経営体（10.1％）、1万8292頭（3.9％）、釧路総合振興局が290経営体（8.4％）、4万0245頭（8.6％）と、道東が1896経営体（54.7％）、32万3734頭（69.4％）を占めている。その他では、日高振興局が315経営体（9.1％）、1万8611頭（4.0％）、胆振総合振興局が301経営体（8.7％）、2万7208頭（5.8％）となっている。

　豚を飼養している経営体は北海道全域で223経営体、飼養頭数は41万7328頭であり、1経営体当たり1871.4頭と、牛に比べて飼養頭数は10倍ほど多い。この豚については道東に偏在するのではなく、各地で取り組まれている。後志総合振興局が19経営体（8.5％）で7万5767頭（18.1％）の飼養、渡島総合振興局が13経営体（5.8％）で7万5711頭（18.1％）、十勝総合振興局が33経営体（14.8％）で5万0975頭（12.2％）を飼養している。その他の地域でも飼養している場合が少なくない。牛に比べて特定の地域に偏在しているわけではない。

　このように、畜産王国とされる北海道では、農作物の栽培にあまり適さない道東の地で乳用牛、肉牛の飼養が活発に行われていた。これらを含めて、北海道の農業は気候条件、土壌条件等によって特色のあるものとして形成されている。

　また、統計表ではみえにくかったが、札幌大都市圏の形成の中で、江別や恵庭のあたりでは水稲専業から軟弱野菜など多品種少量生産の大都市近郊農業に変わってきた農家も少なくない。そのように、一方では特定品目に傾斜する大規模経営があり、他方で、大都市消費市場向けの多種生産に向かうところまで、多様な農業が営まれている。そして、このような農畜産業は、食料品製造業にとっての素材供給として、あるいは、本書第9章でみるように、独自な6次産業化への展開、さらに、鮮度こだわるなど、新たな可能性に向けた取組みを重ねているのであった。

表1―16 北海道の地域別家畜飼養経営体数、頭羽数 (2010)

区分	乳用牛 経営体 (戸)	乳用牛 頭数 (頭)	肉用牛 経営体 (戸)	肉用牛 頭数 (頭)	豚 経営体 (戸)	豚 頭数 (頭)	採卵鶏 経営体 (戸)	採卵鶏 羽数 (万羽)	ブロイラー 経営体 (戸)	ブロイラー 出荷 (万羽)
北海道	7,564	866,058	3,469	466,553	223	417,328	158	446	12	1,956
道央										
空知総合振興局	103	9,941	127	15,713	14	27,239	20	30	—	—
岩見沢市	21	1,195	15	133	—	—	1	x	—	—
石狩振興局	175	14,105	70	3,449	20	13,210	21	85	2	x
江別市	17	4,340	23	14	1	x	5	3	—	—
後志総合振興局	90	5,473	61	3,826	19	75,767	17	1	1	x
胆振総合振興局	140	9,900	301	27,208	22	59,059	17	171	3	1,758
室蘭市	3	257	3	76	—	—	1	x	—	—
苫小牧市	12	1,100	17	394	2	x	1	x	—	—
日高振興局	190	10,535	315	18,611	12	7,765	4	1	—	—
道南										
渡島総合振興局	262	16,679	175	16,584	13	75,711	16	17	—	—
函館市	19	701	12	238	2	x	—	—	—	—
檜山振興局	96	5,134	107	5,976	10	13,027	3	0	—	—
道北										
上川総合振興局	384	37,627	216	40,231	31	45,358	17	20	1	x
旭川市	28	1,896	23	1,795	7	9,889	2	x	—	—
留萌振興局	204	16,542	75	3,367	5	973	1	x	—	—
宗谷総合振興局	715	71,022	126	7,854	1	x	2	x	1	x
道東										
オホーツク総合振興局	1,130	120,694	463	65,532	35	31,449	10	5	2	x
北見市	109	8,375	30	2,529	5	8,732	1	x	—	—
十勝総合振興局	1,621	235,280	794	199,665	33	50,975	20	102	2	x
帯広市	96	13,935	31	17,624	5	7,100	3	1	—	—
釧路総合振興局	1,048	129,567	290	40,245	5	14,969	8	11	—	—
釧路市	132	15,296	57	6,247	1	x	4	11	—	—
根室振興局	1,406	183,559	349	18,292	3	x	2	x	—	—

注:各振興局の中から本書と関連する市を採り上げた。
資料:表1―14と同じ

　ここまで主として統計資料を用い、北海道の人口、工業、農畜産業を概観してきた。北海道開発のわずか百数十年の間に、人びとの努力により、産業基盤、生活基盤が整備され、優れた農畜産業、そして、興味深い産業、工業を展開してきた。そのような中で、1980年代の後半のあたりから大きな産業構造調整に見舞われ、1995年をピークに人口減少過程に入り、新たな産業展開が必要

になってきている。これまでの素材供給型の産業から、時代を先導し、地域に付加価値が残り、そして、人びとに多様な就業の場を提供していく新たな産業の形成が求められている。これは、農畜産業、工業ばかりでなく、商業・サービス業の世界にも共通する課題であろう。

　人口が減少過程に入り、高齢化が進み、さらに、札幌市の魅力が増大していく中で人口の札幌市への一極集中が際立ってきた。逆に、札幌大都市圏以外の広大な地域、市町村の人口減少、高齢化が極度に進みつつある。この点をどのように受け止めていくのかは、これからの北海道経済社会、産業社会を論じていく場合の最大の焦点になってきている。豊かな地域資源をベースにする新たな産業化、新たな地域状況を受け止めた産業化等が問われているのであろう。

　本書では、北海道の各地で取り組まれている多様な事業に注目していくが、独特の事業領域を切り拓き、一歩踏み込んだ取組みのその姿から、私たちは次の可能性を読み取り、新たな一歩を踏み出していくことが求められているのである。

1） 夕張市の人口減少と社会課題等については、関満博『中山間の「買い物弱者」を支える——移動販売・買い物代行・送迎バス・店舗設置』新評論、2015年、第6章を参照されたい。
2） 沖縄県の事情については、関満博『沖縄地域産業の未来』新評論、2012年、を参照されたい。
3） 島根県は国勢調査ベースで、1975年から2010年までの35年間、高齢化率全国第1位を続けていたのだが、2010年に秋田県にその座を渡したとして注目された。早い時期から人口減少、高齢化に直面していた島根県では、産業振興、定住促進を目指した取組みが重ねられている。この島根県の事情については、関満博編『地方圏の産業振興と中山間地域——希望の島根モデル・総合研究』新評論、2007年、関満博・松永桂子編『中山間地域の「自立」と農商工連携——島根県中国山地の現状と課題』新評論、2009年、関満博・松永桂子編『「農」と「モノづくり」の中山間地域——島根県高津川流域の「暮らし」と「産業」』新評論、2010年、を参照されたい。

4）このような問題指摘については、関、前掲『中山間地域の「買い物弱者」を支える』を参照されたい。
5）「6次産業化」を提示したのは東京大学名誉教授の今村奈良臣氏であり、氏の「『今、注目される農業の6次産業化』～動き始めた、農業の総合産業化政策」（財団法人21世紀村づくり塾『地域に活力を生む、農業の6次産業化——パワーアップする農業・農村——』1998年）が詳しい。具体的な展開方向等については、関満博編『6次産業化と中山間地域——日本の未来を先取る高知地域産業の挑戦』新評論、2014年、を参照されたい。
6）「集落営農」については、楠本雅弘『進化する集落営農』農山漁村文化協会、2010年、関満博『「農」と「食」のフロンティア』学芸出版社、2011年、関満博・松永桂子編『集落営農／農山村の未来を拓く』新評論、2012年、を参照されたい。また、集落営農の一つの典型である富山型集落営農については、関満博「『富山型』集落営農の展開——礪波平野と近代工業都市高岡の兼業農業地帯」（『明星大学経済学研究紀要』第48巻第2号、2016年12月）を参照されたい。

第2章　札幌大都市圏／北海道のモノづくりをリードする
　　　　──大都市圏機械金属工業を形成──

　人口約540万人の北海道、そのうち約195万人（36.3％）が札幌市に居住している。札幌オリンピック（1972年）の少し前の1970年の札幌市の人口は101万人であり、この45年で人口はほぼ倍になっている。さらに、札幌の高まりは他方で大都市経済圏として外延的拡大を重ね、住宅や工場、大学等の外延化を進めている。現在では、札幌市を中心にして、江別市、北広島市、石狩市、恵庭市、千歳市、当別町、新篠津町といった石狩振興局管内だけでなく、西の小樽市、南の苫小牧市あたりまでが札幌大都市圏を形成し始めているようにみえる。札幌中心部を東京都心部とすると、石狩、小樽は千葉、千歳は立川、苫小牧は八王子をイメージさせる。そして、この空間的範囲は鉄道、高速道路でほぼ1時間圏内であり、その人口は約270万人と、北海道全域の約50％を占めている。

　札幌大都市圏は首都圏、中京圏、近畿圏には及ばないものの、人口集積だけでなく、大学等の研究施設、人材育成機関、さらに新たな産業集積（工業、商業、サービス業）の密度が高くなっていくであろう。人口集積、都市構造の高度化と外延化が進んでいくと、そのエリアが産業展開の一つの焦点になっていく。大都市は「新たな産業を生み出す「揺り籠」とされているのである。

　後の第3章では「札幌大都市圏から生まれ、支える多様な産業」に注目していくが、この章では、札幌大都市圏の工業展開の輪郭を明示し、そして、モノづくり産業の基礎となる機械金属工業に光をあてていく。寒冷、積雪を基礎的条件とする北方圏の北海道という地域条件の中で、独特な新たな産業が生まれ、さらに、発展していく中で、全国展開に踏み出していく場合も少なくない。北海道の機械金属工業といえば、室蘭の鉄鋼業、函館の造船、帯広の農業機械が著名だが、札幌大都市圏においても機械金属工業をめぐり興味深い取組みが重ねられているのである。

1. 札幌大都市圏の工業構造

　本書では、札幌市（面積約 1121 km^2、2015 年国勢調査人口 195 万 3784 人）を中心にした江別市（187 km^2、12 万 0677 人）、千歳市（595 km^2、9 万 5664 人）、恵庭市（295 km^2、6 万 9745 人）、北広島市（119 km^2、5 万 9087 人）、石狩市（722 km^2、5 万 7462 人）、当別町（423 km^2、1 万 7290 人）、新篠津村（78 km^2、3332 人）から構成される石狩振興局管内（3540 km^2、237 万 7041 人）と隣の胆振振興局管内の苫小牧市（562 km^2、17 万 2794 人）を合わせて札幌大都市圏とする。ここに、後志振興局管内の小樽市（244 km^2、12 万 1924 人）を加えた方がいいかもしれない。石狩振興局管内に苫小牧市を加えると、面積 4102 km^2、人口 254 万 9835 人、さらに小樽市を加えると、面積 4346 km^2、人口 267 万 1745 人となる。面積で東京都の約 2 倍、人口は約 4 分の 1 となる。

　このような空間的範囲を意識し、以下では、工業統計（2014 年）を利用し、石狩振興局管内と、千歳市、苫小牧市に注目し、その工業構造の輪郭を明らかにしていくことにする。

（1）石狩振興局管内／多様な産業が集積

　表2―1によると、石狩振興局管内の札幌市を中心にする 6 市 1 町 1 村の事業所数は 1404 事業所、全道（5465 事業所）に対して 25.7％ となった。従業者数は 4 万 9818 人であり、全道の 30.2％ を占める。製造品出荷額等は 1 兆 2224 億円であり、全道（6 兆 6723 億円）の 18.3％ となる。ただし、北海道の工業統計上、「石油・石炭（実質は石油）」の取扱いが問題になる。この点は第 1 章でも指摘したが、「水ぶくれ」ではなく「油ぶくれ」となる。北海道の「石油」は苫小牧の出光興産と室蘭の JX エネルギーの 2 カ所の精油所が担っているが、この数十年、精製能力は変わらないものの、原油価格の高騰により、製造品出荷額等が巨大なものになり、2014 年の全道の製造品出荷額に対して 22.9％ を占めている。しかも、胆振振興局管内の苫小牧、室蘭だけで石油の製造品出荷

表2—1　石狩振興局管内工業の事業所、従業者、出荷額等（2014）

区分	事業所数（件）	（％）	従業者数（人）	（％）	製造品出荷額等（100万円）	（％）
石狩振興局管内計	1,404	100.0	49,818	100.0	1,224,917	100.0
食料品	313	22.3	23,251	46.7	410,259	33.5
飲料・飼料	28	2.0	778	1.6	81,985	6.7
繊維工業	45	3.2	515	1.0	3,636	0.3
木材・木製品	20	1.4	335	0.7	7,368	0.6
家具・装備品	83	5.9	1,187	2.4	17,484	1.4
パルプ・紙	34	2.4	1,651	3.3	57,545	4.7
印刷	168	12.0	4,371	8.8	75,595	6.2
化学工業	24	1.7	926	1.9	48,842	4.0
石油・石炭	12	0.9	135	0.3	9,774	0.8
プラスチック製品	66	4.7	1,362	2.7	31,761	2.6
ゴム製品	11	0.8	197	0.4	3,109	0.3
なめし革・毛皮	4	0.3	28	0.1	206	0.0
窯業・土石	65	4.6	884	1.8	33,551	2.7
鉄鋼	26	1.9	991	2.0	63,690	5.2
非鉄金属	7	0.5	68	0.1	1,036	0.1
金属製品	227	16.2	4,472	9.0	123,832	10.1
はん用機械	37	2.6	483	1.0	8,060	0.7
生産用機械	64	4.6	1,440	2.9	31,231	2.5
業務用機械	15	1.1	232	0.5	3,276	0.3
電子部品等	8	0.6	2,545	5.1	97,364	7.9
電気機械	41	2.9	1,204	2.4	36,485	3.0
情報通信機械	7	0.5	423	0.8	6,587	0.5
輸送用機械	22	1.6	1,574	3.1	55,102	4.5
その他	77	5.5	766	1.5	17,139	1.4
機械金属系10業種	454	32.3	13,432	27.0	425,563	34.7

注：①従業者4人以上の統計。
　　②石狩振興局管内は、札幌市、江別市、千歳市、恵庭市、北広島市、石狩市、当別町、新篠津村の6市1町1村から構成される。
資料：『工業統計表』

額等の98.9％を占めている。この石油精製は装置産業であり、従業者数は極めて少ない。全道の「石油・石炭」をみても931人（構成比0.6％）にとどまる。固定資産税等で地域に貢献するものの、地域の他産業との関係はメンテナンス程度であり、寄与するところは少ない。そのような事情から、地域の工業構造分析からは一旦除外して考えた方がよいであろう。「石油・石炭」を入れた場合、全道の製造品出荷額等の約40％が苫小牧市、室蘭市ということにな

り、違和感が大きい。とりあえず、「石油・石炭」を外すと、石狩振興局管内の製造品出荷額等は全道の22.2%となる。全体として、石狩振興局管内の工業は全道に対して約25%ということになろう。

▶食料品関連40%、機械金属系30%、印刷10%の構成

　この石狩振興局管内の工業で、事業所数で多いのは食料品（313事業所、22.3％）、金属製品（227事業所、16.2％）、印刷（168事業所、12.0％）あたりであり、従業者数では食料品（2万3251人、46.7％）、金属製品（4472人、9.0％）、印刷（4371人、8.8％）、電子部品（2545人、5.1％）が目立つ。製造品出荷額等では、食料品（4103億円、33.5％）、金属製品（1238億円、10.1％）、電子部品等（974億円、7.9％）となる。なお、飲料・飼料は、事業所数（28事業所、2.0％）、従業者数（778人、1.6％）にすぎないのだが、製造品出荷額等（820億円、6.7％）を占めている。これはサッポロビールなどの食品系大工場が大きく寄与していることはいうまでもない。食料品と飲料・飼料で、石狩振興局管内の製造品出荷額等の41.2％も占めている。

　これに対し、金属製品、電子部品等を含む機械金属系10業種は、事業所数454（32.3％）、従業員数1万3432人（27.0％）、製造品出荷額等4256億円（34.7％）となっている。特に、後にみる千歳市のパナソニック（現オートモーティブ＆インダストリアルシステムズ社デバイスソリューション事業部北海道工場）、デンソー北海道、ダイナックス等が大きく寄与している。

　また、この石狩振興局管内では、印刷が168事業所（12.0％）、従業員数4371人（8.8％）、製造品出荷額等756億円（6.2％）となり、一定の存在感を示しているが、この印刷は大都市工業の典型とされている。この点もやはり札幌を中心とした大都市圏の充実が寄与しているようにみえる。

　このように、石狩振興局管内の工業は、札幌大都市圏の約250万人の消費に加え、北海道の農産物の集散地としての機能を背景にする道内外市場を目指す食料品、飲料・飼料製造が一つの中心であり、多様な加工機能と人的蓄積をベースにする機械金属系企業の一定の集積、さらに、都市型産業の代表である印刷といった業種が目立っている。特に、機械金属系の企業は、札幌市郊外に建

設された幾つかの工業団地、石狩新港の工業団地、さらに千歳に幅広く形成された工業団地に立地している場合が多い。

　札幌付近の有力な工業団地としては、1961年に設立された発寒鉄工団地（札幌市西区発寒、札幌鉄工団地組合、約55 ha、組合員59名）、1970年から分譲開始された東苗穂工業団地（札幌市東区東雁来、札幌機械センター協同組合、4.5 ha、25名）、1981年設立の石狩新港機械金属工業団地（石狩市新港西、石狩新港機械金属工業協同組合、面積27 ha、組合員33名）が知られている。なお、本書に登場しているケース企業のうち、協和機械製作所、寿産業、札幌高級鋳物、札幌エレクトロプレイティング工業、特殊衣料は発寒鉄工団地、池田熱処理工業が東苗穂工業団地、そして、中央ネームプレート製作所は石狩新港機械金属工業団地に立地している。

　このように、札幌を中心にした石狩振興局管内の工業は、北海道と札幌大都市圏の位置的諸条件を受け止めた展開になっているのであった。

(2) 千歳市／内陸型加工組立産業が集積

　北海道全体、あるいは北海道の主要都市は、この15年ほどの間、工業は大きく減退している場合が多いのだが、表2―2によると、2000年以降、千歳市の工業は事業所数、従業者数、製造品出荷額等のいずれも、さほど大きく変動していない。2000年の事業所は104事業所であったが、2014年は96事業所であった。この間、8事業所減、減少率7.7%にとどまっている。この間、従業者数は7023人から7020人へとほとんど変わっていない。リーマンショック前の7664人からその後のボトムの2011年に5702人（1962人減、減少率25.6%減）に減少したものの、3年ほどで回復している。これは、2007年に進出してきたデンソー北海道の生産が本格化し、従業者が急増したことが大きい。

　製造品出荷額等についても、2000年の2799億円からリーマンショック後の2009年には1900億円へと約900億円の減少（32.1%減）になったものの、2014年は2455億円に回復している。この間、付加価値額は2006年の801億円から、2009年には603億円と約200億円減少（24.7%減）したものの、その後、回復し、2014年には1057億円に達した。従業者1人当たりの付加価値

表2—2　千歳市工業の事業所、従業者、出荷額等、付加価値額等の推移

区分	事業所数(件)	従業者数(人)	製造品出荷額等(100万円)	付加価値額(100万円)	従業者1人当たり付加価値額(万円)
2000	104	7,023	279,921	—	—
2001	103	7,349	257,330	—	—
2002	98	6,808	223,145	91,678	1,347
2003	92	7,144	231,975	99,798	1,397
2004	90	7,075	201,155	96,294	1,361
2005	93	7,126	204,545	94,985	1,333
2006	94	6,229	213,687	80,065	1,285
2007	99	7,664	226,595	83,504	1,090
2008	104	7,091	226,362	73,160	1,032
2009	100	6,975	190,038	60,276	864
2010	91	6,759	220,705	85,608	1,090
2011	93	5,702	211,517	77,501	1,359
2012	93	6,288	223,012	93,841	1,492
2013	91	6,149	217,873	80,955	1,317
2014	96	7,020	245,484	105,693	1,506

注：従業者4人以上の統計。
資料：表2—1と同じ

額は1506万円と、北海道平均の870万円を大きく上回り、主要都市で最大を示している。内陸型の加工組立産業が中心であり、有力企業も多く、業種構成もバラエティに富んでいることが特徴であろう。

▶有力企業は工業団地に進出

　工業の産業中分類別状況を示す表2—3によると、千歳市工業については、以下のような点が指摘される。

　事業所数では、食料品24事業所（構成比25.0％）、金属製品14事業所（14.6％）、窯業・土石11事業所（11.5％）が目立ち、機械金属系10業種は32事業所（33.3％）であった。従業者数については、電子部品等2224人（31.7％）、食料品1811人（25.8％）、輸送用機械642人（9.1％）。生産用機械350人（5.0％）などが目立つ。電子部品にはパナソニック、デンソー北海道、食料品にはキッコーマン、輸送用機械にはダイナックスが大きく寄与している。製造品出荷額等については、食料品は411億円（16.7％）であった。有力企業

表2―3　千歳市工業の事業所、従業者、出荷額等（2014）

区分	事業所数（件）	（％）	従業者数（人）	（％）	製造品出荷額等（100万円）	（％）
千歳市計	96	100.0	7,020	100.0	245,484	100.0
食料品	24	25.0	1,811	25.8	41,076	16.7
飲料・飼料	5	5.2	173	2.5	17,806	7.3
繊維工業	―	―	―	―	―	―
木材・木製品	2	2.1	40	0.6	x	x
家具・装備品	3	3.1	21	0.3	357	0.1
パルプ・紙	2	2.1	135	1.9	x	x
印刷	4	4.1	127	1.8	5,910	2.4
化学工業	6	6.3	334	4.8	12,980	5.3
石油・石炭	―	―	―	―	―	―
プラスチック製品	5	5.2	181	2.6	4,899	2.0
ゴム製品	2	2.1	54	0.8	x	x
なめし革・毛皮	―	―	―	―	―	―
窯業・土石	11	11.5	212	3.0	5,482	2.2
鉄鋼	1	1.0	42	0.6	x	x
非鉄金属	1	1.0	6	0.1	x	x
金属製品	14	14.6	296	4.2	12,257	5.0
はん用機械	1	1.1	17	0.2	x	x
生産用機械	2	2.1	350	5.0	x	x
業務用機械	―	―	―	―	―	―
電子部品等	6	6.3	2,244	32.0	x	x
電気機械	4	4.2	142	2.0	7,772	3.2
情報通信機械	1	1.1	193	2.7	x	x
輸送用機械	2	2.1	642	9.1	x	x
その他	―	―	―	―	―	―
機械金属系10業種	32	33.3	3,912	55.7	x	x

注：従業者4人以上の統計。
資料：表2―1と同じ

のある電子部品等、輸送用機械は秘匿が多く、実態は不明である。

　なお、この千歳市については、戦後の地方の産業開発の焦点となった政策の主要なものの対象になってきたことが指摘される。1962年の札幌通産局による工場適地調査、1964年の新産業都市建設促進法による地域指定（道央地区）、1978年の工業再配置法による特別誘導地域指定、1989年の高度技術工業集積地域開発促進法（テクノポリス法）による道央テクノポリス開発計画承認、1993年の地方拠点都市整備法による地域指定（千歳・苫小牧地域）、1996年の

千歳オフィスアルカディアの設置等であった。全国を見回しても、これだけ国土政策の主要な政策の対象になった地域は少ない。

このような政策を背景に、千歳市は多くの工業団地、産業団地を設置してきた。早くも1964年に市営第1工業団地の造成に着手、1979年には現在の千歳市の看板になっている千歳臨空工業団地の造成に入っている。ここまでに提供してきた工業団地、産業団地は11カ所、総面積はおよそ974 haに上る。全国の内陸都市でこれだけの広大な工業団地、産業団地を展開している都市はない。進出企業は250社を超えている。主な立地企業としては、食品系では北海道キッコーマン、キリンビール、カルビー、岩田醸造、札幌日清、フジッコ、機械金属系ではパナソニック、ミツミ電機、セイコーエプソン、ダイナックス、デンソー北海道、三菱マテリアルなどがあり、ヤマト運輸（千歳主管支店）等もある。

分譲済は千歳市第1工業団地（約48 ha、24社）、第2工業団地（約20 ha、14社）、千歳オフィスアルカディア（約30 ha、9社）である。なお、この千歳オフィスアルカディアの中には、千歳アルカディア・プラザ（㈱千歳国際ビジネス交流センター）が設置され、4階建の中に千歳市産業振興部産業支援室をはじめ40社ほどがオフィスを構えている。

この他に、まだ分譲余力のある工業団地、産業団地としては、看板の千歳臨空工業団地（約434 ha）、千歳サイエンスパーク（約12 ha）、千歳市根志越業務団地（7 ha）、千歳流通業務団地（約53 ha）、千歳美々ワールド（約148 ha）、千歳第3工業団地（約94 ha）、千歳市第4工業団地（約38 ha）、新千歳空港ロジスティクスセンター（約46 ha）がある。

このように、新千歳空港のある千歳市には、多くの工業団地、産業団地が設置され、全国から有力な企業を引き寄せている。なお、本書に登場する企業としては、ダイナックスが千歳第3工業団地、千歳市第4工業団地、デンソー北海道が千歳臨空工業団地、FJコンポジットと函館本社のメデックが千歳オフィスアルカディアの中に立地している。このように、新千歳空港のある千歳市は広大な工業団地、産業団地を用意し、全国から有力な企業を引き寄せているのであった。

(3) 苫小牧市／自動車関連産業集積が進む

　トランスミッション製造のトヨタ自動車北海道が立地する苫小牧市、近年、アイシン北海道、ダイナックス等の有力自動車部品メーカーが進出し、隣の千歳市と合わせて北海道の自動車産業集積拠点を形成しつつある。また、苫小牧市は優れた港湾に恵まれ、新千歳空港の敷地の一部は苫小牧市でもある。さらに、苫小牧市東部には国家プロジェクトとして推進されてきた苫小牧東部大規模工業基地（現苫小牧東部地域）もあり[1]、その巨大な用地も残されている。日本における最後に残された工業用地でもあろう。

　苫東地域の開発を担う㈱苫東のパンフレットには、「苫小牧市は北海道の南西部、札幌市の南約60kmに位置する道央圏の中核都市です。市域は東西39.9km、南北23.6km、面積は561.57km^{2}で、東京都23区とほぼ同じ面積です。苫小牧市は北緯42度37分53秒です。ローマ、瀋陽、シカゴ、ニューヨークの各都市とほぼ同じ緯度に位置しています」とし、苫東地域の特徴として七つの点を挙げている。広大な平坦な用地（総面積107km^2、産業用地55km^2）、涼しい夏・雪の少ない冬、少ない災害リスク、充実した交通・物流（空・陸・海）、多様なエネルギー、多彩な企業・人材、豊かな自然と共生の7点である。

▶石油精製が出荷額の60％を占める。自動車関連は増加

　苫小牧市の工業統計である表2―4によると、2000年の事業所数は273事業所、年々、漸減し、2014年には208事業所にまで減少した。この間の減少数は65事業所、減少率は25.8％であった。従業者数は、2000年の1万0283人から2014年は1万1114人へと831人の増加となった。増加率は8.1％であった。明らかに、トヨタ自動車北海道の増産、関連部門の苫小牧進出が効果的に働いている。

　製造品出荷額等に関しては、2000年の7766億円から、2014年は1兆3913億円と6147億円の増加となった。この間の増加率は79.2％となる。この点は、先に指摘したように『工業統計』上の問題がある。元々の苫小牧市の「石油・

表2—4 苫小牧市工業の事業所、従業者、出荷額等、付加価値額等の推移

区分	事業所数（件）	従業者数（人）	製造品出荷額等（100万円）	付加価値額（100万円）	従業者1人当たり付加価値額（万円）
2000	273	10,283	776,558	—	—
2001	262	10,296	681,728	—	—
2002	251	9,661	663,176	216,561	2,242
2003	259	9,801	619,067	205,250	2,094
2004	253	10,335	562,573	188,343	1,822
2005	259	10,528	746,314	217,689	2,068
2006	240	10,575	921,866	186,577	1,764
2007	232	11,486	548,490	129,843	1,419
2008	225	11,240	1,169,707	175,977	1,674
2009	212	10,409	817,698	118,438	1,123
2010	212	10,536	954,397	119,456	1,130
2011	221	10,716	1,021,404	37,547	350
2012	213	10,985	1,131,075	113,954	1,037
2013	210	10,829	1,244,000	136,077	1,257
2014	208	11,114	1,391,335	51,488	463

注：従業者4人以上の統計。
資料：表2—1と同じ

　石炭」を除いた製造品出荷額等は3000～4000億円ほどであった。それに対し、出光興産の精油所の出荷額はそれにほぼ等しいものであった。出光興産の精油所の精製能力は数十年前から年16万バーレルで変わっていない。この15年をみると、2000年代中盤から苫小牧市の製造品出荷額等は急増しているが、トヨタ自動車北海道関係の増産も含まれているものの、その大半は原油価格の高騰によるものである。いわば「油ぶくれ」ということになる。

　表2—4、5には掲示されていないが、苫小牧市工業統計の「石油・石炭」は製造品出荷額は巨大なものであり、2014年の苫小牧市の「石油精製」は8373億円と推計されている。同年の製造品出荷額の60.2％になる。苫小牧市の製造品出荷額のうち、「石油・石炭」を除いた分は5540億円となろう。また、苫小牧市の工業統計では、2011年と2014年の「石油・石炭」の付加価値額はマイナスを計上していた（原油価格高騰による原価割れ）。その結果、表2—4の従業者1人当たりの付加価値額は大きく低下し、全道平均の870万円を大きく

下回り、わずか463万円となった。このように、苫小牧市の工業の中で「石油・石炭」は大きな攪乱要因であり、実態がみえにくにものにしているのである。

▶拡大する自動車関連部門の進出

表2—5は工業統計の産業中分類別の2014年の結果である。事業所数で目立つのは金属製品の34事業所（構成比16.3%）、窯業・土石21事業所（10.1%）、食料品19（9.1%）あたりであろう。石油・石炭は5事業所（2.4%）、近年増加している輸送用機械は12事業所（5.8%）であった。また、機械金属系10業種は87事業所（41.8%）であった。従業者数では、輸送用機械5441人（49.0%）と圧倒的になり、王子製紙を含むパルプ・紙1684人（15.2%）とこの二つを合わせると59.2%となる。他方、石油・石炭は343人（3.1%）にしかすぎない。

製造品出荷額等は秘匿部分が多いが、主力の輸送用機械は2394億円（17.2%）、パルプ・紙は1441億円（10.4%）となる。石油関係は先にみたように8373億円（60.2%）と推計される。2014年には全く付加価値額を稼ぐことが出来なかった「石油・石炭」を除くと、苫小牧市の製造品出荷額等は5540億円であり、輸送用機械は43.2%、パルプ・紙は20.6%となる。この二大産業で苫小牧市の製造品出荷額等の63.8%となる。このあたりは実感に則したものとなろう。

後にトヨタ自動車北海道の従業者数、生産額の推移をみるが、近年、趨勢的に拡大しており、関連する部門の北海道、苫小牧市、千歳市等への進出も開始され始めている。

表2—6は、苫東地域に進出し操業している製造業関連企業のリストである。現在の苫東地域の計画面積は107 km^{2}となり、産業用地面積は55 km^{2}に縮小されている。2016年8月現在の立地企業は108社、うち操業開始している企業は75社とされている。なお、トヨタ自動車北海道は苫東地域ではなく、その西の港湾地区の西港に接して立地している。また、広大な苫東地域は内陸の臨空柏原地区、臨海地区、臨海臨港地区等に大きく分けられているが、近年の

表2―5 苫小牧市工業の事業所、従業者、出荷額等（2014）

区分	事業所数（件）	（％）	従業者数（人）	（％）	製造品出荷額等（100万円）	（％）
苫小牧市計	208	100.0	11,114	100.0	1,391,335	100.0
食料品	19	9.1	492	4.4	6,810	0.5
飲料・飼料	11	5.3	267	2.4	x	x
繊維工業	2	1.0	15	0.1	x	x
木材・木製品	18	8.7	404	3.6	x	x
家具・装備品	5	2.4	32	0.3	407	0.0
パルプ・紙	8	3.8	1,684	15.2	144,099	10.4
印刷	11	5.2	205	1.8	2,473	0.2
化学工業	13	6.3	381	3.4	21,069	1.5
石油・石炭	5	2.4	343	3.1	x	x
プラスチック製品	5	2.4	48	0.4	1,310	0.1
ゴム製品	1	0.5	13	0.1	x	x
なめし革・毛皮	―	―	―	―	―	―
窯業・土石	21	10.1	366	3.3	12,592	1.0
鉄鋼	8	3.8	342	3.1	27,044	1.9
非鉄金属	8	3.8	167	1.5	x	x
金属製品	34	16.3	392	3.5	14,378	1.0
はん用機械	9	4.3	138	1.2	4,445	0.3
生産用機械	14	6.7	317	2.9	8,825	0.6
業務用機械	1	0.5	11	0.1	x	x
電子部品等	―	―	―	―	―	―
電気機械	1	0.5	5	0.1	x	x
情報通信機械	―	―	―	―	―	―
輸送用機械	12	5.8	5,441	49.0	239,449	17.2
その他	2	1.0	51	0.5	x	x
機械金属系10業種	87	41.8	6,813	61.3	x	x

注：従業者4人以上の統計。
資料：表2―1と同じ

　立地が進むのは新千歳空港に近い内陸の臨空柏原地区である。表2―6をみても、臨空柏原地区が目立つであろう。

　この表2―6によると、苫東地域ですでに操業開始している75社のうち、製造業は32社であった。これらの中で、明らかに自動車関連といえるのは、自動車のトランスミッションのケース鋳造のアイシン北海道、エンジン鋳造のいすゞエンジン製造北海道、アルミホイールの光生アルミ北海道、ダイキャスト部品の有機含浸の三和油化工業、鋳造用機械・部品の新東工業、防錆加工・熱

表2—6　苫東進出企業（製造業の操業事業所）（2016年末）

企業名	立地場所	本社	主要製品
アイシン北海道㈱	臨空柏原	苫小牧市	自動車部品製造
いすゞエンジン製造北海道㈱	臨海北	苫小牧市	自動車エンジン及び部品製造
大関化学工業㈱	臨空柏原	兵庫県	化学製品製造及び研究
カナフレックスコーポレーション㈱	臨空柏原	東京都	土木用集排水管類製造
㈱川上鉄工製作所	臨空柏原	砂川市	製缶加工品・機械部品等製作
光生アルミ北海道㈱	臨空柏原	苫小牧市	アルミホイール及び自動車部品製造
合同酒精㈱	臨海臨港	東京都	工業用アルコール製造
興和化工機㈱	臨空柏原	愛知県	搬送機械の設計・製作
サンエイ㈱	臨空柏原	愛知県	重機修理、加工、機械装置の据付
㈱三荒	臨空柏原	東京都	工業化事業システムの研究開発
㈱産鋼スチール	臨空柏原	小樽市	鋼板の切断・加工
三和油化工業㈱	臨空柏原	愛知県	ダイキャスト部品の有機含浸
シンコーエンジニアリング㈱	臨空柏原	苫小牧市	砕石機械の製造・販売
新東工業㈱	臨空柏原	愛知県	鋳造用機械・部品の加工、修理
㈱ダイナックス	臨空柏原	千歳市	オートマチック車用クラッチディスク製造
大陽日酸北海道㈱	臨空柏原	札幌市	工業用ガス製造販売
㈱中予精工	臨空柏原	愛媛県	半導体、電子部品の超硬金型製造
苫東ファーム㈱	臨空柏原	苫小牧市	植物工場運営
㈱錦戸電気	臨空柏原	苫小牧市	電気工事資材の加工組立
西田鉄工㈱	臨空柏原	熊本県	水門・可動堰等の製作
㈱日邦バルブ	臨空柏原	長野県	バルブ、継手等の製造
日本板硝子北海道㈱	臨空柏原	北広島市	複層ガラス製造
日本パーカーライジング㈱	臨空柏原	東京都	防錆加工・熱処理加工・太陽光発電事業
ノムラ産業㈱	臨海東	札幌市	排煙脱硫用炭酸カルシウム製造
㈱北商コーポレーション	臨空柏原	札幌市	融雪剤の製造販売
北海道エア・ウォーター㈱	臨空柏原	大阪府	工業用ガス充塡販売
㈱北海道ダイキアルミ	臨空柏原	苫小牧市	アルミニウム二次地金製造
松江エンジニアリング㈱	臨空柏原	七飯町	自動車用金型部品製造
明円工業㈱	臨空柏原	歌志内市	プラスチック成形材料製造・販売
村上鉄筋㈱	臨空柏原	室蘭市	鉄筋加工品製造
室蘭ヒート㈱	臨空柏原	室蘭市	金属熱処理
明和工業㈱	臨空柏原	愛知県	自動組立機等の製造

資料：㈱苫東

処理の日本パーカーライジング、アルミ二次加工地金の北海道ダイキアルミ、自動車用金型部品製造の松江エンジニアリング、金属熱処理の室蘭ヒートあたりであろう。10社程度となろう。

　基軸のトヨタ自動車北海道はオートマチック車用トランスミッションの製造

であり、敷地面積100 ha強、従業員3300人を数える大工場ではあるが、完成車両工場ではない。そのために、必要となる加工機能は限られてくる。鈑金系、樹脂系、ゴム系、そして、電子回り等の機能の必要性は乏しい。金属加工周辺の機能に限られている。このような制約はあるものの、苫小牧のトヨタ自動車北海道をはじめとするアイシン北海道、ダイナックス等の進出は、自動車不毛の地とされていた北海道で、千歳の自動車集積と合わせて大きな可能性を示すものとして注目されるであろう。

2. 地域需要をベースに発展

　室蘭の鉄鋼業、函館の造船業、苫小牧の製紙業など、北海道開発の一つの象徴となるかつての基幹産業は、道内需要というよりも、日本全国、さらに海外市場を焦点に形成されてきた。だが、こうした巨大工場が目立つものの、他方で、北方圏、また、大規模農業地域を抱えるといった地域環境の中で、地域需要、地域の生活、産業活動を支えるものとして興味深い産業、企業が生まれてきた。この節で検討する除雪機械、特殊な農業機械、寒冷住宅用の特殊鋼板などはその典型であろう。本州以南では、このような取組みはほとんど行われていない。それは北海道、そしてその中心である札幌大都市圏で生まれてくることになる。

　また、機械金属工業は多様な加工機能の集合体であり、特に近年の技術革新、機械設備の高額化などの中で、多段階、多方面にわたる専門的な機能の高度化が進められている[2]。狭い範囲で専門的な機能を高め、それらがネットワーク化され、高度な製品が現実化されていく場合が少なくない。それらは大都市経済圏の中で形成され、豊かなものになっていく。この点、日本産業の最大の集積地である首都圏、あるいは中京圏、近畿圏がその焦点となっていることがわかる。北海道、及び札幌大都市圏の場合、やはり人口規模、産業の拡がりからして、そのような深みのある集積を形成することは将来の課題であり、当面、地方性が強く働き、特定企業が多様な加工機能等を内部化していかざるをえない。この点は、将来にわたる札幌大都市圏産業集積の基本的な課題となろう。

だが、このような制約にも関わらず、札幌大都市圏の中には、極めて個性的な製品を生み出す機械金属系企業が登場してきた。地域需要から始まり、優れた製品を生み出し、さらに、それを道外に販売するところまできている企業も少なくない。むしろ、市場規模の小さい北海道に制約されることなく、幅広く道外に市場を求めていくことは不可欠であろう。当面は、国内市場中心だが、このような製品群は世界の北方圏の課題に応えようとするものであり、今後の拡がりも期待される。

（1）札幌市／除雪機械のトップメーカー
　　――過酷な条件を克服して地域社会を支える（協和機械製作所）

　機械金属工業の脆弱な北海道、工作機械メーカーや半導体製造装置メーカー等は存在していない。ただし、近年は自動車産業の専用機等を開発生産するメデック（函館）、シンセメック（石狩）、不整形な魚類などを視野に入れた食品加工機械で際立った成果を上げているニッコー（釧路）などの他に、北海道ならではの特殊な機械を生産する中小企業が存在している。除雪機械の協和機械製作所（札幌）、ジャガイモ掘機の東洋農機（帯広）、牧草刈機のIHIスター（千歳）、大根洗い機のエフ・イー（旭川）、ヒロシ工業（旭川）などがそれであろう。

藤枝靖規氏　　　　　　　　最新鋭除雪トラック

第2章　札幌大都市圏／北海道のモノづくりをリードする　69

特に、積雪地、寒冷地の北海道、道路や空港の除雪は人びとの暮らしを支える基本的な要素である。この除雪の世界で際立った取組みをみせる中小企業が協和機械製作所ということになろう。

▶戦前の軍需品生産から、戦後は除雪をメインに

協和機械製作所の歴史は長い。創業者は愛媛県の出身、北見に屯田兵として入植している。その後、31歳になる1939（昭和14）年、札幌市菊水西町にて大阪造兵所発注の野砲用真管製造工場としてスタートしている。照明弾用部品、高射砲弾用部品、航空機用発動機部品の製作にあたった。終戦後は帝国製麻札幌工場の紡績機械の修理に従事し、石川島芝浦機械の代理店にもなり、農機具部品、炭鉱用部品などの製作に転じていった。1951年には北海道庁の依頼でテトラポット用型枠を生産、1952年からはその後の軸となるブルドーザの除雪装置（プラウ）の設計製作に踏み込んでいった。

その後、次々に新製品を開発し、業容も拡大していったことから、1964年、現在地となる発寒鉄工団地に5000 m^2 の土地を求め、翌1965年に移転してきた（現在約1万5000 m^2）。この発寒鉄工団地は中小業高度化資金の適用を受けたものであり、設立当初は74社でスタートしたが、現在では51社になっていた。

協和機械製作所の営業品目としては、大きく「除雪トラック・スノープラウ」「特装車」「その他のアタッチメント」から構成される。主力の「除雪トラック・スノープラウ」は、トラック系除雪装置と建設機械系除雪装置があり、トラックグレーダー、サイドウイング、ツーウェープラウ、プラウ等からなる。「特装車」については、ワンパス草刈車、無水式ガードレール清掃車、トンネル壁面清掃車、ショベル付ダンプトラックなど、「その他のアタッチメント」としては、モーターグレーダー用草刈装置、ロータリー用草刈装置、ショベル用草刈装置、レーキフォーク装置等がある。これらの中で特に注目されたのが、千歳空港に2007年に納入した大型高性能スノースィーパー（12台）であり、除雪車12台による雁行隊形、全幅一方向の除雪が可能になり、幅60 m、長さ3000 mの滑走路の除雪が20分で可能になった。

▶官公需と見込生産、24 時間のメンテ体制

　協和機械製作所が除雪の領域に参入したのは 1952 年頃、米軍の稚内基地の除雪機をみたり、輸入品を参考にしながら開発に入っていった。当時、新明和工業などの航空機・車両メーカーも参入してきたのだが、年間を通じて台数が出そうもないことから退出していった。現在、この領域の同業者は岩崎工業（福井県）のみであるが、協和機械製作所が先行している。主要な受注先は、北海道開発局、国土交通省東京航空局、東日本高速道路、防衛省、北海道庁及び各総合振興局、警察庁、札幌市、道内各市町村などである。

　以前は官給品のトラック、ブルドーザにプラウ等のアタッチメントを付けるものであったが、現在はトラックの裸の車台を買ってきて、組み立てて納品する形となっている。苫小牧港に陸揚げされた裸のトラックが札幌まで走ってくる。なお、ブルドーザ等の建機は建機各社からの調達となるが、除雪用トラックについては、現在ではUDトラックス（旧日産ディーゼル）以外は生産していない。

　受注は官公需の入札となるが、事実上、ライバルはいない。入札以前に綿密な情報収集を行い、入札は 5 月、納入は 8 月から 9 月とされる。落札後に設計、部品調達、生産では間に合わず、形式も決まっていることから見込で冬から部品生産を開始していた。特に、母体となるトラック（UDトラックス）は生産に 3 カ月はかかるため、早めの手配が必要とされていた。なお、千歳空港に納入した大型高性能スノースィーパーのトラックは 500 馬力の特注品であり、UDトラックスも年間 3 台しか作ってくれない。仕入価格は 3800 万円、完成品の販売価格は約 1 億円とされていた。市場は北海道全域に加え、積雪量の多い北東北から山形、新潟あたりまでであり、高速道路用、空港用等が提供されていた。なお、輸出の打診もあるのだが、ココム規制の問題からロシアなどへの輸出はできない。

　協和機械製作所の内部では、設計、部品加工、組立を行うが、一部に外注を利用していた。年間の生産台数は 120〜130 台だが、1 台に 2〜3 のアタッチメントが付くため、実際には 250 台規模とされていた。現在の協和機械製作所の陣容は 98 人（女性 6 人）であり、この数十年、ほぼこの規模で歩んできた。

設計8人、製造関係が48人、品質管理3人、総務・経理・営業が6人、メンテナンスのための指定工場の教育のための部品サービス技術部門4人の構成であった。特に、積雪期には毎日使われるものであることからメンテナンス体制は重要であり、道内18の企業を指定工場とし、定期的に整備を重ね、問題が生じた時には48時間以内に復旧して現場に返すことを原則としていた。このため、本社サイドも正月の3日間のみ社内に人はいないが、それ以外は完全日直体制をとっていた。

 ▶北方の事情に合わせた社会貢献の会社

現2代目社長の藤枝靖規氏は専修大学経営学部の1期生、卒業後は三井造船（川崎）で3年修業を重ねて帰ってきた。当時の従業員は50人ほどであった。藤枝氏自身は長男であり、子供の頃から夏休みには工場で溶接の手伝いなどをしてきた。藤枝氏も70歳を超えたが、後継者の候補者は数人。社内にいる34歳の娘とその夫（首都圏で働くコンピュータ技術者）、さらに、藤枝氏の甥（34歳）が大学卒業後、即入社している。現在は総務で働いていた。このあたりに後継を期待していた。

藤枝氏が大学を卒業した頃に、現在地の発寒鉄工団地に移転、その後、空港用除雪車に入り（1971年）、高速道路用除雪機を充実させ、規模の拡大、除雪機自体の進化を重ねてきた。北方における際立った機械メーカーということができる。藤枝氏は「官公需の入札が主体で、価格が合わずとも仕方がない。社会貢献の会社」と語っていた。このような興味深い企業が札幌郊外の発寒鉄工団地に立地しているのであった。

（2）千歳市／牧草系農業機械の専門メーカー
　　── 多様な機械の一貫生産に向かう（IHIスター）

農業機械は農業を軸とする経済構造にある国地域で、独特な発展を示していく。国地域により土壌条件、栽培作物、圃場などの基盤整備の状況等は異なり、各国地域で独特な発展を示してきた。日本の場合は水稲栽培を基本としてきたために、標準的な機械を生産する農業機械メーカーは、クボタ、ヤンマー、井

関農機、三菱マヒンドラ農機の4社に統合されていった。これら中核企業は水稲栽培の基本的な機械であるトラクタ、田植機、コンバインという三種の神器というべき領域で壮大な生産体制を形成してきた。

これに対し、各地で特色のある農業が行われている。特に、北海道においては水稲ばかりでなく、牧草、ジャガイモ、ホップ等の特色のある農作物があり、また、圃場、1戸当たりの耕地面積も大きく大規模農業が行われている。そのような場合、それに応えるための特色のある農業機械が必要になってくる。ほとんど北海道以外では利用されない多様な農業機械が北海道の農業機械メーカーによって生産されているのであった。

▶牧草系農業機械メーカーとして歩む

牧草系農業機械を特色とする農業機械メーカーとしてIHIスターが知られている。このIHIスターの前身は豊平機械製作所、その後のスター農機であり、1924（大正13）年に設立されている。創業者は北海道出身の関野太一氏、石川島播磨重工業（現IHI）に入社し、東京都江東区都豊洲の工場で旋盤工として働いていた。この関野氏がIHIの支援を得ながら、札幌市豊平の地で豊平機械製作所を設立したことに始まる。デントコーンを裁断するスター式カッタの生産を開始した。なお、この場合の「スター」は北極星を指していたとされる。

1961年には石川島播磨重工業と資本・技術提携に入っていった。1964年にはスター農機に名称を変更している。1970年には業容の拡大を目指し、土関係の農機に強い伊達市の小西農機と合併している。1973年にはその後のIHIスターの看板製品になる国産初のヘーベーラの開発販売に入っていった。このヘーベーラは牧草、田の稲藁をしっかりと角形に梱包するものであり、その後の日本の畜産業に重大な影響を与えていった。このヘーベーラはその後、牧草を円筒状に固めていくロールベーラに発展していく。現在、国内でこの領域ではIHIスターとタカキタ（三重県）が日本の二大メーカーとされている。1978年には豊平が手狭になったことから現在地の千歳市上長部の千歳第3工業団地に移転集約した。1985年には伊達工場を撤収し、千歳に集約した。1986年にはロールベーラの小型化に成功し、販売に入っていった。また、2008年4月

大型のロールベーラ

大手農機メーカーへ OEM 供給

には、それまでのスター農機から IHI スターに名称変更している。

　なお、海外については土壌条件、制度的な条件等が異なるため、日本の農業機械メーカーの進出はあまり進んでいない。比較的耕作条件の似ている台湾、中国等の水稲栽培に関連して、小型トラクタ、コンバインが提供されている程度であろう。この点、IHI スターは 2002 年に中国国内販売を意識し、上海市閔行区に進出している。IHI スター 51％、地元の上海電機集団系の企業 49％で上海世達爾現代農機有限公司（略称上海スター）を設立している。牧草系の農機を提供し、現在では従業員約 170 人で順調に進んでいる。

▶多種多様な製品の一貫生産体制

　現在の IHI スターの従業員数は約 300 人、男性約 250 人、女性約 50 人の男性型企業であった。売上額は約 70 億円。工場は壮大な規模であり、初期の自動車生産工場とよく似ている。機械加工、プレス加工が一部に行われ、外注部品、購入部品が用意され、メインの組立ラインに流れていき、完成品に仕上がっていく。基本的には直線のラインが形成されていた。ただし、製品が実に多種多様であり、自動車工場のようにワンパターンのものではない。また、部品の 70％ 程度は外注・購入であった。メッキ、鋳造は道内だが、鍛造品、刃物は新潟県（三条、燕）が多く、韓国、中国からも入れていた。構内では、部品から製品が出来上がっていく様子がよくみてとれた。

　牧草系を中心としているとはいえ、IHI スターのカタログをみると実に多種

多様な製品を作っていることがわかる。主力のロールベーラをみても、自走式ロールベーラ、自走カッティングロールベーラ、大型自走式ロールベーラ、芯巻カッティングロールベーラ、中型ベーララッパなどがある。その他にも、大きく分けて、ブロードキャスタ（肥料散布機）、フレコンバンガー（肥料投入機）、マニュアスプレッダ（堆肥散布機）、ジャイロヘーメーカ（反転、拡散、集草）、トレーラなどがあり、それぞれがさらに細分化されているのであった。

▶農業構造変化、アジア農業近代化の中での新たな課題

販売方法は、クボタ、ヤンマーなどのトラクタメーカーの各地の販売会社（代理店）、さらには各地のJAに委託する形であった。ただし、牧草関係となると国内では北海道が圧倒的に多い。そして、北海道以外では代理店を経由し宮崎県都城、熊本が目立つ。宮崎県から鹿児島県は日本最大の畜産地帯であり、牧草の栽培が広く行われている。特に鹿児島県の大隅半島のあたりは開拓地が多く、水稲栽培に適さないことから牧草の栽培が目立っている。そのような地域にIHIスターの牧草系農機が売れていくのであろう。

また、近年の農業の状況としては、高齢化、耕作放棄などにより、むしろ、経営規模の拡大が顕著にみられるようになってきた。水稲における集落営農、さらに、農業全般の大規模経営が進み、農機の販売台数は激減している。むしろ、1経営体の耕作面積が拡大し、大型機械への要望が強い。一部には北米製大型農機が使われるようにもなってきた。小規模零細とされた日本の農業も大きく変わりつつある。こうした点への配慮も必要であろう。

また、機械化の進んでいなかった中国、ASEANにおいても農業近代化、機械化への関心は高まっている。当然、土壌条件、その他の制度的な条件が異なることから、日本バージョンで対応できるわけではない。各国地域の土壌や圃場といった基礎的条件を受け止め、新たな市場としてみていくことも必要であろう。日本では農業機械は成熟産業の趣だが、中国からASEANでは、これからが近代化、機械化の時代なのである。また、そうしたアジアの現場では、安価な中国製が拡がりつつあるが、他方で、日本製への信頼も高い。そうした事情に関心を抱き、一歩踏み込んでいくことも必要であろう。

(3) 江別市／北海道唯一のカラー鋼板工場
——寒冷地の屋根、壁材として展開（北海鋼機）

　カラー鋼板とは、薄板鋼板のコイル材に亜鉛メッキをかけ、さらに焼き付け塗装したものであり、主として建物の屋根、壁、ガレージ、シャッターなどに用いられている。設備投資の大きな大規模装置産業である。本州では屋根材は和風瓦、洋風瓦、石材、そして、壁材には窯業系のサイジングが用いられている場合が多いのだが、北海道は寒冷地、積雪地であり、住宅の屋根材や壁材にはカラー鋼板が普通に用いられている。このような事情から、北海道ではカラー鋼板の市場は大きい。

　この北海道のカラー鋼板市場に対して、北海道に存立している唯一のカラー鋼板メーカーが、ここでみる北海鋼機ということになる。北海道には本州からもカラー鋼板が送り込まれてくるが、地場工場として北海鋼機の優位性は高く、北海道市場の50％前後のシェアを握っており、北海道及び東北エリアでは北海鋼機のみがカラー鋼板の製造を行っている。

焼付け工程／2回塗装、焼付けを重ねる

▶北海鋼機の成り立ち

　北海鋼機は、新日鐵住金（当時富士製鐵）系列下にあった北日本鋼機工業と北海鉄板の2社が、1961年、亜鉛メッキ鋼板・カラー鋼板ならびに線材製品設備を擁する合併新会社として設立されている。江別の現在地への進出理由は、JR野幌駅からの引込線があったこと、当時の富士製鐵室蘭製鐵所製の材料を現在地に持ってきて北海鋼機で二次製品（亜鉛メッキ鋼板やカラー鋼板）に仕上げ北海道全域にデリバリーする拠点とされたことによる。いわば、北海道の中心として江別の現在地が位置づけられたということであった。商標は1964年に「雪印」とされた。1985年にはカラー鋼板以外に事業の柱となる外壁材の金属サイジング、床型枠用鋼製フラットデッキも製造・販売している。2004年には高性能のカラー用ガルバリウム鋼板の生産を開始している。

　2007年には棒線部門を同じ敷地内でNS北海製線として分社化させている。2008年には新日鐵住金（当時新日本製鐵）の子会社である日鉄住金鋼板の100％子会社となった。2010年には連続溶融亜鉛メッキ鋼板設備を休止させている。以後、カラー鋼板の材料となる亜鉛メッキ鋼板は日鉄住金鋼板の船橋製造所（千葉県）から仕入れている。2014年には、日鉄住金鋼板の関西にある西日本製造所からカラー鋼板製造設備を移設・大幅改良し、現在の形になった。敷地面積14.5 ha、建物面積4万4871 m^{2}という壮大な工場である。

　主力製品はカラー鋼板に加え、外壁材の金属サイジング、床型枠用鋼製フラットデッキ、さらに亜鉛メッキ鋼板である。サイジングはカラー鋼板の間にウ

フラットデッキ　　　　　　　　コイル材のスリット加工

提供：以下2葉、北海鋼機

レタンを挟んだものであり、北方仕様の戸建て住宅の外壁材として広く用いられている。また、従来の木製型枠の場合は、施工後取り外す必要があるが、鋼製フラットデッキはそのままコンクリートの中に埋め込むこととなり、外す手間がいらない。様々な色、特性をもつカラー鋼板を屋根、外壁に採用することで、色々なバリエーションの組み合わせが可能となり、新築あるいはリフォーム需要に対応している。

▶カラー鋼板をめぐる状況

　カラー鋼板用の材料は日鉄住金鋼板（船橋製造所）でメッキされたコイルを用いるが、現在では耐食性に優れる55％アルミ―亜鉛合金メッキ鋼板のガルバリウム鋼板を採用している。最初に塗料の付着を良くするための化成処理を行い、塗装（コーター）、焼付け（オーブン）の工程を2回繰り返し、巻き取られて完成となる。亜鉛メッキ鋼板を社内で生産していた頃は従業員170～180人規模であったが、メッキラインを休止してからは従業員100人前後で推移していた。

　材料から製品までの流れは、まず、新日鐵住金製の冷延コイルが日鉄住金鋼板の船橋製造所でメッキ処理される。それが北海鋼機に持ち込まれ、塗装されていく。そのカラー鋼板を、主として総合商社から鉄鋼問屋に販売し、それら鉄鋼問屋から工務店等へ販売されていくことになる。なお、新日鐵住金グループのカラー鋼板については相対的に市場規模の大きい北海道は北海鋼機、それ以外の本州は日鉄住金鋼板が対応している。

　また、近年、中国などから亜鉛メッキ鋼板が大量に輸入されているが、それと差別化するために一定のノウハウが必要なガルバリウム鋼板を用いているが、さらに、日鉄住金鋼板グループでは新製品としてガルバリウム鋼板にマグネシウムを添加したエスジーエル®を開発し、北海鋼機は2016年度から採用している。このエスジーエル®は耐食性が高く、ガルバリウム鋼板の3倍超は長持ちする特徴がある。

▶縮小時代にどう向かうのか

　人口減少、高齢化が進む日本。北海道の現在の人口は約540万人、今後10年で10%は減るとされている。また、戸建てからマンションへの住み替えも進んでいる。その結果、今後10年で新築戸建住宅は40%減ると推計されている。他方、リフォームは相当に進むが、全体的には10年後の市場は20～30%縮小し、事業的には相当に厳しくなると見込まれている。需要は縮小傾向であるが、他社にないエスジーエル®を武器に新築戸建てやリフォームでの採用を目指し需要を捕捉する活動を行っていた。

　また、近年増加傾向にあるカラー鋼板を使用した外壁に注目し、北海鋼機オリジナルの外壁材（ガルフォルテ、ガルウェーブ）を開発している。このような課題と可能性を背負いながら、江別の地で興味深い事業が推進されているのであった。

（4）北広島市／北海道から生まれた製品で全国市場に向かう
——人力、動力不要の水門で注目される（旭イノベックス）

　全国の河川や河口に約2万5000門設置されている水門、2011年3月11日の東日本大震災津波の際、岩手県、宮城県でそれを閉めるために海や川に向かった消防団員59人が命を落としたとして問題にされた。これまでの水門はハンドルを人力か電動で開閉する場合が多かった。また、電動の場合、停電すると動かすことが難しかった。

　このような事情の中で、札幌市清田区に本社を置く旭イノベックスが注目されている。旭イノベックスは早い時期から水門に取り組んでおり、人手不足の中で、人力、動力を用いないで開閉できる水門の開発に踏み込んでいた。

▶当初、栗本鐵工所の下請けとして歩む

　旭イノベックスは1952年、現社長星野恭亮氏（1945年生まれ）の父の星野真澄氏（1914年生まれ、1986年没）が創業している[3]。機械の設計技術者であった真澄氏は熊本県生まれ。日本ゴムに長らく勤めており、北海道工場を建設するために1946年に北海道に渡っている。ただし、この日本ゴム北海道工

場建設計画は中止になったことから、真澄氏は札幌市白石区の日本ゴムの系列会社であった小さな工場を譲り受け、1952年、旭イノベックスの前身となる旭鉄工所をスタートさせた。工場面積165㎡、従業員10人の旅立ちであった。機械修理やコンベアなどの設計製作をしていた。なお、社名の「旭」は、日本ゴムの商標であった「朝日」にちなんで文字を変えて決めた。

　当初は、特に特定の製品にこだわらず仕事を重ねてきたが、なかなか安定しないことから定常的な仕事を探し、当時、農業基盤整備の時代であることから「水門」に着目していった。この領域には大阪の鋳鉄管メーカーの栗本鐵工所があり、1961年にその下請けとしてスタートした。その後、旭イノベックスは栗本鐵工所のコンペティターになっていった。そして、基盤整備事業もほぼ終わり、全国の水門市場も縮小したことから、栗本鐵工所は水門から撤退していった。

　2代目社長の星野恭亮氏は熊本の生まれ、高校（札幌東高校）まで札幌で育ち、大学は慶応義塾大学経済学部に進んだ。大学卒業後はトヨタ自動車工業（現トヨタ自動車、豊田市）に勤め、輸出部に所属していた。だが、翌年、父の真澄氏がやって来て「自分は食道癌、札幌に戻れ」ということになる。銀行からは「不動産担保」「個人保証」、そして、「後継者」が求められていた。星野氏はやむなく1年半ほどでトヨタ自動車工業を退職し、家業に入っていく。

星野恭亮氏

水門の仕掛品

当時の旭鉄工所は従業員70人ほどになっていた。大卒は1人もおらず、大半が中学卒であった。星野氏は「今は室蘭工業大学卒がたくさんいる」と語っていた。入社した星野氏は「当時、仕事の80％は栗本鐵工所。脱下請けを目指した」。なお、父は手術し、その後、症状は安定していった。

▶3事業部、従業員300人、売上額約90億円の事業に
　水門以外のもう一つの柱ということで、1964年にはセントラル・ヒーティング用暖房機器の製造販売に入っていく。寒冷地の場合、暖房の課題が大きいが、北海道ではボイラーでお湯を沸かして循環させるセントラル・ヒーティングが普通になっていった。さらに、1973年のオイルショックの直後に美唄の三井炭鉱関連の鉄工所（三美機工）が倒産したが、星野真澄氏がその管財人を引き受け、事業を建て直して引き継いでいる。これが現在の旭イノベックス石狩工場ということになる。

　元々、土木鉄構（水門等）部門（旧旭鉄工所）、暖房機等の住環機器部門（旧旭イノベックス）、建築鉄構部門（旧旭製作所）の3部門はそれぞれ別の会社であったのだが、2007年には統合し「旭イノベックス」としていった。現在の旭イノベックス・グループは旭イノベックスと関連のコンピュータグラフィクスによるサインビジネスを主とする旭エンジニアリングの2社から構成されている。

　現在の布陣は、水門、橋梁を軸にした土木鉄構事業部（北広島工場）、建築鉄構事業部（石狩市）、暖房関係の住環機器事業部（栗山工場）の3本柱に加え、本社と一体になっている旭エンジニアリング（札幌市白石区）という編成になっている。土木鉄構事業部の従業員は約100人、売上額30億円強、敷地面積約5ha。建築鉄構事業部は約80人、30億円強、5ha。住環機器事業部は約50人、10億円強、約3.6ha。旭エンジニアリングは20人となっており、全体で従業員数は250人＋パートタイマー（女性）40人、全国7カ所の営業所15人の計約290人、売上額約90億円、敷地面積約13haの事業になっていた。

▶**全国的な事業に向かう**

ここまでの事業にしてきた星野氏は「当方はタコ足経営、リスク分散のために特定多数の客を持つ。三つの事業部のそれぞれの技術を掘り下げる。オイルショック、バブル経済崩壊を生き抜いてきた企業は何かを持っている。特に、北海道企業で生き残っているところは道外に進出している」と語っていた。事実、土木鉄構事業部の仕事は東日本大震災以降、道外の仕事が増え、2015年度は道外の方が多くなっていた。建築鉄構事業部の場合は道外25％、住環機器事業部は道外20％となっていた。

特に、人力、動力不要の水門は、東日本大震災以降に注目され、全国で設置され始めている。人手不足、高齢化の時代を意識し、1997年から開発に入り、1年をかけて完成させた。この水門の基本的な考え方は、水路から大量の水が川に流れると、その圧力で水門が開き、逆に、川の水位が上昇すると、その水圧で扉が閉まり水路への逆流を防ぐというものである。その周辺には幾つかの工夫が重ねられていた。

最初に採用されたのは1998年、北海道開発局が旭川、帯広、室蘭の3カ所に設置した。1999年には北海道開発局と札幌市から計7門を受注していった。東日本大震災の2011年の頃までは年間100門前後で推移していたのだが、震災後は2012年146門、2013年132門、2014年165門、そして、2015年は213門の受注となった。発売以来の18年間の累計では1352門となっていた。星野氏は「全国には水門が約2万5000カ所もある。手動から人力、動力不要に変えていく必要がある。これから100年、山のように仕事がある」と語っていた。

星野氏の2代目社長就任は父から要請されて家業に戻った13年後の1984年、真澄氏の勇退に伴った39歳の時であった。真澄氏はそれから3年後に他界している。それから35年、北海道の地で必死に事業を重ねてきた。3代目を期待される長男の幹宏氏（1975年生まれ）は大学卒業後8年ほどトヨタ自動車に勤め、戻ってきた。星野氏は「これまで『私』が全くなかった。譲ったら、好きなことをしたい」と語っているのであった。北海道の環境の中で、水門、暖房機器といった特殊な領域に踏み込み、それを全国的な事業にまで高め、安定的な経営基盤を築き上げているのであった。

（5）苫小牧市／苫小牧をベースに全国の製紙工場に展開
──製紙以後の課題に向かう（松本鐵工所）

　王子製紙の企業城下町として知られる苫小牧市、近年、市域東部の苫小牧東部地域（苫東地域）周辺への自動車関連工場の進出が目立つが、以前は製紙関連以外の製造業の影は薄かった。そのような中で、製紙工場の機械の製作、メンテナンスを業とする松本鐵工所が目立っていた。この松本鐵工所は苫小牧ばかりでなく、全国の主要な製紙工場に事業所を出し（多くは構内）、製紙業界では最も規模の大きい機械設備製作、メンテナンス企業であった。だが、日本国内の製紙業は1990年代以降、特にインドネシアなどの東アジア諸国の製紙業が発展拡大を進めたため、次第に勢いを失い、企業や工場の統合が進んでいる。当然、国内向けの機械設備製作、メンテナンスの仕事は減少傾向を強めている。そのような中で、松本鐵工所は独自な方向を目指しているのであった。

▶全国の製紙工場に対応

　松本鐵工所の創業者である松本金太郎氏は、苫小牧の王子製紙に勤めていたが、戦後になると復員者が多くなってきたことから、彼らに席を譲るために退職、製紙業関連の機械設備製作、メンテナンスを目指して1948年4月に独立創業している。1952年には十條製紙の富山県伏木工場の沙紙機械を受注し、高い評価を得ている。これが、松本鐵工所の沙紙機械据え付けの第1号であっ

自作の500トンプレス　　　　　　大物製缶品の製作

た。その後、いくつか移転を重ね、1981年に現在地の苫小牧市晴海町に本社、及び本社工場を着地させている。本社の敷地面積は2haを超える。

　この間、全国の製紙工場を視野に入れ、各地に事業所を設置していく。日本製紙対応の石巻事業所（1960年、市内、及び日本製紙構内）、日本製紙と王子マテリア対応の釧路事業所（1962年、日本製紙構内、王子マテリア構内）、三菱製紙対応の八戸事業所（1966年、市内、及び三菱製紙構内）、日本製紙対応の岩国事業所（1968年、日本製紙構内）、日本製紙、大王製紙対応の勿来事業所（1972年、日本製紙構内）、日本製紙対応の秋田事業所（1972年、日本製紙構内）、大王製紙対応の岐阜事業所（2003年、大王製紙構内）、ダンボール紙のレンゴー対応の埼玉（八潮）事業所（2013年、市内）と全国に10の事業所を展開している。なお、2004年に開設していた富士事業所は2015年に閉鎖している。また、2011年3月の東日本大震災で八戸、石巻事業所は被災、流失したが、早期に復旧させた。

　本格的な工場展開は、苫小牧、八戸、石巻の3工場であるが、製紙工場の構内に展開する事業所も、一通りの設備を設置している。例えば、日本製紙の構内にある秋田事業所の場合、旋盤3台、フライス盤1台、ミーリングマシン1台、ボール盤2台、ロータリー・バンドソー1台、プラズマ切断機1台、溶接

大型製紙用ロールのメンテナンス

機4台等の基本的な機械設備が用意されている。なお、本社工場である苫小牧事業所には、五面加工機1台、NC旋盤3台、大型強力旋盤1台、中グリ盤3台、ホーニング1台、高速旋盤6台、正面旋盤1台、NCプレーナー1台、MC1台等、大物加工用設備が整っていた。

▶製紙工場をメインに、他にも向かう

　私は2004年4月に苫小牧事業所を訪れているが、3代目社長の松本紘昌氏（1945年生まれ）は、「製紙関係が受注の60～65％、自動車関係10％、残りが一般産業用機械。従業員は323人、本社には80人、石巻60人、八戸40人、各事業所に15人ぐらいずつ いる。近年、製紙会社の統合が進み、マシンの数が減っている。北海道は市場が小さい。また、海外との競合が進んでいる」と語っていた。

　12年ぶりに訪れた松本鐵工所は、従業員数は270人、本社70人に減少していたが、受注先の構成比は変わらなかった。ただし、メンテナンスを含む工事部門は売上額の70％を占めるが、漸減傾向にあった。むしろ、30％を占める製作部門に期待していた。以前からボーディングブリッジ（1990年、竹芝埠頭）、エンジンシリンダーヘッド洗浄機（1990年、いすゞエンジン製造北海道）、航空機格納庫大扉（1991年、新千歳空港）等に踏み込んでいたが、最近では、新千歳空港のボーディングブリッジを設計から全て対応し、港湾のストラドルキャリアの設計製作も行っている。製紙工場から新たな分野への展開にも踏み出していた。

　自動車関連は依然として10％程度だが、トヨタ自動車北海道の仕事は浸炭炉（中外炉工業、堺）の据え付け、整備など設備関係を中心に少しずつ増加、アイシン北海道は溶解炉の設備を担い、いすゞエンジン製造北海道には可能性を打診しているところであった。また、東北地方はトヨタ自動車東日本が進出し、関連部品メーカーの進出も著しいが、それらは石巻事業所が対応していた。海外に関しては、過去にベトナム、インドネシア、中国に技術指導にいったことはあるが、工事、メンテナンスの経験はない。今後とも海外はやらず、国内にこだわっていく構えであった。

ライバルは各事業所の周りにいるが、中小規模のところが多く、全国レベルのライバルはいない。また、製紙機械関連の中で、松本鐵工所にしかできないものもある。大型製紙ロールのメンテナンス、また、パルプの吹き出し口（リップ）の整備等である。こうしたものに加え、製紙工場の中も次第に中身が変ってきており、それらの深堀り、さらに、近年、製紙工場では発電事業に取り組むところも多く、それらに向かっていくことも意識されていた。製紙工場のメンテナンスに長い間関わってきた松本鐵工所とすれば、製紙工場の変化を受け止めながら、新たな仕事につなげていくことが必要なのであろう。

　成熟化、人口減少、少子高齢化といった国内条件、他方での生産の海外移管といったグローバルな条件、このような構造条件を踏まえ、製紙工場を焦点に独特の技術蓄積を重ねてきた松本鐵工所は製紙工場を大事にしながらも、外の世界に一歩踏み出していくことが求められているようにみえた。

（6）札幌市／富士鐵室蘭の部品、試験機生産からスタートした名門企業
——鉄鋼用ローラーガイドの国内シェア80％（寿産業）

　北海道の機械金属系中小企業といえば、石炭産業、室蘭の製鉄業、函館の造船・漁業、そして、苫小牧の製紙業を支えるメンテナンス、部品加工から出発している場合が少なくない。地域的には室蘭、苫小牧、小樽、函館、釧路あたりにみられた。ここで採り上げる寿産業の場合は、製造業の影が比較的薄い札幌で成立していた。創業は戦後の1951年、当時の富士製鐵室蘭製鐵所（現新日鐵住金室蘭製鐵所）の部品加工、試験機の製作等から入っていった。この年には室蘭製鐵所の「出入業者」の承認を受けている[4]。

▶札幌から全国の鉄鋼関係に供給

　その後、富士製鐵室蘭製鐵所から「圧延用誘導装置ローラーガイド」の開発要請を受け、1963年に開発、富士製鐵と共同で特許を取得、併せて全国販売の許可を得て、以来、ローラーガイドのトップ企業として歩んできた。このローラーガイドは製鉄用であり、高炉メーカー、電炉メーカー、特殊鋼メーカーに採用されており、全国シェアは80％に上る。

圧延用ローラーガイド

　ローラーガイドは、棒鋼、線材、形鋼、平鋼、分塊用等の圧延用入口・出口誘導装置である。この領域から出発し、寿産業は搬送装置、水冷装置、寸法測定機用誘導装置、深傷装置、光学測定装置、サイジング装置など圧延関連機器の設計、製作、さらに、圧延機、ピンチロール、減速機、マニュプレータ、切断機、ダミーバーヘッド、カップリング、レストバー、ベアリングボックス、省力機器等、圧延関連機器に幅広く展開していった。

　納入先は、国内は製鉄関係のほぼ全ての工場、海外は直接ではないもののプラントの中に採用されて輸出されている。韓国の浦項綜合製鉄、現代製鉄、中国の宝山製鉄所、その他、バングラデシュ、ブラジル、ベトナム、インドネシア、マレーシア、ナイジェリア、パキスタン、フィリピン、シンガポール、スペイン、タイ、イギリス、アメリカ、サウジアラビア等に納入されている。

　事業所は工場が北海道２工場（札幌、小樽）、宮城県利府町に１工場、営業所が全国の製鉄所の配置をにらんで、札幌、仙台、東京、名古屋、大阪、岡山の６カ所に設置されていた。各営業所は人員３〜６人であった。全体の従業員数は約60人、主力工場は札幌市郊外の発寒鉄工団地にある（従業員26人）。北海等のもう一つの工場は小樽市銭函にある（16人）。発寒工場は技術開発・設計に加え、加工・組立に従事し、銭函工場は加工を幅広く手掛けていた。利

府工場（3人）は旋盤加工（10台）を中心にしていた。全体的に機械加工部門は充実しているが、鋳物（鋳鋼）、鈑金、メッキ等は外注に依存していた。協力工場は全体で100社に及び、札幌周辺で約30社、小樽、室蘭あたりで各2〜3社であり、東京、大阪などの道外も少なくない。道外の外注先は各地の営業所が探してきていた。このように、北海道に位置しながら、特殊なローラーガイドを起点に鉄鋼関係に展開し、日本全国の鉄鋼関係事業所を支えるものとして歩んできたのであった。

▶新たな事業領域への展開

　1987年2月には新日鐵の第4次合理化案が発表され、戦後日本の基幹産業とされた鉄鋼業は大きな構造転換の時期を迎えていく。その後、鉄鋼業は構造不況業種とされ、各地の高炉が削減されていく。他方、韓国、中国をはじめとするアジア諸国での製鉄所新設が相次いでいく。鉄鋼業の国内市場は縮小に転じ、プラントメーカーは海外市場に向かっていった。国内が縮小すれば、海外にという流れが形成されていった。

　この間、国内では新たな事業分野の開発が急がれていく。寿産業の場合は、1999年、通産省（現経済産業省）の「平成10年度新規産業創造技術開発費補助金」を得て、「廃タイヤ用ワイヤー分離チップ製造システム」の開発に踏み込んでいった。このあたりから、環境関連部門への関心を高め、その後、一つの部門としては「廃タイヤリサイクルシステム」の領域に入り、ビートワイヤー抜取機、タイヤ切断機、分離破砕機、磁気選別機、粒状選別機、ホットプレス整形機等を開発していく。

　さらに、もう一つの部門として「抗菌商品の開発」に踏み込み、発寒鉄工団地内の隣に立地しているメッキ加工業の札幌エレクトロプレイティング工業と共同で新たな領域を切り拓きつつある。それは抗菌性のある特殊ニッケル合金メッキのシートを粉砕、細粒化し、防カビ剤、防カビシート剤、抗菌繊維等を開発、製造、販売するものであった。この基本技術は神戸製鋼所の「高機能抗菌めっき技術のKENIFINE」であり、札幌エレクトロプレイティング工業と寿産業がライセンスを取得、札幌エレクトロプレイティングのメッキ技術と寿

新商品抗菌材／クレピアパウダーコートと防かびポン

産業の粉砕技術により具体的な製品化に成功している。

　現在の主要製品は、長時間防カビ・抗菌効果を発揮する水溶性抗菌コート材の「クレピアパウダーコート」、藻やカビ、菌などの発生を抑えて水の腐敗を抑制する「防かびポン」、繊維に練り込んだ「抗菌糸」などが商品化されている。

▶鉄鋼業をめぐる構造変化と新事業領域への展開

　このように、札幌の地で製鉄用ローラーガイドから出発した寿産業は、その全国シェアを80％にまで高めたトップ企業となり、全国の高炉メーカー、電炉メーカー、特殊鋼メーカーを支えるものとなったのだが、日本と東アジアをめぐる鉄鋼業の構造変化の中で、一方ではプラントメーカーに採用されて海外輸出に向かい、他方では新たな事業分野へ向かって多様な商品開発に踏み込んでいるのであった。ただし、このような新事業領域への取組みを重ねているものの、現在の売上額の中で鉄鋼関連の占める比重は依然として97～98％を占めており、新たな環境系は当面2～3％にすぎない。環境系はこれからということであろう。

　近年の鉄鋼関連の動きとしては、急拡大し巨大な生産力を備える中国が減速

気味であることから、世界的には過剰生産基調にある。国内的には特殊鋼は忙しいものの、電炉メーカーは国内の電気料金が高止まりしていることから減産基調にある。そのような中で、鉄鋼関連メーカーである寿産業とすれば、新事業領域を切り拓いていくことは焦眉の課題になっているといえそうである。

3. 札幌大都市圏機械金属工業の基盤技術

機械金属工業は、図2―1に示すように、実に多くの機能から構成されている。素材を提供する鉄鋼メーカー、非鉄金属メーカー、化学メーカー、樹脂メーカーも含まれる。それらの原材料が専門商社などから届けられ具体的な加工・組立に入っていく。その大きな流れは、成形工程、除去工程、仕上工程、組立工程の深い専門化と分業化から構成される連関構造を形成している。

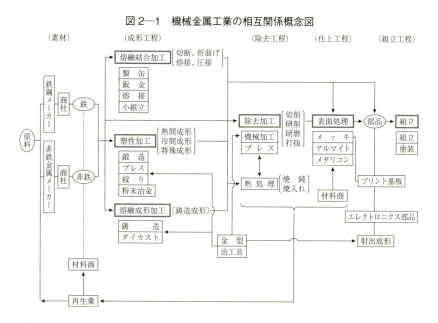

図2―1　機械金属工業の相互関係概念図

▶機械金属工業の多様な機能

「成形工程」の一つは、大きく切断、折り曲げ、溶接、圧接等の「溶融結合加工」とされ、具体的な加工としては「製缶」「溶接」「鈑金」「小組立」などがあり、それらは専業化されている場合が少なくない。さらに、同じ成形工程でも、「塑性加工」「溶融成形加工」があり、前者は熱間成形、冷間成形、特殊成形などから構成され、「鍛造」「プレス」「絞り」「粉末冶金」などとなり、後者は「鋳造」「ダイキャスト」などとなる。当然、これらも専門化が進み、それぞれの中でさらに専業化されている場合が少なくない。

以上の塑性加工、溶融成形加工には金型等が不可欠な場合が多い。その金型製作には機械加工、放電加工等を軸にした「除去工程」があり、「切削」「研削」「研磨」「熱処理」などの加工が必要とされる。そして、また、「金型」によって「プレス加工」、さらに「樹脂やゴムの成形加工」などが行われる。

次の「仕上げ工程」では、「メッキ」「アルマイト」「溶射（メタリコン）」「塗装」などの表面処理が付加され、エレクトロニクス部門からもたらされた半導体などの「電子部品」が用意され、「プリント基板」に搭載され、これらが「組立」られていく。そして、この一連の流れの中で品質保証のための「検査」等が適宜重ねられていく。これら要素技術の集合体が機械金属工業の基盤技術となる。

このように、機械金属工業は多様な機能の深い連関構造を形成している。何か一つ欠けてもコトはうまく進まない。さらに、大型の機械装置などの場合は、「設置」「試運転」、適切な「メンテナンス」が不可欠である。このように、機械金属工業は、これら要素技術の多段階にわたる加工・組立工程が基礎になり、それらが有機的に結合することによって具体的なモノになっていくのである。

▶北海道の工業集積と基盤技術

中国、ソ連のような社会主義国の国有企業、例えば、自動車工場の場合は、先の一連の工程のほとんど全てを内部化するフルセット構造になっていた。各要素技術には最適生産（加工）規模があるのだが、過剰な機械設備体制を築いている場合が多かった。この点、市場経済の場合は、技術の専門化、高度化、

機械設備の高額化などの中で、一つの工場が全ての機能を抱えることは合理的ではなく、分業と専門化が進み、要素技術が必要に応じて組み合わされていく。
　こうした点に興味深いあり方を提示していたのが、東京都大田区、神奈川県川崎市あたりの中小企業による機械金属工業集積であろう[5]。特に、産業用機械、専用工作機械（専用機）製作などの場合、必要とされる機能はその時々によって異なる。それらがタイムリーに編成されていくことが好ましい。この点、大田区、川崎市の場合は、戦後の復興とその後の高度経済成長の中で事業規模の拡大、事業所数の増加、要求の多様化、高度化により、専門化した中小企業の活動する場が拡がっていった。そのような時代状況の中で、際立った専門性を備えた中小企業が拡がり、それらを柔軟に組織化することが可能になっていったのであった。
　だが、1985年のプラザ合意を過ぎる頃から、日本の事業所数は減少局面に入ってきた。また、新規創業も難しいものになってきた。約1万を数えた東京都大田区の製造業事業所は現在では3分の1ほどになっている。そのような中で、狭い地域的な範囲の中で高密度に集積していた基盤技術は次第に希薄化し、機動力に優れる組織化が難しいものになっている。そのような事情の中で、力のある製品開発型企業や加工企業は「一貫生産」として多機能の内部化に向かっているのである。
　このような点は、元々、集積の薄かった地方圏の工業集積では当たり前のことになりつつある。北海道、特に札幌大都市圏においては、市場規模が小さく、後発の工業地域であることから、基盤技術部門での専門化は進まず、個々の企業の多機能の内部化によって集積が形成されてきた。むしろ、地域の工業構造からして、専門的な加工機能が育つ条件は乏しいのかもしれない。それでも、特殊な鋳鋼などに向かう札幌高級鋳物、特殊ニッケル合金メッキの札幌エレクトロプレイティング、精密鈑金の中央ネームプレート、難度の高い金型に向かうサカイ技研などが登場している。このように、札幌大都市圏の機械金属工業は、多機能の内部化と一方における専門化が折り重なって新たな集積構造に向かっている。その向かうべきは、独自の新たな札幌大都市圏型産業集積というべきものになりそうである。

(1) 札幌市／特殊ステンレス鋼、鋳鋼に向かう
——道外の比重が70～80％になる（札幌高級鋳物）

　機械金属工業の希薄な北海道、素形材の代表選手である鋳物に関しては全体で20社程度とされている。一部には、トヨタ自動車北海道向けのアルミダイキャストのアイシン北海道（苫小牧）、いすゞ向けエンジン鋳造工場のいすゞエンジン製造北海道（苫小牧）のような大手の専属の鋳造工場もあるが、一般向け鋳造工場としては、水道用鋳鉄管の村瀬鉄工所（函館、札幌）とここで検討する特殊鋼の札幌高級鋳物が有力企業として知られている。

▶札幌高級鋳物の事業の輪郭

　札幌高級鋳物は、北海道庁の技官であった奥田泰氏が退官し、1949年、札幌市菊水北町で札幌高級鋳物鋳工所を創設したところから始まる。1953年には現在の札幌高級鋳物に改組し、1964年には現在の発寒鉄工団地に移転している（土地6500 m^2）。当時は作れば売れる時代であり、主として道内の農機具メーカーを対象にしていた。1970年には特殊鋼専門工場を増設し、高周波誘導炉（500 kg）を設備した。ここから、札幌高級鋳物は鋳鋼、特殊鋼専門へと転換していった。この特殊鋼の世界は難しく、モノにするには20～25年の月日が必要であった。現在の従業員数は61人、生産能力は月産80トン、年間売上額はリーマンショックの前年には最高値の約15億円に達したが、その後、減少していた。当面の目標は約10億円であったが、2015年度は目標に達していた。

　営業品目は大きく「ステンレス鋼鋳鋼品（売上比17％、重量比13％）」「耐熱鋼鋳鋼品（売上比33％、重量比22％）」「耐磨耗鋼鋳鋼品（売上比32％、重量比50％）」の三本柱とされていた。

　「ステンレス鋼鋳鋼品」は強酸、強アルカリ等の腐食環境にも対応可能であり、インペラー、ケーシング、遠心分離機用部品等に採用されている。「耐熱鋼鋳鋼品」は1000℃を超える環境でも使用可能であり、塩素、硫黄等の高温腐食問題にも対応可能である。熱処理用トレイ、火炎バーナー噴射口、焼却炉

パルプ製造用磨砕板レファイナープレート

砂型の造形工程

用火格子、さらには、火葬場用火格子等に使われている。なお、熱処理用トレイは苫小牧のトヨタ自動車北海道にも採用されていた。「耐磨耗鋼鋳鋼品」は、各種磨耗条件の場所に採用されている。鉄鋼圧延装置用ローラー、パルプ製造装置用レファイナープレート、破砕機用ハンマーなどに使われている。このように、札幌高級鋳物の製品は特殊な厳しい環境に対応できる製品ということになる。

　主要設備は、高周波誘導炉4基、熱処理炉3基、有機自硬性砂自動混練装置2式、シェルモールドマシン4台、ショットブラスト4基、その他、放射線透過装置、超音波深傷試験装置等の分析・試験関係の一通りの装置が装備されている。また、木型の製造は道内2社に依存しているが、社内には職人を1人置き、修正などに携わらせていた。

▶道外、海外も視野に入れ、工場改善、技術の高度化に向かう

　従来の得意先は道内の農機関係であったのだが、特殊鋼に移行して以来、受注先は大幅に変わっていった。現在の受注先は150社ほどを数えるが、売上額からすると道内は20～30％、道外70～80％となっていた。道内の有力なユーザーは、北海道電力、寿産業（札幌、製鉄用ローラー）、製紙会社、トヨタ自動車北海道等であり、道外はセメント工場、ポンプ関係（IHI、川崎重工等）、製鉄所等であり、一番遠いところでは沖縄電力からも受注していた。意欲的に受注活動を重ねていることがわかる。

特殊鋼、鋳鋼としてはスタートが遅かったことから、道外についてはスキマを狙っていると語っていた。有力なユーザーは消耗品も当初は純正品を利用するが、札幌高級鋳物は次は当社のものをと提案していた。元々、北海道のステンレス鋼、特殊鋳鋼の市場は狭い。本州市場の開拓が不可欠であろう。また、近年、日本の鋳造品に対する欧米の評価が高い。ヨーロッパ、アメリカに輸出する企業も登場してきた。特に、アメリカでは近年、鋳造できるところがなくなってきたとされている。このような海外市場も視野に入れ、展示会などに出展していくことも必要であろう。

また、札幌高級鋳物の現場を観察すると敷地いっぱいに建屋が建ち、狭い面積を有効に使い、若い女性を中子製作現場に置いているなど、次への展開の意欲が読み取れる。さらに、数年前から始めている社内の「電気のみえる化」による節電活動なども従業員の意欲を高めていた。工場の改善、技術の高度化を目指し、他方で道外の仕事海外の仕事も視野に入れて取り組まれていくことを期待したい。

(2) 札幌市／メッキに加え機械加工にも従事
──特殊ニッケル合金メッキから新境地を（札幌エレクトロプレイティング工業）

近年、苫小牧〜千歳にかけて、ダイナックス、いすゞに加え、トヨタ自動車北海道、アイシン北海道、デンソー北海道が集積し北海道製造業に新たな要素を付け加えてきているが、長い間、北海道の製造業の看板は、室蘭の製鉄業（新日鐵住金、日本製鋼所）、函館の造船業（函館どつく）、そして苫小牧の製糸業（王子製紙）といった素材型産業であり、自動車、電機、工作機械、半導体等のこの40年ほどの日本産業をリードした基幹的な事業分野は北海道には生まれてこなかった。

そのため、北海道内にはメッキ、熱処理等の表面処理、金型、治工具、精密鈑金、精密機械加工、精密研削などの機械工業の基盤技術が育っていない。このような点は、近年進出してきたトヨタ自動車、アイシン、デンソー等に指摘されている[6]。

機械工業が豊かに発展していくためには、このような基盤技術の充実が不可

欠とされている。先に検討した鉄鋼用ローラーガイドの国内トップメーカーである寿産業の隣に、興味深いメッキ加工に従事する札幌エレクトロプレイティング工業が立地していた。

▶メッキ加工（修理）から出発し、機械加工も備える

札幌エレクトロプレイティング工業の創業は1958年、現社長の嶋村清隆氏（1953年生まれ）の父が札幌めっき工業所（札幌市琴似町発寒）の名称で個人企業として始めている。父は元々、札幌市内の自動車整備工場で経理の仕事に就いていたのだが、脱サラしてメッキ工場を始めた。当時は日本経済の高度成長が始まった頃であり、自動車関係の仕事を目指し、メッキに着目、大阪のメッキ工場に習いに行き、ニッケルクローム・メッキを覚え、クルマのビスのメッキからスタートしている。当時の得意先は札幌の鉄工所1社のみ、市電のモール関係、バイク部品、自転車部品等の修理部品を手掛けていた。

その後、北海道開発が進み始め、大量に重機が入りだし、そのメンテナンスの必要性が増大していく。そのような事情から硬質クロームの世界に入り、コマツの協力工場であった北海道ディーゼルの下請となり、油圧シリンダー、クランクシャフト、オイルシール、ベアリング等のメッキ加工（修理）を主軸とするようになっていった。

さらに、機械加工（修理）の必要性も生じ、1970年代に入ってからはデンマーク製の円筒研削盤を導入。これをキッカケに旋盤、フライス盤、バフ研磨などを揃え、メッキ加工と機械加工の2部門体制を築いていった。この間、1977年12月には工場を焼失し、現在の発寒鉄工団地に移転している。1991年には現在の札幌エレクトロプレイティング工業に名称変更している。現在の従業員数は19人であった。工場内は機械加工部門とメッキ部門から構成されていた。

▶研究開発に向かう

工場の火災、発寒鉄工団地への移転の頃（1977年）が、札幌エレクトロプレイティング工業の第1の転換期とされる。当時、嶋村氏は東海大学工学部4

嶋村清隆氏

特殊ニッケル合金メッキ

年生であり、家業を継ぐつもりはなく、大学院進学を目指していた。工場の火災に加え、父が肺ガンとなり、従業員（8人）たちから、事業を継ぐことを要請され、卒業間近であった嶋村氏は「継ぐ」ことを決断していく。火災に遭遇したものの、幸いなことに機械は無事であり、発寒鉄工団地へ移転することができた。嶋村氏の最初の仕事は工場移転であった。なお、父は2008年に他界している。

　この札幌エレクトロプレイティング工業の第2の転機となったのは、1980年代から開始される北海道の炭鉱の閉山の動きであった。その頃、札幌エレクトロプレイティング工業の仕事の60%は炭鉱関係であり、仕事は一気に減少していった。そのような事態に対して、嶋村氏は「研究開発」に入っていった。

　当時、北海道電力が「地場産業育成事業」として「本州に流れている仕事を地場に」という事業を行っており、札幌エレクトロプレイティング工業は「チタン素材への白金メッキの回収技術（剥離）」に挑戦していく。通産省（現経済産業省）の補助と北海道工業試験場（道工試、現北海道立総合研究機構）の支援を得て取り組んでいった。この技術は世界的には田中貴金属工業とドイツのエンゲルハルトの2社しか持っていなかったのだが、田中貴金属工業が技術を売ってくれた。この経験が、現在の特殊ニッケル合金メッキの剥離へとつながっていった。

その後は、1994年、ダイナックスからクラッチディスクにクラックが出ないメッキを要請され、道工試の支援により「クラックフリー硬質クロームメッキ」を開発、1998年には道工試と北海道大学との共同開発で金型の硬度を増すための「レーザー照射」技術の開発などを進めていった。この間、特許を十数件取得している。このように、近年、札幌エレクトロプレイティング工業は、新技術の研究開発に挑戦してきたのであった。

　▶剥離と粉砕で新たな境地を開く
　2002年には隣の寿産業、そして北海道大学とコンソーシアムを組み、カーボンナノシートへのメッキに取り組み、電子デバイスの領域に踏み込んでいった。幾つかの特許はとったものの、指導してくれていた北大教授が退官したために研究は頓挫した。だが、ここで「ナノの世界」を知った。
　2007年には、神戸製鋼所の保有していた抗菌メッキのライセンスを取得したが、北海道には需要がなかった。他方、隣の寿産業はゴム（タイヤ）の粉砕技術に取り組んでいたのだが、さらに、金属の粉砕にも関心を示していた。2010年2月、神戸製鋼所から呼び出しがかかり、水溶性のコート材として金属の30ミクロンの粉砕の必要性が指摘される。これを受けて、寿産業と札幌エレクトロプレイティング工業は、函館の北海道立工業技術センターに飛び込み、指導を受けていく。機械を自作し、3カ月ほどで技術を完成させた。札幌エレクトロプレイティング工業で特殊ニッケル合金メッキと剥離を行い、寿産業で30ミクロンまで粉砕するものであり、特許（剥離と粉砕）を取得している。なお、現在、30ミクロン以下は分級できないとされていた。
　この商品は「クレピアパウダーコート」の名称で商品登録され、寿産業のブランドで発売されている。抗菌メッキは優れた「抗菌性、防かび性、防藻性、抗ウイルス性」を発揮し、医療現場、食品工場、学校施設等で使われている。特に、抗菌パウダーとすることにより、塗料と混ぜてメッキのできない場所へ塗布することが可能になっている。
　現在、この抗菌パウダーをベースにする商品は、パウダーそのものに加え、水槽などの防藻性を発揮する「防かびポン」、繊維に練り込んだ抗菌糸、及び

それを利用した靴下「コーキンス」などが開発されている。現在の販売方式は、ネット通販、口コミ、さらに展示会などとなっており、大手家電メーカーからは冷蔵庫のフィルターに採用された。

▶北海道から新技術、新商品を

　札幌エレクトロプレイティング工業は、機械金属工業の不毛の地とされた北海道で自動車・建機のメンテナンス需要から出発し、メッキ加工に加え機械加工の2部門体制をとってきた。さらに、炭鉱の閉山を契機に研究開発の世界に入り、道工試と北海道大学との共同研究を重ねてきた。それは機械金属工業集積の充実を願う北海道ならではの濃密な取組みともいえる。しかも、発寒鉄工団地内で隣り合っている二つの企業が、得意技を持ち寄り新たな可能性に挑戦してきたことはまことに興味深い。

　北海道は基幹の農畜水産物においても、優れた素材で供給するのみであり、道内に豊かな付加価値を生み出すことが少なかった。この抗菌パウダーにおいても素材の供給だけではなく、より付加価値の高い商品として提供していくことが求められている。抗菌、防かび等については、他の領域からも魅力的な商品が提供されている。そのような中で、際立った商品として認知されていくには相当の努力が求められる。

　また、このような素材は、利用者側が使い方を提案してくる場合も少なくない。当面は、寿産業と札幌エレクトロプレイティング工業が新商品の開発に入っているが、オープン・イノベーションを意識し、展示会等に積極参加して可能性を公開し、英知を集めて技術的な魅力を発信していくことが必要であろう。

（3）石狩市／エッチング、プリント基板から鈑金加工までの一貫体制を形成
──北海道にはライバルはいない（中央ネームプレート製作所）

　石狩市の石狩新港機械金属工業団地の一角に中央ネームプレート製作所が立地していた。この金属工業団地、大物の製缶・溶接関係の工場が並んでいた。大物の製缶・溶接となると場所も必要であり、札幌周辺からの移転企業が多かった。名前が「ネームプレート」ということからすると、エッチングから始ま

った企業ではないかと推察された。この業種の場合、次の発展方向はプリント基板（配線板）製造という場合が少なくない。

中央ネームプレート製作所の場合も、やはりプリント基板に展開していたが、さらに、精密鈑金、塗装、表面処理にまで踏み込んでいた。電気・電子製品の基板の製造から筐体の製造、塗装、組立までを行っていた。エッチングからスタートした中小企業で、このような多方面な生産体制を築いてきたところは希有であろう。機械金属系の工業集積の乏しい北海道ならではの事情が働いているようにみえた。

▶ユーザーの要望に応えながら一貫生産に向かう

中央ネームプレート製作所の創業者は氏家利一氏（1930年生まれ）、氏家家は終戦後に樺太から帰り、父の実家のある栃木県に移り住んでいた。ただし、長兄の利一氏は「寒いところに住みたい」として札幌市にやってきた。利一氏は市内のネームプレートみて、これならできると考え、1961年に札幌市大通で創業している。エッチングから開始し、シルクスクリーンなどに展開していった。2代目の現社長の氏家界平氏（1945年生まれ）は中学までは栃木にいたのだが、兄の手伝いをするために札幌に移住、札幌商業高校、北海学園大学を卒業となるが、高校生の頃から仕事を手伝ってきた。その頃は家族4人の自営業であった。

1864年、資本金50万円の株式会社を設立、1965年に札幌に新工場を建て、役所の看板、ステッカー等の仕事を受け、事業は右肩上がりに発展していった。さらに1979年には、東区北39条に本社を移転している。その頃には従業員は15人に増えていた。また、この時代になると世の中にプリント基板というものが登場、エッチングやメッキ系の企業が一斉に参入していった。中央ネームプレート製作所も周囲からの要請もあり、進出を決定、1985年に石狩新港機械金属工業団地にプリント基板の一貫工場（土地約2ha）を建設している。北海道では初の取組みであった。この事業は北海道で大歓迎され、道内のシステムハウス[7]などから仕事が大量にやってきた。

この間、2009年には2代目社長として氏家界平氏が就任、2012年には精密

氏家界平氏

ロボット付きのNCプレスブレーキ

鈑金工場をスタートさせている。これも道内の取引先からの「筐体（箱）まで作って欲しい」という要請に応えたものであった。その後は塗装工場の設置などを重ね、現在では精密機械加工以外の必要な機能は全て揃えている。いずれも機械金属工業の要素技術の第一級の内容になっているのであった。

▶総合的な内容に展開

現在の中央ネームプレート製作所は、大きく5工場と関連会社2社から構成されている。

第一製造課は札幌の本社工場にあり、印刷、エッチング、アルマイト加工に従事している。金属ネームプレート、ステッカー、スクリーン印刷などを行っている。従業員は15人ほどであった。

その他の製造課は石狩工場にあり、第二製造課は電子部品の神経ともいえるプリント基板の製造に従事している。片面、両面、多層板の一貫生産をしていた。ここは自動化が相当に進んでおり、従業員は6人で対応していた。

第三製造課は精密鈑金加工であり、近年、一番力の入っている領域にみえた。機械設備もレーザー加工機、ターレットパンチプレス、複合機、NCプレスブレーキ等がふんだんに用意されていた。道内では初のロボット付NCプレスブレーキ（アマダ）も導入されていた。本州の精密鈑金専門企業と比べても見劣

りのしない内容になっていた。ここは従業員27人で対応していた。

　第四製造課は樹脂加工であり、アクリル等の機械彫刻加工、アクリル・塩ビ等の接着、曲げ加工に従事していた。ここは従業員11人であった。

　この他に関連会社が2社（札幌本社内）ある。一つはプレテックと称し、プリント基板の設計、電子回路の開発・設計、各種データ処理、自社製品の環境衛生機器開発とされていた。従業員は4人であった。もう一つのデプコンはNTTの関連機器の修理会社を譲渡されたものであり、電話機、情報機器の修理業務を行っている。さらにそれに関連する機器の開発・設計等にも携わっていた。ここには従業員が15人ほど配置されていた。

　さらに、本社には総務、営業（8人）部門もあり、全体の従業員数は約135人を数えている。なお、売上額の規模は、リーマンショック以前は13億円ほどであったのだが、一旦10億円前後に落ちたものの、現在では13億円前後に戻していた。北海道をベースにしているものの、道内からの仕事は60％程度、40％は本州からのものであり、本州分が増加傾向にある。最大の受注先は半導体製造装置のディスコ（東京都大田区）であり、16％ほどの比重を占めていた。最近では防衛省関係、宇宙関係の仕事も来始めていた。氏家氏は「道内にはライバルはいないが、本州は全てライバル」と語っていた。

　▶一貫生産の次の課題

　電気・電子産業のベースとされるプリント基板、1970年代前後から導入され、全く新たな発展領域であることから、多方面からの参入が進められた。その中でも特に、ネームプレートなどのエッチングからの参入、あるいはメッキ業からの参入が目についた。単層板から始まり、多層板、積層板と進化し、さらに稠密なものになっていった。ただし、これらの領域も日本の電気・電子製品メーカーのアジア、中国進出に伴いそれらへの生産移管が進み、国内の中小プリント基板メーカーを苦しい立場に追いやっていく。事実、2000年を前後する頃から、国内では退出が続いている。特殊なもの、数の出ないものなどしか国内には残っていない。

　また、ユーザーサイドからの発注のスタイルが一括発注の方向に向いており、

プリント基板から筐体まで、さらに全体的な組立までも要求されるようになってきた。この点、本州、特に関東地区の場合は零細中小企業による分業と高度な専門化に特色があったのだが、中小企業の退出が続き、十分な機能を果たせなくなってきた。そのことが、さらに発注側に一括発注を促している。

　そのような意味で、今後の国内の機械金属工業のあり方としては、一定規模で一通りの機能を備えてくことが求められている。中央ネームプレート製作所の場合は、北海道という機械金属工業集積の乏しい地域において必要に迫られて機能の幅を拡げてきた。すでに事業実態と社名が乖離するものになっている。おそらく次の課題としては、設計・開発力を強化し、装置そのものを丸ごと受け止めていくことではないかと思う。本州では最近、そのようなスタイルの中小企業が登場し、興味深い方向に向かいつつある[8]。加工機能がこれだけ充実してきた中央ネームプレート製作所の次の課題はそのようなところにあるように思う。

（4）札幌市／一歩先の金型づくりを目指す
──金型不毛の地で先端に向かう（サカイ技研）

　切削、研削といった機械加工を母体にして、プレス金型、プラスチック成形金型等に踏み出している企業群がある。これらの多くは機械加工を軸に、近年は放電加工を取り込み、特殊な個産品生産の形をとっている。一般的に、こうした仕事は高難度で付加価値の高いものが多く、特に、京浜地区、中京地区、阪神地区等の工業集積の密度の高いところ、あるいは地方では金属製品産地として知られる新潟県燕、三条などで発達した。これらの地域では、特殊な領域に向かう中小の金型企業が少なくない。

　機械金属工業の中で金型が注目されるのは、精度要求が際立って高く、一国・地域の加工技術の水準を象徴するものであり、また、技術革新の焦点でもあるからである。日本の場合は職人的技能の蓄積と、工作機械産業の発展が刺激しあい、金型技術は世界一とされてきた。まさに、金型は日本のモノづくり産業を象徴するものとして独特な発展を示してきたのであった。

　この点、機械金属工業の希薄な北海道では、金型企業は目につかない。金型

を必要とする量産型の自動車、家電、事務機等の有力工場がなく、金型企業が育つベースがなかったのかもしれない。不勉強ながら、北海道で優れた金型企業にめぐり会ったことがない。

▶サカイ技研の輪郭

　札幌郊外の手稲区の産業団地とおぼしき中に「一歩先の金型づくり」を掲げるサカイ技研が立地していた。北海道立総合研究機構（道総研）の紹介で訪れた。創業社長の葛西勝明氏（1951年生まれ）によると『一歩先』とは、洗練された金型製造技術だけでなく、価格と機能、品質のバランスがとれており、さらに、省エネルギーや省資源など環境に配慮されていることを意味します」としていた。なお、「サカイ技研」の「サカイ」は「栄えるように」との思いを込めて命名されていた。また、業務内容としては、「3Dモデリング・製品デザイン」「樹脂流動解析・金型設計」「金型製作・製品評価」を掲げていた。

　主要機械設備は、3D-CAD/CAM（Spase E）、3D-CAD（SolidWorks）、3D設計（Neo. Solid. Mold）、樹脂流動解析（Timon Mold Designer）、3Dプリンター（Dimension Elite）、高速MC（オークマ2台）、NCフライス盤（牧野フライス）、放電加工機（シャルミー3台）、フライス盤（大鳥2台）、成型平面研削盤（長島精工）、ジグ研削盤（ムーア）、平面研削盤（岡本）、円筒研削盤（TOYODA）、そして、2009年に北海道で初めて導入した金属光造形複合加工機（松浦機械製作所、パナソニック）が設置されていた（道総研には設置されていた）。従業員8人（現場6人）の良質な現場が形成されていた。

　葛西勝明氏は「プラスチック成形金型製作については、3次元形状がイメージできるかがポイント。3D-CADについては、マニュアルはみずに、自力で使いこなしている」と語っていた。根っからの金型職人ということであろう。

　葛西勝明氏は室蘭の出身、高校卒業後、当時、機械加工では北海道の先端の位置にあった室蘭の永澤機械に入り、旋盤に取りついていた。永澤機械に6年世話になり、23歳で独立創業（室蘭）するが、うまくいかず、そこから渡り職人的な歩みを重ねる。当初、職業訓練校の教員をイメージしたが、向いていないことを自覚、東京の田端のあたりの機械加工屋に入り、27歳の時に友人

葛西健央氏（左）と葛西勝明氏

金属光造形複合加工による試作品

と埼玉県和光で独立創業する。事業的にはうまくいったのだが、4年ほど経って北海道に戻り機械加工屋に入ったが、そこは倒産。1983年、32歳の時に夫人に背中を押され、札幌（白石区菊水）で独立創業を果たす。それが現在のサカイ技研となった。

当初は機械加工による部品加工に従事していたが、4～5年経ったあたりで金型に転換していった。ただし、北海道には仕事がなく、本州の東芝関連の家電、OA機器のプラスチック成形金型を製作していった。だが、これらは2000年代に入って一気に中国、ASEANに移管されていった。その頃から、国内の金型は下降線をたどっているが、葛西氏は「それでも金型一本でやっている。クルマ関係以外はなんでもやる」と語っていた。現在の受注先はほぼ北海道に限られ、固定的なユーザーはあまりいない。第一ゴム（小樽）、ナスタ千歳工場（千歳）、三好製作所（室蘭）あたりであり、あとは開発案件が多い。

▶次の世代は新技術に取り組む

このサカイ技研には、長男で後継者の葛西健央氏（1980年生まれ）が入っていた。葛西健央氏は中学生の頃から料理人を目指し、高校は調理師の免許がとれるところで学び、卒業後は東京銀座の三笠会館に入る。この三笠会館を起点に方々で修業を重ねていく。フランスにも1年ほど赴いたが、体調を崩し、28歳の時に北海道に戻り、サカイ技研に入社している。機械加工、金型の領域に入ってほぼ10年ということであろう。

後継者が入った直後の 2009 年、松浦機械製の金属光造形複合加工機を 9500 万円で北海道初として導入したが、この設備投資には 3 分の 2 の北海道庁の補助金がついた。北海道としても、金型メーカーの育成は大きな課題であった。その対象としてサカイ技研に期待する点が大きかったのであろう。

　この金属光造形複合加工機を導入したものの、当初は造形する母材・金属プレートの反り、温度変化によるレーザーのズレ、金属粉末を撒くためのブレードの引っ掛かりなどに苦慮していったが、道総研との共同研究開発により、次第に課題を解決していった。葛西健央氏は、この金属光造形複合加工に必死に取り組んでいた。この金属光造形複合加工の特徴は、通常では MC、ワイヤーカット放電加工、放電加工と複数工程が必要なものが、金属光造形複合加工機 1 台で対応でき、工程と時間の短縮が可能というものであった。

　この金属光造形複合加工に取り組んで 10 年近く、課題と解決法も次第にみえてきた。金属粉末が高価、機械装置が高価であるに加え、複雑な一体造形には強いが、造形体積が大きい場合、メリットがでにくい（ハイブリッド造形の必要）、技術のクセが大きく使いこなす技術の確立、金属 3D 用の材料認識と標準化などが指摘されていた。これらについては、道総研、パナソニックなどとの連携により新たな方向に向かっていくことが意識されていた。

　このように、渡り職人を経て独特な金型企業を展開してきた先代、そして、料理人から金型の世界に入ってきた次の世代がクロスし、金型不毛の地とされていた北海道で次の時代を視野に入れた取組みが重ねられているのであった。

4. 札幌大都市圏機械金属工業の行方

　日本は明治以降の近代工業化の中で、鉄鋼、化学等の素材産業、さらに、それらをベースにする機械金属工業を発展させ、特に、戦後復興、高度成長期を通じて、造船、電機、機械、自動車、半導体などの産業を発展させてきた。特に、近代工業の基礎となる機械金属工業は首都圏、中京圏、近畿圏といった大都市圏で壮大な集積を形成していった。機械金属工業の体系については、先に図 2―1 で示したが、中小企業による深みのあるレベルの高い集積を形成し、

電機、機械、自動車、半導体等の世界的な発展を促した。この点、北海道は室蘭の鉄鋼業、苫小牧の製紙業に代表される素材型産業に終始し、濃密な機械金属工業を形成していくことはできなかった。

だが、そうした中で、札幌大都市圏が1970年代以降、拡大、深化を進め、世界の北方圏の中でも都市規模、多様な研究開発機能、産業の集積など、急激にその魅力を高めつつある。大都市は新たな産業を生み、発展させていく「揺り籠」とされているが、札幌大都市圏は、特異な北方圏の大都市として、そのような段階に踏み込んでいるようにみえる。札幌大都市圏で生まれ、全国、世界に発信していける産業の登場が予感される。

▶中小企業と基盤技術の行方

この点、機械金属工業についてみれば、北方圏という日本にとっては特異な事情の中で、その地域的な事情を受け止めた機械等が生み出されていることが興味深い。それは北海道ばかりでなく、日本全体、あるいは世界の必要性にも応えるものでもあろう。優れた北方圏住宅に関わる産業、除雪機械、多様な大型農業に対する農業機械等、これらは、世界の最先端に位置するであろう。

そして、このような優れた機械群が生み出されていく中で、機械金属工業を構成する多様な基盤技術の集積が求められている。この点については、これまで北海道内の市場が小さく、十分な機械金属工業の基盤技術が形成されてこなかった。このような基盤技術部門は、大量の中小企業が生まれ、熾烈な競争の中でレベルを上げていくのだが、北海道にはそうした条件は乏しかった。

だが、本章でみたように、札幌大都市圏の中に、次第に優れた基盤技術の中小企業も生まれてきつつある。これらの一歩踏み出した中小企業の場合、道外の厳しく、優れた受注先にもまれ、すでに北海道レベルを超えている。彼らは道外の機械金属工業のレベルと現実を理解し、新たな取組みを重ねている。第4章で採り上げる熱処理の池田熱処理工業（札幌市）、金属バネの北海バネ（小樽市）なども札幌大都市圏の基盤技術企業として注目されよう。それらの企業群は、1990年代以降のトヨタ自動車北海道の進出以来の自動車産業の高まりの中で、新たな可能性を見出しているようにもみえる。

このように、かつての炭鉱、北洋漁業、そして、鉄鋼、造船、水産物加工にとどめられていた北海道産業、あるいは北海道の機械金属工業、中小企業は、新たな時を迎えている。北海道の環境の中での新たな機械産業の形成、そして、機械金属工業の中でも基盤技術に関連する部門の拡がりと高度化が求められているのである。

1）　当初、1971 年に苫小牧東部大規模工業基地（計画面積107 km^2）として計画がスタートし、基礎素材産業を軸に日本の工業生産の約4分の1を担うという野心的な計画であったが、直後にニクソンショック、オイルショックとなり、期待通りには進まなかった。そのため、1995 年に計画の大幅見直しが行われた。1972 年に設立され、借入金約 1800 億円に苦しんでいた苫小牧東部開発㈱は、1999 年に㈱苫東に事業継承されていった。名称も「大規模」を外し、現在の「苫東工業基地」に変更になり、分譲面積も当初計画の 107 km^2 から 55 km^2 に縮小された。2016 年 8 月現在、分譲賃貸済面積は 16.7 km^2 であり、計画面積の 30.4% となっている。なお、この苫小牧東部大規模開発基地を検証したものとして、増田壽男・今松英悦・小田清編『なぜ巨大開発は破綻したか――苫小牧東部開発の検証』日本経済評論社、2006 年、がある。
2）　このような機械金属工業の基本的な構造については、関満博・加藤秀雄『現代日本の中小機械工業――ナショナル・テクノポリスの形成』新評論、1990 年、関満博『空洞化を超えて――技術と地域の再構築』日本経済新聞社、1997 年、同『現場発ニッポン空洞化を超えて』日経ビジネス人文庫、2003 年、を参照されたい。
3）　旭イノベックスの創業以来の歩み等については、旭鉄工所グループ50年誌編集委員会『五十年の歩み』旭鉄工所グループ、2002 年、『六十年の歩み』旭イノベックス株式会社、2013 年、を参照した。
4）　室蘭製鐵所と関連の中小企業については、関満博「企業城下町と中小企業の課題――構造調整下の室蘭工業」（関満博・柏木孝之編『地域産業の振興戦略』新評論、1990 年、第 1 章)、及び、本書補論1を参照されたい。
5）　このような機械金属工業集積の構造的な特色等については、関・加藤、前掲書、関、前掲『空洞化を超えて』、同、前掲『現場発ニッポン空洞化を超えて』を参照されたい。
6）　この点は、本書第 3 章を参照されたい。

7） システムハウスとは、マイクロコンピュータをベースにしたハードな製品群を開発するメーカーであり、1970年代後半に登場してきた。この点については、那野比古『システムハウス』日本経済新聞社、1982年、を参照されたい。

8） このような装置ものの受託開発型企業の展開としては、岩手県北上市の谷村電気精機、ツガワ等が注目されている。詳細は、関満博『「地方創生」時代の中小都市の挑戦──産業集積の先駆モデル・岩手県北上市の現場から』新評論、2017年、第4章を参照されたい。

第3章　札幌大都市圏から生まれ、支える多様な産業
――ITベンチャーから食品、リサイクルまで――

　大都市には多様な機能が集まり、時代の変化の中で、新たなもの、新たなサービスを生み出していく。約270万人を数える札幌大都市圏ほどのものになると、人材、研究開発機能、企画・デザイン機能等が集まり、新たなモノやサービスが生み出されてくる。特に、生活インフラが整い、豊かになってくると、都市としての創造性が高まっていく。新たな時代を牽引する、あるいは豊かにする事業が起こってくるであろう。1990年代に巻き起こった大学発ベンチャー、IT企業の集積によるサッポロバレー、あるいは、食品をめぐる豊かな取り組み、生活環境を良くしていくための事業などは、その典型的なものであろう。大都市は新たな産業を生み出し、育てる「揺り籠」なのである[1]。

　この点、先の第2章で、札幌大都市圏のモノづくり系、特に機械金属工業についてふれた。北方圏という特別な環境の中で、興味深い事業が推進されていた。大都市の創造性はそうしたものだけでなく、実に幅広く多様な領域で新たなものを生み出していくであろう。この章では、研究開発機能が集積する札幌ならではの大学発ベンチャー、IT関連企業、また、国際的にも評価の高い新千歳空港を焦点にした新たな空港経済、豊かな北海道の農産物をベースする食品関連、そして、私たちの生活を豊かにしていく生活関連の事業に注目していくことにする。拡大、深化する札幌大都市圏は、興味深い新たな事業、企業を生み出しているのである。

1. サッポロバレーと大学発ベンチャーのその後

　1992年のバブル経済崩壊以降のJR札幌駅の北口に、若いITベンチャー企業が大量に集結し、「サッポロバレー」といわれて注目を浴びた。札幌には北海道大学があり、以前から大学発ベンチャー、産学官連携が意欲的に追求され

ていた。北海道大学は日本の大学では最も意欲的に取り組んでいたように思う。北海道はモノづくり系の機械金属工業が脆弱とされる中で、新規のIT技術をベースにしたベンチャー企業の多様な取組みが注目されていった。

それから20年が経過し、近年、サッポロバレー、大学発ベンチャー、北海道のITベンチャーの話題が聞こえなくなっている。全国的にみても、この種の話題は少なくなってきた。一つの時代を通りすぎて、私たちは新たな次元に立っているのかもしれない。この節では、「サッポロバレーと大学発ベンチャーのその後」として、最近のJR札幌駅北口、及び札幌中心部に展開するIT関連企業、大学発ベンチャーの現状と課題、そして、新たな可能性をみていくことにしたい。

（1）札幌市／有力IT企業から独立して札幌にとどまる
——平均45歳のシニア集団（バーナードソフト）

JR札幌駅北口のあたり、かつてはサッポロバレーとしてIT企業が集積し、一時代を築いたのだが、現在はその面影は薄い。JR札幌駅北口から数分の37山京ビルの2階の1室にバーナードソフトが入居していた。社長の苆生淳史氏（1964年生まれ）は開口一番「1996年にソフトフロントの前身のビジョンコーポレーションに入った。その頃は札幌駅北口のあたりは活気があった。これから活気づけたい」と語り始めた。

苆生淳史氏　　バーナードソフトの社内／年齢層が高い　　37山京ビル2階に入居

第3章　札幌大都市圏から生まれ、支える多様な産業

▶サッポロバレーと、その後

　サッポロバレーのルーツは、1976年、当時北海道大学工学部助教授であった青木由直氏（1941年生まれ）が組織した「北海道マイクロコンピュータ研究会」とされている。この研究会からは、ハドソン副社長の中本伸一氏（ゲームソフト制作責任者）や、現在のビー・ユー・シー森精機の創業者の4人、さらに、BUG、デイビーソフトなどのかつてのサッポロバレーを賑わせたIT企業群が生まれている。彼らは1992年のバブル経済崩壊後、家賃の安い札幌駅北口周辺にオフィスを構え、「北口ソフト回廊」と呼ばれるようになった。この流れを促進したのが、2000年6月にオープンした「札幌ビズカフェ」であった。地元建設業者の伊藤組が、駅前の自社ビル建設用地を2年間限定でプレハブを建てて提供してくれた。シリコンバレーのビズカフェを意識し、「IT企業の溜まり場」「情報交流の場」「起業家と投資家の出会いの場」の形成を狙った。その頃から、札幌駅北口周辺は「サッポロバレー」といわれるようになっていった。

　その代表格として、1997年設立のソフトフロントが注目されていた。このソフトフロントは、日本語ワープロソフトの設計技術者であった関崎裕一氏（故人）のコアシステムと、その後のサッポロバレーのタニマチ的役割を演じていく村田利文氏（現ソフトフロントホールディングス最高技術顧問）のビジョンコーポレーションが合併して設立された。従業員はコアシシステム約40人、ビジョンコーポレーション約20人ほどであった。

　合併後のソフトフロントは、VIP（インターネット電話、Voice of IP）により急拡大し、2年ほどで従業員は200人を超えた。2002年には大阪NASDAQに上場、その後、東京のJASDAQに上場していく。その頃には従業員は250人を数えた。当時はサッポロバレーの先頭を走るものとして注目されていた。その後、ソフトフロントはM＆Aを重ね、筆まめ、エステティックなどを買収、ソフト技術者を求めてベトナムにも進出していく。さらに、2014年には東京（本社港区赤坂）に統合されていった。サッポロバレーで育ったIT企業で東京に本拠を移す企業は少なくないが、ソフトフロントもその一つの典型とされた。現在のJR札幌駅北口周辺にはかつての活気はなくなり、「サッポロ

バレー」という言葉も死語になっているのである。

▶バーナードソフトの設立

　バーナードソフト社長の苙生淳史氏は文系の北星学園大学（札幌市）を卒業、川崎市溝の口の富士通LSIテクノロジーに新卒で入社する。SEに従事し、ある程度力がついたことから札幌に戻り、1996年、村田利文氏が率いるビジョンコーポレーションに入社した。当時は従業員20人ほどであった。ビジョンコーポレーションは翌年の1997年にはコアシステムと合併しソフトフロントとなる。その後の発展は先に示した通りだが、2014年に東京に統合されることになり、札幌にいた22人のうち14人で独立創業していくことになる。2014年5月には現在のバーナードソフトを設立している。

　社名は経営学者のバーナードに由来している。会社案内にはバーナード理論を援用し、経営理念として、①コミュニケーション、②貢献意欲、③共通目的、が掲げられていた。「札幌の自然豊かな環境の中、インターネットやIT技術を活用したサービスを提供し、お客様の価値創造と社会貢献することを目標としています」と記している。資本金1200万円の旅立ちであった。

　事業内容は、Webシステムの設計、モバイルソリューションの立案・開発・運用、サーバー構築、組込Linuxボードアプリケーション等の「システム開発」、iphone、Androidの「アプリケーション開発」、IT関連「コンサルタント、保守業務」とされていた。取引先は多岐にわたるが、主力はNTT関連とされていた。ただし、札幌のIT企業に共通するのだが、営業的な機能は弱いと語っていた。

▶若手の不足、営業力の強化、独自製品の開発の課題

　2014年にバーナードソフトを設立し、2年が経過しているが、幾つかの問題点が自覚されていた。第1は従業員14人の大半はソフトフロントから引き継いできた人びとであり、経験は20年前後と豊富で技術的には高いが、平均年齢が45歳に達する点である。一番若い人で30歳であった。職場のPCに向かう姿には白髪が目立った。この点に関し、苙生氏は「IT技術者は30代後半が

限界、定年説があるが、そんなことはない。ここにいる人びとは一人親方の宮大工の世界」、ただし、「年齢が高いと単価も高くなる。最近、募集をかけたところ、東京からのUターン人材が応募してきたが46歳。断った。若い人はゲーム系に向かい、当方のようなところには来ない」と語っていた。

　札幌周辺の同業は100社程度あるが、従業員10人程度のところが大半であり、いずれも年齢が高くなり、若手を採れないことが悩みとされていた。また、元々、札幌周辺のIT企業の場合、大手から受託開発がメインであり、技術的な能力は高いが営業力がないことも指摘されていた。若手の確保、営業力の強化、独自製品の開発が課題とされている。これは、バーナードソフトだけの問題ではなく、札幌周辺のIT企業全体の問題であるようにみえた。このように、かつての「サッポロバレー」で賑わった札幌駅北口は、新たな課題に直面しているのであった。

(2) 札幌市／カメラ監視から事業を拡げる
　　──地域の特色をベースに事業を展開（エコモット）

　北緯43度に位置する札幌は、寒冷、積雪地帯であり、雪対策の負担は大きい。このような事情の中で、大型マンションなどの駐車場の積雪遠隔監視、融雪システムで興味深い事業を形成してきたベンチャー企業がある。そして、この遠隔監視システムを発展的に進め、その後は、工事現場の監視システム、GPS車両運行管理ソリューション、さらに、それらをパッケージにした防災、

ディスプレイで24時間監視体制

ハードの製作も行う

産業監視までをも視野に入れている。特に、創業以来の積雪遠隔監視、融雪システムは、現在、北海道を中心に青森市、盛岡市あたりにまで普及し、1400～1500カ所に設置されているのであった。

▶積雪監視、融雪からスタート

エコモットの創業社長は入澤拓也氏（1980年生まれ）、高校卒業後、渡米してワシントン州のカレッジ（2年）に学び、帰国後、札幌の音響関係の代表的ベンチャー企業であるクリプトン・フューチャー・メディアで2年ほど着メロや着ボイスを製作していた。その後、2007年1月に同社を退社し、2007年2月に1人でエコモットを設立している。26歳の時であった。祖父も父も札幌で事業を営む事業家の家系であった。

当初から大型マンションの駐車場のロードヒーティングに注目し、効率的、省エネ的運用を目指す融雪システム遠隔監視ソリューションの「ゆりもっと」を提案していった。しばらくは事業にならなかったのだが、新聞に採り上げられたあたりから注目され始めていく。

札幌などの寒冷積雪地では、早朝に駐車場からクルマを出すことはたいへんであり、ボイラーで温水をつくり、駐車場の地面の下の管に配水するというロードヒーティングが普及している。ただし、積雪のない時間帯もボイラーが動いているなどの無駄が少なくない。この点、エコモットの融雪システム遠隔監視ソリューションは、遠隔で24時間体制で監視を続け、スイッチをON/OFFし、ロードヒーティングを適切に運用していくというものである。導入実績によると、エネルギー消費を20～30%は削減できることが実証されている。現在では札幌を中心とした北海道の導入実績は約1000件、さらに、青森から盛岡にかけて400～500件が設置されている。

当初は大型マンションをターゲットにしていたが、普及がかなり進んだために、大型商業施設の駐車場などにも展開していた。今後はJRなどの鉄道の線路のポイントの監視も視野に入っていた。ただし、積雪は12月から3月頃までの4カ月であり、契約はその4カ月のみとなる。

▶四つの事業領域に拡大

このように、創業事業は冬季のみであり、夏季にどうするかが課題にされていたのだが、建設工事現場の監視、記録用として開発、建設情報化施工支援ソリューションとして「現場ロイド」を開発していった。通信モジュールを内蔵した各種端末との連携で、騒音・振動・風向・風速、水位、温度など多様なデータのクラウドサーバ管理を実現している。さらに、電源を確保することが難しい現場には、太陽光パネルとバッテリーのみで動作が可能にしている。このサービス開始は2009年8月からであるが、現在、すでに4500台以上が導入されている。この領域はさらに拡大が期待される。

三つ目は、交通事故削減ソリューションの「Pdrive」であった。これは、携帯電話の通信モバイルを搭載し、ドライブレコーダー、デジタルタコグラフ、GPS機能を一体化した高性能コンパクトドライブレコーダーである。これらの運行データは自動的にクラウドサーバに保存、集計処理され、専用サイトから運行評価をすることができる。ドライバーの危機管理向上に利用できる。このサービスは2014年8月から開始されているが、導入台数は7000台を超えていた。

四つ目は、これらの成果を背景に、既存のセンサー機器や設備、システムをIoT対応にするためのコネクティビティ全般を提供するプラットホームソリューション「FASTIO」とされている。いわば、「IoTインテグレーション事業」といえそうである。

▶「現場」を見据えた事業展開の課題

エコモットは創業以来、10年も経たないうちにこれだけの事業に展開、2016年度の売上額は10億円強となる。「ゆりもっと」約20％、「現場ロイド」約40％、「Pdrive」約30％、「FASTIO」約10％の構成であった。創業事業の「ゆりもっと」は頭打ち傾向だが、「現場ロイド」「Pdrive」は拡大、そして、「FASTIO」はこれからの事業と受け止めていた。以前、本社は琴似にあったのだが、2013年に札幌中心部の現在地に移っていた。営業所は東京（5人）、九州（2人）、青森、仙台、北信越、関西（各1人）に展開していた。

現在の従業員数は約60人、中途採用が多かったのだが、2015年からは新卒も採用していた。2017年4月は技術系の大卒2人が予定されていた。札幌の本社は中央区のビルの1～2階にあり、開発部門（15人）、技術営業部門（30人、工事設置）、生産部門（10人）、その他監視部門、管理部門から構成されていた。IT企業にしては珍しく、機材の組立などの生産部門を保有しているのであった。

　このように、エコモットはカメラ監視をコア技術に、北海道の課題である積雪期のロードヒーティングの省エネ化でスタートし、冬季以外の仕事として工事現場の監視、さらに、ドライブレコーダーを応用した車両の運行データの集積等の領域に入っていった。このような事業の場合、市場が拡大し、汎用化が進んでいくと大手が登場し、競争が厳しいものになっていく。エコモットのサイドでは「ラスト1マイルがたいへん」と表現していたが、中小のベンチャー企業としては、「現場」に深く入り、大手ができないサービスを提供し続けていくことが必要であろう。厳寒の札幌の地から興味深い中小企業が登場しているのであった。

（3）札幌市／非ハドソン系、独立系のゲームソフト・メーカー
　　──札幌にちゃんとした企業を作りたい（インフィニットループ）

　1990年代以降、JR札幌駅北口にIT企業が集積し、その後、サッポロバレーと呼ばれるようになり、そこに集結するIT企業はサッポロバレー系、北口系などといわれていった。その中で、ゲーム系ソフト開発ではハドソンが代表格であった。このハドソン、現在は存在しないが、ハドソンから分派独立したハドソン系ゲームソフト・メーカーは少なくない。現在、札幌のゲームソフト・メーカーは30～40社程度であり、従業員100人を超えているところは3社程度とされている。このような枠組みの中で、独立系、非ハドソン系を標榜する若いゲームソフト・メーカーが展開していた。

▶ゲーム系ソフトで急成長
　北広島市出身の松井健太郎氏（1977年生まれ）、東海大学（札幌）の電子情

松井健太郎氏

インフィニットループの作品のパネル

報工学科を卒業する。だが、当時は就職氷河期とされ、同級生の70％は東京に向かった。その頃、松井氏は「札幌には就職したくなるようなまともな企業がない。いつの日かちゃんとした企業を作りたい」と考えていた。当面、札幌の介護保険関連のシステム会社に勤め、2社目は従業員3人ほどのベンチャー企業に勤めた。サッポロバレーが盛り上がり始めた頃であった。

そして、松井氏は26歳の2003年9月に、1人でインフィニットループをスタートさせている。2007年6月には法人化したが、その頃はまだ従業員は2～3人であった。その頃に作ったゲームソフトが大ヒットし、その後、従業員規模は倍々に膨れ上がっていった。創業は白石区であったが、2009年6月には札幌市中央区に移転、その後も拡大移転を重ね、現在地には2015年4月に着地している。なお、現在地は中央区北一条の旧サッポロビール跡地の再開発ビル（サッポロファクトリー一条館）の3階にあった。

現在の事業領域は、ゲーム開発、モバイル向けアプリケーション開発、Webアプリケーション開発、サーバ構築・運用保守とされていた。現在の従業員は札幌だけで130人（正社員は100人、その他はアルバイト、派遣関係）であった。この他に2016年4月にはJR仙台駅東口に仙台支社（10人）を設置していた。松井氏の構想では、地方拠点は仙台が最初であり、今後、各地に進出の構えであった。この間、従業員の増加に加え、売上額も急増している。

2010年の頃の従業員数は6～7人、売上額は6000～7000万円ほどであったが、2013年には90人、約4億円、そして、2016年には140人、約8億円となっていった。

▶札幌のゲームソフト製作と人材

このゲームソフトの世界、若者には人気があるものの、なかなかスタッフの応募がない。インフィニットループの場合、女性のプログラマーは5％程度にすぎない。松井氏は「女性の応募がない」と語っていた。従業員の大半が中途採用であり、常に募集を行っていた。インフィニットループではUIターンの募集をWeb上でも行っているが、応募は月に平均20件ほどはある。Uターンの人の定着は良いのだが、北海道に憧れてきたIターンの人の場合は、冬の厳しさに参ってしまう人も少なくない。それでも、インフィニットループでは従業員の20～30％はUIターンの人材であった。

松井氏は「東京のお金で研修させてもらっているようなものだ」と語っていた。そして、松井氏自身がそうなのだが、入社してくる人には「会社から10分程度の所に住む」ことを勧めていた。大半の従業員は、徒歩、自転車、クルマで10分ほどのところに住んでいた。勤務時間は10～19時（休憩1時間）としていた。

インフィニットループの開発現場

また、札幌にいる不利性は感じていないようであった。クライアントとは最初だけ直接会うが、その後はTV会議で対応していた。むしろ、東京の仕事を東京の価格で取ってきて、札幌のコストでこなし、利益を出すことを目指していた。一つの作品には2年ほど掛かるが、現在は13～15本ほどを走らせているのであった。

▶ゲームも踊り場、次の展開の必要性

また、ゲームソフトで沸いた2000～2010年代であったが、現在は「踊り場」に来ている。そのため、松井氏は「面白い業界があれば、そちらに軸足を移していく」構えであった。AIやIoTなどが意識されていた。また、インフィニットループの社内では部活動が盛んに行われており、その中から新たなシーズも生まれてきていた。

一つはCristal Signal Piという光で監視するソリューションであり、アラートが来たとき、LED（クリスタル）の色の変化、点灯・点滅で一目瞭然というものである。また、このCristal Signal Piはプリント板キットにより、自分で組み立てることも可能として販売されていた。もう一つは、より普及が期待されるものであり、シュキーンと命名されていた。タブレットやスマートフォンをかざすだけのタイムマネジメント型勤怠管理システムであり、豊富な統計機能により、従業員やチームの状況が瞬時に把握される。職場の労働環境改善等で用いられることが期待される。すでに1500件ほどが設置されていた。

このように、インフィニットループは2003年に創業され、2010年頃から一気に拡大基調にある。社長の松井氏は札幌に軸足を置き、職住近接を勧めながら、UIターン人材を確保してきた。さらに、今後はゲームが踊り場にあるとの認識であり、次のテーマを模索しているのであった。

（4）札幌市／大学発ITベンチャーのその後
――中核、基盤となるソリューションサービスに向かう（テクノフェイス）

2000年代に入ると、国の政策で「大学発ベンチャー1000社構想」が打ち出されるが、他方で、当時は国立大学の教授は「社長」になれないという制約が

あった。このような事情の中で、北海道大学大型計算機センター長の嘉数侑昇教授は脱マイクロソフト宣言を発し、フィンランドで生まれた OS の Linux の普及の必要性を主張、大学発ベンチャーの設立に向かった。2002 年にスタートしたテクノフェイスの初代社長には元 IBM の営業職であった長澤康夫氏が就いた。当初からソフトウエアの基盤の研究を目指しての船出であった。

▶ソフトウエアの基盤系の研究を目指す

　資本金 7900 万円だが、テクノフェイスの株主をみると、（公財）北海道中小企業総合支援センター、日立製作所、北海道電力、エヌ・ティ・ティ・コムウエア、横河電機、ソフトコム、北洋銀行、日本アイ・ビー・エム、オープンループ、ほくでん情報テクノロジー、北海道総合通信網、その他道内大学、教授等が並んでいる。特に、北海道中小企業総合支援センターは北海道庁が出資するものであり、北海道の産学官の総力をあげて取り組まれたものであることがわかる。北海道中小企業総合支援センター出資分の 2000 万円は、10 年後に額面で会長、社長が買い戻すことになっていた。また、スタート時の従業員はプロパー 6〜7 人に加え 15 人程度の派遣社員からなるが、これらの派遣社員は出

テクノフェイスの開発現場

資企業等からの出向者で構成されていた。

　事業内容は、Linux をはじめとするオープンソースソフトウエア、人工知能やクラウドサービスに関するソフトウエア研究開発、技術コンサルティング、構築、保守、運用、モバイルアプリケーション、Web システム、組込 Linux システム開発、ソフトウエアシステム性能改善コンサルティング等となっている。受注開発で資金を作り、やるべきことをやり、自社開発のシーズを作っていくことを目指していった。

　この間、事業としては、CGL 携帯電話基盤システムの性能改善コンサルティング、クラウド基盤関連システム開発、全国規模の地域気象観測システム・拠点制御装置ソフトウエアの開発、通信デバイスを通した自動車との対話システム、AI の支援による IoT サービスの高度化研究サービスなどに取り組んできた。現在の従業員は 22 人、全員プロパーから構成されていた。

▶札幌の評価を高めていくための課題

　テクノフェイスの現在の社長は博士（工学）の石田崇氏（1974 年生まれ）、テクノフェイスのスタートの頃は北海道大学のポスドクであり、日本学術振興会特別研究員（通称学振）に採用されていた。指導教官に「行け」といわれ、

敷島北一条ビルの 6 階

石田崇氏

自分も興味があったことから、テクノフェイスの第1号社員として入社している。その後、2010年には36歳で2代目の社長に就いていた。

　従業員22人のうち事務関係が3人、残りの19人は技術者であった。平均年齢は35歳であった。全体的な傾向として北海道に縁のある人が集まっていたが、アイルランド人、中国人も在籍していた。毎年、若い人を入れることに腐心しているが、毎年は難しいようであった。定着はかなり良く、居心地の良い職場を形成しているようにみえた。年間の売上額は2億円前後、1人当たりにすると900万円強であり、IT企業としては標準的なレベルであった。技術者である社長の石田氏の仕事は、新しい案件を探し出してくることとされており、「しんどい」と語っていた。

　成立の経緯からして、官公庁、大学等の仕事が少なくない。主要な取引先としては、KDDI、日本電気、NTTコムウエア、セールスフォース・ドットコム、ソニー、KDDI研究所、ピースミール・テクノロジー、NECソルーションイノベータ、マイクロソフト、日本事務機、ソーシャルエイドリサーチ、札幌市、北海道大学、北海道科学大学などがあげられていた。大手からは「こんなことができないか」と投げかけられてスタートする場合が少なくない。今後に期待している事業は、「AI支援によるIoTサービスの高度化研究」であり、中核になりうるソルーションサービスとしていた。

　札幌周辺の事情としては、若い担い手がいないという点に加え、40代のUターン技術者を受け入れる仕組みがないなどが問題にされ、テクノフェイスに期待されているのだが、当面の事業量からして受入れは困難なようであった。サッポロバレーの課題としては、受託開発に終始し、独自の技術を開発し、表現できなかったことが指摘されている。今後、サッポロバレーの精神を受け継ぐテクノフェイスをはじめとする札幌のITベンチャー企業には、基盤となる独自技術を作り上げていくことが求められているようであった。

(5) 札幌市／大学発ベンチャーとして特殊レーザー加工機に向かう
　　──開発、生産の拠点は徳島に移る（レーザーシステム）

2000年代に入った頃、大学発ベンチャーが取り沙汰されたものだが、最近

はそのような話題は遠のいている。大学サイドにシーズはあっても、社会的なニーズ、事業可能性は別であり、脚光を浴びてスタートした大学発ベンチャーの多くは挫折している場合が少なくない。このような全体的な事情の中で、北海道大学発ベンチャーとして出発した企業が興味深い方向に向かっていた。

▶大学発ベンチャーとして出発

レーザーシステムの創業社長である土内彰氏（1964年生まれ）は、徳島県出身、地元徳島の阿南高専を卒業後、オムロンに5年ほど勤めて、地元の青色発光ダイオード（LED）で著名な日亜化学に入社する。その後、日亜化学を退職し、技術商社に転じていった。その頃は徳島大学に営業に通うことが多く、徳島大学工学部の三澤弘明教授と懇意になっていった。その三澤教授が研究室ごと北海道大学の電子科学研究所に移っていくことになる。三澤教授からは「北海道で何かやろう」と誘われ、土内氏は家族を徳島に置いて、2003年に初めて北海道の土を踏んだ。

当時、国立大学教官が企業経営者になることは難しく、土内氏が社長になって札幌市北区で2004年3月、レーザーシステムを立ち上げていく。土内氏と三澤研究室の卒業生である中国人女性の2人でスタートした。

その後の主な歩みは、以下の通りであった。

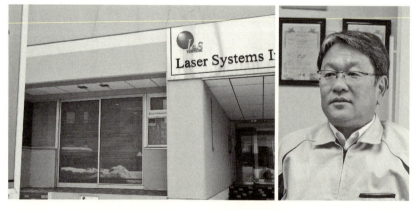

札幌市内のビルの一角に立地する本社　　　　土内彰氏

2005 年 11 月　レーザースクライブ装置のプロトタイプ開発
2006 年 11 月　レーザースクライブ装置の産業タイプ開発
2007 年 2 月　ベンチャーキャピタル 10 社より 3 億 2500 万円調達
　　　　5 月　本社を現在地（札幌市西区）に移転
2008 年 2 月　光学エンジン量産タイプ 1 号機出荷
2009 年 3 月　徳島県小松島市に徳島事業所開設（営業所）
2013 年 7 月　徳島県阿南市に新社屋建設、徳島事業所を移転集約
　　　　12 月　レーザー装置開発拠点を徳島事業所に集約
2015 年 4 月　川崎市に川崎研究所を開設

▶レーザーシステムの事業の輪郭

　レーザーシステムの主たる事業は二つ。一つはレーザー加工用「光学エンジン」の開発、製造、販売、保守であり、二つ目は「レーザー加工装置」の開発、製造、販売、保守というものである。光学エンジンの基本技術は、一定位置に集光する「オートフォーカス機構」、レーザー照射を最適化する「レーザー制御機構」、加工を安定させる「出力安定化機構」、加工状態を確認できる「観察機構」、目的に合わせたビーム形状を形成する「光成形技術」、自動でレーザーの ON/OFF 動作を行う「エッジ検出機構」から構成されている。レーザーシステムは、この光学エンジンの生産、販売に加え、光学エンジンを搭載した加工機（装置）の製造販売にも従事している。このレーザー加工機は切断、穴あけ、表面改質等に利用される。

　このレーザー加工機の利用範囲は広いが、装置の導入例として半導体ウエハのダイシング加工がわかりやすい。従来の刃物で切断する場合、接触式で負担が大きく、水を使うウエット加工であり、しかも飛散物（チッピング）が多数発生する。この点、レーザー加工にすれば、切り代が狭くなり、歩留まりが改善される。非接触で大気中の加工が可能であり、さらに、部品の磨耗がない。高速、高精度、高安定性加工が行われることになる。

　先に、大学発ベンチャーの難点としてシーズはあるものの、事業化は別と指

摘したが、レーザーシステムの場合は、土内氏自身が日亜化学に在籍し、LEDの切断に関わっており、このような市場の可能性を実感していたことが大きい。実際、創業後の最大のユーザーは日亜化学であった。そして、このような事情から、2013年には主力の研究開発、製造拠点を徳島に置くことになった。

現在の事業所の配置は、札幌本社、徳島事業所、川崎研究所からなる。2017年3月現在の全体の従業員数は58人、札幌本社は15～16人であり、11人が総務管理部門、4～5人のエンジニアは徳島に出張している。川崎研究所は関東に拠点を置く必要性が高いことから設置した。用途はプロセス開発、検討機、実験機の製作である。そして、徳島事業所が拠点であり、36～37人から構成されている。徳島事業所には外国人も多く、シンガポール人、ロシア人、中国人も在籍している。スローガンを「札幌・徳島から世界へ！」としていた。

▶将来はIPOを目指す

事実上、拠点を徳島に移しているが、本社を札幌に残してある理由について、土内氏は三つの点を指摘していた。第1は、当初、北海道庁を通じて経済産業省の補助金を年間2億円ほどもらったこと、第2にメインバンクが北洋銀行であること、第3にソフト技術者が徳島より札幌の方が多いこと、であった。また、徳島～札幌間は羽田で乗り継いでも半日で移動できることが指摘されていた。

ベンチャーキャピタルの資金を入れた頃は、98％以上がベンチャーキャピタルの資本であったが、その後、土内氏が買取り、現状では土内氏の持ち分は50％を超え、ベンチャーキャピタル分は3社、20％ほどとなっていた。その他は、北洋銀行、稚内信金、商工中金、エンジェルであった。なお、三澤教授は、レーザーシステムの顧問に就任していた。

この領域の市場規模は日本国内で100億円以内、世界全体でも1000億円はないとみていた。大手の工作機械メーカー等が参入する規模ではない。レーザーシステムの売上額は変動はあるが、年商は10～20億円であった。また、加工機1台当たりの価格は最大で1億円としていた。すでに取得している特許は

20件ほど、将来はIPO（証券市場上場）を目指し、「徳島にレーザーバレー」を作りたいと語っていた。北海道の大学発ベンチャーがモノづくりをベースに興味深い取組みを重ねているのであった。

2. 臨空立地を意識する中小企業
―― 空港経済とリスクヘッジ

　都市の郊外に設置される空港、近くに臨空工業団地なるものが用意されている場合が目立つ。そして、そこには大都市からの進出企業が立地している場合が少なくない。人やモノの移動で航空機の利用が飛躍的に拡大していく中で、臨空立地に向かう事業所が目立つものになってきた。特に、サービス系、物流系に多いが、製造業においても好んで臨空型の展開を示すところも増えている。世界的にみると、このような空港を焦点として多様なビジネスに向かう動きは「空港経済」といわれ、在来の事業の立地だけではなく、新たな事業を生み出す場としても注目されている。

　札幌からJRの快速エアポートで40分ほどの位置にある新千歳空港の使い勝手は素晴らしいものである。羽田〜新千歳便は1日に50往復を超え、伊丹、福岡などの便も沢山飛んでいる。さらに国際線も充実し、近年のインバウンド客に応えきれないほどの賑わいをみせている。当然、航空物流の増加も著しい。

　このような状況の中で、千歳、恵庭といった新千歳空港至近の場所に、新たな工場立地が進んでいる。全国的に人口減少が進む中で、千歳市の人口は増加基調であり、また、企業立地が進む地域として注目されている。本節では、二つのケースしか採り上げないが、本書の中では、車載用センサー製造のデンソー北海道（第4章2―(4)）、金属部品製造の北新金属工業（第4章4―(4)）なども、意識的に新千歳空港に近接する現在地に着地している。それらのいずれもが、新千歳空港の使い勝手の良さ、さらに、中京、近畿地区の震災リスクからのヘッジを指摘していた。

　このように、新千歳空港ほどの空港は、新たな事業化の一つの焦点として登場してきているのである。

(1) 恵庭市／進出半導体メーカーから球状太陽電池部門を分離独立
——発電効率向上、利用可能性の幅は大きい（スフェラーパワー／京セミ）

　太陽光発電といえば、2011年3月の東日本大震災による原子力発電への懸念の拡大の中で、一気に全国に拡がってきた。そして、そのパネルといえば黒っぽい平面のものであり、郊外を走っていると不意に現れ、まだ見慣れないためか違和感が大きい。

　聞くと、発電効率を考慮し、平面のものを一方向に向けて固定しているのだという。広大な農地がいつのまにか黒くて固い平面で覆われている。この固くて黒い平面の太陽光発電の世界に「球状の太陽電池」を提供し、新たな可能性を導き出している企業が恵庭に立地していた。

▶京都から進出してきた半導体企業

　この画期的な球状太陽電池を開発、製造しているのは半導体メーカーである京セミ（本社京都）から分離独立したスフェラーパワーであった。本体の京セミとは、三菱電機の中央研究所（伊丹市）の研究員であった中田 仗 祐氏（じょうすけ）（1937年生まれ）が、1980年4月に京都府城陽市で京都セミコンダクター㈱として独立創業した企業である。主要事業は光半導体デバイスの開発・製造とされていた。中でも高速の「光通信用デバイス」、高精度で高信頼性の計測・分析・制御機能を発揮する「光センシング用デバイス」を2本柱に歩んできた。

球状太陽光発電のチップ　　　　球状太陽光発電チップを応用した製品

早くも1989年3月には北海道工場を北海道空知郡上砂川町に設立している。上砂川町はかつては三井炭鉱の町であり、炭鉱閉山後は企業誘致を積極的に行ってきた。京セミ側からすると、誘致の条件が一番良かったとされる。そして、この上砂川町に立地したことがその後の球状太陽電池開発の契機となっていった。上砂川町には廃鉱になった炭鉱の縦穴を利用した無重力実験装置があり、その施設で半導体に使うシリコンを球状化する開発に着手していった。

　1991年6月には100%出資の北海道セミコンダクター㈱を設立、翌1992年9月には恵庭市に恵庭開発センターを開設している。さらに、1998年11月には恵庭に無重力利用研究所を開設した。その後、2003年3月には京セミが北海道セミコンダクターを吸収合併、4月には社名を京セミ㈱に変更している。2005年にはアメリカのカリフォルニア州に100%出資の子会社（kyosemi Opto America Corporation）を設立している。全体の本社機能は京都（伏見区）、国内の生産工場は北海道上砂川事業所と恵庭事業所となり、その他に東京営業所（新宿区）、アメリカ法人、そして2012年5月に恵庭事業所の中で分離独立させた球状太陽電池のスフェラーパワー㈱という展開になる。

　なお、全体の従業員数は234人、北海道は上砂川事業所が98人、恵庭事業所は78人、それに派遣社員が10〜20人配置されていた。京セミの主力の一つの光センシング用デバイスの生産は上砂川事業所が担当、もう一つ主力の光通信用デバイスは恵庭事業所で生産されていた。ちなみに、全体の開発は恵庭事業所で行われている。恵庭事業所ではデザイン、チップの生成、光通信関係の組立を行い、上砂川事業所では供給されたチップ以降の後工程により光センシング用デバイスを生産していた。量的には量産的性格の強い上砂川事業所が恵庭事業所の10倍は生産していた。

　また、開発の中心になっている恵庭事業所の場合、修士、博士が合わせて20〜30人ほど在籍している。博士は5人を数える。これらの人びとは30代でUターンしてきた場合が多い。北海道には半導体の開発を行っている事業所はほとんどなく、京セミ恵庭事業所がそのような領域のUターン技術者の受け皿になっているようであった。

▶スフェラーパワーと球状太陽電池の将来

　京セミは上砂川の炭鉱の縦穴を利用した無重力実験施設を使い、半導体に使われるシリコンを球状化していく研究を重ねて開発に成功していく。一般化している平面のパネルの場合、太陽光の方向に向けて設置しているが、スフェラーパワーの球状太陽電池は球状の小さな粒であるため、太陽光を受け止める範囲が広い。また、曇天などの条件の悪いときでも発電量はさほど低下しない。発電効率は平面に比べて理論的には3倍になる。ただし、そこまでの条件を確保することは難しいが、1.5〜1.8倍ほどは容易とされている。当面、発売されている粒の大きさは直径1.2 mmと1.8 mmの2種であり、それらをワイヤーで必要な大きさ、形状にメッシュ状に編んでいく。この生地状に編まれたものは丸めたり、ひねったりすることも可能である。「スフェラー」とはスフェリカル・ソーラー（Spherical Solar）の略であり、球状の太陽電池を意味している。

　このような特性を受け止め、現状では筒状にしてLEDを取り付けた「スフェラーランタン」「スフェラースティック」と名付けられたハンディライトが製品化され、セレクトショップ等で販売されている。また、アクリル樹脂やガラスに埋め込むことも可能であり、再開発されたJR京都駅前の駐輪場案内板サインに採用された。日中に蓄積した発電で夜間に6時間ほど照らすことが可能とされていた。また、メッシュ状にした際に間隔の自由度が高く、シースルー状になる。この点を利用すれば、建物の窓ガラス、また、高速道路の曲面の

球状太陽電池を編んでいく 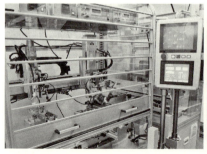　　メッシュ状に編まれたもののチェック

防音側壁など、透明な部材の中に太陽電池を一体化し、発電所に変えていくことも可能とされる。まだ、この他にも利用可能性の幅は広い。

　数年前、パリに新設される美術館のガラス壁面に採用との申し出があったのだが、生産能力が不足して受けることができなかった。これを教訓に対応力を高めるために分社化に踏み出し、2012年5月にスフェラーパワー㈱を設立した。現在の資本金は5000万円、実質的には京セミ恵庭事業所で開発、製造されている。従業員は16人（正社員のみ）であった。

　このような製品、技術は開発した当事者よりも、ユーザーが新たな使い方をみつけてくれる場合が少なくない。そのためには、多様な領域への技術の広報が不可欠であり、また、量産体制の確立も課題とされるであろう。

（2）千歳市／大企業から独立創業の特殊複合材メーカー
──静岡県富士市から故郷の北海道に移転（FJコンポジット）

　北海道千歳市、優れた空港があることなどから、近年、企業立地が進んでいる。千歳市柏台南、千歳アウトレットモールの「レラ」に近接する産業用団地「千歳オフィス・アルカディア」内に複合材の研究開発型ベンチャー企業のFJコンポジットの本社新工場がある[2]。JR南千歳駅まで徒歩5分、新千歳空港までクルマで5分の位置にあった。お客が空港に着いてから電話をくれると、それから迎えに行ける距離であった。また、格安のLCCの普及と新千歳空港の充実により、国内ばかりでなく海外に向かうにも極めて利便性が高くなっている。世界を見据えるハイテク・ベンチャー企業にとって、興味深い場所となっているのであった。

　なお、社名のFJコンポジットは、静岡県富士市（Fuji）で創業した複合材料（Composite）から付けられていた。

▶富士市から千歳の産業団地に移転

　創業社長の津島栄樹氏（1957年生まれ）は札幌市出身、北海道大学工学部機械工学科修士課程を修了している。だが、機械はあまり得意ではなく、石油精製の東燃（現JXTGエネルギー）に入社している。30歳の頃に東燃が新事

津島栄樹氏

複合材料のサンプル

業として炭素繊維の研究を開始することになり、社内に数少ない機械系の人材としてメンバーに加わっていった。1989年には東燃が炭素繊維複合化（CCコンポジット）の国家プロジェクト（1989〜1996年）に参加することになり、東燃側の実質的責任者となっていった。だが、1995年に研究をやらせてくれていた当時の東燃の社長が取締役会で突然解任され、研究が中止されることになった。

津島氏は事業としての可能性を感じていたために、1996年に東燃を退職、会社の先輩が設立した㈱先端材料（静岡県富士市）にて事業化を目指したがうまくいかず、2002年に完全独立して現在の会社を2人で起こした。研究開発のテーマは、一つに半導体パッケージ用の複合材料による低熱膨張率・高熱伝導性「次世代半導体用放熱材」と、もう一つは炭素粉末と樹脂による燃料電池用セパレータであった。いずれも次世代型の複合材料の開発であった。

2005年頃には、いずれも量産化の見通しがたち、全国に工場用地を求め、結果的に故郷の北海道の千歳の現在地（当初約1 ha、その後、1区画を売却し約5600 m^2）を2008年6月に取得している。そして、工場建設のための融資を静岡銀行に求めたところうまく進まず、北海道の北洋銀行に相談、北洋銀行の北洋イノベーションファンドの投資先として採り上げられ、3000万円の出資を得ることができた。2015年4月には新工場（約660 m^2）が完成、6月に

主力設備のホットプレス

は本社の移転登記も完了、操業開始している。一部の仕事（新日鐵関係）を富士に残しているが、事業協力が終了次第、千歳に全面的に移ることになる。

　富士工場の時代には従業員は津島氏に加え3人であったが、1人が残務整理に残り、2人は千歳に付いてきた。操業開始にあたり2人募集したが、8人の応募があった。現在の従業員は事務1人、現場6人の7人体制となっていた。新工場の主要設備は、主力のホットプレス（3台、1000℃、真空）の他に、プレス（300トン）、熱処理炉（マッフル炉、1000℃）、表面処理（2台、スパッタリング装置）、その他加工機械、分析装置からなっていた。

　▶北海道から世界に向かう

　現在、千歳で生産しているものは大きく2種類。一つは拡散接合法による複合材基板の生産である。この拡散接合法とは、固体同士を熱と圧力で接触させ、拡散現象を利用して接合させるものであり、銅とモリブデンの接合による半導体ヒートシンク材を生産している。セラミックスと銅、アルミの接合、金属、炭素、ガラス等を接着層なしで接合可能とされている。主力の銅とモリブデンの接合材のユーザーは、京セラ、日本特殊陶業、新光電機工業、住友電工等であった。この接合材はホットプレス1台で半導体のパッケージ材が1万〜2万

個／日生産できる。量産が軌道に乗れば、月に100万～200万個の生産が可能としていた。

　もう一つは、炭素繊維による燃料電池用セパレータである。燃料電池の心臓部のセルは電極、電解質、セパレータで構成される。1台の自動車の燃料電池には約400枚のセパレータが使用される。このセパレータのコストダウンが至上命題とされていたが、FJコンポジットは約100分の1の低コストを可能にした。このセパレータは燃料電池の主要ユーザーに供給されていた。

　さらに、次のテーマはモーター系のセラミックス絶縁回路としていた。津島氏は「これまで、開発、技術、資金繰り、事務、特許等、全て自分一人でやってきた」と語っていた。ようやく千歳の地に着地し、本格的な事業展開に向かうことになりそうであった。

　今後の主力受注先の住友電工は、経済産業省の「戦略的基盤技術高度化支援事業（サポイン事業）」の成功事例として公表されたFJコンポジットの成果をみて4～5年前に突然訪れてきた。カーボンの板を作って欲しいというのであった。事業拡大のためには、住友電工側の資金に依存していくか、あるいは、自社で進んでいくかの選択を迫られたが、津島氏は後者を選び、次に向かう構えであった。現在の千歳の新工場のスケールでは試作、小ロット生産レベルであり、量産のための新工場を苫小牧に建設することをイメージしていた。今後、大きな資金調達が必要とされる。

　津島氏は「燃料電池用のカーボンセパレータは新しい事業でまだ誰もやっていません。……苫東（苫小牧東部地域）に大きな土地を取得し、燃料電池セパレータ関連の工場を建てる。苫小牧港に原料を降ろし、工場で加工して苫小牧港から世界に出していく」のが夢と語っているのであった。

3．食品加工業の展開
——北海道の食材にこだわる

　優れた農畜水産物を生み出している北海道、その素材の良さからこれまではそのまま首都圏などの本州市場に出していた。このような事情に対し、近年、

地元に付加価値を残すべきとの認識が高まり、多様な加工品、加工食品等が開発され、提供され始めている。現在、北海道産の加工食品で最も人気があるのは、皮肉なことに外国産原材料を用いた幾つかのチョコレートなのだが、地域の素材を見直し、付加価値をつけた新たな食品として提供され始めている。とりわけ、ジャガイモ、小麦、大豆、牛乳といった北海道の代表的な農畜産物を焦点に多様な取組みが重ねられている。

この節以外でも、第8章、第9章でも、そのような取組みを採り上げていくが、この節では、札幌大都市圏の中での取組みに注目していく。原産地に付加価値を残すものとして、食品加工は北海道に限らず、日本全体の課題になってきたが、優れた農畜水産物を産出する北海道、そして、厳しい消費者の集まる札幌大都市圏の中での取組みに注目していくことにしたい。

(1) 江別市／国産を軸に小麦粉の多種少量生産に向かう
　　——地元の小麦を大切に（江別製粉）

小麦粉といえば、パン、うどん、パスタ、お好み焼き等に使われ、私たちの生活に幅広く浸透している。これまで米食を基本としてきた日本も、戦後、一気に生活の洋風化が進み、現在では小麦粉の国内需要量は米を超えるほどになった。他方、戦後の農業政策においては、米の扱いが特別であり、かつて各地で試みられていた麦作は衰退し、北アメリカ産の小麦が主流になっていった。現在では日本の小麦生産は国内需要量のほぼ10%程度とされている。

また、近年、米余りの中で転作奨励作物の一つとして小麦が採り上げられ、各地で生産が再開されているものの、長年にわたって穀類の傍流に置かれていたため、品種改良なども進まず、世界の潮流からは大きく取り残されている。

国内では北海道が最大の産地であり[3]、そこに根を張っている中小製粉業が興味深い取組みを重ねていた。全体的に輸入材料を基本とすることから、大手の製粉業の工場は臨海型として展開しているのだが、江別の地をベースにする江別製粉は「小麦畑のすぐ傍らにある『山工場』」として展開しているのであった。

▶小麦をめぐる環境と江別製粉

　戦前期までは、日本の各地で小麦の生産が行われていたのだが、戦後はアメリカからの援助物資として大量に輸入され、また、農政の中でも後景に置かれ、国内生産は縮小していった。全国各地にうどん・素麺産地があるが、以前は地場の小麦をベースにするものであったのだが、現在は輸入小麦に依存する部分が多く、かつての面影はない。現在（2015年度）では、日本の食糧用小麦の総需要量は約571万トンとされるが、外国産食糧用小麦（アメリカ、カナダ、オーストラリア）の輸入量は約490万トンと約85.8％を占めている。そして、国内産の約80万トンのうち約55万トン（国産の約70％）は北海道産とされていた。

　他方、日本国内の小麦製粉業界は、1965年の434企業、480工場から減少し、20年前の1998年には129企業、162工場、そして、2016年には88企業、114工場となっている。大手4社（日清製粉、日本製粉、昭和産業、日東富士製粉）が約77％のシェアを占め、残りの中小製粉業84社で約23％のシェアを分け合っている。北海道には5工場存在するが、地場のメーカーは江別製粉、横山製粉（札幌市）の2社（2工場）のみである。なお、2011年には、地域産業の振興を意識した「十勝☆mill」という製粉工場が新たに帯広郊外に開設されている（第8章2―(2)）。

　江別製粉の創業は1948年、初代の安孫子安雄氏が江別駅周辺で醸造業を営む岩田醸造（当時の岩田合名会社）の隣地で開始した。3代目の安孫子建雄氏（1943年生まれ）は20年間社長を続け、また、現在でも江別商工会議所会頭に就いているが、2016年6月に子息の安孫子俊之氏（1972年生まれ）に4代目社長を譲っていた。

　米は外皮を剝がすことが容易であり、精米されて「粒食」として利用される。これに対し、小麦の外皮を剝離することは難しく、皮ごと粉砕し、その後、胚乳の部分（粉食用、約70％）、フスマ（約20％）、その他（分離できない部分、約10％）に分離される。フスマは家畜の餌、その他は餌ないし合板用糊に利用されていく。

　国産小麦の供給量は日本全体では15％以下なのだが、江別製粉は北海道産

江別製粉のメイン工場

安孫子俊之氏

小麦にこだわり、アメリカ、カナダからの輸入品は約47％にとどめ、北海道産を約53％使用していた。年間約3万2000トンの小麦を入れ、約400種類、約2万4000トンの小麦粉を生産していた。北海道産の小麦粉は素材にこだわる全国各地の実需者に販売、その他は業務用として輸送コストの少ない北海道内を中心に販売していた。製粉能力は1日当たり小麦約216トンとされていた。事業内容は、小麦粉、ミックス粉、飼料の製造、販売であり、従業員数は61人、2015年度の売上額は約36億円に達していた。

▶「ハルユタカ」を生み出す

戦後、傍流に置かれていた国産小麦は、1990年頃までは「厄介者」とされていた。品質が劣る（パンが膨らまず、うどんにすると黒い）、品質が安定しない（地域や年産）、製粉しにくく歩留まりが悪い（製粉会社の採算悪化）、さらに、政府から割り当てで買わされていた。そのため、国産小麦の大半は外国産に混ぜて使われていた。このような事情の中で、江別製粉では「北海道産の小麦はダメなのか。北海道内で小さな製粉会社が生き残るにはどうすべきか」に向かい、地元江別産の「ハルユタカ」にたどり着く。「うどんにすると固くなるが、外国産や他の国内産小麦にはない『旨み』『食感』のあるパン」が焼けた。ただし、国産小麦を認知してもらうことは容易でなかった。

転機となったのは、1998年に江別市内で開催された「全国焼き菓子祭」であった。北海道産小麦を使用した焼き菓子のコンペが行われた。この全国焼き菓子祭の実行委員会は市内JA、道立食品加工研究センター、中央農業試験場、農業改良普及センター、酪農学園大学、江別製粉、江別市役所から構成されていた。この全国焼き菓子祭りは盛り上がり、これで終わるのは惜しいということから、農・産・学・民が参加する「江別麦の会」「江別経済ネットワーク」が生まれていく。地元の製粉業の江別製粉、製麺業の菊水が主要な担い手となっていった。その後、パン屋、家庭で製パンする人びとに次第に受け入れられ、口コミで拡がっていった。現在では、ハルユタカは最上のパン用小麦として認知されるに至っている。ハルユタカの栽培は難しく、現在では江別産が半分以上であり、ようやく近くの滝川、下川あたりでも栽培が開始されている。

▶小規模プラントによるオーダーメイド生産

　江別製粉自体は、1989年からハルユタカのスパゲッティ用粉を発売していたが、1998年の全国焼き菓子祭を契機に生産体制の再編を進め、2004年には「オーダーメイド小麦粉生産システム」の「F-ship」を稼働させている。この

スイス製ロール製粉機

提供：江別製粉

F-ship は江別製粉が開発した小型製粉プラントの愛称である。「F」は Flour（小麦粉）、Farm（農場）、Food（食べ物）、Fit（ぴったりの）、Fine（素晴らしい）、「SHIP」は Small-scaled Highly Intensive Plant（小規模高集約型プラント）の頭文字を採っている。小麦粉の生産は紀元前の石臼から始まり、現在主流の大規模な多段階式ロール製粉に移っている。これらにはそれぞれの良さがあるのだが、F-ship は「少量でも普通に白い小麦粉を作ることができるプラント」とされていた。特に、「地域の小麦を地域で活かす」ことが目指されていた。

　伝統の石臼の場合、製粉能力（1時間当たり）は 50〜60 kg、標準的な製粉プラントでは 9〜10 トンであるのに対し、F-ship は 500 kg〜1 トンほどである。近年、各地で特色のある小麦の栽培が行われ始め、特に北海道各地で「地粉ブランド」が誕生しているのであった。道央農協江別営農センターの「ハルユタカ」、江別市片岡農園の「ハルユタカ」、石狩市農協の「春よ恋」「きたほなみ」、十勝清水町農協の「はるきらり」、鹿追町農協の「ゆめちから」、本別町の「キタノカオリ」など、地域的な特色を反映した小麦粉が江別製粉の F-ship で生産されている。なお、江別製粉のメインは多段階式ロール製粉であるが、F-ship 部分は生産量全体の10分の1ほどであるものの、付加価値は高く、また、フル稼働の状況であった。

　食の多様化が求められ、また、地元の特色のある材料（小麦）を生産しようとする時代的な流れの中で、全国的にみれば小規模製粉業である江別製粉は地元産小麦を視野に入れ、多種小ロット、オーダーメイド生産という興味深い取組みを重ねているのであった。

（2）江別市／量販店向け豆腐製造で事業拡大
――地元産大豆を使った豆腐も生産（菊田食品）

「豆腐」は日本人の食生活に欠かせない基本的な食品の一つであろう。かつてはどこの町にも小さな家族規模の豆腐屋があり、午後になるとラッパを鳴らして引き売りしている場合も少なくなかった。小さな町の豆腐屋の朝は早く、早朝が一番忙しい時間帯であり、9時、10時を過ぎる頃には既に片付けに入っ

ていた。だが、近年、町の中で製造している小さな豆腐屋の姿をみることはなくなってしまった。

　このような豆腐製造をめぐる状況を全国的に俯瞰すると、需要の大半が量販店にあることから、鮮度の問題も加え、大きく三つほどの棲み分けがされ始めている。一つは、北海道、東北、北陸、四国などの広域の量販店、地元スーパーに納入する相対的に規模の大きな豆腐製造業者、二つ目に、それよりも市場的範囲（県レベル程度）が小さい中規模の豆腐製造業者、そして三つ目には、地元産原料、手作り、有機などにこだわった小規模な豆腐製造業者がある。大豆産地である北海道江別市に、量産とこだわり豆腐に展開する豆腐製造業が立地していた。

▶流通革命の中で量販店と取引し、生き残る

　菊田食品の2代目社長である郷和平氏（1948年生まれ）は江別の生まれ育ち、幼少の頃に樺太から引き揚げてきた父が25歳で夭折、母も失明するなどとなり、祖母に育てられてきた。母と合流するのは小学校1年生の時であった。その母も21歳で失う。郷氏の高校生の頃は町の豆腐屋をやっていた義祖父の菊田家に預けられ、早朝の5時から6時半頃まで手伝いをしてから高校に通っていた。大学進学を諦め、菊田食品にそのまま勤めたが、冬の豆腐屋の辛さから、30歳ぐらいまでは辞めることばかり考えていた。だが、仕事を重ねていくうちに先代の義祖父のことが好きになり、仕事を続けていった。

　1970年代末頃になると、江別にニチイやイトーヨーカドーが進出し、町の豆腐屋から仕入れてくれ始めた。おそらく、全国的にもこの流通革命、量販店の登場が、町の豆腐屋の階層分解を促したとみられる。家族規模で従来のままの豆腐屋と量販店と取引する豆腐屋に分かれ、前者は急激に縮小し、退出していった。当時、江別には豆腐屋は8軒とされていたのだが、量販店の要求についていった菊田食品だけが残り、他の豆腐屋は消えた。

　その後、消費市場における量販店の比重が増大するにつれ、菊田食品も手狭になっていく。現在地は地元の王子製紙の購買部として建設されたものだが、それも量販店に圧されてダメになり、空家になっていた。この建物を1985年

郷和平氏

菊田食品の商品群

頃に菊田食品が買収して移転してきた。現在はこの建物も狭隘になっているが、当時は広すぎで半分も使うことができず、一部を他社に貸していた。その間、菊田食品は量販店をメインに取り組み、北海道では少数派となる量販店卸の豆腐製造業者となっていった。流通革命の中で北海道に残った数少ない一定規模の豆腐製造企業ということになる。

▶菊田食品の事業の輪郭

現在の納入先はコープさっぽろ、ラルズ、イトーヨーカドー、イオン他地元量販店と分散させている。イオンに関しては北海道1号店であった釧路に納入していたのだが、物流費がかかりいったん撤退したが、イオンの店舗が北海道で増加したことから再び納入していた。なお、ラルズは札幌を拠点に北海道内の地方スーパーのM&Aを重ね急速に拡大している食品に特化するスーパーとして知られている。店舗名としては、ラルズマート、スーパーアークス、ビッグハウス、スーパーチェーンシガなどがある。全国の量販店チェーンの中でも食品の売上額は第2位とされている。

菊田食品の工場は江別市錦町の現在地に加え、手作り豆腐に特化している「とうふ工房菊の家」がある。この手作り豆腐は江別市若草町の本店で製造販売し、その他に札幌市内の東急百貨店、丸井今井など3店舗で販売していた。

固まってきた豆腐

菊田食品の従業員は115人前後、商品構成は豆腐、油揚類、その他にトコロテン、さしみコンニャク、白滝などを製造していた。手作り工房と直販部門の菊の家の従業員は販売店を含めて40人前後であった。全社合計で従業員は150〜160人に達していた。量産の豆腐と手作り豆腐の両方に展開していた。

▶江別大豆プロジェクトの推進

　戦後の水稲を軸にする農政の中で、小麦、大豆といった領域は輸入が主体になり、いずれも国産品の比重は10％程度に低下し、品種改良も遅れをとっていた。このような事情の中で、この十数年、国産の小麦、大豆を見直そうとの機運が起こっている。特に、減反政策の推進の中で、転作推奨作物として小麦、大豆の生産が広く行われるようになり、品質の向上、安定が求められてきている。

　江別では「ハルユタカ」というパン向きの小麦の生産が拡大し、ブランド力をつけ始めていた。先に検討した江別製粉の取組みなどが注目される。だが、小麦の生産を拡大していくと連作障害が発生することから、大豆との輪作が求められていった。江別ではかなりの量の大豆が生産されていた。このような事情の中で、2006年には江別で「国産大豆サミット」が開催された。これをキ

ッカケに江別では大豆への関心が深まっていった。2007年には発酵学の権威である東京農業大学教授（当時）の小泉武夫氏の講演会が催され、「江別大豆プロジェクト協議会」が設立された。JA、大豆生産者、地元の豆腐、納豆、醸造等の企業、酪農学園大学、江別市役所などが参加してきた。このような動きの中で、江別の大豆生産量は飛躍的に拡大していく。2007年からは3年間のプロジェクトとして、先進地視察（大分県大山町）、愛知県の農業工場の視察、酪農学園大学生によるデザイン開発などを重ねていった。

そして、菊田食品では北海道産、江別産大豆の比重を増加させている。かつては国産大豆の比重は8～10%程度であったのだが、現在では国産大豆は40%以上に達している。なお、約60%を依存する輸入大豆はアメリカ、カナダとの契約栽培によっている。国産に関しては江別産に加え、近くの長沼産を「北海道産トヨムスメ」として使用していた。江別産、北海道産については、「ユキホマレ（菊の家）」「とよみずき（菊田食品）」が使われていた。これらはそれぞれ別の名称で販売されていた。

量販店の安売目玉商品にされがちな豆腐、低価格品が求められる一方で、地元産原料使用、手作りなどの差別化された商品も求められている。このような事情の中で、菊田食品は厳しい競争を乗り越え、量販店向けと差別化された地元産や手作り豆腐の両方の領域に踏み出しているのであった。

（3）札幌市／事業領域を変えながら、道産、創作菓子に向かう
──バターピーナッツから豆菓子、かりんとうに転換（池田食品）

北海道の菓子といえば、白い恋人、ROYCEのチョコレートが有名だが、北海道産の素材にこだわり、独自に創作豆菓子に向かう菓子メーカーが札幌市郊外の白石区に立地していた。さらに、このメーカーは幾つかの菓子メーカーを承継しながら事業領域を広げ、また、PB商品（OEM生産）を10年前に廃止し、独自な販売ルートを模索するなど、興味深い取組みを重ねていた。

▶池田食品の歩み／三つの転換点

「創作豆一筋　北海道の創作豆」「かりんとう一筋」を掲げる池田食品、創業

池田食品の本社工場と直売店

豆の焙煎

は1948年、先代が椎茸、かんぴょう、竹の子、海苔、干し芋等の乾物を扱う乾物商としてスタートしている。その扱い品目の中にピーナッツがあったことから、1950年、バターピーナッツの製造を開始している。ここが池田食品の第1回目の転換点であった。1970年にはバターピーナッツ年産800トンを達成していた。

ただし、1975年には中国産バターピーナッツの輸入が開始され、価格が日本製の3分の1ほどであることから、池田食品は苦境に陥る。1984年、バターピーナッツ工場の設備を全て廃棄し、豆菓子への転換を図っていく。ここが第2の転換点であった。合わせて、1983年にはタマゴボーロを生産していた橋本製菓工場を引き継ぎ、製品の幅を広げていった。2001年には江別市のかりんとうメーカーの浜塚製菓を買収、かりんとうにも広げていった。なお、このかりんとう工場の設備は2013年、札幌市白石区の本社工場に移設している。現在、製造部門は白石区の本社工場1カ所であった。

第3回目の転換点は2005年頃、それまで受けていたPB商品のOEM供給を停止し、直販を立ち上げていく。以後、自社ブランド・メーカーとなっていった。この間、売上額は15億円から10億円に減少した。1997年には工場に付設した直売店を出していたが、2009年には札幌市内のデパート丸井今井に直営店を出店、さらに、2010年にはさっぽろ東急百貨店に第2番目の直営店を出している。現在、直営店はデパートの2店と工場付設直売店の3店体制となった。この間、東京恵比寿の三越、シンガポールの高島屋に一時期出店して

いたこともある。この10年、PB商品のOEM供給から直販部分への転換が模索されたことになる。

▶池田食品の主力事業

現在の主力商品は、豆菓子（40%）、かりんとう（50%）、タマゴボーロ（10%）の構成になっていた。事実上、一体なのだが、豆菓子とタマゴボーロは池田食品、かりんとうは浜塚製菓の製品とされていた。

豆菓子の材料の大豆は100%北海道産。小麦は50%北海道産、50%はアメリカ産、カナダ産を使っていた。黒糖は沖縄産が5%、95%は中国産であった。沖縄産と中国産とでは価格は数倍違う。また、醤油の原料は国産（大豆、塩）だが、北海道と本州のものをブレンドして使っていた。

販売は菓子問屋経由が90%、デパート、通販といった直販が10%であった。なお、通販の場合の90%は道外であり、客単価は6500円ほどとかなり高い。工場付設の直売店の客単価は3000円、デパートは1000円ほどとされていた。直売店は盆暮れに使われる場合が多いようであった。また、タマゴボーロは中国に輸出されていた。中国ではタマゴボーロをミルクに溶かして乳幼児に与えている。

▶道産のブランド力の強化が課題

現在の社長は2代目の池田光司氏（1949年生まれ）、1984年に社長に就任している。池田光司氏には3人の子供がいるが、長女の池田靖子さんとその弟が会社に入っていた。3代目を予定される池田靖子さんは現在、副社長に就いていた。靖子さんは学校を出てから即、ピースボートに乗って世界一周し、帰国した際に父から「手伝って欲しい」といわれ、2年ほどアルバイトで店の売り子をやっていた。その後、池田食品がPB商品のOEM供給から自社ブランドの直販に向かう頃から営業に就き、次第に経営を意識するようになっていった。

靖子さんが意識する最大のテーマは「道産素材にこだわる」こと。主材料の大豆、小麦については、近年、米からの転作作物として量が出ているものの、品質的に不安定であることが悩みとされていた。戦後の農政の中で、大豆、小

麦は後景に押しやられ、アメリカ産、カナダ産への依存が高い。価格も良質なものは国産が高い。今後、TPP（環太平洋パートナーシップ）が発動されれば、国内の大豆、小麦農家の再編が行われる可能性も高い。良質な農家との契約栽培等が必要になってくるであろう。

　また、人口減少、高齢化、成熟化の中で、どのような商品展開、販売展開が必要になってくるかも大きなテーマであろう。国内の豆菓子、かりんとうの需要層は比較的年齢が高い。あっさり味、小包装、また、高齢者が購入しやすい売り方も課題になるであろう。さらに、若い層に対するナッツやチョコレート味、バター味等の商品開発も不可欠であり、和風ブームに沸く海外への輸出も課題にされる。

　おそらく、直販、自社ブランドへと舵を切った第3回目の転換をさらに推し進めていくことが最大のテーマとなろう。北海道、札幌のブランド力は高い。菓子類も京都、神戸と並んだ発信力がある。そうした点を受け止めながら、新たな一歩を踏み出していくことが期待される。

4．地域から多様な事業が生まれる

　事業は人のいるところから生まれてくる。原材料産地では、人を集めて事業化していくことになるが、大都市では人びとの豊かさが高まるに従い新たな必要性が生じ、新たな事業が生まれてくる。極めてシンプルな言い方だが、これは普遍的な原理であろう。北方圏最大の都市となってきた札幌大都市圏は、その豊かさの高まりの中で、多様な産業、事業が生まれてくる可能性は高い。

　こうした視点でみると、札幌大都市圏にはすでに多様で個性的な事業が生まれてきていることがわかる。先にみた大学発ベンチャー、ITベンチャーの登場、サッポロバレーの形成、また、空港経済と臨空立地、さらに、北海道の農畜水産物をベースにする加工食品の展開などは、そのような文脈で理解することができる。札幌大都市圏はすでに実に魅力的な空間を形成し、人びとは豊かに、そして、創造的な方向に向かっている。今後、さらに新たな事業が生み出されてくることが期待される。

本章の最後のケーススタディとなるこの節では、札幌大都市圏の新たな可能性に向かっている事業に注目していく。福祉介護系の取組み、食品流通を媒介する取組み、また、大都市を中心に発生する廃棄物、中古車などのリサイクル系の取組み、そして、元々は原産地として成立したレンガ製造が、新たな時代に装いを変えて登場しているケースなどである。豊かな大都市では興味深い事業が生まれ、私たちを幸せにしてくれるのである。

(1) 札幌市／布オムツ、保護帽から、クリーニング、清掃まで
──病院、介護の現場の困ったことに対応する（特殊衣料）

　札幌市の郊外、JR発寒駅から徒歩15分ほどの発寒鉄工団地に㈱特殊衣料の新社屋がみえてきた。布オムツから出発し、お洒落な保護帽等の開発・生産・販売、そして、病院・施設のクリーニング、清掃まで、さらに、併設している社会福祉法人ともに福祉会、授産施設、就労支援施設、ギャラリーまでが拡がっていた。この特殊衣料と福祉会をリードするのは池田啓子さん（特殊衣料社長、ともに福祉会理事長）、叔父の事業を引き継ぎ、次々と新たな領域に踏み込み、衣料、福祉の世界で新たな可能性を切り拓いてきた。

▶頭部保護帽「アボネット」を開発、大ヒットとなる

　創業者の田中弘氏は元北海道庁職員であり、道内の社会福祉法人に出向した際、障害者によるリネンサプライやクリーニングを経験した。この経験から道

3代目を予定される池田真裕子さん（左）と2代目社長の池田啓子さん

清潔なクリーニング工場

庁を早期退職し、1979年、大人用布オムツのクリーニングを目指す特殊衣料センターを札幌市東区の菓子屋の跡地を借りてスタートさせている。当時は名古屋の日本特殊縫製から布を仕入れた。そこから「特殊衣料」の名称をとっている。1981年には法人化し、1984年には現在地に移転している。
　現社長の池田啓子さんは専業主婦であったのだが、新工場に移転した際、叔父の田中氏から「手伝って欲しい」と頼まれ、週に1回のパートタイマーとして経理の手伝いに入った。その後、叔父の事業の魅力に惹き込まれ、課長、専務（1991年）、そして、1996年に2代目社長を継承した。なお、田中氏は1998年に80歳で引退している。
　創業当初はリネンサプライが中心であったが、取引先から患者の体型に合った食事用エプロンの改良、製造を求められ福祉用具の世界に入っていく。特に、大きな転機となったのは、てんかんを患う少女との出会いであったとされている。その少女は食事以外の時は転倒による衝撃防止のためヘルメットを被っていた。このような事情を受けて、特殊衣料は新たな緩衝材を入れた障害者向け保護帽（帯状のヘッドギア）を開発していくが、見た目の悪さ、被り心地の悪さ、洗濯の難しさなどが残っていた。
　その頃、札幌市経済局による「平成12年度福祉用具デザイン研究開発プロジェクト」という産学連携プロジェクトに参加、新たな境地を拓いていく。この研究会では札幌市立高等専門学校（現札幌市立大学）の研究者がデザインを担当、製造は特殊衣料ということになった。「デザインが良く、軽量で、洗濯可能なもの」が求められ、2002年に完成、頭部保護帽「アボネット」が商品化されていった。このお洒落なアボネットは年間1万個を超える大ヒットとなっていった。
　このアボネットは、その後、電力メーター検針員の雪道転倒防止用として北海道電力に2004年から採用されている。さらに、2011年からは筑波の日本自動車研究所を中心に、「自動車運転者の事故の際の頭部保護」を目指して継続的に共同研究が重ねられている。札幌市立大学、東京造形大学などが加わっていた。このような共同研究を通じて、特殊衣料はデザイン性、産学連携の可能性を痛感しているようであった。さらに、現在では、リハビリ介助用ベルト、

| 保護帽の内装材 | 保護帽「アボネット」 |

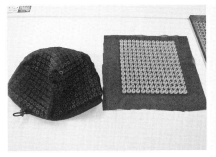 

提供：特殊衣料

防水シーツ、体位変換パットなどに加え、高齢者や側麻痺の人などの身体の動きを体験する「疑似体験セットまなび体」の開発にも踏み出していた。

▶3部門を展開、障害者雇用は27人

当初は病院等のシーツ、タオル等をクリーニングするリネンサプライ事業が中心であったが、病院等の多様な要求に応える形でデンマーク方式に独自の工夫を加えた清掃事業にも踏み出している。2015年の売上額は約13億9000万円であった。事業全体は3部門から構成されている。

第1番目は1998年から着手している病院、介護施設等を対象にした「リネンサプライ事業」であり、売上額約4億円を計上している。なお、2014年に改修されたクリーニングの現場は、被洗濯物の汚染の程度によって、汚染区域、準汚染区域、清潔区域に分かれていたが、衛生的な環境になっていた。なお、2016年1月現在、このリネンサプライ事業の従業員は49人、うち23人（知的障害者20人、身体障害者2人、精神障害者1人）が障害者であった。

第2は「福祉用具事業」であり、売上額は約2億円。先の保護帽などを製作する。この部門の従業員は14人、うち障害者は1人（聴覚障害者）であった。

第3は「清掃」部門であり、売上額は約1億円、従業員61人中障害者は3人（知的障害者）であった。

その他の売上額約7億円は福祉用具の仕入販売ということになる。現在の取扱点数は約1万5000点に上る。なお、各事業部の従業員に加え、営業、管理

部門を合わせると全体で172人（男性54人、女性118人、全体の半数はパートタイマー、障害者は27人）となっていた。

▶就労移行支援、就労継続支援事業の展開

以上のように、特殊衣料では積極的な障害者雇用を行っている。この取組みは1991年から本格化している。この点、障害者雇用率制度により民間企業にも一定割合（2.0％）以上の雇用が義務づけられているが、特殊衣料の場合は全従業員に対する割合が16.0％に達している。雇用されている障害者の平均的な手取賃金は14万7000円／月とされていた。

このような障害者雇用の経験を重ねる中で、2000年度から敷地内に「小規模作業所ともに」を開設し、障害者福祉活動にも関わっていく。その後、2004年8月、社会福祉法人「ともに福祉会」を設立、2005年7月には「知的障害者通所授産施設ともに」が設置され、福祉法人の活動が本格化していく。①就労移行支援事業、②就労継続支援事業から構成されている。

就労移行支援事業は「2年以内に就職を目指す」というものであり、個々人の適性にあった職場を探し、就職のサポート、就職後のサポートを行う。ともに福祉会では「就職コース」とされていた。現在の利用者数は7人（男性4人、女性3人）であり、工賃の実績は月2万9000～3万3000円であった。就労実績は2006～15年の10年間で69人、年平均7人ほどとなる。半年定着率95.0％、3年後定着率84.1％となっていた。

就労継続支援事業は、通常A型（雇用型）とB型（非雇用型）に分かれるが、ともに福祉会はB型を実施している。このB型は利用期限の制限はなく、就労習慣の習得、工賃の向上、働くことの喜び、日中活動の場の提供を目指している。法人で働くことを主とする「訓練コース」と、軽作業及び創作活動を主とする「活動コース」の二つが用意されていた。利用者数は34人（男性24人、女性10人）であり、訓練コース27人、活動コース7人であった。工賃実績は、訓練コース2万9000～3万9000円、活動コース1万7000～1万9000円であった。工賃の90％程度は特殊衣料からのクリーニング業務委託とされていた。また、ともに福祉会の1階にはギャラリーが付設され、利用者の作品が

展示されている。

▶「現場」の必要性から事業が進化

このように、大人用布オムツの製造販売から出発した特殊衣料は、2代目社長の池田啓子さんの頃から、その活動範囲を大きく広げていく。一つには患者の食事用エプロン、頭部保護帽、疑似体験セットまなび体等の福祉用具の開発・生産・販売部門、二つに病院・施設関連のクリーニングから病院・施設等の清掃事業、三つには障害者雇用に積極的に取り組み、さらに別に福祉法人を設置し、就労支援にまで踏み出している。

常に、病院や介護施設、また、就労支援の現場に接し、必要とされることを受け止めて事業化してきた。それが現在のリネンサプライ事業、清掃事業、福祉用具事業へと拡がり、障害者雇用から就労支援事業へと拡がっていったのであろう。さらに、産学連携などを通じ、デザイン性のある福祉用具への関心も高まり、事業全体を魅力的なものに深化させていることも興味深い。このような取組みが札幌の郊外で営まれているのであった。

(2) 小樽市／パッケージ素材の総合メーカーとして展開
── ポリエチレン、ラミネート、成形トレー、ダンボールまで（極東高分子）

商品のパッケージに関しては、近年、実に多様な方向に向いている。以前は紙（包装紙、紙箱）、木箱に限定されていたのだが、戦後の合成樹脂、ダンボールの登場により、状況は大きく変わってきた。これらは比較的付加価値の低く、完成品は容量が大きくなる場合が多い（空気を運ぶ）ことなどから需要地立地が基本的な条件になっている。また、ポリエチレン素材のもの、ラミネート加工、発泡スチロール等の樹脂のトレー等、ダンボール等、いずれも装置系工業として発展しているため投資額が大きく、それぞれの分野で専業化している場合が少なくない。

札幌市に近い小樽市の銭函のJR函館本線に接した工業団地の一角に、包装資材の総合メーカーを標榜する極東高分子の工場群が拡がっていた。

▶極東高分子の輪郭

極東高分子の創業は1965年9月、当時は合成樹脂の勃興期であり、ポリエチレンの包装袋の生産からスタートした。

現在の主力事業であるラミネート加工について、1988年に工場を新設、2004年にラミネート製袋工場を新設、さらに、2013年にはラミネート製袋新工場を竣工させている。極東高分子の敷地面積は全体で約5.9 haと広大であり、各部門の工場が独立的に配置されている。建物面積は全体で約2万2800 m^{2}に上る。主要工場としてはラミネート工場・ラミネート製袋工場、ポリエチレン関連のインフレ工場・製袋工場・印刷工場、ダンボール工場、成形工場（トレー）などから構成されている。

これだけの事業に対して従業員は約275人（男性約200人、女性約75人）、正社員は約200人、75人はパートタイマーだが、フルタイムで働いている。その他に派遣人員20人ほどがいる。場所は小樽市内なのだが、従業員の大半は札幌市から通勤していた。売上額は約73億3000万円を数えていた。

▶包装材の総合メーカーとして展開

現在の主力になってきたラミネート加工は、社内でデザインし、円筒状の版を作成、購入してきた各種プラスチックフィルムにグラビア印刷をする。それにラミネート加工を重ね、そして、製袋していく。製版工程は円筒型の鉄芯を購入、社内で銅メッキをかけ、そこに図柄を彫刻する。そして、そこにクロームメッキをかけて完成する。これら一連の工程も内部化されていた。大型のグラビア印刷機は8色機1台、6色機1台が用意されていた。ラミネート機は3台設備されていた。このラミネートされた袋は食品用として広く提供されていた。現在、極東高分子の売上額の約45%を占め、全体的には増加傾向にあった。

当初からの事業であるポリエチレンの袋は、ポリエチレン原料を調達し、社内ではフィルム製膜を行い、必要に応じて印刷し、製袋していくことになる。以前は極東高分子の主力製品であったのだが、現在では売上額の25～26%ほどになっていた。

グラビア印刷の工程

グラビア印刷の製版工程

　スーパーなどで多用されている食品用トレーは、発泡スチロールなどの熱可塑性樹脂のシートを調達し、真空成形により加工し、さらに必要な形状に打ち抜いていくことになる。真空金型の生産は道内の企業に委託していた。用途により材質は多様であり、ギョーザ、シューマイなどはPP（ポリプロピレン）、コロッケ、菓子などはPS（ポリスチレン）、チーズ、いくらなどはPPをベースにした複合材、菓子、珍味などはPET（ペット）が用いられていた。この部分は売上額の5～6％であり、やや減少気味であった。残りはその他ということになる。

　ダンボールは、道内の原紙メーカーからダンボール原紙を調達し、製品設計、印刷、抜き、製函の工程を経て完成する。これらの印刷から製函までの工程は一貫されており、ダンボール函は1分間に約202個が完成していた。

　このような幅広い製品群を取り扱っている製造工場は本州以南には存在しない。いずれかの領域に特化している。この点、北海道はこの製袋の領域だけではなく、機械金属系等の他の領域でも多様な事業を1企業で行っている場合が少なくない。事業所数そのものが少なく、特定企業が多様な領域を担う形になっている。この極東高分子は札幌郊外の小樽市銭函に立地し、札幌周辺に展開する食品関連企業群へ多様な包装材を提供しているのであった。市場としては道内が80％、道外が20％の構成だが、近年、東京など東日本方面からの受注が増加していた。ただし、この領域、運賃負担が大きく、西日本までは展開していない。北海道では最大かつ総合的な包装材メーカーということになろう。

製袋工程

完成したラミネート製品

▶人口減少時代のパッケージのあり方

　このような事業領域の場合、運賃負担が大きいため、北海道市場に対して本州企業が参入してくる条件は乏しい。逆に津軽海峡を渡って本州市場に向かうことも容易でない。ある程度、地域的な分担の構図が出来上がっている。しかも、北海道の場合は各部門に専業メーカーが大量に登場していく条件にもない。現在では、ある程度落ち着いた競争環境となろう。

　ただし、日本の人口は2008年をピークに減少過程に入っているが、北海道の場合（国勢調査）は、ピークの1995年の569万2321人から、2015年には538万1733人と、この20年で31万0588人の減少となった。減少率は5.5％であった。そして、今後も人口減少が予想される。このような人口減少は極東高分子のような事業に直接的な影響を与えることになろう。

　その場合の対応としては、幾つかの方向が考えられる。一つは、まだ拡大基調にある東京、首都圏市場に向かうということであろう。当然、競争は厳しく、コスト的な優位性、さらに、デザイン、品質、そしてサービス的な側面の充実が不可欠となろう。これは地方市場に立脚してきた企業の対応の一つの方向であろう。

　もう一つは、地方市場に対して新たなものを提供していくということであろう。これまで手掛けていない領域への参入、新規事業の創造を意味する。製袋の幅を拡げていく、あるいは、製袋の前後の工程にまで踏み出すことが求められていくように思う。パッケージの領域は、近年、著しい進化を遂げている。

ダンボール業界などでは、ユーザーの工場に持ち込み、パッケージまで手掛けるケースも出てきている。

　人口はこのような業界の場合、最も基本的な構造条件になる。無関心でいると事業はいつのまにか縮小していく。そのような事情の中で、次の時代を生き抜いていくには新たな対応が求められているように思う。

(3) 江別市／巨大な中古自動車オークションを展開
──最大6000台を展示し、毎週実施（USS札幌会場）

　世界的に日本の中古自動車の評価は高い。車歴の比較的短い中古車が多く、また、耐久性に優れていることが評価されている。この中古車、現在では全国に設置されている売手と買手が参加するオークションによって流通している。この仕組みは日本で生まれたものであり、現物を展示し、買手はそれを確認しながらオークションに参加していく。このため広大な面積の展示場が必要であり、交通利便性の高い大都市郊外で展開されていることももう一つの特徴であろう。

　北海道江別市、札幌から約20kmの郊外であり、元々は水稲を中心とする広大な田園地帯を形成していた。ただし、近年は札幌からの距離感の良さから宅地化が進んでいる。このような事情はリサイクル系事業者の注目するものとなり、江別市には、ここで検討するUSSの中古自動車オークション会場に加え、リサイクル系の事業所が少なくない。江別はリサイクル産業の集積するまちでもある。

▶北海道最大のオークション会場

　江別に立地するUSS札幌会場の本社は愛知県東海市、1980年に設立されている。商号のユー・エス・エスはUsed Car System Solutionの頭文字をとっている。創業者の服部太氏（故人）は名古屋で服部モータースの名称の中古車販売に従事していた。当時の中古車販売は個別対応であり、思うような事業になっていなかった。これを大規模かつ広範に展開していくためにオークション（せり）の仕組みを考え、地元の同業者4〜5社でスタートしていった。現物を

展示し、会員によるオークションの形をとっていった。USS のリーフレットには「中古自動車の円滑な流通をサポートするのがオークションです。売りたいクルマや買いたいクルマが集まり、それを求めて大勢の会員が集まりにぎわう。これがオークション会場です」と記されている。

　この USS から始まったオークションのスタイルは、現在では中古車販売の基本となってきた。現在、全国には大小合わせて約 120 カ所の会場が設置されている。USS が最大規模であり、業界におけるシェアはトップの約 30%（約 230 万台）とされている。その他に、メーカーのホンダ系（ホンダオートオークション）、トヨタ系（トヨタオートオークション＝ TAA）、また民間の中小中古車取扱業者による JU（中古自動車販売事業協同組合）系のものもある。

　USS の会場は全国 17 カ所、最大は東京会場（埼玉県野田市）であり、ゴルフ場を改修し、1 万 4000 台が展示されている。また、名古屋会場は 7 階建の立体型で展示され、1 万～1 万 2000 台が展示されている。札幌会場は USS の第 6 番目の会場として 1998 年にスタートしている。当時、札幌には JU の会場があり 2000 台を展示していたが、USS 札幌会場は 400 台からのスタートであった。その後、衛星 TV オークション会員、インターネット会員も募り、面積、台数も拡大していった。全国の会員からは「北海道のクルマは安い」として全国からの応札にも応えていった。現在では、常時 2500 台前後、イベントの際は 6000 台が展示される。現在の北海道でのシェアは USS 約 55%（年間 13 万 5000 台）、JU（札幌）18%、TAA（トヨタ系、千歳）12%、SAA（日

USS 札幌会場の建屋

札幌会場の現車展示場

産系、札幌）8％、ホンダオートオークション（千歳）4％となっている。

▶オークションの仕組み
　USSの会社案内では「最新の技術を開発・導入することにより、公正かつ透明性の高いオークションを運営します。インターネットなどのチャネルを拡大し、全国共通のサービスを提供します」とされていた。このオークション、会員以外は参加できず、その資格審査はかなり厳しい。事務所、看板のあること、展示場を持っていることなどとされていた。入会保証金（退会時返却）は10万円であり、年会費等はない。USS全体の2016年9月末現在の会員数は現車オークション会員4万7124社、衛星TVオークション会員3019社、インターネット会員（現車オークション会員と重なる）2万9695社であった。この会員は全国どこの会場にも参加できる。なお、札幌会場の会員番号は3900までであるが、実質2700社、会場に直接来るのは約700社とされていた。
　出展してくるのは、会員のメーカー系ディラー、中古車買取専門店、中古車販売業者であり、札幌会場の場合は毎週水曜日（各会場により曜日は異なる）にオークションが開催される。その前日までに中古車が展示される。火曜日から下見が可能になる。オークション会場には750席が用意されている。10時にスタートし、14時30分から15時には終了する。セリの方式は同時4レーンであり、前方のスクリーンと個別の席のディスプレーに表示されていく。会員は前方スクリーンとディスプレーをみながらボタンを押していく。ワンプッシュで3000円ずつ上がっていき、ほぼ20秒で1台が処理されていく。なお、この仕組みの最大の特徴は、売り手と買い手が互い影響を与えないように覆面性となっている点であろう。完全な「市場」の仕組みを形成している。
　落札者は翌週火曜日までに代金を振込み、販売者は翌週水曜日までに車検証等を持ち込み支払いを受ける。USS側としては、この事業に関連する借入を起こす必要はない。毎週出展数の60％は成約していた。また、USS側が受け取る手数料は平均で、出展1台に対して6000円、成約に関して出展者から1台7000円、落札者からは1台7000円としていた。このような仕組みである以上、出展台数がものをいうことになる。

▶中古車オークションの江別での展開

　USS は東証第一部上場企業であり、2016年3月期の売上額は連結で686億0700万円、従業員数は連結で1044人、単独で590人を数えている。札幌会場の従業員数は正社員で33人、女性が8人を数える。男性は持ち込まれた車両の検査・評価の仕事が主流である。車両検査員は12人を数えていた。この検査データが事前に会員に開示される。会員はデータと現車を確認してオークションに臨むことになる。

　当初、江別の札幌会場は小さかったのだが、その後拡張し、現在では約20 ha に及ぶ。現車の展示場の面積は約16.5 ha を数える。また、参加者のための駐車場は500〜600台規模であった。なお、この参加者用駐車場は水曜日しか利用しない。その他の曜日は持ち込まれる中古車両の陸送車などの駐車、荷降ろし場として利用されていた。なお、参加者は必要とされる時間にやってくるため、駐車場の台数は500〜600台を確保すれば間に合っていた。江別への評価は、土地が広く手に入ること、高速道路のインターチェンジに近いことが指摘されていた。USS の全国の会場もそのような条件の場所が選択されていた。

　このように、車歴が相対的に短く、耐久性に富んでいる日本の自動車をめぐる条件の中で、このような独特のオークション市場が拡がっていった。世界的には日本のような壮大な中古車市場は成立していなく、このようなオークションの仕組みは形成されていない。日本独自なものであろう。ただし、今後の課

　　　　オークション会場　　　　　　　約20 ha の札幌会場の配置図

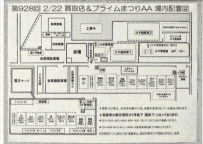

題としては、自動車の需要が右肩下がりであること、また、所有者の買い換えのスパンが次第に長くなってきていることが指摘されている。このような構造であるならば、全国120カ所とされるオーション会場も、台数を集められる会場に集約されていくことも考えられる。このような将来の課題を抱えながらも、江別の地で興味深い取組みが重ねられているのであった。

（4）江別市／伝統のレンガ生産を豊かに
——3代目から4代目に向かう（米澤煉瓦）

　市街地の中に時々点在する「レンガ建築」。工業製品であるにも関わらず、水と土によって生まれる「自然素材」とされる。西洋建築であるものの、なぜか日本の自然とも調和し、私たちを楽しませてくれる。特に、北海道の景色には良く似合う。

　札幌の中心から東に約20kmに位置する江別市、現在では日本レンガ生産の約3分の1を占めるレンガ産地として知られている。近くには野幌原生林（丘陵）があり、その裾野には良質な粘土が存在し、ごく最近まではJR白石駅から野幌駅までの間にレンガメーカーの煙突が18本も立っていた。だが、現在では3本に減少している。建築物の多くが鉄筋コンクリート、新建材によるものが多くなり、レンガの利用は大きく減退している。近年は大物の仕事は少なく、たまに病院、学校等の建築に使われるぐらいである。

　現在、本格的にレンガ生産しているメーカーは全国で11社、北海道に3社、愛知県に4社とされている。材料に優れる北海道と愛知県が残された産地ということができよう。

　▶全国11社のうち3社が江別に立地

　北海道の3社はいずれも江別市に立地している。この3社のうち、米澤煉瓦は手作業部分を意識的に残し、多様な要求に応えられる形にこだわっている。近くの昭和窯業は量産型の展開を維持している。また、北海煉瓦は社内に施工グループを有し、レンガ生産から施工までを一貫して行っている。まさに、市場が縮小する中での生き残りの典型的な姿が、この3社のあり方に象徴されて

いるようにみえる。

　現在のレンガの市場は、レンガにこだわる大型の施設、レトロな感じに仕上げたい飲食店やお菓子工房、さらに一部の個人住宅であり、その他には敷き用、ガーデニング用などがみられる。近年の年間の生産量は全国で3000万丁（個）とされている。北海道だけで1000万丁であり、これらに加えて、高級品はイギリス、カナダから輸入され、普及品は韓国、中国、インドネシアからも輸入されている。

　また、レンガのサイズは日本の基本の規格レンガは210×100×60 mmだが、国によってレンガの規格サイズは異なる。カナダは230 mm、イギリスは215 mmとされている。施工職人の手の大きさによってレンガの大きさも異なるといわれている。

　レンガの生産工程は、採土から始まり、配合、粉砕、混練、粉砕、レンガ成型、素地積み、焼成、窯出し、選別という工程になる。瓦やタイルはこれに「釉薬」をかける工程が加わるだけで、あまり変わらない。瓦産地としては三州（愛知県）、石州（島根県）が著名であり、タイル産地としては多治見市笠原（岐阜県）が知られている。

▶代表的レンガメーカー

　江別を代表するレンガメーカーの米澤煉瓦、創業は1939（昭和14）年、創業者はレンガ施工の職人であったのだが、「良いレンガを自分で作りたい」との思いで江別市の郊外の現在地でスタートしている。近くの野幌丘陵の裾野には高温に耐えられる良質な粘土があり、強度が出る。

　米澤煉瓦の場合は、農家と契約し、業者に委託して粘土を採取している。田を休耕させ、上部の黒土1 m程度をはがすと厚さ3 mほどの粘土層が出てくる。この粘土層は水稲農家にとってはやっかいなものでもある。掘り出した後は1反歩ほどの圃場を4〜5反歩ほどの大規模圃場に整えて返却している。また、積雪する冬季に向けて、11トンダンプ車で300台分ほどを一冬分として原料庫に蓄積している（年間使用量は600台分）。

　原料はこの粘土に加え、山砂、さらに、最近はリサイクルを意識して石炭灰

米澤煉瓦の入り口

3代目米澤照二氏

（フライアッシュ）を使うことも増えてきた。この石炭灰に関しては北海道電力の火力発電所から出るものであり、北海道電力の要請で開始している。この商品はアッシュブリックと命名され、50％ほど混ぜられ、むしろ強度は高く、エコマークの認定商品にもなっている。

　種類は200種にも及ぶが、基本的には大きさと形で30パターンほど、さらに、色が焼成温度の低い（1000℃前後）「赤」、「赤紫」になる焼成温度の高い（1200℃ほど）もの、さらに、酸化法、還元法（黒っぽい）によるもの、中性によるもの、また、チタンを添加し「黄色」に仕上げるものなどがある。また、最近ではアンチークな雰囲気を出すために、「ころがし」といわれる方式で、レンガを回転槽に入れ、ぶつけ合って角をとるなどの加工法も採り入れられていた。

　色は微妙に違い、焼成中に火の色をみながらコントロールしていくことになる。このあたりが職人技といえそうである。米澤煉瓦の従業員は15人、3代目社長の米澤照二氏（1959年生まれ）をはじめ4人の職人がそれにあたっていた。

▶レンガの特性

　ユーザーは建材店、施工店（工務店）、設計事務所等であり、そうしたとこ

レンガの成型工程

レンガ工場の煙突

ろに営業をかけていた。また、施主や設計事務所からの特別の要請も少なくない。札幌駅前にあった百貨店「五番館」の人気が高く、「同じものが欲しい」との要請が多い。一窯ごとに微妙に条件が違うため、同じものを作ることは難しいが、米澤社長は「80％は狙いどおりに作れる」と語っていた。

　歴史のあるイギリスやカナダは、古めかしいレンガを作る技術は優れている。この点、歴史の浅い日本の場合、形、形状、色はキチンと出せ、また、色々な表情を付けることができるようになったものの、米澤社長は「まだまだ」としていた。

　焼成にはA重油を使うが、1ℓ（45円）でレンガが5本焼ける。規格レンガの小売価格は1個100円。さらに、チタン入り、レンガの角を取るころがしなどを加えると、1個200円ほどであった。原料の消費は20年前に比べて4分の1ほどになっているが、この間、付加価値も上がり、売上額はあまり変わらないようであった。また、最近では解体されるレンガ建築物の再生レンガが求められる場合も出てきた。レトロな感じが好まれるのであろう。この場合はセメントを剥離させるなどの作業が加わり、価格は1個200〜250円になる。

　レンガは自然素材であり、また、建築材として最もリサイクル性に優れている。このような観点から、今後、見直されていくことが期待される。従来に比べて市場は大きく縮小しているが、むしろ、残った米澤煉瓦は新たな製品開発

などに意欲的に取り組んでいた。日本のモノづくり、伝統職人の良さが醸しだされていた。

▶作り手と使い手の交流

　瓦産地やタイル産地などを訪れていつも感じることなのだが、一般の消費者（施主）は、工務店から提示される非常に限られたサンプルから選ぶだけであり、良いものを十分に見ることもできない。米澤煉瓦だけでも200種はある。これらを眺め、また職人と語り合いながら、希望するレンガが求められるような仕組みはできないものなのであろうか。この点はタイル、瓦も同様であろう。

　ようやく最近、工務店、設計事務所が施主をレンガ工場に連れてくることも起こり始めている。大量生産、大量流通、大量消費の時代が終わり、丁寧な家づくり、モノづくりが求められている現在、職人技により高められているレンガ等の建築材料も、一つひとつ選び、さらには施主の思いをこめて作ってもらう時代に入っているのではないかと思う。建築物も施主と関連部門が共同で作り上げていく時代になっていく。米澤煉瓦では2015年に岡山の個人住宅向けに2万個のレンガを送り出していた。この施主はその5年ほど前に米澤煉瓦を訪れており、「新築する際、採用したい」と語っていたのだが、その時期になり、設計士と工務店を連れて訪れ、レンガを選択していった。工場側も視察を幅広く受け入れ、レンガの良さ、作り手の思いを丁寧に説明していく、そのような可能性を提供していく時代になったのであろう。

　米澤煉瓦では、4代目候補の子息が2人、長男の米澤秀則氏（1988年生まれ）、次男の米澤祐輔氏（1990年生まれ）、すでに2人とも後継者として工場に入っている。秀則氏は2012年から6年の予定で札幌のコンクリート二次製品メーカーに修業に出ており、祐輔氏は家業で経理、総務の仕事を重ねていた。兄弟揃って江別の地でレンガ生産を継続し、高めていくことになる。江別市は「レンガの街」をテーマにしており、北海道の独特な景観の中にレンガ建築が点在する素敵な街をイメージしている。そのような江別の郊外で、真摯なモノづくりが続けられているのであった。

5. 札幌大都市圏産業の課題と可能性

　札幌オリンピックからの45年ほどの間に人口が倍増し、社会インフラも整備された札幌、西は小樽、東は新千歳空港から苫小牧港のあたりまでの一つの大きな札幌大都市圏というべきものを形成してきた。開拓時代以来、基幹産業は農畜水産業と石炭産業であり、近代産業都市としては、素材型の鉄鋼業の室蘭、製紙業の苫小牧が目立っていた。札幌に対する認識は、行政都市であり、消費都市とされてきた。確かに、これまで札幌大都市圏が登場するまで、札幌には目立った近代産業は成立してこなかった。わずかにビールなどの飲料業、菓子などの食品加工業が目立っていたにすぎない。

　だが、札幌市が拡大し、人口増大を深めていく中で、新たな事業部門の拡がりが目につくようになってきた。大都市は新たな産業の「揺り籠」とされるが、札幌大都市圏はまさに、そのような環境になってきたように思う。本章ばかりでなく、各章で採り上げた札幌大都市圏の企業は地域をベースに興味深い取組みを重ね、道外市場にまで踏み込んでいる場合も目立ち始めた。札幌大都市圏で生まれ、北海道をベースに事業を洗練化させ、全国、世界に向かう場合も少なくない。そのような意味では、札幌大都市圏は寒冷、積雪などの独特な環境条件を背景に、新たな産業、事業を生み出す「揺り籠」になりつつある。

　研究開発機能としては北海道大学の存在感が大きく、さらに、北海道の場合は公設の試験研究機関、支援機関が充実している。産学官連携の環境も整っている。こうした機能を背景に、新たな創造的な研究開発、事業化の拠点として、さらに、成熟してきた生活条件をさらに豊かにする生活関連産業の創造の場として、新たな取組みも期待される。

　ただし、北海道の人口が減少局面に入り、他方での札幌への一極集中、さらに、札幌大都市圏の存在感の拡大、そして、それ以外の広大な地域の人口減少、産業の疲弊も観察される。このような大都市圏とそれ以外の地域の格差の拡大は全日本的な問題であるが、北海道において、最も際立った形で事態が進行しているようにみえる。

そのような意味では、札幌大都市圏ばかりでなく、それ以外の地域の豊かさを引き出すような新たな産業化を深く意識していくことが必要であろう。それは科学技術が焦点になる産業化においても、また、生活に密着した領域での産業化においても、深く取り組まれていかなくてはならない[4]。札幌大都市圏の産業化は新たな時を迎えているのである。

1）　このような大都市と新たな事業の創造については、関満博『地域経済と中小企業』ちくま新書、1995年、同『新「モノづくり」企業が日本を変える』講談社、1999年、同『地域産業に学べ！――モノづくり・人づくりの未来』日本評論社、2008年、を参照されたい。
2）　FJコンポジットの概要については、堀武雄「静岡から移転してきた複合材料ベンチャー――北海道から世界への夢」（『月刊ISM』2015年11月）が参考になる。
3）　北海道の小麦生産については、仁平尊明「北海道における小麦生産の発展」（『地理学論集』第87巻第1号、2012年）、に詳しい。
4）　北海道、札幌におけるこのような取組みの先駆的なものとして、条件不利地域の買い物弱者支援を意識するコープさっぽろ、コンビニエンスストアのセイコーマート（現セコマ）が注目される。それらについては、関満博『中山間地域の「買い物弱者」を支える――移動販売・買い物代行・送迎バス・店舗設置』新評論、2015年、第6章、補論8を参照されたい。

第4章　新たな集積を開始する自動車関連産業
――苫小牧、千歳から全道に拡がる――

　北海道の基幹産業といえば、かつては石炭採掘、北洋漁業があり、近年は豊かな農業、水産業を背景にした食料品製造業が目に浮かぶ。成熟経済の中で地域資源を活かした6次産業化は地方圏経済の一つの大きなテーマである。特に原材料基盤に優れる北海道においては素材供給基地としてばかりでなく、地元で付加価値を高めていく6次産業化はこれからの重大なテーマであろう。

　他方、機械金属工業などのモノづくり産業については、北海道の場合は新日鐵住金、日本製鋼所に代表される室蘭の鉄鋼業、函館どつくを中心にする函館の造船業、そして、苫小牧の王子製紙などが知られる。しかしながら、鉄鋼、造船といった戦後日本の一時代をリードした産業群は1980年代中頃以降、構造不況業種として縮小傾向を深め、また、日本の製紙部門は世界的な資源管理の中でかつてのような存在感を示していない。中国、アジアの鉄鋼、造船業の勃興、ASEANなどの原材料産地での産業化により競争力は失われ、立地していた地域（企業城下町）に深い影を落としている。本章でみるように、かつての製紙のまち苫小牧は近年の自動車関連部門の立地により息を吹き返しつつあるものの、函館、釧路など各地域の主要都市は経済力の低下、人口減少、高齢化等に苦しめられている。

　この間、全国の地方圏では付加価値の高い製造業として機械工業への関心が深まり、電気・電子産業、自動車産業の誘致・育成に関心が寄せられてきた。この点、九州、東北などでは半導体産業が一時期をリードしたのだが、2000年代に入り、韓国、台湾、中国勢の躍進により一気に勢いを失っている。そして、残るモノづくり産業としては、航空・宇宙、ロボット産業、医療機械等が期待されているのだが、それでもやはり産業の規模と拡がりが大きく、雇用吸収力の大きい自動車産業に期待されている点は大きい。

　この自動車産業、国内ではかつては中京地区、関東地区に大きな拠点を形成

していたのだが、1990年代初めの日米経済貿易摩擦の対象となり、その後、一気に海外移管が進んでいった。世界的には自動車の市場は大きく拡がり、生産も大きく拡大しているものの、日本の国内生産は1992年の1340万台をピークに現在は900～1000万台程度に縮小している。この間、海外生産は急拡大を示し、1000万台を超える自動車が日本メーカーによって海外で作られているのである。

　このような大きな枠組みの中で、国内の自動車産業の地域的な配置が興味深いものになりつつある。中京、関東中心の構図から、この20年ほどの間に九州、東北、北海道に新たなうねりを生じさせつつある。自動車不毛地帯とされたこれらの地域に何が起こっているのか。本章では、日本の中では沖縄県、鹿児島県、高知県と並んで機械工業、自動車産業不毛の地とされてきた北海道に注目し、静かに起こりつつあるその新たなうねり、その意味するもの、そして、今後の可能性と課題をみていくことにしたい。

1．東北、北海道の自動車関連産業

　なかなか福島県白河を越えることのなかった自動車産業も、1990年代に入ってから新たなものになってきた。その大きな転機となったのは、神奈川県横須賀市に立地していたトヨタ系完成車両メーカーである関東自動車工業（現トヨタ自動車東日本岩手工場）が、1993年、横須賀事業所を岩手県金ケ崎町に移転させてきたところから始まる。東北・北海道における初めての完成車両工場であった。

　そして、東日本大震災の年である2011年には同じ神奈川県の相模原市に立地していたトヨタ完成車両メーカーのセントラル自動車（現トヨタ自動車東日本宮城大衡工場）が宮城県大衡村に移転してきた。

　現在、東北・北海道における完成車両工場は、このトヨタ系2工場のみであり、2011年7月にはトルクコンバータ、アクスル（その後、エンジン組立）等のトヨタ自動車東北（宮城県大和町）との3社合併により、トヨタ自動車東日本（本社、宮城県大衡村、東北3工場で従業員4500人。その他に旧関東自

動車工業以来の東富士工場〔約3500人〕を含む）となっていった。自動車不毛地帯とされた東北にようやく新たなうねりが生じてきたのであった。

▶ **自動車生産のいくつかの特徴**

　モノづくりには「量産効果」があり、生産量が増えるに従い生産物あたりの平均費用は小さくなっていくことが知られている。ただし、ある一定の量に達すると、他の要素が加わり量産効果が出なくなることが従来から指摘されていた。このような中で、イギリスの経済学者シルバーストーンとマクシーは、1959年、自動車生産台数と平均費用の間にはある法則のあることを指摘した。当時の分析では、年産10万台までは明白に平均費用は低下するが、その後はほぼ一定というものであった。この場合は、10万台が最小最適生産規模ということになる。この曲線を経済学の世界では「シルバーストーン曲線」という。

　その後、生産方式、生産技術の改善等も進み、現在では自動車（乗用車）の最適生産規模は30〜40万台前後とされている。この結果、現在、建設される世界の新たな自動車（乗用車）完成車両工場の生産能力は1プラント（工場）30〜40万台とされることが少なくない。また、この公称生産能力30〜40万台の自動車工場はフル生産で50〜60万台程度は生産可能とされる。

　先の関東自動車工業、セントラル自動車の場合、神奈川県の敷地・工場は狭隘であり、いずれも年産15万台程度の能力の古い工場であった。現在の常識では生産能力は低い。このような事情の中で生産増加が求められ、神奈川県では敷地、人材の確保ができず、それらを求めて岩手県、宮城県に着地している。このいずれもが当初は慣れた15万台程度からスタートしたのだが、着地して20年を超える関東自動車工業（岩手工場）の場合は生産能力30万台強に拡大され、現在ではフル生産に入っている。ただし、スタートして6年のセントラル自動車（宮城大衡工場）はしばらく15万台規模で推移する模様である。

　また、年生産能力30〜40万台規模の完成車両工場となると、敷地面積は最低で100ha、テストコースを付設するとなると130〜150haを要する。これだけの敷地を国内で確保することは難しい。国内では九州、東北、北海道ということになろう。

また、関東、中京では人材不足が深刻であり、採用が思うようにいかない。このような事情の中で、少し前までは、九州、東北、そして北海道は採用の余地が大きく、中京、関東から移転するだけで平均年齢は10歳ほど若返るとされていた。このような点が、自動車の完成車両工場をめぐる基本条件とされていたのであった。

　▶関連部門の集積をめぐる常識
　また、日本の場合、自動車生産は特定要素技術の専門メーカーによる多段階の深い分業組織を基本としている[1]。ティア1（1次協力企業）、ティア2（2次協力企業）と重なる深い段階を組織して成立している。2011年3月の東日本大震災に直面してサプライチェーンの問題に関心が及び、各社はそれらの実態の調査に入ったが、トヨタ自動車によると3次、4次どころではなく、10次協力企業まで確認されたことが報告されている。

　完成車両メーカーとすれば、安価で広大な敷地、豊富で低賃金の人材の存在が大きな関心事になるが、多くの地方では要素技術の協力企業を近間で調達することは容易でない。そもそも、そのような地域では高いレベルの要素技術を身に着け、さらに、量産に対応できる企業は存在していない。他方、従来からの1次、2次の協力企業としても、一定の生産台数が見込まれなければ完成車両工場の移転に付いていくことはできない。例えば、エンジン、トランスミッション等の高額な部品（ユニット）の場合、年間十数万台程度の生産では付いていかない。中京地区や関東地区で量産し、それを送り込むことになろう。

　東北初の完成車両工場である関東自動車工業が岩手県金ケ崎町に着地した二十数年前、歴史上初めての近代工業化のチャンスが訪れたとして東北の地方自治体は一斉に1次、2次の協力企業の誘致に奔走した。エンジン、トランスミッション等の高額で付加価値の高い基幹部品を生産する企業に日参した。ただし、これらの基幹部品は輸送費負担が相対的に小さく、当然ながら十数万台規模の完成車両工場には関心を示さなかった。十数万台規模でも関心を示すのは、シートなどの輸送費負担の大きい付加価値の低い部門なのである。

　このような点を考慮するならば、地元の企業誘致は付加価値の低い部分、輸

送費負担の大きなものから始め、系統的に進めていくことが肝要であろう。そして、完成車両工場の生産台数が 30～40 万台に近づく頃には、エンジン、トランスミッション等の基幹的な部門も関心を寄せてくることになろう。このあたりは自動車産業集積と誘致進めていく際一つの基本認識である。

▶集積が進み始めた東北自動車産業

　1993 年 10 月に関東自動車工業が岩手県金ケ崎町でスタートして以降、生産台数が 30 万台に達するには 20 年近くの月日がかかった。震災直前の 2010 年においても、関東自動車工業岩手工場の生産台数は 30 万台には届いていなかった。それでもこの間、岩手県、宮城県のあたりには次第に自動車関連企業の集積が進んでいった。2016 年度は、先の二つの完成車両工場で生産台数は約 45 万台（岩手工場、アクア約 30 万台、宮城大衡工場、カローラ約 15 万台）とされているが、今後の拡大を見込んでか、その他にも有力企業が進出していった。将来的にはこの二つの工場で 80～100 万台が期待されることになろう。このレベルに達しないならば、完成車両工場が東北に進出した意味はない。

　早い時期から東北に進出している部品工場としては、トヨタ自動車東日本のトルクコンバータ、アクスル（その後、エンジン組立）工場であった宮城大和工場（1998 年、宮城県大和町）、トヨタ系ではないが、同じエンジン生産工場の日産自動車いわき工場（1994 年、福島県いわき市）が知られる。また、トヨタ系最有力部品メーカーであるデンソーが、2010 年代に入り、デンソー福島（2011 年、田村市、カーエアコン、エンジン冷却モジュール）、デンソー岩手（2012 年、金ケ崎町、富士通の半導体工場を買収、自動車向け半導体ウエハ製造）と一気に進出を開始していることも注目される。

　このように、東北新幹線、東北自動車道に沿うあたりには、ここに来て一気に自動車関連産業集積が形成されつつある[2]。経済産業省東北経済産業局によると、福島県の自動車関連産業集積は震災前の 276 件からわずか 4 年後の 2014 年には 313 件に拡大、宮城県は同期間 219 件から 288 件、岩手県は 198 件から 254 件に拡大したと報告されている。2014 年現在、自動車関連企業の主要市別立地みると、北から岩手県花巻市 31 件、北上市 60 件、奥州市 46 件、

一関市37件、宮城県栗原市29件、大崎市27件、仙台市52件、福島市30件、二本松市39件、郡山市24件、いわき市39件などとなっている。東北新幹線、東北自動車道に沿ったあたりに大きな動きが観察される。そして、その流れの中にある有力市は、いずれも自動車産業集積を充実させる方向で動いている。東北は宮城、岩手を軸に自動車産業集積の新たな時を迎えているのであろう。

このように、少し前まで半導体等の電子部品産業で盛り上がった東北は、それらが一気に中国・アジアに移管されて疲弊しているが、次は自動車関連部門への取組みが課題とされている。ただし、電子関連と自動車関連は「和食と洋食ほどに違う」されており、乗り越えていかなくてはならない課題も少なくない。東日本大震災よって被災した東北の各県は、その復興の一つのテーマとして自動車産業の育成、関連部門の充実を図っていくことが大きな課題となっている。特に、電子部門で疲弊している地域中小企業の自動車部門への転換が急がれるであろう。

2. 北海道進出の有力自動車関連企業

この点、津軽海峡の先の北海道は、ようやくトヨタ系企業の進出が開始されているものの、依然として自動車産業集積には課題が残っている。自動車に限らず、そもそも北海道には機械産業集積が乏しい。そのような中で、この20年ほどの間に、苫小牧、千歳のエリアに、日本を代表するトヨタ、デンソー、アイシンといった自動車関連企業の立地が相次いでいる。北海道進出の第1号であった1973年進出のダイナックス（千歳、苫小牧、従業員約1500人）、1991年設立のトヨタ自動車北海道（苫小牧、約3300人）、2007年スタートのアイシン北海道（苫小牧、約370人）、2009年スタートのデンソー北海道（千歳、約935人）などがある。その他にもエンジン鋳物のいすゞエンジン製造北海道（1984年進出、苫小牧、約360人）もある。これらはいずれも苫小牧から千歳の範囲に立地している。

ダイナックスはクラッチディスク関係、トヨタ自動車北海道はトランスミッション、アイシン北海道はトランスミッションなど向けのダイキャスト、デン

表4—1 北海道に進出してきた自動車関連企業

進出年	企業名	所在地	進出元	事業内容
1973	㈱ダイナックス	千歳市	大阪府	自動車用クラッチ板
1974	パナソニック電工帯広㈱	帯広市	大阪府	制御用リレー、スイッチ
	トルク精密工業㈱	赤平市	神奈川県	ATスイッチ
1983	伸和機型㈱	栗山町	愛知県	自動車部品のモデル、試作品
1984	いすゞエンジン製造北海道㈱	苫小牧市	東京都	エンジン
1986	京浜精密工業㈱	岩見沢市	神奈川県	エンジン部品、トランスファー部品、ATミッション部品
1990	上原ネームプレート工業㈱	旭川市	東京都	エンブレム
1991	興和化工機㈱	苫小牧市	愛知県	搬送用機械部品の加工、修理
	トヨタ自動車北海道㈱	苫小牧市	愛知県	オートマチックトランスミッション
1992	新明工業㈱	苫小牧市	愛知県	自動車用製品製造ライン
1993	明和工業㈱	苫小牧市	愛知県	自動車用工作機械
	㈱ムロランスズキ	室蘭市	東京都	自動車用ばね用オイルテンパー
1999	杉山工業㈱	苫小牧市	愛知県	自動車用鋳造金型
2001	帯広電子㈱	音更町	新潟県	車載用シグナルリレーコイル
2005	北海道スチールワイヤー㈱	室蘭市	兵庫県	自動車用エンジン弁ばね用オイルテンパー
	㈱徳重	石狩市	愛知県	自動車用ドライブシャフトブーツ
2006	アイシン北海道㈱	苫小牧市	愛知県	アルミダイキャスト製品
	三和油化工業㈱	苫小牧市	愛知県	アルミ製品の含浸加工
	佐藤商事㈱	苫小牧市	東京都	自動車用鋼材の切断及び加工
	㈱三五北海道	苫小牧市	愛知県	自動車用鉄鋼加工
2007	松江エンジニアリング㈱	苫小牧市	愛知県	金型製造、メンテナンス
	岡谷岩井北海道㈱	苫小牧市	愛知県	機械設備の設計製作、メンテナンス
	ウメトク㈱	苫小牧市	愛知県	金型の表面処理、熱処理
	㈱デンソー北海道	千歳市	愛知県	車載用半導体製品
	光生アルミ北海道㈱	苫小牧市	愛知県	アルミホイール
2008	㈱むらん東郷	室蘭市	愛知県	圧縮ばね製品の製造
	㈱北海道スメルティングテクノロジー	苫小牧市	愛知県	アルミ合金溶湯及び合金地金の製造
2011	大岡技研㈱	室蘭市	愛知県	鍛造歯車
2012	メイトク北海道㈱	安平町	愛知県	金型
	㈱シーヴィテック北海道	苫小牧市	愛知県	無段変速機用の金属ベルト
2013	新東工業㈱	苫小牧市	愛知県	トヨタ自動車北海道の設備メンテナンス
2014	不二電子工業㈱	千歳市	静岡県	デンソー北海道への部品供給

資料：北海道

ソーは車載用センサというものである。北海道には現在のところ完成車両工場はない。また、トヨタ自動車北海道のトランスミッションに対してはアイシン北海道のダイキャスト、ダイナックスのクラッチディスクは関連するが、デンソーの車載用センサは他の企業との関連は乏しい。

　これらいずれの有力進出企業においても、地元に関連企業が登場してくることを期待しているが、一部の評価の高い設備関連企業（函館のメデック[3]、石狩のシンセメック[4]）以外に際立った動きはない。そのような状況の中で、2006年、北海道自動車産業集積促進協議会が産学官をあげて設立された。会員の北海道の自動車関連企業・参入検討企業には、札幌に営業所を置いているだけの企業も少なくないが、2017年1月現在、186社を数えている。東北に比べてもまだ集積の度合いは低いが、今後に期待される点は大きい。

　また、進出有力企業のいずれもが苫小牧、千歳地区に集中している。その背景としては、相対的なものだが北海道全体に人材の余力があること、さらに、このエリアは北海道の中では積雪が相対的に少ないこと、新千歳空港、苫小牧港という日本でも有数の空港、港湾を擁していること、そして、苫小牧の場合は広大な国家プロジェクトとして推進され苫東地域に未分譲の工業用地が拡がっていることなどが指摘される。

　そして、進出主力4社のいずれもが中京から関西の企業であることも興味深い。関東系はいすゞのみであり、ダイナックスは大阪、トヨタ、デンソー、アイシンは中京の企業であった。いすゞのエンジン鋳物工場はあるものの、日産、ホンダといった関東系企業の影はみえないことも一つの特徴として指摘される。そして、このような流れの中で、進出主力4社は短期間で事業規模を拡大させ、北海道に新たな可能性を感じていることも指摘される。このような流れをどのように受け止めていくのか。機械工業、自動車工業集積が乏しいとされてきた北海道の新たな可能性を、ここから論じていくことが求められている。

　なお、以下のトヨタ自動車北海道、アイシン北海道、ダイナックス、デンソー北海道の現地事例研究調査は2015年3月に行った。一部、データをリフレッシュしているが、本節は基本的には2015年3月段階までの事情を背景にしている。

(1) 苫小牧市／北海道への本格的自動車関連工場の進出
　——トランスミッション製造工場として展開（トヨタ自動車北海道）

　筆者は2000年、2005年、2015年と3回にわたって苫小牧市の港湾区域に立地するトヨタ自動車北海道を訪問している。2000年の頃はこのエリアに立地する企業は少なく、東側の苫東工業基地（苫東地域）内には世界最大級の石油備蓄基地（1990年完成）が設置されていたものの、自動車関連企業としては、このエリアでは、苫東地域内のいすゞエンジン製造北海道と港湾区域のトヨタ自動車北海道以外には見当たらなかった。広大な空間が拡がっていた。

　2000年にトヨタ自動車北海道を訪問した時は、従業員数約1000人、売上額約750億円、アルミホイールとオートマチックトランスミッションの生産に従事していた。2005年に訪問した際には、従業員約2000人、売上額約1160億円になっていた。そして、2015年3月に訪れると、2008年のリーマンショッ

図4—1　トヨタ自動車北海道の工場レイアウト

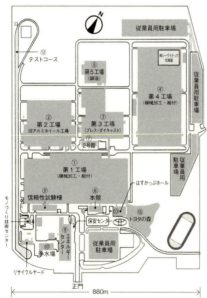

資料：トヨタ自動車北海道

図4—2　トヨタ自動車北海道の従業員推移

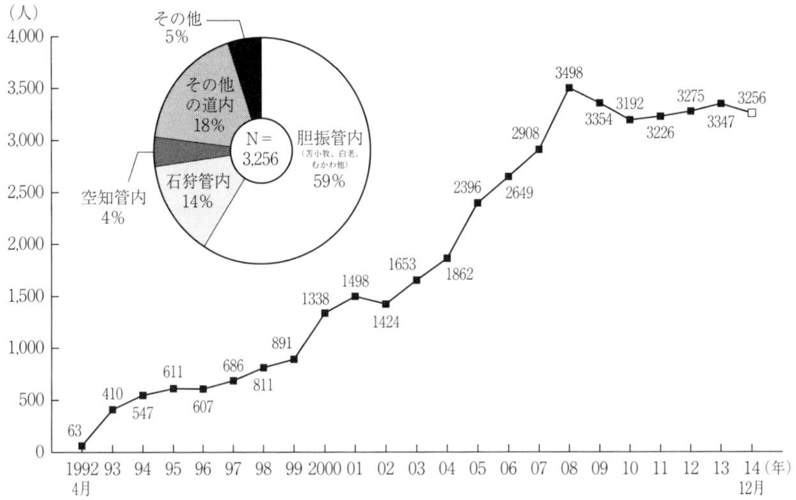

(人)
1992年4月 63、93 410、94 547、95 611、96 607、97 686、98 811、99 891、2000 1338、01 1498、02 1424、03 1653、04 1862、05 2396、06 2649、07 2908、08 3498、09 3354、10 3192、11 3226、12 3275、13 3347、14年12月 3256

N＝3,256
胆振管内（苫小牧、白老、むかわ他）59％
石狩管内 14％
空知管内 4％
その他の道内 18％
その他 5％

資料：図4—1と同じ

ク、2011年の東日本大震災による落ち込みはあったものの、従業員数約3300人、売上額1732億円に達していた。また、この間、アルミホイールの生産は2010年に終了し、トランスミッションの生産が中心の工場に再編されていた。いつのまにか、従業員規模、売上額規模において、トヨタ自動車北海道は北海道最大の製造業企業となっていたのであった。

▶北海道最大の製造業企業に

バブル経済の頃、人手不足が深刻になり、トヨタ自動車は1990年、北海道苫小牧市に進出を表明している。トヨタ自動車北海道㈱（トヨタ自動車全額出資、資本金275億円）の設立は1991年2月、1992年10月にはアルミホイールのラインオフ（第1号機完成）、1993年6月にはオートマチックトランスミッション（A541）のラインオフとなり、1993年9月には竣工式を執り行っている。その後、増設を進め、2005年には機械工場（第4工場）、2008年には鍛造工場（第5工場）を完成させ、2005年にはユニット（オートマチックトランスミッション、トランスファー）生産累計1000万基を達成している。

第4章　新たな集積を開始する自動車関連産業　175

図4−3 トヨタ自動車北海道の売上額の推移

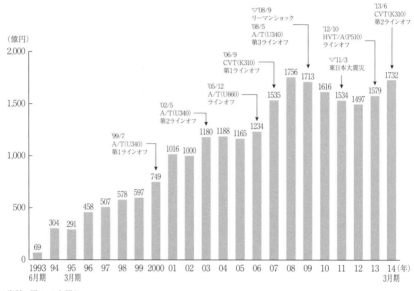

資料：図4−1と同じ

トヨタ自動車北海道のCVT第1号機

さらに、現在の主力の一つである CVT（Continuously Variable Transmission）は 2006 年にラインオフしている。また、2010 年 7 月には当初から生産していたアルミホイールは終了させ、全て購入品とし、トヨタ系の中央精機（愛知県）、独立系の光生アルミ北海道（2009 年操業開始、苫小牧、従業員約 70 人、親会社光生アルミニューム工業、本社愛知県豊田市）に生産移管している。現在のトヨタ自動車北海道は、オートマチックトランスミッション、CVT、ハイブリッドトランスアクスル、トランスファー、鍛造品の生産工場となっている。敷地面積は 103 ha、建物面積は 30 万 5000 m^2 の壮大な規模である。

　この間、従業員規模、売上額規模も大きく拡大してきた、1993 年当初、従業員 63 人、売上額 69 億円でスタートしたが、1997 年には 686 人、507 億円、2000 年には 1338 人、749 億円に達している。また、2000 年の頃、トヨタ自動車がグローバルの生産台数を 500 万台から 750 万台に拡大していくことを掲げたことから、トヨタ自動車北海道もそれに追随し、リーマンショックの年の 2008 年には最高の 3498 人、1756 億円に達していた。

　だが、リーマンショック、東日本大震災（2011 年）と続く中で、やや減速し、2012 年は従業員数 3275 人、売上額 1497 億円となっていった。その後、回復し、2014 年には 3256 人、1732 億円とリーマンショック以前の水準にほぼ戻っている。

　2015 年 3 月現在の主力製品と生産能力は、オートマチックトランスミッションが、海外カローラ、ヴィオス、ヤリス用の U340 が生産能力 3 万 8000 基／月、NX、カムリ、RX、ハイランダー用の U660 が 2 万基／月、CVT はカローラ（海外、国内）、オーリス（海外、国内）、ウイッシュ、プロボックス、サクシード用の K310 が 4 万 6000 基／月、ハイブリッドトランスアクスル（P510）がアクア、カローラ HV 用として 1 万基／月、トランスファーがランドクルーザープラド、IMV、タコマ、FJ クルーザー、4 ランナー用で 4 万 6000 基／月となっている。全体の生産能力は 16 万基／月、年間に直すと 192 万基ということになろう。

　トランスミッションは自動車において、エンジンと並ぶ重要部品（ユニッ

ト）であり、トヨタ系ではアイシンAW（愛知県）も生産している。トヨタ自動車北海道は、近くの苫東地域内に立地するアイシン北海道等から供給されるトランスミッションのアルミのケースに多様な部品を組み込んでいく。トヨタ自動車北海道内でも機械加工、一部の部品生産も行っているが、資材、部品のかなりの部分を外部に依存している。

　図4—4によると、2014年実績では売上額1732億円に対して、資材、部品、設備の購買額は1453億円（売上額に対して83.9％）に達する。粗付加価値額は279億円となる。さらに、資材、部品、設備の購買額のうち北海道内で調達されている金額は354億円であり、全体の約4分の1の24.4％にすぎない。4分の3は道外から調達されている。トヨタ自動車北海道側の言い方によると、「調達の大半が愛知県、本州企業であり、北海道企業はウエルカムなのだが、品質、生産量、特に量産に対応できる企業が北海道にはいない」とされていた。近間では、ダイキャストのアイシン北海道、クラッチディスクのダイナックス、さらに、岩見沢に来ている機械加工部品の京浜精密工業（1986年進出、本社

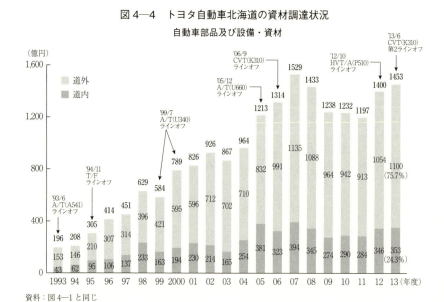

図4—4　トヨタ自動車北海道の資材調達状況
自動車部品及び設備・資材

資料：図4—1と同じ

横浜市）ぐらいとされていた。量産に対応できる加工業者をどのように誘致、育成していくかは、北海道自動車産業集積の基本的な課題となっている。

▶北海道自動車産業のリーディング企業としての課題と期待

　トヨタ自動車北海道の販売先は100％、親会社のトヨタ自動車である。実際の納入先は北米が大半であり85～86％を占める。苫小牧で通関したものが船で東京港に送られ、そこで積み替えられて北米に送られる。あるいは、トヨタ自動車東日本（岩手工場、宮城大衡工場、東富士工場［静岡県裾野市］）、トヨタ自動車（愛知県）、トヨタ自動車九州（福岡県）などのトヨタ自動車の国内各工場にも送られ、完成車両として組み立てられて北米に送られる場合も少なくない。純粋に国内向けの部分は15％程度とされていた。ただし、完成車両工場のない北海道内には納入されていない。

　トヨタ自動車北海道が苫小牧に進出した最大の要因の一つは「人材」確保であり、従業員3256人のうち95％は北海道出身者である。特に、苫小牧市、登別市、室蘭市などからなる胆振（いぶり）管内が約60％を占め、千歳市、恵庭市、札幌市等の石狩管内が14％、この近間の二つの管内からの従業員が全体の4分の3を占めている。毎年、大卒の新規採用は40人（事務系10人、技術系30人）ほどとしているが、北海道大学、室蘭工業大学、北見工業大学、小樽商科大学等の北海道の有力国立大学から潤沢に採用できていた。「採用に困ることはない」とされていた。また、3256人のうち期間工は約900人であるが、毎年、約40人を正規従業員に登用していた。なお、トヨタ自動車の子会社（現地法人）であるトヨタ自動車北海道の場合、北海道の生活費が低いことを理由に賃金水準はトヨタ自動車本体よりもやや低めに設定されている。そして、基本的には転勤はない。地元に就業機会の乏しい北海道の若者たちにとって、トヨタ自動車北海道は最有力の就職先として受け止められているようであった。

　また、この間、トヨタ自動車は中国江蘇省常熟市にCVT生産の現地法人（トヨタグループ独資）のトヨタ自動車（常熟）部品有限公司（TMCAP）を2012年に設置しているが、トヨタ自動車北海道も10％出資している。そのような事情から、最大7人（現在4人）を現地に出向させる形をとっていた。ま

た、北米のデトロイト、ロサンゼルスのトヨタ自動車の事業所に、情報収集のために各1人を出向させていた。

　このように、トヨタ自動車北海道はトヨタ自動車の全額出資の北海道現地法人として独立的な経営を行っている。主力はトランスミッションであり、すでに進出二十数年を重ね、着実に成長発展してきた。製品の提供先の主力は北米向きとされている。苫小牧港は国内有数の港湾であり、北米に最も近いとされているのだが、北米航路が十分ではなく、実際の物流は東京港を経由している。北海道では北米に直接輸出するモノが少ないという事情による。この点はやや不都合な構図であろう。

　そうした課題はあるものの、国内製造業にとっての最大の課題である「人材」面は満足しているようである。次の課題はトヨタ自動車北海道自身の製品開発力の充実、及び北海道の自動車工業集積の充実ということになろう。そして、その先には完成車両工場の誘致育成が期待される。機械工業、自動車工業不毛の地とされた北海道の新たな可能性を切り開くものとして、トヨタ自動車北海道に期待される点はまことに大きい。このトヨタ自動車北海道進出と定着の意義の一つは、北海道のモノづくり産業とそれに関わる人びとに大きな刺激を与えたことであろう。

(2) 苫小牧市／自動車用アルミダイキャスト工場の進出
　　　――トヨタ自動車北海道向けに展開（アイシン北海道）

　アイシン精機（本社愛知県刈谷市）といえば、トヨタグループの部品（ユニット）生産企業として、後にみるデンソーと共に最有力企業の一つとされている。創業は1965年、資本金は450億円。2016年3月末現在、従業員数は単体で1万4089人、連結で9万9389人、連結子会社は179社、うち国内65社、海外114社を数えている。2016年3月期の売上額は、連結で3兆2431億円に達した。

　　▶世界的自動車部品メーカーとして展開
　主要製品系列は以下の五つから構成されている（2014年度）。

・ドライブトレイン関連部品（売上額構成 42.6%）……オートマチックトランスミッション、CVT
・ブレーキ及びシャーシ関連部品（20.7%）……アクティブリアステアリング、エアサスペンションシステム、ディスクブレーキ
・ボディ関連部品（17.5%）……サンルーフ、パワースライドドアシステム、リアシート、パワードアロック
・エンジン関連部品（10.1%）……エンジン冷却用電動ウォーターポンプ、エンジンフロントモジュール、オイルポンプ、インテークマニホールド、エキゾーストマニホールド
・情報関連部品（5.2%）……駐車支援システム、ワイドフロントモーター、カーナビゲーション

　また、主要工場は本社のある愛知県刈谷市周辺に配置されているが、地方工場は現地法人となっている場合が多い。ここで検討するアイシン北海道、また、岩手県金ケ崎町のアイシン東北（1981年取得、1992年操業開始）などは現地法人化されている。そして、アイシン東北はトヨタ自動車東日本岩手工場に近接する「門前型」の立地とされている。また、アイシン精機の場合、海外工場も多く、トヨタの進出拠点にはその近くに現地工場を配置している。販売先別にみると、トヨタグループが64.4%、トヨタグループ外の世界の自動車関連企業が31.7%を占める。トヨタ色が強いものの、近年は世界の自動車関連企業との付き合いも深めている。

▶苫東地域内に進出
　アイシン精機の主要工場は、本社の愛知県刈谷市を中心に、愛知県西尾市、安城市、岡崎市、碧南市に集中しているが、工場用地、人材調達からして、近年、愛知県の立地条件が芳しいものではなくなってきた。そのような事情から、1990年代前半のバブル経済の頃に、将来を見通して北海道苫小牧市の苫東地域内に40haの用地を取得していた。その頃には先にみたトヨタ自動車北海道も苫小牧の港湾区域に進出を開始していた。このアイシン北海道が立地する苫

図4—5 アイシン北海道の従業員、売上数量の推移

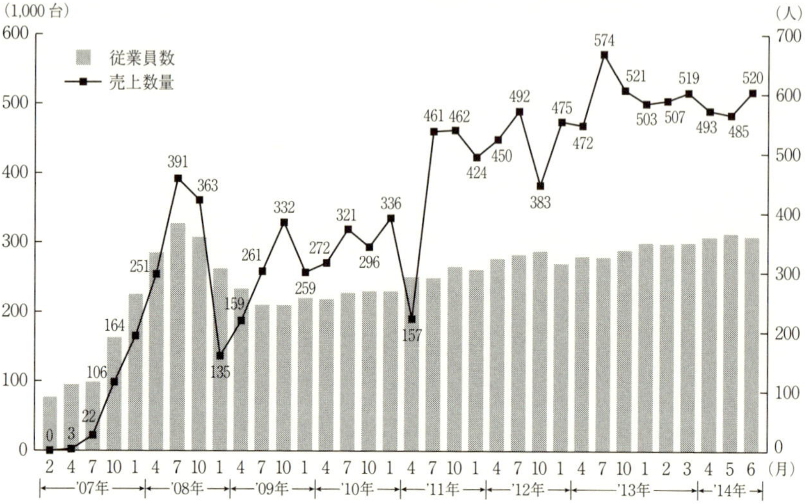

資料：アイシン北海道

　東地域は新千歳空港からクルマで15分という至近の位置にあり、また、技術の継承・蓄積が期待しにくい日系南米人の多い中京地区に比べ、優秀な人材の獲得ができることが期待されていた。このあたりが苫小牧進出の最大のインセンティブとなった。

　先の40 haの用地の半分の20 haをベースに、2006年2月、アイシン北海道㈱を設立、資本金4億9000万円、建物面積2万6000 m²（260 m×100 m）の工場を建設、2007年4月に操業開始となった。なお、この20 haという工場敷地は、アイシン精機の国内工場としては2番目の広さであった。現在の20 haの部分の半分ほどだけを利用しており、倍の広さに拡大していくことが可能とされていた。その他に未利用地が隣地に20 ha横たわっていた。そして、工場レイアウトは、原材料投入、ダイキャストライン（3列）、加工・組立、出荷とスムーズに進む形を形成していた。

▶アルミダイキャストの専用工場

　このアイシン北海道の生産品目は大きく4系列。①オートマチックトランス

ミッションのバルブボディ、②CVT関係のリアケース（トヨタ自動車北海道向け）、そして、エンジン関連部品の③タイミングチェーンケース、④ウォーターポンプである。

　主力のバルブボディは北海道でアルミ鋳造し、加工は愛知県のアイシンAW、そしてトヨタなどのカーメーカーに納入される。タイミングチェーンケースは鋳造、加工を北海道で行い、愛知県に送られ、トヨタ、ダイハツに納められる。また、このタイミングチェーンケースは月産約15万台だが、うち9000台はアクア用としてトヨタ自動車東日本の岩手工場に送られる。リアケースはトヨタ自動車北海道に納入されていく。なお、金型は愛知県のメーカーに任せているが、金型の交換部品はアイシン北海道の中で作られていた。

　本格稼働した2008年9月にはリーマンショックに直面、その直前の2008年7月には従業員数は396人にまで増えていたのだが、2009年1月には約250人にまで縮小している。さらにその後、2011年3月には東日本大震災に遭遇したが、徐々に回復に向かい、2015年3月現在は約370人前後で推移している。

　この間、2008年の売上額は47億4000万円、翌2009年はリーマンショックの影響もあり43億1000万円に低下したが、その後回復し、2014年3月期には79億9000万円となっている。主要製品4系列でみると、2013年度はバル

図4—6　アイシン北海道の製品

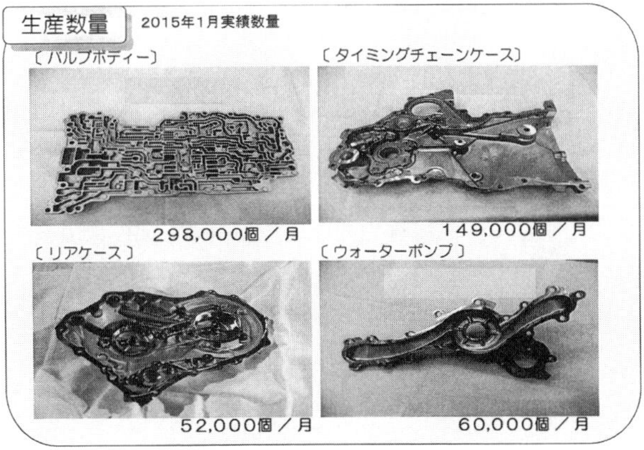

資料：図4—5と同じ

ブボティ36億円（45.1%）、タイミングチェーンケース25億円（31.3%）、ウォーターポンプ4億円（5.0%）、リアケース13億円（16.3%）となっている。操業開始以来、8年、その間にリーマンショック、東日本大震災と続いたが、ようやく安定してきたようであった。

　販売先は全て国内であり、関連の愛知のアイシンAW向けが80%、トヨタ自動車北海道18〜19%、そして、トヨタ自動車東北1〜2%の構成になっている。当面、愛知県依存が圧倒的に大きい。

▶「モノづくり」の考え方を伝える

　従業員約370人のうち愛知からの出向者は、管理者6人。長い人は7年になるが、4〜5年のローテーションで対応している。地元の採用は工業高校、普通高校、道内の大学とされていた。技能職は毎年7〜8人、大卒は毎年1〜3人を採用していた。技能職の採用は問題ないが、エンジニアの採用が難しいことが悩みとされていた。アイシン北海道側の認識では「大卒は県庁、電力などの安定的な職場か、東京に向かう。アイシン北海道はダイキャスト（鋳造）といった3K職種であり、また北海道では知名度が低いためか当方にはなかなか来ない」としていた。このような状況なのだが、それでも、アイシン北海道は「人材の質が高い。まだ経験が足りないだけで、経験を積めば愛知より良くなる」と語っていた。

　ただし、北海道内には受注先はトヨタ自動車北海道以外にはなく、アイシンとしては、これまで発祥の愛知県ばかりでなく、世界でもトヨタの「門前型」として展開してきた点からするとやや不都合を感じているようである。また、機械加工等の外注先も乏しい。このような点は、先のトヨタ自動車北海道のところでも指摘したように、北海道自動車産業集積の未成熟に由来する。

　自動車産業はデザイン、開発、販売といった華やかな部門があるものの、モノづくりの部門は、機械加工、鋳造、鍛造、プレス、樹脂成形、メッキ、溶接、塗装、熱処理など地道な要素技術の積み重ねによって構成されている。このような基盤技術の重要性を若者たちに伝え、「モノづくり」集積に乏しい北海道にその考え方、働き方を浸透させていく先駆者としてアイシン北海道に期待さ

れる点は少なくない。アイシン北海道は、北海道に自動車産業を根付かせていく主要な担い手の一人なのである。

(3) 千歳市・苫小牧市／世界シェア40%のクラッチディスク生産
──大阪から進出して45年を重ねる（ダイナックス）

　自動車産業はトヨタ、日産、ホンダ、マツダ、三菱自工等の完成車両メーカーを頂点に多段階にわたる協力企業によって構成されている。そして、完成車は人びとの目にふれることが多く、完成車両メーカーの認知度は極めて高い。他方、部品生産の協力企業の実力が完成車に深く影響し、世界的な存在であっても、日常的に表面化してこないため知名度は低い。優れた部品生産企業が日本には大量に存在している。そのような部品生産メーカーの一つにダイナックス（本社千歳市）が存在している。

　▶大阪資本の現地法人企業が千歳で発展、世界に向かう
　ダイナックスの元々の親会社は大阪府寝屋川市のクラッチ関係のエクセディである。エクセディの旧社名は大金製作所といい、1950年に創業している。エアコンのダイキンとは関連はない。現在ではマニュアルクラッチ（手動変速用装置）、トルクコンバータ（自動変速用装置）のメーカーであり、2016年3月期の従業員は連結で1万7872人、売上額は連結で2687億円を計上している。日本の有力クラッチディスク・メーカーということになる。

　このエクセディが、1973年、アメリカのレイベストス・マンハッタン社との共同出資により大金アール・エム㈱を設立、北海道千歳市でスタートした。千歳を選んだ理由は、広大で安価な敷地があり、優れた港湾（苫小牧港）、空港（新千歳空港）が近くにあり、さらに、北海道大学等の人材も期待できた。当時、苫東地域は計画が始まったばかりであり、まだ環境整備が十分でなかった。その頃、千歳、苫小牧エリアではパナソニックの半導体工場（千歳）が目立つだけであり、他に機械金属系の大きな工場は見当たらなかった。千歳第3工業団地に立地した大金アール・エムは自動車関連有力企業の北海道進出第1号となった。

1977年にクラッチディスクの納入（ジャトコ）を開始し、1983年には国産の摩擦材第1号を開発する。次第に技術レベルが上がり、また、アメリカの摩擦材が発展する日本の自動車メーカーに適合しなくなってきたことから、1989年に合弁契約を解消、1991年、新たに㈱ダイナックスを設立していく。株主はエクセディ1社となった。「ダイナックス」の名称は「ダイナミックに未来に向かう」を意識して命名された。以来、親会社のエクセディから離れ（連結子会社ではある）、独自に歩んでいく。

　千歳の本社工場は敷地面積6ha、Ｒ＆Ｄセンターに加え、生産工場は5工場、摩擦材含浸ライン（1ライン）、ディスク製造ライン（4）、建機用ディスク製造ライン（4）、クラッチパック組立ライン（8）を展開、従業員は745人を数える。さらに、1991年には苫小牧に進出し、敷地面積13haを取得、生産工場を5工場展開、摩擦材含浸ライン（2）、摩擦材抄紙ライン（1）、ディスク製造ライン（8）、ロックアップピストン製造ライン（4）、シンクロナイザーリング製造ライン（4）、クラッチパック組立ライン（4）を展開、従業員915人を数える。ダイナックスは千歳、苫小牧の地で、従業員約1500人規模の工場を展開していた。

　また、海外生産拠点も1997年にアメリカ、1999年に上海市松江、2007年に上海市奉賢[5]、2009年にヨーロッパ、2010年にメキシコ、2013年にタイ、さらに、2016年1月にはハンガリーが計画されていた。その結果、2016年3月期の従業員は単独1495人、売上額は連結で615億円を計上するものになっていた。大阪資本の北海道企業が世界的な展開に踏み出していたのである。

▶クラッチディスクの生産／適数、適種、適地を意識

　ダイナックスの主力製品は自動車用自動変速機（オートマチックトランスミッション）に用いられる湿式多板クラッチディスク（板）であり、1～1.8mmの厚さの銅のリング状のコアプレート（芯金）に0.4mmほどの厚さのフェーシング（摩擦材）を張り付けたものである。このクラッチディスク、以前は15種類程度のものであったのだが、近年は千数百種類にも上っている。燃費重視、さらに、消音の必要性から摩擦材の改良が進められてきた。「車内が静

かになると、以前は聞こえなかった音が聞こえるようになり、それを消すために摩擦材の改良が不可欠」とされていた。

　なお、元々、摩擦材には天然素材が使われていたのだが、近年は耐熱性に優れる合成繊維に加え、カーボン系の粉末も用いられている。これらを抄紙し、そこに熱硬化性の樹脂を含浸して生産されていく。ダイナックスの場合、以前はこの抄紙工程を徳島県の阿波製紙に全て依存していたのだが、徳島では南海トラフによる地震・津波も懸念されることから、2013年、苫小牧工場に新たに抄紙ラインを設置していた。

　生産工程は、コアプレートについてはコイル材で届く薄板の表面研磨から始まり、溝付け、サイジング、プレスと重ねてリング状の形状を作り、歪みをとっていく。摩擦材は抄紙され、含浸された用紙を円形ないし円形を4分割したもの、あるいはドット状にする、そして、この二つを張り合わせていく。当初は手組ラインであったのだが、次第に進化し、セル生産ライン、全自動ラインへと向かってきた。これらの方式を各国地域の実情に合わせて組み合わせていた。苫小牧工場は自動ライン中心、千歳工場は小ロット対応などのため従来型のラインであった。中国、メキシコ、タイは変動に強い半自動のセルライン、アメリカは千歳工場と同様の従来型ラインを採用していた。「適数、適種、適地」を意識したライン構成となっている。

▶世界のユーザーに供給

　このクラッチディスクに関して、ダイナックスの世界シェアは約40％、ライバルはやはり約40％のシェアを握るアメリカのボルグワーナーであり、2社で世界の80％を供給している。その他では、ホンダ系のエルシージー、トヨタ系のアイシン精機も手掛けている。特に、高級車市場に強く、有力海外メーカーへの納入については、1987年にGM、1989年にBMW、1992年にフォード、1995年にダイムラー、2001年にVW、2003年には韓国の現代と重ねてきた。国内においても、トヨタのレクサス、日産のシーマ、ホンダのレジェンド、富士重工業のスバルXV、マツダのCX-5、三菱のランサーEVO等の高級車に搭載されている。また、自動車以外には、建機、船舶、JR振り子特急

の変速用クラッチ、釣用電動リールのブレーキなどにも用いられている。

その結果、現在の国内のユーザーは、直接的には愛知機械、アイシン AI、アイシン AW、アイシン AW 工業、アイシン精機、ヴァレオユニシアトランスミッション、エクセディ、ジェイテクト、ジヤトコ、GKN ドライブトレイン、トヨタ自動車北海道などであり、最終的には、いすゞ、スズキ、トヨタ自動車、ダイハツ工業、日産自動車、日野自動車、富士重工業、ホンダ、マツダ、三菱自動車、三菱ふそうなどに搭載される。このような事情から、ダイナックスは各完成車両メーカーのティア2ということになる。

海外のユーザーは、ヨーロッパはダイムラー（ドイツ）、GM（フランス）、VALEO（フランス）、ZF（ドイツ）、ZFSachs、アメリカは ATI、AWNC、DANA、クライスラー、フォード、GMPT、JASC、LUK、NMMC、MAGNA、TMMWV、アジアは DYMOS（韓国）、現代パワーテック（韓国）、JATCO 広州（中国）、KAPEC（韓国）、現代（韓国）、上海 GM（中国）、天津 AW（中国）などとなっている。

なお、ダイナックスの中国工場については、奉賢工場は中国に進出しているトヨタ、日産に加え、GM、ZF への供給に従事し、中国ローカル企業には供給していない。また、松江の保税区の工場は海外輸出拠点とされていた。これらの中国工場は最大時に従業員 1800 人を数えたのだが、人件費水準が上がってきたことから、最近、半自動ラインを入れて 300 人ほどを削減、1500 人規模に縮小させていた。

このように、ダイナックスは大阪のエクセディ 100％ 出資の子会社なのだが、北海道をベースにクラッチディスクという領域で世界的な企業に成長してきた。「親会社からは独立している」とされ、独自な技術開発、海外展開を重ね、世界シェア 40％ を確保するまでになっている。進出以来約四十数年、北海道での知名度は高く、若者たちの就職の人気企業にもなり、人材確保も問題はない。製造業、自動車産業の乏しかった北海道において、大きな発展可能性を示した企業として注目されるであろう。

(4) 千歳市／国内生産最適地として千歳に進出
——トヨタ向け車載センサの生産（デンソー北海道）

デンソーといえばトヨタ系の世界的な自動車部品メーカーであり、日本最大の自動車部品メーカーでもある。創業は 1949 年、愛知県刈谷市に本社を置き、資本金 1874 億円、2016 年 3 月期の従業員数は単体で 3 万 8999 人、連結で 15 万 2994 人、売上額は連結で 4 兆 5245 億円にも及ぶ。主要工場は刈谷、安城、西尾など愛知県に集中させているが、連結子会社は 188 社（国内 62 社、海外 126 社）にも及ぶ。

▶多岐にわたる事業領域と東北・北海道への進出

事業領域は多岐にわたるが、大きく五つの領域に分けられている（2014 年 3 月期）。
・パワトレイン事業（売上額構成比 35.0％）……エンジン制御システム、ハイブリッド車・電気自動車用製品、駆動系製品、電源供給・始動システム
・熱機器事業（30.4％）……エアコン、トラックの冷蔵・冷凍機器、ラジエータ
・情報安全事業（15.3％）……カーナビゲーションシステム、ETC、エアバッグ用センサ、走行安全製品
・電子機器事業（9.4％）……半導体センサ、エンジン制御コンピュータ
・モーター事業（7.0％）……ワイパーシステム、パワーウインド、スライドドア、パワーステアリング、エンジン制御などのモーター

主要工場は愛知県に集結しているが、近年、自動車産業全体が九州、東北方面へ動きをみせていることから、デンソーも九州、中国、長野方面への展開を進めてきた。この点、東北・北海道については、2002 年、北海道網走市にテストコース、試験、評価のデンソー網走テストセンター（従業員 8 人）、2011 年に福島県田村市にデンソー福島[6]（カーエアコン工場、2017 年 1 月従業員約 270 人、売上額 2016 年 3 月期約 122 億円）、2012 年に岩手県金ケ崎町の富士通セミコンダクターを引き継ぎ、デンソー岩手（半導体ウエハ製造工場、約 550

図4—7 デンソー北海道の製品

資料:デンソー北海道

人)を展開している。その他には、かなり早い時期なのだが、1974年には山形県飯豊町に長井市本社の東芝系コンデンサ・メーカーのマルコン電子と共同出資でマルコンデンソーの名称でフラッシャ(方向指示器)、ブザーの生産工場を展開していた。このマルコンデンソーはその後、マルコン電子が日本ケミコンに買収され、また、デンソー100％出資のアンデン(安城市、従業員約1630人、売上額約800億円)が出資を重ね、現在ではアンデン64％、デンソー16％、日本ケミコン20％の資本構成となっている。事実上、デンソー80％ということになる。なお、このマルコンデンソー、隣地を買い増しし、工場拡大が計画されている。

デンソーの東北・北海道への進出は、以上のようなものであった[7]。

▶千歳臨空工業団地に着地

2006年の頃、発展を続けるデンソーにとって、一つの柱である半導体センサ工場の拡大が求められたが、愛知には用地がないということになり、愛知県以外の場所を模索していく。この事業の全権を任された当時製造部長(現デンソー北海道顧問)であった杉本正和氏(1952年生まれ)は、海外を含めて場所探しに入る。杉本氏が若い頃に勤めていたのがブリヂストンであり、馴染み

の深い九州が候補に上がったのだが、すでにトヨタ、日産、ホンダ、ダイハツ、キヤノン、パナソニック、ソニー、京セラなどが進出しており、「人が集まらない」ことが懸念された。

　全国の工業団地リストをみて、各地の有効求人倍率などを考慮し、北海道に絞り込んでいく。候補地として千歳、苫小牧、石狩、夕張を考えたが、最終的に千歳の臨空工業団地に決めていく。なお、この用地は薪炭材料供給の原野として、戦前の1931（昭和6）年、江別市が当時の千歳村から640 haを2万1118円で購入していたものを、1970年に江別市の庁舎移転建設資金調達のために逆に千歳市に11億7345億円で全面積売却したものであった[8]。その後、千歳市は、周辺を含めて414 haを良質な住宅地（泉沢向陽台）として分譲、約434 haを千歳臨空工業団地（分譲面積は214.1 ha）として分譲していった。

　この千歳臨空工業団地は、JR千歳駅まで5.8 km、新千歳空港まで8.5 km、苫小牧港まで24 kmという好位置にあった。最後に比較した苫小牧の場合、積雪量は少ないものの、苫小牧～札幌間のJRが1時間1本、新千歳空港駅には南千歳駅で乗り換えが必要であった。これに対し、千歳～札幌間は快速エアポートが10～15分おきにあり、新千歳空港駅にも乗換なしでいけた。このような条件から、千歳臨空工業団地に立地を決めていった。なお、この千歳には工業団地が11カ所もあり、パナソニック（1970年、半導体）、ダイナックス（1974年）、キリンビール（1975年）、日清食品（1978年）、ミツミ電機（1983年）、キッコーマン（1986年）、SUMCO（2003年）、セイコーエプソン（2004年）など食品系、電子系企業がすでに進出していた。

　2007年4月、㈱デンソーエレクトロニクスを設立、6月に用地の取得（16.3 ha）、7月から採用開始、12月に第1期34人入社、即、愛知のデンソーに研修に出している。2008年5月着工、12月建屋（3万1200 m^2、うちクリーンルーム1万5000 m^2）完成、2009年4月に操業開始に至った。なお、2014年4月にはデンソー北海道に社名変更している。

▶集中力に富んだ職場を形成

　資材は愛知県から供給され、千歳では製品設計、加工組立を行い、全量を苫

小牧港から名古屋に送り込んでいた。名古屋からは全国の自動車関連企業に送られ、海外輸出については、デンソー本体の物流に載せていた。2009年には従業員70人で出発したのだが、5年後の2015年3月現在では935人、売上額約400億円に達していた。

なお、デンソー北海道の製品は大きく3系列に分かれる。一つは、車両の回転、傾きを検出し姿勢を制御する「イナーシャセンサ」、二つ目に、エンジンの吸気圧を検出し、燃料噴射量を制御する「中低圧センサ」、三つ目に、ブレーキを踏む力を検出し、制動力を最適化する「高圧センサ」などからなっている。いわば「自動車内外の各種情報を検出し、コンピュータに知らせる『エレクトロニクスの感覚器官』」ということになる。

また、懸案の人材確保に関しては、期間社員の応募は少ないが、全体的には困っていない。中途採用には10～20倍の応募があり、新卒の高校生は学校指定をしている。千歳の2校、苫小牧工業高校とされていた。ただし、北海道大学工学部あたりから採用すると、デンソー北海道では設計業務はあるものの、製品開発部門がないためにもの足らなくなって退職していく優秀なエンジニアもいる。このあたりは、デンソー北海道の今後の課題でもあろう。

進出して6年が経ち、部品の現地調達化を進めているのだが、技術、品質はすぐに習得できるものの、量産、コストの面で問題がありそうである。新製品の場合は対応可能だが、愛知で流れている製品を北海道に移管させる場合、量産、コストダウンにはなかなか応えられない。自動車の生産の仕組みに慣れていないということであろう。さらに経験を積んでいくことが求められている。ただし、設備系に関しては、石狩のシンセメックは十分実績があり、また、函館のメデックの評価も高く、自動機などで採用していた。

このように、北海道は人材が豊富で質が良く、デンソー北海道はわずか6年を経過したところだが、従業員、売上額共に順調に拡大している。工場内の集中力も高く、この1年で4組3交代を実施し、7億5000万円の投資抑制効果、32％の工数低減、経費低減が9300万円と報告されていた。北海道の千歳の地で集中力に富んだ良質な職場が実現されていたのであった。機械工業、自動車産業が未成熟とされてきた北海道において、トヨタ、デンソー、アイシンとい

った日本を代表する自動車関連企業が本格的な事業展開に踏み込んでいる。このことにより、北海道に「モノづくり」の考え方が定着し、新たに拡がり花開いていくことを期待したい。

3. 北海道に進出する中堅自動車部品企業

　トランスミッション製造のトヨタ自動車北海道が苫小牧に着地したのが1991年。先の表4−1にみるように、ここから本州（主として愛知県）の自動車関連企業が北海道進出を本格的に開始している。設備関係、部品関係が中心になり、苫小牧、千歳、さらに、原材料基盤を求めて室蘭の新日鐵住金室蘭製鐵所構内に進出する企業も出てきた。また、進出理由として、中京・東海地区の地震、津波に対するリスクヘッジという場合も少なくない。

　そして、何よりも重要な要素としては、国内における人材調達の可能性、広大な敷地の存在が指摘されている。さらに、苫小牧港、新千歳空港の存在も大きい。特に、関西、中京地区にとって、伊丹〜新千歳、中部〜新千歳の航空航路、苫小牧〜名古屋等の海路は魅力的に映っている。このような条件の中で、苫小牧〜千歳を中心にして、北海道に新たな自動車産業集積が形成されつつある。

　この節では、北海道進出の自動車関連企業の中から、五つのケースを採り上げ、進出の理由、現状、そして、課題と新たな可能性をみていくことにしたい。

（1）苫小牧市／早い時期に苫東に148 haを取得、エンジン鋳造工場に
　　　──稼働サポートの世界のセンターを目指す（いすゞエンジン製造北海道）

　1971年に国家プロジェクトとして閣議決定された「苫小牧東部大規模工業基地開発基本計画」は、計画面積107 km^2（1万0700 ha）という広大な敷地に、周辺を含めて30万人規模の市街地を形成、さらに、日本の製造業生産額の20％程度を生み出すという野心的な計画であったのだが、その後の国内・国際情勢の変化により、思い通りの成果を得ることができなかった。国、自治体、民間により設立されていた苫小牧東部開発㈱の借入金は1800億円に達し、

1995年には「苫小牧東部開発新計画」が策定され、1999年には新会社の㈱苫東に切り換えられている。現在、産業用地は55 km²（5500 ha）に縮小されたが、分譲賃貸面積は16.7 km²（1670 ha）と全体の30％にとどまっている。近年、アイシン北海道、ダイナックスなどの自動車関係に加え、ソフトバンク系、シャープ系のメガソーラーが苫東地域の土地を借りて操業している。
　このような中で、早い時期（1981年5月）にいすゞ自動車が148 haという広大な敷地を取得、1984年から生産に入っていた。

▶トラック生産の国内と海外の事情

　148 haの敷地というと、年産30万台以上の生産能力の乗用車組立工場（完成車両工場）にふさわしい規模である。当時、乗用車を生産し、GMと資本提携していたいすゞにとって、完成車両工場建設を意識していたものとみられる。だが、1970年代のニクソンショック、オイルショック等により環境は大きく変化し、いすゞの乗用車生産は縮小、1993年には乗用車生産から撤退した。
　そのような事情の中で、1984年にはいすゞ自動車㈱北海道工場として、GM向けガソリンエンジン（1.3ℓ）の生産を開始している（GM向けエンジン供給は2014年に終了）。さらに、1987年にはドイツのOPEL向けディーゼルエンジン（1.7ℓ）の生産を開始（2005年終了）、1991年には北米に展開していたSIA（スバル・いすゞオートモティブ）向けにガソリンエンジン（3.2ℓ）の生産を開始している（2004年に終了）。このように、いすゞエンジン製造北海道は、当初は海外向エンジン生産工場としてスタートした。ただし、2000年前後からはエンジン生産は海外での現地生産に切り替わり、その後はダイキャストによるアルミシリンダーヘッドなどの鋳造品生産に変わっていった。現在ではエンジン完成品の生産は行われていない。
　現在、日本のトラック、バスといった商用車メーカーは、いすゞ、日野、UDトラックス（旧日産ディーゼル工業）、三菱ふそうの4社体制であり、国内の10～20万台市場を分け合っている状況である。むしろ、近年の商用車メーカーは海外への部品供給がメインになっている。いすゞエンジン製造北海道についてみれば、国内の納入先はいすゞ藤沢工場、栃木工場であり、海外はい

いすゞエンジン製造北海道の正門

すゞタイ工場（IEMT、完成車両工場）、インドネシア工場（MII、エンジン、トラック組立）、フィリピン（IAMC、トランスミッション）である。アメリカ（DMAX）へのシリンダーヘッド、コンロッドの供給は2016年8月で終了している。なお、いすゞの海外工場としては、この他に中国（重慶、南昌、2.5トントラック組立）、ベトナム（トラック、ピックアップトラックの組立）、マレーシア（トラック、ピックアップトラックの組立）があり、現在、インド工場が立ち上がりつつある。

▶分社化し、鋳造と加工に向かう

このような事情の中で、2002年11月には北海道工場はいすゞ自動車から分社化し、いすゞエンジン製造北海道㈱として再編された。いすゞ自動車の全額出資であり、資本金は1000万円から4億6000万円に増資された。2016年10月現在、従業員は518人（正社員約350人、いすゞからの出向者11人、その他は派遣社員等）であった。工場はアルミ鋳造工場と加工工場の大きく2棟から編成されていた。広大な敷地の大半は未利用地であった。

鋳造工場は、ダイキャスト（高圧鋳造）を中心にグラビティ（低圧鋳造、重力鋳造）、一部に砂型鋳造も行われていた。グラビティはシリンダーヘッド、

ダイキャストはフライホイールハウジング、トランスファー、リヤカバー、アームシフト、カムキャリア、ギアケースなどであった。ダイキャストマシンは宇部製の3500トン、1250トンが使われ、金型はいすゞ本体で開発され、藤沢工場、さらには岐阜、新潟等の金型企業に発注していた。

加工工場は以前は加工、組立に従事していたのだが、現在は加工が中心になっていた。加工機は切削系を中心に800台を数え、ロボットも125基設置されていた。メインの加工ラインはホーコス(HORKOS)製(旧報國機械、広島県福山市)を中心に牧野フライス製が展開されていた。加工品目はシリンダーブロック、クランクシャフト、コンロッド、カムシャフト等であった。これら鉄製の部品はいすゞの他の工場から入っていた。なお、2015年からはトランスファーユニット、ショートブロックエンジンの組立も一部に行っていた。

車両生産は早い時期に立ち消えになり、エンジン生産でスタートしたが、その後、アルミ合金鋳造がメインになり、いすゞの他工場からの部品加工にも従事しているのであった。なお、物流については苫小牧港の能力は高く、東港からは釜山経由でタイに向かい、西港からは八戸経由で横浜に向かっていた。

▶部品リビルト事業への展開

このような状況の中で、新たな事業分野として、部品のリビルト(再生)、ユーザーへの稼働サポートが取り組まれていた。この部品のリビルト事業は2010年からスタートしており、現在では稼働サポート部(140人)で対応していた。リビルト事業の意義については、①熟練した技能者の確かな目と磨耗の測定により部品の再使用可否を判断、②独自の部品洗浄技術により内部のカーボン等を除去し機能を復元、③テストベンチでの動的性能試験により新品と同様レベルの品質保証、④リサイクルによる環境問題への貢献と顧客への低コストでの提供実現、と記されてあった。部品リビルトのラインアップとしては、エンジン、トランスミッション、さらに、パーツとしてはEGRクーラー、サーモHSG、EGRバルブ、4Jインジェクターなどが上げられていた。

いすゞエンジン製造北海道としては、「国内でやれることをやる」構えであり、特に、この稼働サポート部門に関しては、当面、日本国内向けに対応して

いるが、将来的には世界のセンターになることが意識されていた。苫東地域の広大な敷地の一角で、新たな挑戦が試みられているのであった。

(2) 苫小牧市／北海道のアルミリサイクルの草分け
──自動車関連産業集積を支える（北海道ダイキアルミ）

　苫小牧市東部に展開する苫東地域には、トヨタ自動車北海道、アイシン北海道、いすゞエンジン製造北海道、ダイナックス等の有力企業に加え、関連部門が集積を開始している。それらの中に、アルミニウムのリサイクル事業に展開する北海道ダイキアルミが立地している。親会社の大紀アルミニウム工業所は大阪に本社があり、日本のアルミ合金二次製品のトップ企業であり、全国各地から世界に事業所を展開している。北海道においても自動車集積が開始されている苫小牧市に早い時期から進出していた。

　▶トヨタを追跡して立地

　大紀アルミニウム工業所の創業は1922（大正11）年、わが国初の二次アルミニウム精錬業として大阪市でスタートしている。「大紀」の名称は、創業者が紀州出身であることから命名された。国内の主要工場は福島県白河市、茨城県結城市、愛知県新城市、滋賀県東近江市、三重県亀山市に展開、海外は中国（4カ所）、フィリピン、ベトナム（2カ所）、インドネシア、マレーシア、タイ（4カ所）、ポーランド等に進出している。2005年に東証第二部に上場、2007年に東証第一部に付け替えとなった。2016年3月期の売上額は連結で1570億円、従業員は連結で828人、単独で295人であった。

　他方、北海道ダイキアルミの母体であった越村アルミは1952年に札幌市で創業されている。1992年11月には苫東地域に越村アルミ工業所苫小牧工場を操業開始させている。その後、越村アルミ工業所に大紀アルミニウム工業所が資本参加し、次第に大紀アルミニウム工業所が中心になり、2002年には社名を北海道ダイキアルミに変更している。この間、本店は札幌から苫小牧に移転している。なお、札幌支店は、現在アルミスクラップの収集拠点となっていた。越村アルミ工業所が苫小牧に立地したのは、当初、アルミホイールの生産を行

北海道ダイキアルミの構内

積み上げられたアルミホイールの廃材

回転炉

ショットの製造

っていたトヨタ自動車北海道の苫小牧進出（1991年2月設立）に合わせ、その素材関係に関与することを目的としていた。だが、トヨタ自動車北海道は2010年にはアルミホイールの生産は停止し、苫東地域に進出してきた光生アルミ北海道に生産移管されている。そのような事情から、現在はトヨタ自動車北海道からはスクラップは入れているものの、トヨタ自動車北海道に対してアルミ素材の直接的な提供はしていない。

　敷地面積7530 m^2、建物面積1300 m^2、主要設備は反射炉（7トン）、回転炉（4トン）を軸に、溶解炉2基、その他から構成されている。月の生産能力は850トンとされていた。事業の性格上、収集されたアルミスクラップは敷地内

に大量に集積され、アルミホイール、アルミ缶、アルミ電線、アルミサッシ等に分別されていた。年の売上額規模は約20億円、従業員は全体で24人（札幌支店4人）であった。営業品目はアルミニウム合金地金（インゴット）、脱酸用アルミニウム地金（10ｇ、40ｇショット）等であった。

▶自動車集積とリサイクル事業

　現在の主要な取引先の第一は、大紀アルミニウム工業所であり、東京、名古屋、大阪の営業所を通じて入れている。スクラップを預かり、インゴットにして返却している。この部分が全体の約50％を占める。第2の取引先は苫東地域の光生アルミ北海道であり、アルミホイールを生産する光生アルミ北海道から出てくる切子を預かり、インゴットにして光生アルミ北海道に返却する。この部分が40％ほどに達する。残りの大半がショットと呼ばれる脱酸用アルミニウム地金であり、新日鐵住金室蘭製鐵所等の製鉄所に販売されていく。これは高炉の脱酸塊として投入されていく。また、苫小牧のいすゞエンジン製造北海道からもアルミ廃材を入れて加工し、返却している。この部分は売上額の2～3％程度であった。

　工業集積地には廃材が大量に出てくる。これらを収集して適切にリサイクルしていく必要性は高い。苫小牧地域にはトヨタ関連、いすゞ関連のアルミを多用する工場がいくつもある。それらから廃材を預かり、さらに全国から収集した廃アルミを溶解し、必要とされる材質、品質で提供していく意義は極めて大きい。当面、苫東地域では必要とされる量は集まっていないようだが、今後、さらに苫東地域には自動車関連事業所の集積が予想され、その重要性は高まるものとみられる。リサイクル事業の場合、原材料となる廃材が適切に確保できなければ事業は成り立たない。このような枠組みの中で、北海道ダイキアルミが重要な役割を演じているのであった。

（3）室蘭市／中京地区のトヨタのティア1が室蘭に進出
　　——材料に近い所、震災リスクヘッジを意識（むろらん東郷）

　トヨタ自動車が北海道苫小牧市に進出してきたのが1991年、その後、アイ

新日鐵住金室蘭製鐵所の構内

むろらん東郷の社屋

シン、デンソーとトヨタ系の主要部品メーカーが進出し、苫小牧から千歳にかけて自動車産業の集積が進みつつある。また、北海道の製造業においても、自動車産業への参入の期待は少なくない。かつて自動車産業不毛の地といわれていた北海道も近年、自動車産業をめぐって新たな動きが観察される。

　そのような中で、苫小牧から1時間の距離にある室蘭においても自動車部品産業の立地がみられるようになってきた。このような企業として、住友電工系の線材加工の北海道スチールワイヤー、トヨタ系自動車バネのむろらん東郷、新日鐵住金系の懸架バネ用オイルテンパー線のムロランスズキ、そして、自動車ギアの独立系の大岡技研の4社がある。これら4社は新日鐵住金室蘭製鐵所構内の用地を賃借し、工場を設置している。

▶東郷製作所の輪郭

　2008年10月設立のむろらん東郷の親会社は、愛知県東郷町に本社を置く東郷製作所であり、バネ関係のサプライヤーとして古くからトヨタのティア1（1次協力企業）の位置にある。設立は1881（明治14）年、相羽錠右エ門氏がトーゴー農具製作所を設立、鍬、鋤といった鍛造農機具の製造から入っていった。1921（大正10）年には3代目の相羽義一氏が足踏み式脱穀機を開発、製造販売に踏み出していった。戦中の1940（昭和15）年には東郷製作所と改称し、小物バネの製造に入っていく。足踏み式脱穀機にピアノ線が使われており、当時、中京地区で高まっていた豊田自動織機の自動車への参入に呼応するもの

自動車用バネ	実装される東郷のバネ

であった。この時代の中京地区では、このような動きが強まっていった。

　戦後の1947年には法人化し、1948年にはトヨタのクラッチスプリングのA級認定を受け、1949年にはバルブ・スプリングのA級認定を受けている。以後、東郷製作所はトヨタのティア1としての道を歩んでいった。1960年には線バネ工場の建設、1980年には長野県南木曽町に南木曽工場（現南木曽発条）を設置していく。海外展開も早く、1988年にはアメリカのミシガン州に工場進出、2002年にはタイ工場、2003年にはドイツ工場、そして、2012年には中国江蘇省常熟に工場を進出させている。海外工場は4工場ということになる。そして、国内工場としては、先の南木曽発条に次いで、2008年、室蘭にむろらん東郷を設置している。国内は東郷町の本社工場（従業員800人）に加え、南木曽発条（200人）、むろらん東郷（100人）の3工場体制ということになる。

　東郷製作所の売上額と従業員数の動きをみると、リーマンショックの2008年は最高の380億円、980人を数えたが、リーマンショックの影響が出てきた2009年は280億円、880人と底となったが、その後回復し、2014年度は360億円、830人となっている。省力化が効いているようにみえる。なお、東郷製作所はトヨタの資本は入っておらず、相羽家が資本の大半を握る非上場企業である。

　トヨタのティア1ということから、売上額でみたユーザー別の構成（2014年度）は、エンジンの弁バネを供給するトヨタ自動車が15％、アイシン、デンソーなどのトヨタの関連会社が62％と両者で77％を占めている。その他は

三菱自動車、ホンダ、マツダにも直接納めており、日産についても商社を経由して納めていた。製品別の売上額構成では、圧縮バネ（弁バネは除く）25％、ホースクランプ（板バネ）21％、一般樹脂クイックコネクタ14％、板バネ11％、引き・捻り（線バネ）10％、リターンSP（薄板の上に線バネ）9％、電子部品4％ 等の構成になっていた。東郷製作所は線バネから出発しているが、その後、薄板バネ、樹脂、電子部品と重ねてきたのであった。

▶むろらん東郷の設立

　自動車の重要保安部品であるバネ材は、トヨタの場合は新日鐵住金と神戸製鋼所から入れている。特に、新日鐵住金とトヨタ、東郷製作所でバネ材の現場開発を重ねてきた。また、新日鐵住金の中でも、バネ材の生産は室蘭製鐵所で行われている。このような事情の中で、東南海地震の懸念が大きく、リスクヘッジを意識し、材料供給の室蘭製鐵所に近接した所への工場進出が求められた。2011年3月の東日本大震災の直前の2009年10月にむろらん東郷が設立されている。なお、新日鐵住金室蘭製鐵所の構内には、室蘭製鐵所が製造したバネ材の棒鋼を線材に引き延ばす北海道スチールワイヤー（住友電工系）が既に立地しており、その隣接地にむろらん東郷の工場が建設された。素材生産〜線材生産〜線バネ生産が同一構内で実施されることになった。

　むろらん東郷の会社案内によると、資本金は5000万円、敷地面積は1万5671 m^2、建物は7037 m^2（内事務所725 m^2）とされていた。生産品目は「オートマチックトランスミッション用のバネの製造」と記されてあった。2015年度の売上額は14億1000万円、2016年度は15億円が予想されていた。線バネの生産は月産330万個であり、基本的に東郷町の本社に送られていく。ただし、苫小牧のトヨタ自動車北海道（トランスミッション生産）に対しては、月10万個ほどを直接納入（商流は本社）していた。また、千歳のダイナックスも東郷製作所のバネを利用しているのだが、それは愛知の本社から送られていた。

　2008年10月に開業してすでに8年、現地法人の社長は東郷町の本社から派遣されている稲川圭二氏（1952年生まれ）が続けている。従業員の中で愛知

から派遣されている人は3人を数えている。地元の企業との付き合いも深まり、鈑金、治工具、メンテナンス等で40社（室蘭製鐵所構内は5社）ほどと付き合っていた。

最近の懸念事項は、「人が集まりにくくなっていること」としていた。この点は、最近の室蘭をめぐる共通するテーマであり、解決の難しい問題であろう。省力化に努める、外注先の掘り起こし等が課題になるであろう。原材料からの一貫生産、東南海地震へのリスクヘッジを意識して設立されたむろらん東郷は、興味深い取組みを重ねているのであった。

(4) 室蘭市／輸出比率80％の自動車用鍛造部品生産
　　——リスクヘッジを求めて室蘭に着地（大岡技研）

自動車部品企業の北海道進出、また、製鐵所の広大な敷地の存在という事情の中で、新日鐵住金室蘭製鐵所の中には、近年、いくつかの企業が進出している。これらは、かつての鉄鋼生産を支援する構内企業とは異なっている。室蘭製鐵所が産出する鋼材（材料）に向かって進出してきた企業、リスクヘッジを求めて進出してきた企業等がある。

▶世界のメーカーに供給

大岡技研の創業は戦前の1937（昭和12）年、運輸省指定工場として汽車、電車の部品製造を開始している。戦後は型打鍛造の開始と共に、1960年に自動車部門に参入した。1961年には㈱大岡鍛工所として法人化し名古屋市に本社を置いた。1990年には現在の大岡技研㈱に改称している。その後、本社工場を豊田市高岡町に置き、豊田市内に3工場を展開している。大岡技研の最大の特質は、鍛造技術を究めようとしていることであり、ミクロン精度までに応えていること、トヨタ自動車の本拠である豊田市にありながら独立的な自動車部品メーカーであり、輸出比率が80％にも上るという点であろう。日本国内は大半がオートマチック操作に変っているが、マニュアル操作が中心のヨーロッパ車に採用されている場合が多い。

大岡技研の主要製品は鍛造によるギアであり、クラッチギア、モノブロック

新日鐵住金室蘭製鐵所構内の大岡技研

鍛造で成形されたギア　　　装着されたギア類

ギア、リバースギア、スリーブ、パークロックギア等であり、主としてマニュアル操作の車種に搭載されていく。生産工程は設計以降、金型の製作、材料（丸棒）の切断、熱間鍛造、熱処理（焼なまし、焼ならし）、冷間鍛造（歯付け、歯無し）、切削加工、浸炭（高温焼入れ、低温焼入れ）、仕上げ、検査ということになる。国内は豊田市の3工場に加え、2013年5月に室蘭工場を新設した。国内4工場体制であり、海外には工場を持たない。日本から輸出を基本としていた。また、国内にはライバルはなく、海外ではローエンドのものが大連の中国メーカーにより供給されているにすぎない。

大岡技研全体の売上額の推移は、2005年の85億円から、2007年には116億円に達していた。2008年のリーマンショック以降、2009年には74億円と底となったが、その後回復、2015年には167億円を計上している。全体の従業員数は約700人であった。

　国内のユーザーは、トヨタ自動車、アイシンAI、アイシンAW、アイシン精機、愛知機械工業、愛知製鋼、富士重工等のトヨタ系が多いが、いすゞ自動車、スズキ、ジャトコ、さらには日本電産シンポ、椿本チエイン等がある。

　海外のユーザーは、GM（アメリカ、ブラジル、韓国）、VW（ドイツ、中国）、Adam Opel（ドイツ）、Getrag（ドイツ、イタリア、メキシコ）、MAGNA Powertrain（ドイツ、メキシコ）、PSA（フランス）、RENAULT（フランス、スペイン、ルーマニア）、Fiat Chrysler（イタリア、アルゼンチン、アメリカ）、ZF（ハンガリー、ブラジル）、EATON（ポーランド、ブラジル）、SKODA（スロバキア）、上海汽車ギア（中国）、HAVECO（中国）等であった。

▶大岡技研室蘭工場の展開

　このような海外輸出比率の高い大岡技研に対しては、海外進出要請も少なくない。近年では、最大の受注先であるVW関連の上海VWギア工場の立地する大連進出を要請されたが断り、大連事務所を置くことで対応している。また、海外企業からは東南海地震への懸念からリスクヘッジのために他に工場を持つことを要請されていた。このような事情から各地を検討し、材料調達先でもあった新日鐵住金室蘭製鐵所の構内に立地していった。

　2011年には従業員40人を先行的に採用し、2年間豊田市の本社工場で研修を重ね、2013年5月にオープンの運びとなった。材料は毎日、新日鐵住金室蘭製鉄所から供給され、工場は切断、熱間鍛造から、熱処理、冷間鍛造、仕上げまでの一貫工場であり、基幹の熱間鍛造（1200℃）2500トンプレス（栗本鐵工所）2台が設置されていた。また、2017年2月には3500トンの熱間プレスに加え、冷間プレス2台を導入する準備が進められていた。鍛造金型に関しては本社工場から供給されていた。金型の補修は室蘭工場で行っていたが、金

型の熱処理に関しては、室蘭の室蘭ヒート、苫小牧のウメトク北海道営業所（梅田特殊鋼）、安平のメイトク北海道（名古屋特殊鋼）を利用していた。品質部門にはツアイスの三次元測定器も用意されていた。

　2016年10月の従業員数は79人（女性12人）であったが、2017年2月の設備増設後は100人規模を想定していた。この能力拡大により、月の生産量は50万個から80万個に拡大する計画になっていた。なお、女性のうち10人は最終の検査部門を担っていた。勤務体系は部門によっては24時間操業があり、全体的には残業は2〜3時間、また、4勤2休も採り入れていた。現在、豊田市の本社から来ている人は8人、最終的にはゼロにしていく構えであった。

　北海道にはユーザーがなく、トヨタ自動車北海道にも入れていなかった。製品はコンテナに入れて苫小牧港東港区まで運び、釜山経由で世界に直送されていた。材料に近接していることに加え、優れた輸出港である苫小牧港にも近く、室蘭立地を効果的に享受しているのであった。

（5）旭川市／道北に進出した自動車関連部品メーカー
——旭川に生産を集結（上原ネームプレート工業）

　自動車産業は実に幅が広く、奥行きの深い生産構造を形成している。日本においては、伝統的にトヨタ自動車が立地する中京地区、日産、ホンダ、富士重工の主要工場の立地する関東地区が最大の自動車工業集積を形成、その他としては、ダイハツのある大阪地区、ホンダ、スズキのある東海地区、それに三菱自動車のある岡山地区、マツダのある広島地区などに関連部品メーカーが集積している。

　これに加え、最近ではトヨタ、日産、ホンダ、ダイハツが進出した九州地区、トヨタ系完成車両メーカー2社が進出した東北地区が注目される。この点、北海道には完成車両工場はなく、苫小牧〜千歳地区にトヨタ自動車北海道（トランスミッション）、デンソー北海道（車載用センサ）、アイシン北海道（ダイキャスト）、いすゞエンジン製造（エンジン鋳物）、ダイナックス（クラッチディスク）が進出し、新たなうねりを起こしつつあるが、全体的には自動車関連産業の集積は薄い。

そのような中で、道北の旭川の地に自動車内外装のプレート、エンブレムの生産に就いている企業が京浜地区から進出、日本国内における唯一の生産拠点としているのであった。日本の有力自動車部品メーカーとしては、日本の最北に立地しているということになろう。

▶上原ネームプレート工業の歩みと事業所の配置

　上原ネームプレート工業の創業は1944年、上原工業化学として台東区浅草で銘板等のエッチングから出発している。1956年には上原ネームプレート工業㈱と改称し、1962年には浅草が狭隘であるために、埼玉県八潮市に拡大移転していった。その前後にはホンダとの付き合いが開始され、エッチングのエンブレムの生産に入っていった。この領域は日本の自動車産業の発展と共に拡大していく。そのため、1990年代に入ると土地、労働力の問題が生じ、1991年には旭川市の工業団地に新たに進出していった。特に、当時、銀行がPCカードというものを大量に使うことになり、土地、労働力を求めて各地を模索、最終的には役員の知り合いのいた旭川に着地した。ただし、このPCカードは4〜5年でなくなっていった。立地的には北の果てであるが、旭川空港が近く、製品も小物軽量であることから、トラック便に加え、緊急の時には航空便を利用するが、負担はそれほどではない。

　私は2004年8月に旭川工場を訪れているが、当時は自動車のエンブレム（アクリルに蒸着［乾式メッキ］、塗装）をメインとし、従業員100人規模（女

旭川工業団地の上原ネームプレート工業

上原ネームプレート工業の製品群

性 70％)、アクリルの成形機 3 台の規模で操業していた。ホンダ、富士重工の仕事が目立っていた。

　その後、日本の自動車メーカーのアジア、中国進出が活発化していくが、上原ネームプレート工業の場合は、2006 年に上海に貿易会社を設立、2011 年に中国深圳の深圳テクノセンター内に上原銘牌汽車装飾部件（深圳）有限公司を設立、さらに、2013 年には深圳の隣の恵州に上原汽車銘牌（恵州）有限公司を設立。これを機会に埼玉工場の生産部門を恵州に移管している（2014 年）。これら広東省への展開は広州のホンダを意識したものであった[9]。

　現在の上原ネームプレート工業の配置は、国内は東京の浅草本社（総務、営業等、20 人前後）、旭川事業所（工場、約 300 人［派遣含む］)、埼玉事業所、宇都宮営業所、広島営業所、太田営業所、海外は香港（事務所）、深圳（工場、約 30 人）、恵州（工場、約 300 人、日本人 3 人）、上海（事務所、日本人 1 人）の構成になっている。また、一時期、中国の浙江省慈渓と広東省清遠に合弁工場を展開したが、これらは 2016 年 1 月に合弁を解消し、撤退した。

▶日本最北の有力自動車部品工場

　このような事情の中で、国内では旭川事業所の意義は大きなものになり、この 10 年間で大きく拡大、深化しているようにみえた。現在の上原ネームプレート工業の主力取引先はホンダ（50％ 弱）、富士重工（30～35％）がメインであり、独立系の自動車部品メーカーということになる。ホンダ、富士重工、マツダはティア 1 の位置にあり、その他はティア 1 の部品メーカーである河西工業、タカタ、カルソニックカンセイ等を通じるティア 2、ティア 3 ということになる。

　製品領域は樹脂をメインにするエンブレム等の小物のメッキ、これらが大半を占める。その他は、フロントグリル、ランプカバー、ドアプロテクター、フォグランプカバー、ドアミラーカバー等の大物メッキ、ドアまわり、ハンドルまわり、エアバック、キー等のエンブレム等である。1 台の車には上原ネームプレート工業製の数十のエンブレム、加飾品等が搭載されている。

　旭川に進出当初は、成形機 3 台、蒸着（乾式メッキ）、塗装という編成であ

上原ネームプレート工業のメッキ工場　　　　最終の検査工程

ったが、現在は埼玉事業所の設備を一部移管し、さらに成形機を16台に拡大、大きな湿式メッキラインを増設していた。さらに、旭川市内では十数台の成形機を協力企業に預け、また、埼玉に残っている外注先にも仕事を出していた。金型は旭事業所から埼玉の金型屋に発注していた。この業界のライバルとしては、専業でいくつかあるが、いずれもメイン工場を中国に移している。あるいは、トヨタ自動車のティア1の豊田合成のようなメーカーは社内にエンブレム工場を保有している場合も少なくない。

　2004年8月に訪問した時に比べ、工場面積、人員共に3倍以上に拡大していた。当時から本社からの常駐者は置いていなかったが、現在も常駐者はおらず、本社総務グループの次長が3週間毎に旭川に3週間滞在するスタイルをとっていた。ほぼ完全に現地化されていることになる。製品がエンブレムや加飾品ということで、重要保安部品ではないが、スペックと外観のチェックは厳しい。さらに、エアバック用エンブレムについては、起動した場合に問題を起こすことがないように相当に気を遣っていた。

　このように、自動車産業集積の薄い北海道、しかも道北の旭川ということからすると、上原ネームプレート工業旭川事業所は、日本最北の有力自動車部品工場ということになる。しかも、上原ネームプレート工業にとっては国内唯一の工場でもある。12年前に比べ、大きく進化していることが深く印象に残った。極北の地で自動車部品工場の可能性を示すものとして注目されるであろう。

4. 北海道の新産業、自動車関連部門に展開

　1960年代から1970年代にかけての石炭、北洋漁業の衰退、さらに、1990年前後からの室蘭の鉄鋼、函館の造船の構造的な困難などを受けて、北海道とすれば、自動車産業の誘致、育成は悲願というべきものであった。このテーマの突破口となったのは、1991年に重要部品であるトランスミッション製造のトヨタ自動車北海道が苫小牧に着地してきたことにあった。完成車両工場ではないものの、トランスミッションはエンジンと並ぶ重要部品であり、アルミダイキャストの筐体に多様な部品が組み込まれていく。

　このような工場展開に対し、設備、メンテナンス部門、素材供給部門、さらに、バネ、鋳造、熱処理、機械加工等の機械金属工業の要素技術が必要になってくる。トランスミッションは自動車部品でありながら、多様な要素技術の複合体なのであり、周辺に関連する協力工場を必要としていく。当初は中京地区から入れていたものの、生産が本格化していくに従い、関連部門が中京地区から進出し、また、北海道内の機械設備企業、要素技術の中小企業を刺激し、新たな地域的な生産体制を形成してきた。

　その場合、自動車の経験のない中小企業にとって、参入のハードルは高いのだが、必死の対応を重ねながら、新たな可能性をつかみ取っていく中小企業も登場してきた。その場合のハードルは、一つは「量産」の考え方であり、もう一つは自動車は人の命に関わる製品であり、「安全性」の考え方が貫かれているという点であろう。特に、重要保安部品とされるものは寸法精度に加え、内部素材が問われることになる。このあたりをクリアしていくには意識の変革も必要とされる。

　産学官をあげて設立された北海道自動車産業集積促進協議会には、180社を超える企業が参集し、新たな可能性に向かおうとしている。この節では、そうした企業の中から、具体的に踏み出している企業に注目し、その取組みの現状をみながら、課題と可能性を論じていくことにする。

（1）石狩市／独自に専用機メーカーに向かう
──自動車関連有力企業の進出を契機に飛躍（シンセメック）

　農林水産物、鉱物資源等の自然資源に恵まれていた北海道、これまで素材のまま、あるいは一次加工して本州に移出してきた。そのため、一国・地域の基礎的な産業である機械金属工業はあまり発達してこなかった。「機械工業不毛の地」といわれてきた。わずかに目立っていたのは、新日鐵住金室蘭製鐵所の周辺に発生するメンテナンス需要に対して成立した大物加工（機械加工、製缶・溶接）、函館、小樽のような港湾・水産都市を背景に成立してきた食品加工機械、造船関連、そして、帯広を中心にする大規模農業に対応する特殊な農業機械などであった。いずれも一つ前の時代の機械工業部門であり、世の中の技術革新からはやや取り残されていた。

　実は、私は新日鐵（当時）の高炉を削減するという第4次合理化案の出た1987年以降、しばらくの間、北海道の主要工業都市を歩き、そのような感想を抱いていた。その後、2003～04年頃に、再び主要都市の機械工業を歩いたが、一部に先端的な中小企業が登場してきたが、全体的には以前と印象は変わらなかった[10]。

　ただし、その前後から、苫小牧、千歳周辺に有力自動車関連企業が進出してきた。トヨタ自動車北海道、アイシン北海道、デンソー北海道というトヨタ系有力3社が進出、さらに、大阪資本ながらも、事実上、北海道で育った唯一の世界的な自動車部品メーカーであるダイナックスの存在感が大きくなっていく。

　これら有力企業も当初は、落下傘型で周辺との交流は乏しいものであったのだが、落ち着いてきた近年、地元に部品加工、専用機などの機械設備の発注を始めている。そのような中で、ようやく意欲的に取り組み飛躍的な発展の道筋に踏み込んでいる中小企業も登場してきた。

▶旋盤加工から出発、メカトロニクスに向かう

　シンセメックの前身の松本工業所は現会長松本英二氏（1950年生まれ）の父松本六郎氏が、1950年、小樽で旋盤加工業として出発している。機械修理

松本英二氏

新設のシンセメックのエンジニアリングセンター

や炭鉱部品の製造にあたっていた。松本英二氏は北海道大学工学部精密工学科を卒業、東京都大田区六郷の山武ハネウェル（現アズビル）に入社する。当時は社会全体がアナログからデジタルへの移行期であり、マイコン制御などに携わっていた。遅くまでデバッグ（バグ取り）の毎日であり、「こんな仕事を続けていいのか」と思うようになり、1979 年、29 歳で U ターン、松本工業所に入社する。当時の松本工業所は従業員 4 人、旋盤数台の規模であった。

このような状況の中で、1981 年、NC 旋盤（日立精機）を導入する。当時の年間売上額は約 2000 万円、NC 旋盤はその半分を超える 1310 万円もした。ただし、導入効果は大きく、松本氏の手も空き、賃加工ではなくメカトロニクスをまとめ上げる仕事に向かっていく。1985 年の頃から、ダイナックスの仕事が取れるようになり、部品加工に加え装置ものの摩擦試験機などを手掛けていった。この経験から、エンジニアリング事業の可能性を確信し、設計部門のスタッフを増員していった。1999 年には制御部門を立ち上げ、設計、部品加工、組立、制御までの社内一貫体制を敷いていく。当時の従業員規模は 10 人ほどであった。2001 年には、社内公募により社名を「シンセメック＝Synthesize Mechanism の略の造語」としている。松本氏は「なんでもやる。絶対断らない。単純には断らない。がめつくやる」と語っていた。

▶自動車関連を中心に幅広く道内の要請に応える

　この間、主たるユーザーが千歳、苫小牧方面になってきたことから、2004年には札幌市西区に本社、エンジニアリング部門を移転させ、さらに、2008年には石狩新港地区の流通団地の1haを取得し、マシンセンター（機械加工部門）を設置、その後、隣接地にエンジニアリングセンター（2011年、設計、組立、制御）、フードマシンセンター（2013年、食品加工機械製造部門）を設置している。シンセメックはこれまで、約3000点（種）の機械を製造してきた。基本的には一つとして同じものはない。売上額約7億円のうち、自動車関連部門が70％と圧倒的に多いが、電子機器、住宅機器、食品関係、その他一般産業用機器まで幅が広い。

　現在の有力取引先は、自動車関連ではトヨタ自動車北海道、デンソー北海道、アイシン北海道、ダイナックス、いすゞエンジン製造北海道、日産、京浜精密工業、日本発条、精密・電子機器ではパナソニックデバイス帯広、東芝ホクト電子、ユニシス、富士エンジニアリング、北海道住電精密、住宅機器では北海道セキスイハイム工業、北海道LIXIL、食品ではアレフ、マルハニチロ北日本、石屋製菓、ヤマザキ、一般産業用機械では、ウロコマシナリー、日農機製工、北新金属工業などであった。日産と日本発条を除いて、大半は北海道の事業所である。

　2015年1月現在の従業員数は45人、機械設計13人、電気制御7人、機械加工17人、工程管理5人、総務経理3人の陣容であった。女性の採用にも意欲的であり、放電加工部門は女性だけであり、これから拡大が見込まれる食品加工機械製造部門は女性中心に編成していく構えであった。また、2005年には東京中小企業投資育成からの出資を受け入れ、個人色を薄め、社会性のある会社にしていくことを目指していた。資本金3000万円のうち、東京中小企業投資育成が50％、松本氏は20％、従業員持株も20％にしていた。

▶「想い」を「形」に新たな可能性に向かう

　また、以前からオーダーメードによる食品加工機械の製造の経験はあったものの、2009年からは本格的に自社製品の取組みを開始し、「カボチャ切り機

マシンセンターの大型工作機械群

自社製品のカボチャ乱切り機

械」を開発している。このカボチャ切り機械は「かんべ取り機」「芯抜き・皮むき機」「半割り機」「ワタ取り機」「乱切り機」の五つがセットになっており、約1000万円、これまでに4セットが販売され、10人分の省力効果があるとされていた。2015年には6セットが予定されていた。

　このように、シンセメックは旋盤加工からスタートし、専用機を主力に育て、さらに、自社製品である食品加工機械にまで踏み出している。専用機は機械・電子制御技術の総合的な力が必要であり、機械金属工業の中核を成す。機械・電気・電子技術の要素技術の総合性が求められる。優れた（厳しい）ユーザーと幅が広くレベルの高い要素技術が求められる。

　この点、北海道では機械金属工業が未発達であり、要素技術の拡がりに乏しい。そのような場合、専用機メーカーは多様な加工機能の内部化が必要となる。シンセメックの場合は機械加工から出発していることから、機械加工部門が基礎となり、専用機部門が発達した。この二つが両輪となっている。ただし、表面処理は本州（川崎、秋田、仙台）、鈑金は近間、機械加工は近間と秋田であった。北海道の機械金属工業がもう一つ豊かなものになるためには、このような領域の充実が課題とされる。

　また、シンセメックの主力の専用機、部品加工のいずれもが受注生産が基本であり、ユーザー側の事情に大きく左右される。このような点を乗り越えていくには、自社製品を持つことが課題となるであろう。シンセメックの場合は、当面、カボチャ切り機械がそのような意味を持つことになる。機械加工や専用

機生産と自社製品では、仕事の質がかなり異なる。また、取引先も相当に異なり、営業の仕方も大きく異なるであろう。

シンセメックの「『想い』を『形』に」という言葉に凝縮された経営理念をベースに、北海道に登場した専用機メーカーとして、新たな可能性に向かうことが期待される。

(2) 札幌市／自動車関連にシフトする熱処理企業
──機械加工、シリンダーにも向かう（池田熱処理工業）

機械金属工業の体系上、熱処理は最も基礎的な加工機能の一つとして特殊な位置にある。熱処理は鋼の硬さや粘度を調整することにより加工を容易にしたり、あるいは、製品の強度や耐疲労性、耐磨耗性を増すために施される加工とされている。一般には「焼きなまし」「焼きならし」「焼き入れ」「焼き戻し」で知られている。「焼きなまし」は、鋼の結晶を調整し、鋼を柔らかくして加工を容易にするための処理方法である。「焼きならし」は鋼を標準状態に戻し、加工の影響、例えばプレスによる結晶の変形を戻し、機械的性質を向上させる。また、以上の冷却に対し、加熱を伴う「焼き入れ」は鋼を硬く、強くするための加工であり、「焼き戻し」は焼き入れ、または焼きならしした鋼の硬さを減じ、粘りを増すために行われる。

熱処理は全ての機械金属部品に施されるわけではなく、鍛造品、金型、自動車の重要保安部品、農機の駆動部品等に限られているため、専業の加工業者の数は少ない。熱処理専業者は日本全体で約700社とされ、北海道の専業の熱処理企業は、ここで検討する池田熱処理工業に加え、室蘭の室蘭ヒート、さらに、札幌丘珠の材料商である貞伊の3社のみとされている。

規模の大きい鍛造企業、金型企業、熱処理を必要とする特殊なプレス部品を製造している加工業などは、自社内に設備を保有していることが少なくない。そのため、熱処理専業の加工業の場合、自動車、工作機械、農業機械、建設機械等の部品、さらに金型などのメーカーからの広い範囲の受注を受け止める加工センター的役割を演じていくことになる。また、中京地区や関東地区のような自動車産業の集積している地域では、特定部品メーカーの専属となっている

熱処理企業もあるが、一般的には、熱処理企業は数百の単位の受注先を抱えている場合が少なくない。

▶加工センター的性格と特定自動車部品メーカーの専属へ

　北海道最大の熱処理企業である池田熱処理工業の歩みはまことに興味深い。創業は1961年、まだ北海道の炭鉱が全盛の時代であり、池田惣一郎氏が高周波誘導加熱装置1台でスタートし、1963年に株式会社に改組している。炭鉱のドリルの先端を焼入れするものであった。その後、石炭から石油へのエネルギー転換が進み、1960年代後半から北海道各地の炭鉱が閉山となる。このような事態に対して、池田熱処理工業は熱処理に加え機械加工に参入、農機具部品に転じていった。併せて、1971年には現在地の札幌市東区の東苗穂工業団地に移転している。なお、この工業団地は中小企業高度化資金によるものであり、札幌機械センター協同組合を構成している。当初の組合員は25社であったが、2017年3月現在は17社となっていた。

　次の大きな転換はバブル経済崩壊後の1994年であり、第2工場を建設し、機械加工部門を強化、さらに、1999年からは農機、建機向けの油圧シリンダー部門に参入している。そして、2000年からは自動車のクラッチディスクのメーカーであるダイナックス（千歳、苫小牧）からの受注が開始されていく。このダイナックスとの取引がその後の池田熱処理工業に重大な影響を与え、2005年には第3工場を建設、ダイナックス向けの連続焼鈍炉を導入している。

　ダイナックスとの取引が開始される前の売上額は約3億円、従業員23人であり、売上額の構成は農機60％、建機等の産業用機械40％であったのだが、2015年度の売上額は倍の6億2000万円となり、従業員も46人に倍増していた。売上額の構成は自動車部品（ダイナックス）55％、農機部品20％、産業機械・部品15％、その他10％とされていた。自動車部品関連に劇的にシフトしてきたということであろう。農機部品の主要取引先は千歳のIHIスター、帯広の東洋農機、夕張郡由仁の北海道ニプロ、産業機械関連の主要取引先は栗山の北海道ニプロ、小樽の北海バネ、北広島の中山機械、苫小牧のオノデラ製作所などであるが、受注先全体で400〜450社を数える。これらはほぼ北海道内

高周波焼入された農機用スプライン軸

であり、道内の熱処理の90%のシェアを握っている。帯広、釧路、旭川のあたりからはトラック便で持ち込まれ、近間は集荷配送に回っていた。

先に指摘したように、熱処理業は自動車部品などで特定企業の専属として成立しているケースと、数百の受注先の加工センター的なケースがあるのだが、池田熱処理工業はその二つの側面を併せ持っていた。当初は多様な受注先に応える加工センター的なものであったのだが、2000年代以降、北海道の自動車産業の盛り上がりの中で、特定受注先（ダイナックス）向けのものと、幅広い道内受注先からの依頼も受けるものになっていった。

▶主要設備と主要製品

現在の池田熱処理工業の事業は、熱処理（売上額構成70%）、機械加工（20%）、シリンダー（10%）の三本柱とされている。従業員（現場）の構成は、熱処理部門18人、機械加工部門15人、シリンダー設計部門2人からなっていた。機械加工部門は熱処理後の機械加工・研磨等に加え、シリンダーの部品加工に従事していた。

熱処理の主要設備は、高周波焼入装置4台、滴注式バッチ型ガス浸炭窒化炉3台、真空熱処理炉3台、台車式焼鈍炉3台、その他の熱処理炉10台から構成されていた。機械加工関係は、MC（オークマ、三井精機等）6台、NCフ

クラッチディスク用の連続焼鈍炉

クラッチディスク

ライス盤等(新潟鉄工)2台、CNC旋盤(オークマ、日立精機、中村留)10台、NC自動旋盤(ミヤノ)2台、汎用旋盤4台、平面研削盤1台、円筒研削盤(オークマ)2台、ホーニング盤(千嶋工業、阪南精機)2台、ホブ盤(三菱重工)2台、ブローチ盤(不二越)1台、その他溶接機、プレス機、さらに、シリンダー試験・検査用の油・空圧耐圧試験機等が装備されていた。熱処理関係ばかりでなく、機械加工関連の設備も北海道ではトップレベルのものとなっていた。

　主要製品は、自動車部品はダイナックス向けのクラッチディスクの熱処理(焼入れ、焼き戻し、浸炭窒化、応力除去焼なまし[平面出し]、ガス軟窒化)、農機具用スプライン軸(旋盤、歯切り、高周波焼入、研磨)、油圧シリンダー部品(旋盤)、各種ギア(高周波焼入)、農機具用ギアボックス(MC)、油圧シリンダー完成品(農機、建機、産機用)などであった。

▶若返り、新たな可能性に向かう
　4代目の現社長の池田隆久氏(1968年生まれ)は、池田惣一郎氏の長男、実質第2世代目の社長となる。札幌の高校を卒業後、東京新宿の工学院大学の専門学校(2年、機械、金属)に通い、卒業後は千葉県市原の京葉ブランキングで溶接を1年半、川崎の第一高周波でオペレーターを10年、いったん札幌に

戻り、その後、名古屋のネツレン（旧高周波熱錬）で2年を重ね、池田熱処理工業に戻ってきた。2016年4月に第4代目社長に就任している。熱処理周辺で育ってきた人材といえそうである。

池田隆久氏

先代が55年前に個人で高周波焼入装置を1台入れて創業、当初は北海道の基幹産業であった炭鉱用機械部品の熱処理からスタートするが、1970年代には炭鉱は閉山、農機具部門にシフトし、さらに、機械加工、シリンダーの製造と重ねてきた。そして、大きな転機になったのは2000年から開始された自動車部品関係の熱処理の仕事であり、売上額規模、従業員規模も十数年で倍増した。そのような拡大基調の中で機械設備も充実し、熱処理、機械加工のいずれの領域も北海道ではトップレベルのものとなっていた。さらに、この間、幹部の若返りを図り、モノづくり企業としての体制も整ってきていた。

今後、北海道は自動車関連産業の集積が続くものとみられる中で、機械金属工業の基盤技術である熱処理の重要性はさらに高まる。その重要な担い手として向かっていくことが期待される。

(3) 小樽市／農機部品から自動車用部品、さらに開発型企業へ
――神奈川県綾瀬市と小樽市に立地するバネメーカー（北海バネ）

北海道の機械金属工業については、室蘭の製鉄業関連、小樽周辺の鉱山（炭鉱）機械、函館の造船・漁労機械、帯広を中心とした農業機械などが知られている。その他は地域需要に関連する鉄工所が各地に拡がっていた。そして、この在来型の機械金属工業をベースに、1970年前後からはパナソニック等の電子部品の組立工場が千歳、函館、帯広のあたりに進出してきた。さらに、自動車産業については、1973年にダイナックス（クラッチディスク、千歳市）が進出していたものの、全体的な動きとしては、いすゞ自動車北海道工場（1984年、現いすゞエンジン製造北海道、苫小牧）、トヨタ自動車北海道（1991年、

トランスミッション、苫小牧市）が進出してきた1980年代中頃以降となろう。2007年にはアイシン北海道（トランスミッション用ダイキャスト、苫小牧市）、2009年にはデンソー北海道（車載用センサ、千歳市）が相次いで進出してきた。

これら進出自動車関連メーカーは地元のサプライヤーを探すものの、古いタイプの機械金属工業が多く、協力企業を確保していくことに苦慮していく。そのような中で、農機メーカーを軸にバネを生産していた中小企業が興味深い取組みを開始している。

▶綾瀬市と小樽市に展開するバネメーカー

北海道小樽市の札幌に近い銭函の工業団地の中に、バネメーカーの北海バネが立地していた。現社長岸俊之氏（1956年生まれ）の祖父は小樽市で洋服店を営んでいた。岸家は小樽出身ということになる。岸氏の父（1914年生まれ）は戦前の1939（昭和14）年に静岡県沼津市で相互鋼業を設立、戦時中に東京都品川区に移転、相互発條を設立している。このあたりからバネの業界に入っていった。

戦後は相互発條の再開、そして、1961年には相互発條の札幌支店を設置した。さらに、同年、北海鋼業を創業し、1964年には銭函の現在地に工場を新

岸俊之氏

北海バネの製品

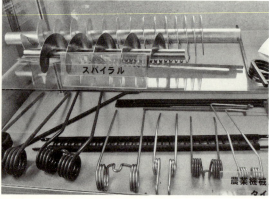

バネの生産機械	巻き上がったバネ

設、社名を北海バネに改称している。北海バネの新工場は従業員6～7人の船出であった。創業当時は帯広周辺の農機メーカーに営業をかけていった。農機メーカーからはバネ以外のネジ、プレス部品の要望もあった。札幌周辺では一通りのものが揃い、帯広などの農機メーカーに供給していった。北海道をめぐるこのような事情が、事業分野の拡大、新規事業への意欲的な取組みという、その後の北海バネの足跡に重要な影響を与えていく。

なお、神奈川県の川崎周辺は日本の機械金属工業の最大の集積地であり、競争も激しい。現在の川崎の相互発條の従業員は約75人、受注先は機械金属工業全般から自動車、建設機械、航空機部品にまで及んでいる。小樽の北海バネは従業員約70人、農業機械部品（30％）を中心に、スパイラルアンカー、除雪センサ等のセンサ、さらに、近年ではトヨタ自動車北海道関係の自動車用バネの供給にも踏み出しているのであった。なお、北海バネの農機用のバネの北海道でのシェアは90％に上っている。

▶自動車部品、開発型企業への展開を目指す

北海バネの現社長の岸氏は東京生まれ、大学を中退し、バネ機械の奥野機械（大阪）に半年ほど世話になり、1977年に相互発條に入社する。ずっと現場でバネを巻いていた。その後、銀行系のセミナーに通い経営の勉強を重ねた。1990年になると常務取締役として北海バネに赴任している。当時、北海バネは労働組合が設立された頃であり、岸氏は組合と協調しながら社内の体制を整

えていった。岸氏は2000年には相互発條の社長に就任、2004年には北海バネの社長にも就任している。なお、相互発條は2015年に品川から神奈川県綾瀬市の現在地に移転している。岸氏の自宅、家族は東京、毎月、小樽と神奈川を半々でみていた。

　現在の北海バネの売上額は10～11億円、20年前とさほど変わらない。ただし、バネの売上額は全体の30％に減少、他のものが増えてきた。また、10年前に比べて、北海バネの北海道農機産業向けは半分になっていた。バネは農業関連、水産関連、公共関連等に使われ、また、もう一つの主力商品であるスパイラルアンカー（製法特許）は、残土が出ない回転貫入方式にてアンカーを打てることから、建設、土木等の公共工事、また建築関係で広く利用されている。さらに、独自製品の融雪制御用（降雪センサ、ルーフセンサ、地温センサ）、積雪検知用（スノーメッセンジャー）、吹雪時の視界不良アシスト（自発光型誘導灯）用マルチセンサの開発、製造販売も増えてきた。そして、ここにきて、トヨタ自動車北海道関係の自動車関連のバネの仕事が増加していた。構内の建屋の一つがトヨタ自動車北海道向けの工場に再編されていた。

　このような結果、現在の北海バネの受注先は北海道が80％、神奈川の相互発條の一角に設置している北海バネの綾瀬工場（6人、2人営業、4人生産）を経由する受注が20％の構成になっていた。受注先としては農機の有力メーカーであるクボタ、井関農機、リョウノウファクトリー、タカキタなどの農業機械関係が多く、今後も拡大していく見通しであった。さらに、北海道に自動車関連の有力企業が進出し始めている現在、地元には乏しい自動車用バネの生産企業としても重要な役割を演じていた。

　今後の北海バネの課題としては、開発型の企業への転身が上げられていた。すでにスパイラルアンカー、除雪センサ等の開発実績もある。現在、社内の開発要員は3人、新たな開発に向かっているのであった。

（4）恵庭市／パナソニックに付いて東大阪市から進出
──国内に残るあり方を追求（北新金属工業）

　機械金属工業の中に、軸ものの量産という世界がある。世界的には腕時計の

機構部品などで発達し、自動旋盤で大量に生産されてきた。この領域、その後、家電部品、自動車部品などにも大量に採用され、機械加工業種の中でも独特の位置を占めてきた。ただし、時計の機械式からクオーツなどの電子化、また、家電製品の海外移管などにより、国内の市場は縮小し、かつて自動旋盤を大量に装備する中小企業の集積していた長野県諏訪、岡谷のあたりではみる影もなくなっている。

　そのような枠組みの中で、少量多品種に対応し、自動車、半導体、医療部品、通信機器までの多種多様な分野を手掛け、国内での存立基盤確保に興味深い成果を上げている中小企業が東大阪市に存在している。そして、その中小企業は主力のパナソニックの北海道進出に呼応して恵庭市に着地、独特の発展を重ねているのであった。

▶東大阪の中小企業が恵庭に進出

　恵庭市戸磯に立地する北新金属工業の親会社の新庄金属工業の創業は1962年、益山武義氏によって大阪市の東淀川区下新庄でスタートしている。ロクロ式の旋盤加工であった。1969年には当時の松下電器産業のセラミック事業部との取引を開始、圧電点火栓用部品の製造を始めた。その頃から、ユーザーはパナソニックがメインになっていく。

　1970年代に入るとパナソニックは「全国の各県に一工場ずつ進出させる」と計画し、セラミック事業部を北海道の千歳市に進出させていった。この北海道進出に際し、パナソニックは進出地域に協力工場を見通せないことから大阪の協力工場の北海道進出を促していくことになる。この要請に対し、切削加工の新庄金属工業、そして、射出成形の会社（その後撤退）、プレス加工会社（恵庭市）が進出することになった。新庄金属工業は1972年に恵庭市の現在地に土地1650 m^2（現在は3万3858 m^2）を取得、現地法人の北新金属工業を設立している。土地代は坪1万円であった。

　新庄金属工業は、リーマンショック後の2009年には東大阪市に移転、土地約5500 m^2 に拡大、現在はNC自動旋盤62台ながらも多種少量生産に従事し、従業員42人、売上額10〜11億円規模で動いている。主力の得意先は東泉産業、

パナソニック AIS、ノキアソリューションズ、ナツハラ、ニューエラー、日本特殊陶業、アルミ産業、神菱、三星ダイヤモンド工業など相当数に上る。全体的には自動車関連の仕事は 30% 程度であった。大阪の場合はユーザー数が多く、受注は安定している。

▶自動車向け量産の北新金属工業

　北海道に新設された北新金属工業の場合は、進出の経緯からしてパナソニック関係の仕事が主体になっている。パナソニックデバイス日東(京都)、パナソニックデバイス・タイランド、天津松下電子部品の 3 社で 40% 程度を占め、パナソニックデバイス帯広も 5% 程度を占める。パナソニック関係で 45% 程度となろう。これらは大半が自動車関係である。その他の受注先としては日本特殊陶業(15%)、そして、2015 年 5 月からはアイシン北海道からの受注が始まり、当面 10% 程度の仕事になりそうであった。この結果、北新金属工業の場合は、70% 程度は自動車部品関連となる。これらの多くは苫小牧港から天津、タイに、また、陸送トラックで日本各地に送られる。

　なお、新庄金属工業の場合は多種少量、多様な取引先が特徴だが、北新金属工業は大量生産体制となっている。2014 年までは 6 軸自動旋盤と NC 旋盤で 40 数台であったのだが、2015 年夏に一気に増設した。特に、6 軸自動盤が 34 台を占める。インデックス(ドイツ)3 台、ミヤノ 31 台を数えていた。その他に NC 自動旋盤が大量に装備され、現在、全体で 80 台を数えていた。1 個

6 軸自動盤　　　　　　　　　自作された自動機

から100万個にまで対応する、髪の毛よりも細いものも加工する、内径100分の5ミリの穴を開ける、どのような素材にも対応するとしていた。2014年に第2工場を建設、さらに、2016年7月には第3工場が竣工した。現在の北新金属工業の従業員数は45人、売上額は15〜16億円を数えている。

会社の目標としては、新庄金属工業と北新金属工業を合わせて「社員120人で、売上額50億円、利益5億円、1人当たり加工費2000万円」が意識されていた。

▶北海道で新たな境地を切り拓く

現在の2代目社長の益山利二氏（1965年生まれ）は、小学生の頃から家業の手伝いをしており、龍谷大学を卒業後、即、家業に入った。2代目社長就任は2007年、42歳の時であった。82歳の父は現在では相談役に就いていた。パナソニック、日本特殊陶業あたりからは、海外進出を求められていたのだが、益山氏は「雇用を守ることが基本。海外には出ない。国内で磨く」と語っていた。そのためには24時間稼働、外観検査の自動化の徹底を掲げていた。

また、取引先との関係については、「部品の使われ方を明示してくれない企業とは取引しない。提案もできない」としていた。さらに、経営理念として「三つのダム」を掲げていた。「人材のダム」「資金のダム」「顧客のダム」であ

益山利二氏　　　　　　自動車関連部品のサンプル

った。特に「資金のダム」については、メインバンク制を採らず、政策金融公庫から信用金庫までの20行・金庫と付き合っていた。また、「顧客のダム」については、明日、メインユーザーがなくなっても生き残れる形を模索していた。

東大阪と恵庭の2カ所に拠点を構え、益山氏は1カ月のうち第4週は恵庭に来ていた。伊丹空港から新千歳空港までは約2時間。恵庭は新千歳空港から至近の位置であった。また、北海道の一番よい点は「モノづくり人材が採れること」としていた。北海道には高専が4校もある。2015年4月には1人、2016年4月には2人を採用したが、いずれも高専の卒業生であった。社内の自動機、検査装置等は、このような人材により自作されていた。益山氏の長男、次男はいずれも大阪府立高専で学んでいた。また、定着率は非常に良く、定年も70歳に上げたが、72歳の人も働いていた。

北海道は機械金属工業不毛の地とされているが、中小企業の集積で知られる東大阪でもまれた中小企業が北海道の恵庭に着地し、新たな可能性に向かっているのであった。

5. 北海道自動車関連産業の行方

機械産業、自動車産業が乏しいとされていた北海道において、2000年代中頃以降、にわかに事態が動き始めている。早めに千歳に進出し、興味深い発展を遂げたダイナックス、そして、そしてこの20年を切り開き、順調な歩みを重ねているトヨタ自動車北海道、さらに、この10年の間に進出し一気に定着感を深めているアイシン北海道、デンソー北海道。この30年ほどにわたって北海道機械産業をみてきた身からすると、北海道機械産業、自動車産業が新たな時を迎えていることを痛感させられる。

30年ほど前の1980年代後半、それまでの北海道機械金属産業をリードしてきた室蘭の新日鐵住金、日本製鋼所といった鉄鋼業、函館や室蘭の造船業は構造不況業種とされ、関連する中小企業も行く末を図りかねていた。当時、重厚長大産業から軽薄短小産業への転換が喧伝されたが、鉄鋼、造船などの重厚長大型展開に身を委ねていた中小企業は対応力を失っているようにみえた。

それから30年、1990年前後のバブル経済と崩壊、1990年代末のアジア通貨危機と重ね、日本の機械産業は一気にアジア、中国への転進を余儀なくされていった。この間、アジアの中における日本や北海道の置かれている位置が構造的に変ってきた。トヨタ系主力3社が千歳〜苫小牧に立地してきたことは、そのような変化を象徴しているようにみえる。
　本章の最後となるこの節では、そのような変化の意味を考え、さらに、北海道機械産業の新たな可能性を論じていくことにしたい。

▶「人材立地」の時代

　本章で検討した進出有力企業に共通するのは、日本国内で「人材」が残る最後の地として北海道をみているという点であった。この点、デンソー北海道が用意した表4─2の「国内新拠点選定の考え方」が興味深い。詳しく論ずることはできないが、半導体センサという事業の性格はあるものの、この尺度でみた場合、デンソーは全国を検討して最後に残った九州、東北、北海道のうち、北海道に最も高い評点を与えていた。「人の採用」「アクセスで優位」が決定的な要素になった。とりわけ「評点」の配分をみると、「人」に関わる部分の重要性が指摘される。そして、北海道の中で残った千歳、苫小牧、石狩、夕張の中から千歳を選んでいった。この4都市の中から千歳を選んだことについては、微妙な相性もあろう。
　いずれにおいても、成熟し、少子高齢化に向かうわが国にとって、「人材」の重要性はますます高まる。社会意識、職業意識の高い若者を育てていくことの必要性は大きい。「若者を育てる」というテーマは永遠の課題だが、インターンなどの現場教育を通じて、若者が「希望」を抱ける環境を提供していくことが必要だろう。教育の現場に長く身を置く者として経験してきたことだが、学生時代に「現場」体験を重ねていくことの意味は大きい。例えば、少し前の貧しくとも希望を抱く若者たちが働く中国の工場の「現場」[11]、東日本大震災後の被災の「現場」のボランティア、また、過疎の農山村・離島などの「現場」などを体験することにより、若者たちは「生きる」ことの意味、「働く」ことの意味を痛感し、意欲的な「人材」として育っていった[12]。

表 4—2　国内新拠点選定の考え方

評価のポイント		評点	評価調査項目
1. インセンティブ	県、市のインセンティブ	5	優遇制度
2. アクセス性	技術との連携しやすさ	5	空港便数、港湾、高速道路。JR へのアクセス
3. 安定生産	安定した生産が可能 生産停止のリスクの少なさ 従業員の住みよさ	10	地震、台風、降雪災害の発生リスク 「東洋経済　住みよさランキング」780 都市
4. 土地	2020 年まで成長できる土地	10	造成済工業団地の規模（10ha 以上）、コスト
5. 物流	納入物流、部品物流	5	物流リードタイム、得意先数
6. インフラ	サプライチェーン構築のしやすさ、部品、設備仕入先基盤	10	部品仕入先数、設備メーカー数、製造品出荷額、ウエハ工場数
7. 人　技能者	人の確保しやすさ	55 (30)	高校新卒求職者数、求人倍率、周辺労働力
期間工	技能者、技術者（生技、設計）の取りやすさ	(5)	期間工、派遣社員の取りやすさ
技術者		(15)	大学（工学部）、高専数
給与水準		(5)	給与水準
評価総合点		100	

資料：表 4—7 と同じ

　表 4—2 の「国内新拠点選定の考え方」でも、「人」の重要性が最大の評価項目になっていた。今後ますます評価の難しい「質」的な意味の重要性が高まっている。今後は「人」の質的な側面をどのようにとらえていくかが問われてこよう。振り返ると、かつて企業立地は「輸送費」が最大のポイントであった。むしろ、その頃は人口が増加し、経済的豊かさを求める人びとが多く、「人」の問題は所与のものとして扱われていた。だが、成熟化と人口減少、少子高齢化の中で、「人」の重要性はますます高まる。「人」がいなければ事業など起こるわけがない。まさに、現在は「人材立地」の時代なのである[13]。それは、企業誘致の現場においても、また、北海道が願う機械工業集積、自動車関連産業集積の現場においても同様であろう。

　当面、相対的に雇用機会の乏しい北海道には、「人」はいる。だが、北海道でもいずれ若者の数は減る。そうした頭数の議論ではなく、働くことを通じて自分の成長を願う若者を地域でどのように生み出していくかが問われているの

である。このような、「地域」を媒介に、若者と職場の相互関係により、持続性に優れる安心、安全な「地域」「職場」が形成されていくことになろう。

▶「北方のモノづくり」の課題に向けて

　本章で採り上げた進出企業が北海道に関連して語ることの一つに、部品加工などの要素技術の部門で中小企業が育っていない点があった。これまでの北海道機械金属工業のリーディング企業は鉄鋼、造船、農業機械等の古い産業であり、発展的な条件に乏しかった。そして、その中で育った中小企業は、機械設備の革新や生産技術の新たな考え方などとは遠い世界で生きてきた。そして、このような領域の多くはすでに日本国内から消え去り、アジア、中国に移管されている。

　そのようなグローバルな事情とは切り離されたところで、北海道産業、中小企業が置き去りにされてきたようにみえる。本章に登場する企業からは「人材は良い、経験が足りないだけ」との指摘もある。世界で闘ってきた日本自動車産業の雄ともいうべき企業群が北海道で本腰を入れて取り組み始めている。そして、そこに関わった人びとは大きく刺激され、事業者意識というべきものを身に着け、大きく変わっていくことになろう。そこは「モノづくり」の先端の世界であり、そこから優れた技能者、技術者、管理者、そして、新たな起業家が生まれてくることも期待したい。

　さらに、地域の中小企業については、「技術、品質はすぐに習得できるものの、量産、コストの面で問題がある」とされていた。目に見える加工技術、品質等は誰にでもわかりやすい。だが、量産技術、コスト低下といった要素は競争の中で初めて意識される。そうした圧力から逃げ出すのではなく、挑戦していくこころが必要であろう。在来産業にとどまり、激しい国際的な競争を意識することも少なかった北海道において、人びとが持続的で安心、安全を意識できる新たな産業、経済社会を形成していくためにも、もう一歩踏み込んだ取組みが求められていこう。

　豊さ、成熟化、グローバル化、周辺諸国の産業化、そして、内なる人口減少、少子高齢化の中で、これまで作り上げられてきた日本の「モノづくり」が力を

失いつつある。北海道の進むべき選択肢としては優れた農水産物をベースにした6次産業化もあろうが、北方における真摯な「モノづくり」は大きなテーマになる。戦後70年の「モノづくり」の蓄積を受け止め、北海道経済自立化に向けて、懐が深く、付加価値も大きい機械産業、自動車産業に新たな可能性をみていく必要があるように思う。

1） 機械工業集積の意味については、関満博・加藤秀雄『現代日本の中小機械工業——ナショナル・テクノポリスの形成』新評論、1990年、関満博『空洞化を超えて——技術と地域の再構築』日本経済新聞社、1997年、同『現場発ニッポン空洞化を超えて』日経ビジネス人文庫、2003年、を参照されたい。
2） 近年の東北地方の自動車関連産業の動向については、関満博『「地方創生」時代の中小都市の挑戦——産業集積の先駆モデル・岩手県北上市の現場から』新評論、2017年、第6章を参照されたい。
3） メデックについては、本書第6章1—(3)を参照されたい。
4） シンセメックについては、関満博『地域産業の「現場」を行く 第8集』新評論、2015年、第232話を参照されたい。
5） 上海の事情については、関満博『上海の産業発展と日本企業』新評論、1997年、一橋大学関満博研究室『上海市松江区の産業発展と日本企業』2000年、を参照されたい。
6） なお、田村市のデンソー福島（カーエアコン工場）については、東日本大震災の頃は建屋が完成したばかりであり、機械設備は搬入されていなかった。そのような事情の中で、福島第一原発の放射能災害で避難してきた大勢の人びとの避難所として提供された。さらに、その後は南相馬市から避難してきた藤倉ゴムの仮操業の場としても提供された。デンソー福島（当初、デンソー東日本、2014年4月に社名変更）の実際の生産開始は2011年10月であった。なお、このデンソー福島については、トヨタ自動車東日本の生産拡大、さらに、東日本地区の日産、富士重工等への供給を意識し、2014年5月、約87億円を投入して建屋を約3倍に拡大、エンジン・クーリングモジュール（冷却装置）の生産にも入っている。デンソー北海道、デンソー岩手、デンソー福島と、2010年代に入り、トヨタ系最大の部品メーカーであるデンソーの東日本地区への進出が本格化してきたことが注目される。
7） なお、デンソーの関東地区への進出で主だったものをあげると以下のようになる。

京三電機（茨城県古河市、デンソーの出資比率62.9％、従業員約1500人、フューエルフィルタ、EFI製品、ディーゼルソレノイド）、三共ラジエータ（埼玉県入間市、74.2％、約320人、自動車・農機用冷却機、カーエアコン）、日本ワイパブレード（埼玉県加須市、70％、約630人、ワイパブレード、ワイパアーム）、ジェコー（埼玉県行田市、38.4％、約480人、自動車用時計、自動車用応用機器）、Sohwa & Sophia Technologies（川崎市、42.7％、約180人、プリント基板の設計、製造）などがある。

8) この間の事情については、江別市『えべつ昭和史』1995年、に詳しい。
9) 広東省の自動車産業をめぐる状況については、関満博編『中国自動車タウンの形成——広東省広州市花都区の発展戦略』新評論、2006年、関満博「中国華南の日系中小企業とローカル企業——転機を迎え、新たな方向に向かう」（『経済研究所年報』成城大学経済研究所、第28号、2015年4月）、同「中国自動車タウンの日系部品メーカーの展開——広州花都汽車城の日産系自動車工業集積（前篇、後篇）」（『日経研月報』第463、464号、2017年1、2月）を参照されたい。また、深圳テクノセンターについては、関満博編『深圳テクノセンター』新評論、2009年、を参照されたい。
10) この際の報告は、関満博「北海道の地域産業振興と中小企業」（『商工金融』第55巻第4号、2005年4月）にしてある。
11) 中国の「工場」での若者たちのインターンとその意味については、関編、前掲『深圳テクノセンター』を参照されたい。
12) 若者の働く意味については、関満博『地域を豊かにする働き方』ちくまプリマー新書、2012年、を参照されたい。
13) このような「人材立地」については、関満博『地域産業を学べ！——モノづくり・人づくりの未来』日本評論社、2008年、を参照されたい。

| 第5章 | 室蘭地域／典型的な企業城下町に立地する中小企業
——重量級機械金属工業の集積の新たな局面——

　今から30年ほど前の1980年代の後半、日本産業及び地域は大きな構造転換の時を迎えていた。鉄鋼や造船の企業城下町は疲弊し、特定不況地域として大幅な構造改革を迫られていた。それまで、繊維地場産業や大都市工業の研究に従事していた私は、幾つかの工業地域に入っていった。北海道の室蘭、函館、苫小牧、釧路、帯広、岩手県釜石、秋田県能代、由利本荘、新潟県長岡、燕、三条、長野県諏訪、岡谷、伊那、静岡県浜松、兵庫県神戸、福岡県大牟田、熊本などの製造業を訪ねる日々を重ねた[1]。私の地方工業都市、工業集積研究は、ここからスタートしている。

　かつて繁栄したこれらの都市も、ニクソンショック（1971年）、第一次オイルショック（1973年）、さらに、1985年のプラザ合意後の円高に悩まされ、疲弊していた。そして、1987年2月には当時の新日鐵の歴史的ともいえる第4次合理化案が出された。それは、個別新日鐵だけの問題ではなく、日本産業全体の合理化案のようにみえた。日本産業は大きな転換期に直面していたのであった。そして、1987年8月、初めて室蘭の地を踏んだ。その時の報告は本書に補論1として載せてある。

　以来、室蘭には30年の間に少なくとも20回は訪れている。室蘭市の人口（国勢調査）は1970年がピークの16万2059人、以後減少を重ね、1985年には13万6209人、そして、2015年には8万8585人と、この45年の間に7万3474人の減少、減少率は45.3％に上る。1990年には最後に残された高炉の火が消えることになっていたのだが、1994年4月、当時の新日鐵君津グループが北海製鐵を設立、高炉を移管した。現在、新日鐵住金室蘭製鐵所の中には、高炉1基、製鋼用の転炉2基、スクラップを原料に粗鋼を生産する電炉1基が維持されている。また、同じ1994年には、三菱製鋼が室蘭製鐵所の中に製鋼設備を移設し、三菱製鋼室蘭特殊鋼を設立している。室蘭製鐵所は特殊鋼専門

の製鉄所に大きく変わっていった。

　この間、新日鐵住金と日本製鋼所という二大企業に依存していた室蘭の中小企業は、どのようなことになったのか、あるいは、どのような方向に向いていったのか。2016年末に室蘭の中小企業を訪問した。

1. 事業所の70％、従業者の85％が機械金属系

　後の補論1でみるように、室蘭は北海道ばかりでなく、日本を代表する企業城下町であり、新日鐵住金室蘭製鐵所はピーク時の1964年には従業者9934人を抱え、その他に4000～5000人の構内（社内外注、社外工）を入れていた。日本製鋼所もピークの1965年には従業者約4300人に加え、構内1500人前後を入れていた。1965年前後には2社で従業者1万4000人強、構内も入れると、2万人を超えていた。だが、1971年のニクソンショック、1973年の第一次オイルショック、そして、1985年のプラザ合意と続き、急速な円高の中で構造的調整を余儀なくされていった。その間の事情は補論1をみていただくとして、室蘭工業の事情はその後、大きく変わっていった。

　▶事業所、従業者数の減少、製造品出荷額等は上昇
　表5―1は、従業者4人以上の『工業統計表』の基本的な数字を、1975年から経年的に示してある。新日鐵住金、日本製鋼所のピークは1965年前後とされるが、表5―1では、1975年以降を採り上げている。また、表5―2は、主要6企業の従業者数の推移を示したものである。
　室蘭市製造業の事業所数は1975年の285事業所から、ほぼ一貫して減少し、2014年には132事業所と153事業所の減少、減少率は53.7％に上った。半分以下になった。1990年の199事業所に比べても、67事業所の減少、減少率は33.7％であった。従業者数は1975年の1万9303人から、2014年は7723人と1万1580人の減少、減少率は60.0％となった。40年で事業所、従業者数は半分以下になった。この点、表5―2によれば縮小は著しく、主要6社の1990年の従業者5583人から、2015年には2049人となっているのである。

表5―1　室蘭市工業の事業所、従業者、出荷額等、付加価値額等の推移

区分	事業所数（件）	従業者数（人）	製造品出荷額等（100万円）	付加価値額（100万円）	従業者1人当たり付加価値額（万円）
1975	285	19,303	449,913	―	―
1980	239	14,563	660,774	―	―
1985	163	12,550	587,054	117,807	939
1990	199	11,098	450,955	132,755	1,196
1995	234	11,879	468,202	183,580	1,545
2000	195	9,122	495,746	97,212	1,066
2001	179	8,499	468,893	90,898	1,070
2002	160	7,947	524,335	144,470	1,818
2003	171	7,350	568,272	160,432	2,183
2004	157	7,450	663,087	160,936	2,160
2005	168	7,746	806,445	159,519	2,059
2006	155	7,438	924,573	109,873	1,477
2007	155	7,740	548,491	162,986	2,106
2008	168	8,092	634,325	188,142	2,325
2009	150	7,917	522,034	116,933	2,139
2010	142	7,975	1,130,989	188,797	2,367
2011	137	7,604	1,241,933	176,045	2,315
2012	140	7,958	1,220,697	109,684	1,378
2013	140	7,857	1,215,472	142,373	1,812
2014	132	7,723	1,298,203	120,224	1,557

注：①従業者4人以上の統計。
　　②2007～09年までの3年間の製造品出荷額等は、原材料費を算入していない。
　　　実質的には1兆円を超えていた。
資料：『工業統計表』

表5―2　室蘭市の主要企業の従業者数の推移

区分	ピーク（年／人）	1990（人）	1995（人）	2000（人）	2005（人）	2010（人）	2015（人）
新日鐵住金	1964／9,934	3,188	1,851	1,059	495	615	680
日本製鋼所	1965／4,300	1,146	1,135	757	620	897	784
函館どつく	1975／　647	239	217	141	133	175	126
楢崎製作所	1973／1,472	276	301	274	140	151	134
日鉄住金セメント	1975／　332	237	218	140	85	78	84
JXエネルギー	1982／　577	492	432	427	299	307	241
6社計		5,583	4,154	2,798	1,772	2,233	2,049

資料：室蘭市

だが、製造品出荷額等は、1975年の4499億円から、2000年の頃までは5000億円前後でほとんど変わらなかったのだが、その後、急上昇し、2014年には1兆2982億円となっている。1975年に比べ2014年は約2.9倍となった。この結果、室蘭市の製造品出荷額等は北海道全体の19.5%となった。この点、苫小牧市もほぼ同様であり、2014年の製造品出荷額等は1兆3913億円を計上し、北海道全体の21.0%を占め、室蘭市と苫小牧市を合わせると北海道全体の40.5%を占めることになる。

　この製造品出荷額等については、幾つかの問題がある。従来から室蘭市と苫小牧市の場合、それぞれ出光興産、JXエネルギーの精油所があり、製造品出荷額等の約50%前後を占めていた。北海道全体で大型の精油所はこの二つだけであり、装置型の工場生産に従事していた。出光興産北海道製油所は精製能力年16万バーレル、JXエネルギー室蘭製造所は年間18万バーレルとされ、この数十年、能力は変わっていない。2014年の室蘭市の石油精製を除いた製造品出荷額等は5000億円前後であり、石油精製が約8000億円に上る。苫小牧市もほぼ同様の事情の下にある。

　また、石油精製事業は利益率の低い事業であり、付加価値額は極めて低い。室蘭市で工業統計上、原油価格の上がった2011年と2014年には、石油精製の付加価値額はマイナスを計上していた（原価割れしていた）。要は、製造品出荷額等の上昇は原油価格上昇によるものであり、実体は乏しい。室蘭市、苫小牧市の製造品出荷額等は実質、5000億円前後とみることが適当であろう。

　石油精製を除くと、製造品出荷額等は1990年頃の約2500億円から2010年代は5000億円前後と倍増している。これは基幹の新日鐵住金、日本製鋼所が付加価値の高い特殊鋼生産に移行していることによる。石油と鉄鋼の製造品出荷額等が大きいが、地元の中小企業に降りてくる仕事は減少し、中小企業の退出が進むというのが、室蘭製造業の基本的な構図となっているのである。

▶室蘭製造業の産業構造の特異性

　表5—3は、2014年の室蘭市製造業の産業分類中分類を示したものである。132事業所のうち、業種別には金属製品30事業所、鉄鋼20事業所、生産用機

表5―3 室蘭市工業の事業所、従業者、出荷額等(2014)

区分	事業所数(件)	(%)	従業者数(人)	(%)	製造品出荷額等(100万円)	(%)
室蘭市計	132	100.0	7,723	100.0	1,298,203	100.0
食料品	8	6.0	150	1.9	2,180	0.2
飲料・飼料	―		―		―	
繊維工業	1	0.8	7	0.1	x	x
木材・木製品	1	0.8	7	0.1	x	x
家具・装備品	1	0.8	16	0.2	x	x
パルプ・紙	―		―		―	
印刷	6	4.5	119	1.5	1,112	0.1
化学工業	6	4.5	260	3.7	14,787	1.1
石油・石炭	1	0.8	253	3.3	x	x
プラスチック製品	2	1.5	90	1.2	x	x
ゴム製品	1	0.8	9	0.1	x	x
なめし革・毛皮	―		―		―	
窯業・土石	6	4.5	126	1.6	12,274	0.9
鉄鋼	20	15.1	4,048	52.4	456,765	35.2
非鉄金属	―		―		―	
金属製品	30	22.7	988	12.7	20,971	1.6
はん用機械	7	5.3	181	2.3	1,696	0.1
生産用機械	20	15.1	441	5.7	5,450	0.4
業務用機械	3	2.3	29	0.4	256	0.0
電子部品等	2	1.5	183	2.4	x	x
電気機械	4	3.0	450	5.8	5,235	0.4
情報通信機械	―		―		―	
輸送用機械	10	7.6	350	4.5	12,360	1.0
その他	3	2.3	16	0.2	124	0.0
機械金属系10業種	96	72.7	6,670	86.4	502,857	38.7

注:従業者4人以上の統計。
資料:表5―1と同じ

械20事業所が目立ち、機械金属系10業種で96事業所と全体の72.7%を占めた。やはり室蘭は機械金属系事業所が大半を占めていることがわかる。

　従業者数については、鉄鋼が4048人と全体の52.4%を占め、機械金属系10業種では6670人と全体の86.4%を占めた。また、製造品出荷額等で半分以上を占める石油は、従業者はわずか253人であり、構成比は3.3%であった。

製造品出荷額等の業種別構成は、秘匿部分が多く、わかりにくいが、石油が8000億円前後の60％前後を占め、鉄鋼が4568億円と全体の35.2％を占めた。したがって、その他の中小企業は全体の5％程度ということになろう。幾つかの巨大企業の立地する室蘭は、このような特異な構図となっているのである。

2．室蘭の伝統的機械金属工業の現在
―― 後継者がつなぐ中小企業

　新日鐵住金と日本製鋼所という二大企業の企業城下町を編成してきた室蘭、1980年代後半から大きな構造調整に見舞われていく。二大企業からの仕事は縮小し、室蘭の中小企業は新たな対応を求められていく。一つには、苫小牧のいすゞエンジン製造北海道や1993年に操業開始したトヨタ自動車北海道といった自動車産業に活路を求めたところ、二つには、新日鐵、日本製鋼所自身が中身を変えており、そうした部分に接近していった中小企業、あるいは、本州から全国に新たな可能性を求めていった中小企業など、生き残りをかけた取組みが重ねられていった。

　この節では室蘭の機械金属系中小企業6社を採り上げるが、私は大半の企業を1990年前後から見知っている。いずれも、必死の取組みを重ね、ここまで生き延びてきた。そこに共通する特徴は、後継者がいたということにあるように思う。現在の日本は事業者数が激減しているが、その多くは後継者がいないという点にある。室蘭においても、製造業事業所数は1990年の199事業所から2014年には132事業所に減少している。ただし、30年にわたって室蘭の製造業をみてきた立場からすると、有力な中小企業で退出したところは数少ない。大半が維持されていることを痛感する。

　世間は軽薄短小時代であり、3K（キツイ、キタナイ、キケン）とされる重量級の中小企業の数が全国的に減少している。そのような中で、室蘭の重量級の中小企業は、後継者を見出し、新たな取組みを重ね、次に向かっているのであった。

(1) 室蘭市／産業機械部品と金型に展開する名門企業
——自動車関係が増加（永澤機械）

　歴史のある工業集積地には、軸になる名門中小企業が存在する。特に、機械金属系工業の集積地の場合は、機械加工業種でそうした中小企業が存在する場合が少なくない。室蘭の地では、富岡鉄工所と永澤機械がその代表的な存在であろう[2]。永澤機械からはこれまでかなりの数の独立創業者が出ている。3代目社長で現会長の永澤勝博氏（1949年生まれ）は「このあたりで従業員4～5人の機械加工屋は、大半がウチの出身。彼らとは平和的な関係であり、手伝ってもらっている」と語っていた。

▶城下町企業から自動車関連にも展開

　永澤機械の創業は1956年、永澤氏の父が旋盤1台、1人でスタートした。初代は戦前期に日本製鋼所の鋳物部門に勤めていたが退職し、室蘭市内の小さな工場に勤めていた。戦前に満州に渡り、終戦後はシベリア送りとなった。その後、帰国し何年か働いた後に独立創業している。1960年頃になると先代の弟が合流してきた。弟は自動車の二級整備士であり、肉盛りなどの技術を身に着けていた。これによって船舶と自動車関連の仕事もできるようになった。

永澤勝博氏　　　　　　　　特殊な旋盤加工

1963年には日本製鋼所の工事請負人の指名を受け、1967年には当時の富士製鐵室蘭製鐵所（現新日鐵住金室蘭製鐵所）の工事請負人の指名を受けている。その頃には、自動車の性能が良くなり、エンジンのオーバーホールはやらなくなり、室蘭製鐵所の試験片をやるようになっていく。

　1968年には現在地のイタンキ工業団地が分譲を開始、第1号として進出した。1971年には大型の熱処理工場を設置、日本製鋼所と新日鐵という地元の最有力企業の協力企業として歩んできた。私は1987年と2004年に永澤機械を訪れているが、1987年の頃は従業員47人、売上額3億9400万円、受注先は日本製鋼所55％、新日鐵40％を占めていた。また、2004年の頃は従業員32人、売上額約4億円、受注先は日本製鋼所46〜47％、新日鐵30％となっていた。いくらか日本製鋼所、新日鐵以外の企業からの受注も始まっていた。そして、2016年は従業員35人、売上額約4億円、受注先は日本製鋼所30％、新日鐵20％と両者で50％ほどに縮小していた。特に、2007年に分散していた工場を現在地に取りまとめたが、その際に大型のMC（OKK3台）、NC旋盤（オークマ2台）を導入、自動車関連部門に進出していったことが大きい。現在では、トヨタ自動車北海道の鍛造型（ブランキング型）やいすゞエンジン製造北海道のアルミシリンダーヘッドのダイキャスト金型などの仕事が増加していた。

熱処理炉

この間、初代の父は1989年に引退し、2001年に亡くなっている。2代目は叔父が継いだが、1998年に亡くなり、3代目として永澤勝博氏が就いてきた。そして、永澤勝博氏は2016年10月1日に会長となり、4代目社長には弟の永澤優氏（1958年生まれ）が就いている。

　▶時代の変遷を乗り超えて
　以上のように、永澤機械は創業以来、地元の日本製鋼所と新日鐵住金を主要取引先とし、産業機械の部品生産に携わってきたのだが、1987年2月の新日鐵の第4次合理化案による高炉の削減等により室蘭地域が構造的な不況地域に陥り、以後、新たな受注先を模索し、苫小牧市に進出してきたいすゞエンジン製造北海道、トヨタ自動車北海道あたりの仕事が増えていった。ただし、これらいすゞ、トヨタの仕事は金型製造、修理といったものであり、不定期、かつ量産の仕事ではない。かつての日本製鋼所、新日鐵から定期的に出ていた産業機械部品といった仕事とはかなり様相が異なっていた。
　1984年にいすゞエンジン製造北海道が進出してきたが、その際、一緒に苫小牧に進出してきた住友電工が地元の調査に訪れてきた。1991年に苫小牧進出を表明したトヨタ自動車北海道の場合は、トヨタ自身が調査に訪れてきた。その結果、トヨタ自動車北海道と取引を開始した室蘭企業は、永澤機械、西野製作所（機械修理）、キメラ（金型部品）、第一金属（製缶、組立）、フジメック（機械加工）等となった。なお、第一金属はトヨタ自動車北海道の構内に入っている。ただし、室蘭の中小企業は、自動車関連といえども量産の仕事はない。修理などの手のかかる量の出ない仕事となっている。
　このような状況の中で、永澤氏は2004年の段階では「当社の切削加工のレベルは、先代、先々代の頃は前を走っていたが、近年は資金さえあれば誰でもできるようになった。そのため、仕事量も減り、価格も厳しい」と語っていた。それから12年、こうした事情はさらに厳しいものになっている。当面は日本製鋼所、新日鐵住金の産業機械部品の製造と、トヨタ、いすゞの仕事などの自動車関連の金型系（鍛造型、ダイキャスト型）の仕事を中心に歩んでいくことになる。

2016年10月には、4代目に事業が引き継がれた。後を任せる3代目であった永澤勝博氏は「新しい感覚でやって欲しい」と語っていた。初代の頃（1956～89年）は高度成長期から構造不況に入る時代であった。2代目の頃（1989～98年）の頃はバブル経済を挟んではいるものの、グローバル化が進み、日本産業の構造調整が急がれている時代であった。3代目の永澤勝博氏の頃（1998～2016年）は、ITバブル崩壊（2001年）、リーマンショック（2008年）、東日本大震災（2011年）と続いた。そして、4代目が向かうのはグローバル化に加え、日本の人口減少、少子高齢化が際立つ時代となる。まさに「新たな感覚」と「取組み」が必要な時代となろう。ここまでの室蘭機械金属工業を牽引してきた永澤機械のこれからの取組みが試されていくことになろう。

(2) 室蘭市／日本製鋼所の城下町で試験片製作に向かう
──父から子に承継（馬場機械製作所）

　新日鐵住金と日本製鋼所の城下町である室蘭、それら城下町企業から出てくる仕事に従事している中小企業は少なくない。部品加工、設備のメンテナンスなどがよくみられる。このような枠組みの中で、日本製鋼所は日本を代表する特殊鋼メーカーとして多様な素材開発に従事し、新たな特殊鋼の開発を重ねている。その場合、新たな素材の分析が不可欠であり、出来上がった新材料の試験片（テストピース）を作成し、多様な試験を重ねていく。引っ張り試験、捩れ試験等の物理的試験から化学的試験などが行われていく。そのための試験片の製作が必要になってくるが、この部分を地域の中小企業に出していた。室蘭においては、馬場機械製作所が日本製鋼所の試験片の製作を一括して受注していた。

▶日本製鋼所の孫請けから1次協力企業の試験片製作へ

　馬場機械製作所の創業は1968年、現会長の馬場義則氏（1947年生まれ）とその父の2人の旅立ちであった。義則氏の父は戦前から日本製鋼所に勤めており、戦中には一旦離れるが、戦後も日本製鋼所に再雇用されていた。義則氏は地元の高校を卒業後、町工場に勤めていたのだが、1968年に父から「独立創

業しよう」と誘われ、21歳の時に父と合流、最初から社長をやらされた。2015年11月に現社長の馬場義充氏（1978年生まれ）に譲るまで、47年も社長の任に就いていたことになる。

当初の主力の受注先は地元の有力企業である富岡鉄工所であり、日本製鋼所の孫請け仕事に従事してきた。法人化は1974年、㈲馬場機械製作所を設立している。当時は工場を借りて旋盤3台、従業者3人の規模であった。1985年には現在地の室蘭軽工業団地（準工業地域）に移転、既設の建物の車庫に旋盤を入れてスタートした。

当時の従業者は6～7人になっていた。この1980年代中頃は、日本産業の大きな転換期であり、室蘭では新日鐵、日本製鋼所共にリストラに入っていった。当時の室蘭工業のトピックスは中小企業高度化事業をベースにした射出成形金型製作のための新規事業（新会社ACT21の設立、補論1を参照）であったが、この事業の担い手4社のうちの1社として馬場機械製作所も参加している。なお、このACT21は十数年前に解散していた。

この間、室蘭機械金属工業をめぐる状況は大きく変化し、富岡鉄工所経由であった日本製鋼所の仕事が直に来るようになった。当初は機械の修理部品が多かったのだが、その後、試験片が増加し、現在では試験片がメインとなっている。なお、現在ではかつての主力であった富岡鉄工所の仕事はほとんどない。現在の受注先は日本製鋼所、日鋼機械センター、日鋼MEC、日鋼検査サービス等の日本製鋼所関連が大半を占めている。日本製鋼所が新材料を開発すれば、

馬場義則氏（左）と馬場義充氏　　　試験片等のサンプル

必ず試験片製作は馬場機械製作所に来ていた。その他としては、地元の室蘭工業大学、アイ・オー・テクノロジーズ（バルブ等、東京都豊島区）などから個別的な加工依頼が来ていた。

▶スムーズに承継、次の課題は評価

　2000年にはバラックであった車庫を建て直し、設備も大幅に改善した。現在の主力の設備は、MC3台（OKK、5軸、4軸）、NC旋盤4台（オークマ）、ワイヤーカット放電加工機2台（三菱電機）、形彫放電加工機1台（三菱電機）、平面・成形研削盤2台（黒田、岡本）等から構成されている。試験片が多いときには仕事の70〜80％となるが、2016年現在は不景気で60％程度であった。その他の仕事は日本製鋼所関係の修理部品が大半を占めていた。量の出るものはない。いずれも単品加工に近いものであった。

　従業者は9人（女性4人）、馬場義則氏夫妻、馬場義充氏夫妻を中心に、現場は男性5人で構成されていた。土曜日は隔週休業、残業はしない。売上額は年間8000万円を計上していた。材料は支給され、外注に出すこともないことから、付加価値生産性はかなり高い。

　実質2代目の馬場義充氏は長男であり、地元の普通高校を中退し家業の手伝いに入る。当初は何もわからないままNC旋盤に取り付き、1年後には新たに導入したMCをあてがわれた。OKKの埼玉の工場に1週間ほど研修に行った。以来、20年ほど馬場機械製作所の現場にいる。この間、25歳の時に2年ほど東京に家出している。先代は承知しており、2年後には「戻って来い、全て用意しておく」といわれ、帰郷している。義充氏は「東京では食べていくのがやっとだった」と振り返っていた。このようにして、地方の工業地域の中小企業が承継されていく。先代は元々65〜70歳で社長を譲る計画であり、2015年11月末に交替した。代表権も渡し、現在では1従業員として機械に張りついていた。

　室蘭には日本製鋼所という巨大企業のメイン工場があり、新素材の開発に余念がない。馬場機械製作所は、そこから出てくる試験片の製作という興味深い事業に従事していた。現在ではこの試験片の製作がメインであり、必要な機械

設備は整い、すでに10年以上の経験を重ねている。ただし、現状では試験片の製作にとどまり、加工データの蓄積等は行われていない、おそらく次の課題は、加工データの蓄積、解析、そして、実際のテスト（評価）の領域にまで踏み込んでいくことであろう。いわば認証ビジネスへの展開が課題とされていくように思う。日本産業が量産から新素材の開発等の領域にシフトしつつある現在、素材の評価の必要性は高い。そのようなところに関心を抱き、さらに一歩、踏み込んでいくことを期待したい。

（3）室蘭市／地元名門鉄工所を女性が引き継ぐ
——大物加工に従事、水素ステーションにも向かう（今野鉄工所）

室蘭には大物機械加工をベースにする中小企業は少なくないが、今野鉄工所は製缶、鍛造、機械加工部門を取り揃え、特に機械設備にこだわり、自家製の機械も少なくないなど、独特の発展を示してきた。また、近年は次世代技術として注目される「水素」関連の事業にも踏み出し、新たな可能性を模索している。私は創業経営者の今野勇氏（1933年生まれ、2009年没）とは、この30年の間に何度もお目にかかっているが、2016年8月現在、次女で3代目を継いだ今野香澄さんに社長は代わっていた。

▶大物機械加工、製缶、装置ものに向かう

創業者の今野勇氏は、地元室蘭の鍛冶屋で修業し、1962年、29歳の時に室

左から、高谷貢統括部長、今野香澄社長、
多賀忠司工場グループマネージャー

先代が自作したプレス機

蘭市本輪西町で独立創業している。当初は、鍛造、製缶の小さな仕事に従事していたが、意欲的に機械設備を入れ、機械加工部門を充実させていった。1965年には市内高平町に工場用地を取得、工場、事務所を移転している。1975年には日本製鋼所との直接取引を開始し、機械切削加工、製缶、鍛造を本格的に開始している。1989年には現在地の室蘭市港北町に敷地面積9869 m^2、建物面積1646 m^{2}の新工場を建設、設備、機械を近代化した。

今野鉄工所の工場に入ると、池貝鉄工の大型NC旋盤3台が目についた。今野勇氏は機械が好きで、とりわけ池貝鉄工の旋盤が気に入っていたようであった。この池貝鉄工（東京都品川区）は日本の工作機械製造の草分けであったのだが、現在では中国の上海電機集団に買収されている。また、主力の大型工作機械として、森精機の大型NC複合加工機が2台、東芝機械の定評のある大型MC（横中ぐり盤）が2台設置されていた。これだけでも、今野鉄工所の向かおうとしている方向がみえる。さらに、1400トンの油圧の成形プレスは今野氏が6年をかけて自作した機械であった。北海道内にはこれだけの大きな油圧プレスはない。さらに、ベンディングロール機（3200W×32t）、縦横ベンダー油圧プレス（150トン）も今野氏の自作であった。

このように、大型機械加工設備、大型プレス鍛造機械を設置し、自らも機械設備を設計製造する能力を身に着け、部品加工だけではなく、装置ものも広く手掛けているところに今野鉄工所の大きな特質がある。機械設備のこれまでの製作納品実績としては、トヨタ向けガラス研磨装置、日本製鋼所向け320トン鍛造クレーン、日立向け風力シャフト、東北電力女川原子力発電所向けパレット搬送用コンベア、仙台港サイロアンローダなどがある。大物の機械加工、製缶、機械装置を得意としてきたことがわかる。

▶室蘭では珍しい女性経営者の登場

そして、2009年に創業者の今野勇氏が他界、弟の今野五郎氏が引き継ぐが、五郎氏も2013年に急逝した。そのため、3代目社長には勇氏の次女である今野香澄さんが2013年12月に就任している。香澄さんは専業主婦であったのだが、今野鉄工所で7年ほど経理に就いていた。2012年頃から「継ぐ覚悟をし

なさい」といわれており、2代目の急逝後、承継を即断した。当時、従業員は30人ほどであった。経理のことはわかっていたが、現場のことは全くわからず、従業員たちに支えられ、今日まできた。香澄さんは「2年半が経ち、だいぶ落ち着いてきた」と語っていた。

室蘭全体として男性型事業が中心であるため、女性経営者は極めて少ない。日本製鋼所の協力会は約30社で構成されているが、女性社長は今野香澄さん1人のみである。函館どつく室蘭製作所の協力会も約30社から構成されているが、やはり女性経営者は香澄さん1人だけであった。約180人で構成されている室蘭の全業種を対象にした蘭参会には小売業、サービス業を中心に女性経営者はかなりいるのだが、基幹の機械金属工業関連では今野香澄がほとんど唯一の女性経営者であった。

現在の主力受注先は日本製鋼所関係で80％、その他としては函館どつく室蘭製作所、三菱製鋼室蘭特殊鋼といった地元室蘭の仕事が大半であった。道外の仕事としては、三菱重工相模原の特車部品、建機のバケットなども手掛けていた。現在の従業員数は23人（女性1人）、機械加工部門が10人、製缶部門が4人、その他は間接部門であった。男性型の事業所であった。要員は特に機械加工部門で不足感があるのだが、室蘭全体に2016年はタイトであり、新卒、中途もなかなか採用できない状況であった。

▶これからは水素にかける

特殊鋼の先端企業である日本製鋼所は、新規事業領域への取組みを重ねているが、近年、燃料電池自動車の時代に向けて「水素エネルギー」関係での開発を進めている。特に、日本製鋼所の場合は特殊鋼製造の過程で以前から水素のコントロールが課題とされてきており、この領域での蓄積が大きい。この領域では日本製鋼所、イワタニ、サムテックあたりが先行している。そして、すでに日本国内には約80カ所の水素ステーションが設置されているが、当面、燃料電池自動車の普及のためには移動式の水素ステーションが注目されている。

現在、北海道においては水素ステーションの設置は、室蘭に1カ所だけだが、それは移動式であった。40フィートコンテナに搭載されたものであり、トレ

隣地には北海道唯一の水素ステーションのベース

ーラーが引いて移動していく。基本仕様は充塡圧力70 MPa、充塡所用時間1台3分間以内、充塡可能台数1日5台であった。なお、MPa（メガパスカル）とは圧力の単位であり、1 MPaは1 cm^{2}に10.1972 kgの力が作用する圧力とされている。

　この移動式水素ステーションのコア技術については、水素圧縮機はハイドロパック（岐阜）、蓄圧器（アルミライナー複合容器）はサムテック（大阪）、鋼製容器は日本製鋼所、ディスペンサーはタツノ（横浜）、チラーはオリオン機械（長野）、車体は東邦車両（横浜）、配管工事はエア・ウォーター・プラントエンジニアリング（堺）が担当した。

　このような動きの中で、一方で日本製鋼所は水素タンク（吸蔵合金）の製造も行っており、その部品加工が今野鉄工所に来ている。加工精度が高く、難しいものだが、今野鉄工所として、これにかけていた。このように、日本製鋼所の協力企業として歩んできた今野鉄工所は、日本製鋼所の新エネルギー事業に歩調を合わせ、保有している加工設備をベースに新たな可能性に向かっているのであった。

(4) 室蘭市／大物製缶の特殊で難度の高いものに向かう
―― 地元にライバルはいない。全国に向かう（五嶋金属工業）

　室蘭は新日鐵住金、日本製鋼所という日本を代表する重量級の素材メーカーがあることから、地元に大物の機械加工、製缶に従事する中小企業を大量に生み出してきた。現在、室蘭の各地に存立している中小企業は、これら二大企業の協力企業として育ってきたところが少なくない。その室蘭の東町の一角に、大物ステンレス加工で定評のある五嶋金属工業が立地していた。2004年6月に一度訪問しており、2016年8月は2回目の訪問となった。2004年の頃は、創業者と子息の承継の時期であったことが印象に残った。

▶ 大物製缶の一品ものに向かう
　五島家のルーツは岐阜県各務ケ原、100年以上前に北海道に移住している。五嶋金属工業の創業者は五島秀雄氏（1938年生まれ）、室蘭出身だが、富士製鐵（現新日鐵住金）名古屋製鐵所に勤めていた。30歳の時に退職して室蘭に戻っている。

　室蘭では日本製鋼所の構内企業であった井内鉄工に入り、6年半ほど営業職を務めていた。その後、1976年に市内祝津町にて1人で五島工機商会として独立創業する。工具の修理や建築金物の販売に携わっていた。1980年には現在地に移転、五嶋金属工業を設立している。その頃は札幌から同業の商社が参入してきた時代であり、値崩れを起こしていた。そのため、製造の世界に入ることを目指し、製缶工を採用していった。当時は日本製鋼所の仕事が多く、現在の五嶋金属工業の基礎を築く時代であった。

　12年前の2004年の段階では、従業員14人、一品料理を得意として受注先は60社、主力は5～6社であった。エスメックス（新日鐵の子会社）、日本AEパワー（富士電機の変電システム）、地元の日本製鋼所、楢崎製作所、函館どつくあたりの仕事が多かった。現社長の五島了氏（1968年生まれ）は、東京に6年（営業職）いて、1990年代の中頃に家業に戻っていた。当時、五島了氏は「奥深い仕事。日々違うものをやっている」と語り、五島秀雄氏は

五島了氏

鋼板をロールで巻く

「納期のない一品もので付加価値を高めていく。ベテランの職人がいなくなるので、PCやレーザー加工機を導入する。技術レベルをアップさせる」と語っていた。

▶新たな領域の仕事が拡がる

　2016年8月に再訪すると、前年の2015年4月に社長が交替していた。創業者の五島秀雄氏は会長職となり、代表権も五島了氏に移っていた。実質的には12～13年前から経営は五島了氏に移っていた。五島了氏は「先代がここまでのベースを作ってくれて、ありがたい」と語っていた。この10年ほどの間の大きな変化は、「難しい仕事に拍車が掛かり、他では出来ない匿名のリピート仕事が増えている」と語っていた。こうした傾向は全国的なものであろう。現在の従業員数は15人（女性は事務1人）、大幅に若返り平均年齢は35歳ほどになっていた。

　この間、受注先にそれほど大きな変化はない。むしろ、受注先自身の再編が進んでいた。最有力のエスメックスは新日鐵住金関連の他の子会社と一緒に集約され、日鉄住金テックスエンジンとなっていた。ここが35％ほどの比重を占めていた。日本AEパワーは日立、富士電機、明電舎の重電部門が合併して成立していたのだが、その後、分解し、日立の中型変圧器の仕事を茨城電機か

ら受注する形に変っていた。楢崎製作所との取引は停止していた。日本製鋼所の仕事は5％程度、函館どつくは8％程度であった。むしろ、テクノスターブ（千葉県行徳）のバグフィルター（集塵機）の比重がここにきて15～20％となっていた。

　また、室蘭はPCB処理の全国5カ所の一つとして指定され、中間貯蔵・環境安全事業㈱（JESCO）によるPCB廃棄物処理事業に踏み込んでいるが（2008年5月操業開始）、軌道に乗ってきた近年、PCBをプラズマ処理する際に排出される溶解スラグを入れる缶（980 mm×980 mmの円筒形、鉄製、消耗品）の受注が年間1100個のオーダーになってきた。この部分が2015年度は売上額の25％を占め、今後も10年は続くとされていた。さらに、宇宙航空研究開発機構（JAXA）の小型ロケット（イプシロン）の2段目の燃焼試験装置の筐体を三菱重工から受けて製作していた。ここにきて五嶋金属工業は大物製缶業として存在感を高め、新たな領域での仕事の可能性を拡げているのであった。

▶新たなステージに向かう

　このように、この10年ほどの間に、五嶋金属工業の置かれているステージは大きく変わりつつあるようにみえる。このような状況に対し、五島了氏は「同業のライバルは室蘭にはいない。だが、全国では当社ぐらいはあたり前。全国にゴロゴロいる。道外で通用することが必要。一品ものをやっていく」と語り、技術レベルを上げ、道外に新たな市場を求めようとしていた。営業は社長の五島了氏自身が担っているが、新潟からスタートし、長岡、東京、千葉、日立を巡っていた。口コミが基本であり、最近では有力得意先のテクノサーブから各種乾燥装置のトップメーカーの大川原化工機（本社横浜市）を紹介され、取組みを始めていた。

　工場の敷地は2300 m^2、工場建屋は1800 m^2と事業規模からするとやや狭いが、機械設備としては、鋼板の切断にマザックのレーザー加工機（2KW）、その他、シャーリング、プラズマ切断機、プレスブレーキ、コーナーシャー、油圧プレス、四本ロール等が設置されていた。この種の業種でマザックのレー

ザー加工機の導入は珍しいが、プラズマ切断機に比べて切断面が滑らかで精度が出ると評価していた。現在は2KWのものだが、近々、より出力の大きい4KWのものに入れ換える計画になっていた。また、パナソニックの溶接ロボットも導入の予定になっていた。

このように、五島了氏が引き継ぎ、受注先も変わりつつあり、また、工場の設備もレベルの高いものになりつつある。そして、視線は道外の難しい一品ものに向けられているのであった。

(5) 室蘭市／リヤカー、猫車から蓄熱式電気暖房機まで
　　——鈑金、プレス、溶接、塗装までの一貫生産（アオキ製作）

　海岸に近い室蘭市東町のイタンキ工業団地の一角にアオキ製作の工場が2棟、道路を挟んで立地していた。このあたりは製缶系や大物機械加工を得意とする中小企業が集積している。室蘭の製缶系の中小企業の場合、新日鐵住金室蘭製鐵所、あるいは日本製鋼所室蘭製作所といった室蘭の代表的企業の仕事をしている場合が多いのだが、アオキ製作はそうした企業の協力企業ではなく、鈑金、プレス、溶接、塗装といった一連の工程を内部化し、完成品の生産のスタイルをとっていた。

青木誠一氏

鈑金職場

▶鈑金、プレスから溶接、塗装、組立までの一貫生産

アオキ製作の創業は1964年、3代目の現社長青木誠一氏（1957年生まれ）の父が始めている。父の実家は地元室蘭の食品問屋の青木商店であり、2代目として家業に入っていた。父が36歳の頃、同級生がホクエイを室蘭市本輪西で創業（現在札幌）、石油ストーブで成功していた。その同級生から「手伝って欲しい」といわれ、リヤカー、猫車の製造に入っていく。特に、猫車は稲の育苗ハウスから圃場に運ぶ運搬車として全道に売れていった。だが、その後、猫車は中国青島製が安価に輸入されるようになっていく[3]。最盛期は年間何万台も売れたものだが、現在では100～200台程度となってしまった。その後は工事現場用バリケードなども手掛けた。

創業者の父は1984年に亡くなり、母の青木初江さん（現会長）が2代目となっていく。この間、青木誠一氏は日大理工学部の短大（機械）を卒業、その後は通信教育で大学の経済学部を卒業している。短大を卒業した段階で家業に入っていた。青木氏は「父とは4～5年、いっしょにやっただけ。その後は母が経理、叔父が営業、自分は製造を担当してきた」と語っていた。当時から従業員は25人前後、現在も26人であった。

工場は2カ所に分かれ、第1工場は鈑金、第2工場はプレス、溶接、塗装、組立から構成されていた。現場の従業員は18人、職場の担当は分けられていた。第1工場の鈑金関連の機械設備はアマダのターレットパンチプレスが4台、三菱電機の炭酸ガスレーザー加工機1台、アマダのプレスブレーキ4台が基幹であり、第2工場には、アイダのプレス2台（200トン、110トン）、溶接、塗装関係の機械設備が一通り備わっていた。会社案内には「プレス、ターレットパンチプレス、プレスブレーキ、パイプベンダー、溶接、塗装、組立などの設備で、お客様のニーズに対して、アイデアをフルに生かした製品を作ります」としていた。

▶また立ち上がるために

青木氏は「ウチは伸びて、落ちて、また立ち上がってきた」と語っていた。2011年3月の頃までの主力製品は東京池袋の白山製作所からの完成品受託の

蓄熱式電気暖房機を主力にしていた。一時期（1995年頃）は北海道のオール電化新築住宅の60％のシェアを握っていた。この蓄熱式電気暖房機は原子力発電所の夜間電力を使うものであり、電気料金は昼間の40％程度の価格であり、北海道では広く普及していた。ただし、震災前までは北海道の新築住宅の70％はオール電化であったのだが、現在ではほとんどない。

　そのため、東日本大震災以降、売れ行きは激減、白山製作所はサニカ（山梨県甲府市）に事業譲渡し、現在はサニカからの受託生産となっていた。一時期はアオキ製作の売上額の約50％を占めていたのだが、現在はピーク時の15％程度の規模になっていた。この蓄熱式電気暖房機は、ファン、基板、ヒーター、断熱材は先方から支給され、鈑金、プレス、溶接、塗装、組立てして完成する。現在では北陸電力管内で比較的売れていた。

　また、2005年に札幌の電材卸の清水勧業との共同開発でPCB廃棄物保管容器を手掛け始めた。鈑金による容器にアングル、アイボルト等を装着するものであり、水漏れのない、密閉型のものである。アオキ製作で完成品まで一貫して作られていた。その他の仕事としては、太陽光発電の架台、ダクト類などの仕事に従事していた。これらの仕事は室蘭の場合が多い。また、室蘭には関東以北最長の吊り橋である白鳥大橋（1380m）があり、現在、照明のLED化が進められている。アオキ製作はその架台の製作を請け負っていた。主たる受注先は、創業以来のホクエイ（部品加工、売上額の20％）、そして、サニカ、清水勧業であった。青木氏は「現状はかなり厳しい。室蘭、北海道は市場が小さい。何か次のものを狙っている」と語っていた。

　一般に「鈑金」ものは「空気を運ぶ」とされ、需要地立地である場合が少なくない。アオキ製作の場合は、こうした事情を反映してやはり地元需要が中心になっていた。だが、近年の傾向からすると、鈑金加工企業の受注の空間的な拡がりはかなり大きなものになってきた。鹿児島県などの南九州の鈑金加工企業が関東方面からの仕事をとることも多くなっている[4]。やはり、技術レベル、品質、納期、価格が問題にされているのであろう。

　こうした点からすると、アオキ製作の場合、一通り完成品までできることから、市場の空間的な拡がりを拡大していく必要はありそうである。2019年春

には、室蘭港と岩手県の宮古港とがフェリーでつながる。東北〜関東は視野に入るのではないか。そうした点を意識した積極的な受注活動が求められているように思う。

(6) 室蘭市／機械部品製造修理から表面処理までこなす
── 溶射を軸に機械部品のリユースに貢献（西野製作所）

　激しい使用にさらされる機械部品、使用後に廃棄される場合が多いのだが、省資源、環境問題からして再利用されるべき必要性は高い。この再利用のためには、磨耗部分の肉盛り、信頼できる材質、幅の広い加工が必要とされる。時代はまさにこのような仕事を必要としている。新日鐵住金、日本製鋼所といった日本を代表する素材メーカーが立地する室蘭、そこには多様な加工機能を備えた中小企業が集積しているが、機械加工、研磨加工、溶射肉盛加工、特殊溶接肉盛加工といった総合的な力量を備えた中小企業が存立していた。

▶大物機械部品の修理は何でも可能

　石川県出身で利尻生まれ、稚内育ちの西野忠之氏（1940年生まれ）は元々は船乗りであり、漁船のエンジン修理などを手掛けていた。そのうち船乗りの仕事が少なくなり、25歳で陸に上がり、札幌に出てきた。1960年代末の頃に、

西野義人氏

金属溶射による肉盛り

道内でも絶好調であった室蘭に向かい、造船関連の機械工場であった楢崎製作所に2年ほど勤め、1971年に1人で一般産業機械部品の製造、修理を目的として創業している。工場は200 m^{2}ほどであった。1973年には現在地に移っている。1977～78年の頃になると、室蘭を象徴する新日鐵室蘭製鐵所の4基の高炉のうち1基が廃止となっていった。

　西野忠之氏は「このままでは危ない」との判断の下で、当時、室蘭の日本石油が保有しいていた溶射設備を譲り受け、4年ほどをかけて習得、1980年には溶射の事業化に向けていった。そして、1990年には工場を増設し、工業用硬質クロームメッキの技術と設備を導入している。これにより、機械加工、溶射、硬質クロームメッキを内部化していった。さらに、1996年には内径用オートTIG溶接機を独自に開発、π 130 mm×300 mmの内面溶接を可能にしていった。また、機械加工についても、2001年には大型五面加工機、大型門型MC、大型横中グリ盤、大型旋盤を導入し、大型部品の加工、修理を可能なものにしていった。全国的な流れとしては軽薄短小に向かったのだが、西野氏はむしろ大物加工の可能性の幅を拡げていった。

　現在の主要機械設備は、汎用旋盤18台、NC旋盤（複合機）4台、縦型MC2台、門型MC1台、横中グリ盤1台、五面加工機1台、汎用フライス盤2台、円筒研削盤5台、平面研削盤1台、内径ホーニング2台などの機械加工設備に加え、溶射機11台、溶接機6台、メッキ槽3槽となっている。大物機械加工、溶射、溶接、そしてメッキまでを揃えているのであった。全国の中でも、

特殊溶接肉盛加工　　　　　　　　大型門型五面加工機

これだけ多様な機械設備構成になっている中小企業は見当たらない。ユーザー側からすると、特に大物機械部品の修理に関しては一括して任せることができる。あるいは、特定の領域だけを依頼してくるユーザーもある。いわば「大物機械部品の修理は何でもできる」ということであろう。

▶火災、リーマンショック、震災を超えて

現在の2代目社長の西野義人氏（1971年生まれ）は、西野忠之氏の次男。長男は文系で継ぐ気はなく、父の「兄弟2人は会社に入れない」という方針の下で、短大（電気系）卒業と同時に家業に戻らされた。当時、新たなMCを導入した頃であり、その担当を命じられ、必死に習得していった。2004年当時、常務取締役だった32歳の西野義人氏は「自分は井の中の蛙。今まで他流試合、集団の中に入ったことがない」と語っていた。

2016年10月に西野製作所を再訪すると、西野義人氏が2代目社長として2008年5月に就任していた。この12年ほどの出来事を尋ねると、西野義人氏は「2006年10月に工場が火災に遇い、一つの木造の工場が全焼し、主力のNC機がダメになった。溶射、メッキは大丈夫であり、残った機械で年明けに再開した。幸いなことにユーザーは離れなかった」と振り返っていた。その1年半後に37歳で社長に就任したことになる。

2006年の頃は従業員32人、売上額6億5000万円であった。火災に加え、その後には2008年リーマンショック、2011年の東日本大震災と続き、特にリーマンショックでは大きな痛手を被るが、その後、2016年の従業員は40人、売上額は5億6000万円に回復していた。この間、道外の仕事のウエイトが増し、ユーザーの数は約200社、地元の日本製鋼所、新日鐵住金はいずれも5%程度であった。売上額の上位5社のうち4社は東京、静岡、大阪等の本州の企業であった。特に、ダイキャスト機の可動部分であるプランジャースリーブ、プランジャーチップの再生の仕事が多い。溶射、特殊溶接、硬質クロームメッキによって、寸法復元、耐磨耗性を向上させることができる。

工場に入ると、預かった磨耗した部品が並んでいた。一つとして同じものはなかった。これらを丁寧に解析し、必要な加工を加えていく。磨耗している部

分には溶射、特殊溶接で肉盛りし、多様な加工設備によって適切な加工がふされていく。工場の片隅には稚内の漁協から預かった直径4ｍに近い漁網の巻取ボビンが修理を終えて引き取りに来るのを待っていた。

　家業を引き継いで12年、ようやく落ち着いた展開になりつつあり、「次はどこを目指すのか」という私の問いに、西野氏は「今後も変わらない。何でもこなす。トヨタが北海道に来て四半世紀、やはり自動車かな。その先は航空機かな」と語っていた。航空機のエンジン周りには溶射は不可欠である。そうした点への取組みも今後の課題となろう。室蘭地区の機械金属工業の若手の中心的な存在になってきた西野氏は「航空機は１社では無理」と語っていた。その先には新たなネットワーク、技術・企業連携がイメージされているようであった。

3．室蘭を起点に新たな事業に向かう中小企業
―― 北海道の新たな産業化の芽

　1987年2月の新日鐵の第4次合理化案の発表以来、室蘭は新日鐵、日本製鋼所といった二大企業ばかりでなく、地域全体が大きく揺り動かされていく。その直前の1986年にはその後の室蘭中小企業を牽引する室蘭テクノセンターが設立され、また、郊外の香川町で企業誘致用の香川工業団地の分譲を開始している。この香川工業団地周辺には、1990年前後に神奈川県の中小企業が数社進出してきた。神奈川県では人が集まらず、室蘭には製造業に馴染んだ人びとが多く、二大企業のリストラにより採用が容易と受け止めての進出であった。

　当時、神奈川県を中心にした首都圏から進出してきた企業の中で、本節でみるキメラが与えた影響は大きかった。北海道では初めての精密研削による金型部品製造ということで注目を浴びた。このキメラには室蘭工業大学の卒業生なども参集し、大物製缶、機械加工に特色づけられていた室蘭機械金属工業に大きな影響を与えていく。キメラ自身、室蘭移転は成功したが、さらに、キメラから独立する中小企業も現れ、室蘭に新たな要素を加えていった。北海道では数少ない熱処理業者である室蘭ヒートも、キメラをはじめとする神奈川県からの進出企業が呼び寄せたものであった。

また、第4章3で採り上げた自動車関連のバネのむろらん東郷、鍛造歯車の大岡技研等は、新日鐵住金室蘭製鐵所の構内に進出してきた。この2社に加え、自動車ばね用オイルテンパーのムロランスズキ、自動車エンジン弁ばね用オイルテンパーの北海道スチールワイヤー等も、新日鐵住金室蘭製鐵所の構内に進出してきていた。これらの企業は新日鐵住金室蘭製鐵所が製造する特殊鋼という原材料を求めることに加え、立地上のリスクヘッジを意識するものであった。
　このように、近年、室蘭をめぐっては、興味深い新たな取組みも重ねられているのである。

(1) 室蘭市／商社から船舶のハッチカバーの製造に進出
——港湾地区に工場を展開（タカヤナギ）

　優れた港湾に恵まれた室蘭には、函館どつく室蘭製作所、楢崎造船・楢崎製作所などの造船業が立地していたが、楢崎造船はすでに1990年頃には建造は行っておらず、2009年には函館どつくに吸収合併されている。また、函館どつくは函館の本社工場に加え、室蘭製作所を構えているが、室蘭はやや縮小気味であり、中小型漁船等の建造・修理を中心に、橋梁などの陸上部門にも転じている。
　このような室蘭の造船業をめぐる状況の中で、漁業資材の商社であったタカヤナギが、船舶の大型ハッチカバーの領域に新たに参入してきた。函館どつくが所有していた旧楢崎製作所築地工場（敷地面積2万8000 m^2）を取得、第1～3工場をそのまま利用し、新たな事業に踏み込んでいた。

▶東日本唯一の大型船ハッチカバーのメーカー
　タカヤナギの前身の高柳商事は、1978年、室蘭の底引き網船の会社の役員をしていた現会長の高柳安昌氏が、ニチモウ室蘭出張所の商権を継承し、漁網などの漁業資材、漁労機械などの販売を目的に設立された（資本金600万円）。大きな転機となったのは、1992年、499トンの貨物船を建造することになり、そこでハッチカバーに出会ったことにあった。ナカタ・マックコーポレーション（本社広島県尾道市）との提携により船舶用ハッチカバーの製作に踏み出し、

出荷前の巨大なハッチカバー

周辺からは「工場を作らないか」と提案された。1993年に入り、資本金を2100万円に増資、社名を現在のタカヤナギに変更、営業種目に船舶の製造・修理を加え、10月には室蘭市築地町の港湾地区に本社及び工場を建設している。

本格的な造船に入ったのは2001年、2004年にはフィンランド本社のハッチカバーの世界的メーカーのマックグレゴーの日本法人カヤバ・マックグレゴー、マックグレゴー・ジャパンと契約を締結している。なお、2011年にはマックグレゴーとカヤバ工業の合弁は解消されている。マックグレゴーの日本本社は東京にあるが、実働部隊は三重県の津に置かれ、設計、建造が行われている。タカヤナギはマックグレゴーの日本で唯一のパートナーとなり、北海道から愛知県あたりまでの東日本の造船所対応となっている。設計図は津から送られ、資材は各造船所から支給される。タカヤナギでは図面を3Dで加工図に直し、製造していくことになる。この間、2012年には室蘭港の対岸の現在地を函館どつくから取得、本社、工場も全面的に移転した。ただし、クレーンの能力が足らず、増設した。

なお、全国的にみると、このような大型ハッチカバーのメーカーは5社、専業が多く、また、西日本に多い。広島県（向島）、下関、松浦、佐世保などである。東日本はタカヤナギのみである。

重量物を大型クレーンで移動させる

▶ハッチカバーの事業

　タカヤナギの製作するハッチカバーは立てに起き上がるフォールディングタイプ、横に開閉するサイドローリングタイプ、コンテナ船の台になるポンツーンタイプからなり、また、フェリーの乗降用のランプウェイ、さらに、可動式陸桟橋（リンクスパン）なども手掛けている。このような船舶関係の仕事が90％、その他は漁具、計器、防災無線、船舶の修理（自工場、出張）などであった。船舶に関しては、エンジン、油圧、レーダー、本体、何でも手掛ける構えであった。

　従業員は正社員26人に加え、協力会（構内、4社、14人）の全体で40人で構成されていた。協力会のメンバーは他の会社の仕事をすることもある。大型のフォールディングタイプのハッチカバーの場合、4枚5セットの計20枚から構成されるが、材料の切断（NC切断機）から始まり、小組、中組、大組立（BOX）、ボトム、反転溶接、合わせラインで形状が完成し、その後、ショットブラストで錆等を落とし、塗装して完成ということになる。その後はプライベートバースで台船に乗せ、受注先の造船所の岸壁まで曳航していく。千葉港までは550マイル、愛知県までは約700マイル、約87時間かかる。2016年8月現在、2018年度までの受注残があった。このような事業が室蘭の港湾地区

で行われているのであった。

高柳知充氏

▶船舶輸送と港湾の変化に新たな可能性

現在のタカヤナギの社長は高柳知充氏（1970年生まれ）、創業者の高柳安昌氏の次男であり、高校までは室蘭、その後は札幌の札幌科学技術専門学校（2年）に進み、整備の仕事に向かう。札幌、苫小牧でヤンマーディーゼル関係の舶用エンジンの整備に従事していた。就職して5年経った頃、父から「工場を建てる。エンジン整備も必要」として呼び戻された。25歳の時であった。長男は広島で日本無線の仕事に従事している。

以来、タカヤナギは商社からハッチカバーのメーカーとなり、事業は劇的に変っていく。室蘭に限らず、全国の造船所は全体的には縮小に向かっている中で、タカヤナギは興味深い発展の軌道に乗ってきた。商社から巨大な鋼構築物のハッチカバー、さらに船舶の建造、修理等と領域を拡げてきた。高柳知充氏は25歳で家業に入り、この大きな変換の中に身を置いてきた。2007年には37歳で2代目社長に就いている。

巨大産業化していた日本の造船業は、この十数年で大きく様変わりし、仕事の内容も大きく変ってきている。そのような中で、タカヤナギは独自の存立基盤を確立し、新たな可能性に向かっているようにみえた。造船以後についても、大型の防舷材（6m角）の生産をイメージしていた。船舶輸送や港湾の機能も大きく変わりつつある現在、そこに新たな可能性をみているのであった。

（2）室蘭市／横浜から室蘭に定着した精密加工企業
――創業者から第3者継承し、次に向かう（キメラ）

夕張、赤平、釧路などの炭鉱、室蘭の新日鐵住金、日本製鋼所、苫小牧の王子製紙、函館の函館どつく等の重厚長大、素材型というべき産業を基幹としてきた北海道、1980年代の後半には大きな構造不況に直面していた。その頃、

室蘭市に神奈川県の中小企業が集団で移転してくるというプロジェクトが推進された。神奈川県では地価が高い上に人材が集まらなかった。この点、室蘭は二大企業のリストラにより工業系の人材が調達できるという判断であった。キメラ、ホクト、室蘭ヒートなどの中小企業は、このような流れの中で室蘭に進出してきた[5]。特に、精密加工のキメラ、熱処理の室蘭ヒートは、その後、室蘭に定着し、機械金属工業の脆弱な北海道で重要な役割を演じるものになっていった。

▶人材を求めて室蘭に進出

キメラの創業は1982年、上砂川町出身の宮崎秀樹氏（1949年生まれ）が横浜市日吉の約55 m^2 の貸工場でスタートしている。精密研磨を得意とし、徐々に事業を拡大していったのだが、人材が集まらない、定着しないことが悩みであった。その頃、室蘭では二大企業がリストラを進めており、工場勤務の経験のある求職者が大量にいることを知り、また、室蘭工業大学、室蘭工業高校の新卒も期待できた。このような事情から室蘭進出を計画、1988年には貸工場にて操業を開始している。なお、この間、事前に室蘭からの採用を続け、移転当時には従業員55人のうち52人が室蘭関係者となっていた。

1990年には現在地の高台の香川工業団地に新工場を建設、横浜から完全に移転し、精密金型部品加工の一貫工場をスタートさせた。当時、北海道にはキメラほどの精密加工をできる企業はなく、各方面から注目を浴びた。その後も

金型設計の職場　　　　　　　ロボットで放電加工機4台を操作

順調に発展し、2004年には近くに第2工場を展開、従来の金型部品に加え、プラスチック射出成形用金型の部門にまで展開していった。この間、キメラは北海道ばかりでなく、日本を代表する精密加工、金型部品企業として知られていった。2002年の頃の従業員数は125人、平均年齢28歳、先鋭的工作機械群を大量に装備し、当時、宮崎氏は「室蘭移転当時に比べ、13年で売上額は130倍になった」と語っていた。

　他方、日本の機械金属系の有力企業がアジア、中国への展開を進める中で、キメラは2009年にシンガポールに販売子会社を設置するが、精密小物部品の反響は大きく、小さなラボ設置の必要性を痛感、2012年にはマレーシアにCPTD MALASIAを設立、2013年にはアメリカのミシガン州にMP-TECを設立している。CPTDは従業員35人（日本人2人）で部品加工を行っている。MP-TECは販売子会社として機能している。

▶従業員に事業を承継

　私は宮崎氏とは1986年からの付き合いなのだが、当初から60歳で「引退する」と語っていた。2011年7月には、保有する株（55％）を取締役工場長の藤井徹也氏（1963年生まれ）に譲渡し、引退していった。宮崎氏62歳の時であった。

藤井徹也氏　　　　　　　　三次元測定器で品質保証

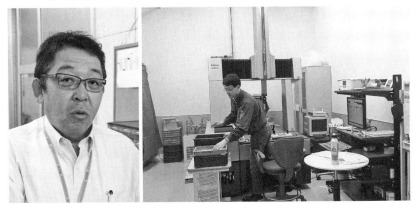

藤井氏は室蘭の出身、地元高校を卒業後は東京蒲田の日本工学院に2年間通い、日本橋の繊維商社に営業職として勤める。10年ほどした頃に同郷の女性と結婚、義理の親が倒れたことから室蘭に帰って来た。当初は本輪西の鉄工所に営業職として勤め、1998年、35歳の時にキメラにエンジニアとして入社している。当時、キメラではMCの充実を図り、専門の部署を設置した頃であり、その担当とされた藤井氏は必死に対応し、7カ月後には主任、1年2カ月で課長職となった。

　当時、キメラは黙っていても仕事が来る状態であり、営業部門はなかった。ただし、2001年にはITバブル崩壊となり、得意としてきたコネクタの精密金型部品の需要は激減、新規事業として金型部門に入っていく。また、その担当に藤井氏が起用された。

　藤井氏は導入された3次元CADに取り組み、他方で2006年には金型担当の営業部長となり、2009年1月には取締役工場長に任じていった。2011年3月には「来年から社長」といわれていたのだが、2011年7月の社長交代となった。2010年度のキメラの業績は悪く、宮崎氏保有の株（55％）は比較的安く取得できた。また、宮崎氏の個人保証はほぼないに等しかった。これだけの機械設備等の資産のある中小企業を従業員が引き継ぐことは難しいのだが、キメラはスムーズに承継されていった[6]。

▶常に先端に立つ

　2004～05年頃のキメラの従業員は約150人、売上額は19億8000万円と20億円に近い売上額に達していた。2008年秋のリーマンショック後は10億円にまで下がった。その後、安定し、2016年の従業員は118人、売上額は14億円となっていた。2016年10月は2004年4月以来のキメラ訪問となったが、工場内の機械設備は相当に変わり、先端性が際立っていた。また、CAD（4人）やロボット＋MCの現場（4人）では女性の登用が目に付いた。元々、研削部門の充実はキメラの特徴であったが、設計開発部隊、MC、放電加工機、測定器類の充実も著しく、日本の金型部品、金型製造の先端に立っていることが再確認できた。

現在の受注は金型部品が85%、プラスチック射出成形型が15%の構成であり、市場的には首都圏32～33%、中部圏32～33%となり、北海道はトヨタ自動車北海道、アイシン北海道、パナソニックデバイス帯広、京浜精密北海道工場（岩見沢）等、自動車系企業中心に10%ほどであった。また、国内の営業所は仙台、川崎、名古屋、神戸に設置されていた。売上額全体の70%は自動車関係となっていた。コネクタなどの金型部品の精密加工を特色にしていたキメラは、いつの間にか自動車関係部門を軸にするものに変わっていたのであった。

　キメラが創業して35年、室蘭に完全移転して27年、60歳を定年としているが、これまで定年退職者は1人もいない。現在でも平均年齢33歳の若い集団であった。精密加工の領域では、これまでコネクタ、半導体等の電子部門で飛躍的な発展が実現されていたのだが、これらの部門は次第にアジア、中国に移り、国内は縮小している。これに対し、国内は自動車の掘り起こし、さらに、医療機器、航空・宇宙、新エネルギー関連にシフトしていくことが予想される。そのような領域に向けて、キメラが進んでいくことが期待される。

（3）室蘭市／精密研削部門でキメラから独立創業
　　──インコーナー2～3μが可能（アルフ）

　北海道の機械金属工業は鉄鋼、造船等の重厚長大産業をベースにする重量級の加工業者は広範に存在するものの、小物、精密加工は育っていなかった。この状況に風穴を開けたのが横浜から室蘭に進出してきた精密研削加工のキメラであった。キメラは室蘭の地で全国的な企業として注目されてきた。そのキメラから独立創業してきたのがアルフである。

　この十数年、機械金属工業の要素技術部門で独立創業はほとんどみられないのだが[7]、わずかに精密研削部門でいくつかみられる。岩手県花巻市のHMT[8]、福島県飯舘村の斉藤製作所[9]、福島県南相馬市の精研舎[10]あたりがその典型であろう。一般的に機械金属工業の場合、機械設備の高度化、高額化が進み、初期投資のレベルが非常に高いものになっており、独立創業資金を用意することが難しい。そのような中で、高額化しているとはいえ、精密研削の

部門は機械1台でも独立創業が可能な、わずかに残された分野ということかもしれない。なお、アルフ（ALF）の社名は、ギリシャ神話の「アルフェル」、「A」から始める、創業者の渡部厚氏（1964年生まれ）の「厚」の「あ」から採っていた。

▶転職を重ね、精密研削に行き着く

㈲アルフの創業社長の渡部厚氏は北海道倶知安町の生まれ。育ったのは室蘭であり、高校まで室蘭で過ごした。高校卒業後はまず苫小牧のパン屋に就職、製菓部門に1年半ほど在籍した。その後は札幌の試食カフェに半年、さらに、兄がいた砂川に向かい、チューニングの仕事を5～6年手伝い、滝川の配管屋に1年半、赤平の野菜問屋に2年と重ねていった。当時、交際相手がおり、結婚するためには「手に職」と考え、両親のいる室蘭に戻り、1991年、進出してきたばかりの精密研削のキメラに就職していく。27歳の時であった。

キメラでは研削（平面研削、成形研削）に8年、さらに、プロファイル研削に5年、計13年就いていた。渡部氏はのめり込むタイプであり、周りの従業員が退社した後も、朝の3時、4時まで仕事をしていた。4年ほどそうした仕事を続けていたのだが、ある日、渡部氏の両親と2世帯で暮らしている夫人から「私はじじ、ばばと結婚したのではない」といわれた。ここで目が覚め「わかった独立するわ」と応えた。渡部氏は振り返って、夫人に「背中を押してもらった」と語っている。

室蘭市郊外のアルフ　　　　　プロファイルグラインダーを操作する渡部氏

▶プロファイル1台で独立創業

　近年、機械金属工業の要素技術部門で独立創業していくことは容易でない。渡部氏とすれば、研削部門で独立をイメージするが、一般の平面研削盤は1台500万円ほどであり、中古も少なくない。プロファイルグラインダーの場合は1台3000万円ほどかかる。勤めていたキメラの場合は壮大な機械設備を抱えていたが、プロファイル部門がいくらか脆弱であり、外注にも出していた。キメラからは「仕事を出すので、プロファイルで独立して欲しい」といわれた。

　そのため、2700万円のプロファイルと600万円ほどの砥石の計3300万円をリースで調達することにした。キメラがその保証人になってくれた。工場建屋は日本信販から700万円を借りて建てた。2000年10月、プロファイルグラインダー1台、渡部氏1人の旅立ちであった。当初はキメラの仕事が月に110〜130万円ほどあったのだが、2002年にはITバブル崩壊となり、一気に仕事は月30万円程になってしまった。当時、リースの支払いが月60万円以上もあり、必死にキメラ以外の仕事を探していく。関東以北はキメラのテリトリーであることから、関東以西の関西までの範囲の企業に電話で営業をかけていった。100件電話して1件仕事がある程度であったが、口コミで少しずつ拡がっていった。

加工サンプル

2000年代の中頃は、このような状況であったが、その頃から人を入れ始めていった。1人目の従業員はキメラを辞めた人であり、彼と2人でプロファイル1台を昼夜2交替で回していった。その後、仕事が拡がり、2014年には現在地（室蘭市八丁平）に土地約2000 m^2 を取得、建物約330 m^2 を建てて移転してきた。現在の従業者は9人、男性7人、女性2人（事務、夫人が経理）からなっている。なお、夫人はカフェを開いており、午前中の早い時間だけ出社していた。

▶世界の先端に入りつつある

　現在の受注先は約45社、常時流れてくるところは20〜25社であった。業界的には自動車関係が20％、電子部品関係が70％、治工具等が10％であり、自動車関係が増えていた。これら自動車関係は中京が多かった。また、創業以来のキメラの仕事は現在ではほとんどない。むしろ、当方から依頼することの方が多くなっていた。現在の機械設備構成は、平面研削盤10台（日興9台、アマダ1台）、プロファイルグラインダー2台（ワシノ）、砥石成形機1台、硬度計、顕微鏡、画像測定器、フロッター各1台であった。

　機械金属工業の要素技術の中でも、精密研削部門は際立った集中力を必要とする。現在でも、機械1台で独立創業が可能な、わずかに残された領域かもしれない。それでも、全国的にみてもこの十数年で独立創業してきた企業は非常に限られている。渡部氏の場合は、精密研削の最有力企業であるキメラに出会い、修業を重ね、独立に踏み切っていった。また、その際、キメラからの支援も得てきた。

　そして、渡部氏が「難しい仕事もいつの間にかできるようになる。現在、手掛けているのはヨーロッパ企業の超精密な仕事であり、韓国のサムソン関係が受けていてできず、当方に来ている」と語るように、世界の先端部分に入りつつある。重厚長大に特色づけられてきた北海道の室蘭の地で、興味深い独立創業、そして、技術を究めようとする取組みが重ねられているのであった。

4. 室蘭機械金属工業の課題と可能性

　1987年2月の新日鐵の第4次合理化案により、大きな構造調整を迫られた室蘭の機械金属系中小企業は、必死の努力を重ねて生き残ってきた。一部は二大企業の新たな展開に新たな形で応える方向で可能性を見出し、その他の多くは苫小牧周辺に進出してきた自動車産業との関わりを持ち、あるいは、道外に活路を求めるなどが重ねられてきた。また、室蘭の中小企業には後継者がいる場合が多く、事業承継を契機に新たな方向に向かった場合が少なくない。

　軽薄短小時代とはいえ、大物加工が消えるわけではない。むしろ、軽薄短小な半導体、電子部品などの領域で日本企業は一世を風靡したものの、近年、一気にアジア移管を余儀なくされている。大物の方が国内に残りうるのかもしれない。ただし、大物は官公需を軸にしたインフラ関係などの領域が多く、国内のインフラ整備はほぼ終わったとされる現在以降、市場が縮小していくことが予想される。インフラ部門の多くは十数年前の半分とされ、さらに今後も縮小していくとされる。むしろ、メンテナンス部門の拡大が予想される。

　このような時代状況なのだが、現在、大物加工をできる工業地域が限られたものになってきた。京浜地区などの大都市部では人材、周辺環境からして難しいものになってきた。現在、大物加工を系統的にこなせる工業地域は、室蘭の他には造船の玉野[11]、石油掘削を背景に生まれた長岡、柏崎[12]ぐらいであろう。むしろ、全国的にみて限られたものになってきた。そのような点を受け止め、道外市場に関心を寄せ、新たな取組みを重ねていくことを期待したい。実際、道外に出ている室蘭の中小企業からは「全国では当社ぐらいは当たり前、全国にゴロゴロいる」との声も聞こえてくる。それを乗り越えていくための取組みが求められているのである。

▶重量級の機械金属工業集積の行方

　また、第4章でみたように、近年、室蘭には新日鐵住金室蘭製鉄所の生産する特殊鋼を求めて自動車用バネ用オイルテンパーの北海道スチールワイヤー

（住友電工)、自動車用圧縮バネ製品のむろらん東郷、自動車用鍛造歯車の大岡技研、自動車用バネオイルテンバーのムロランスズキ（新日鐵住金系）が新日鐵住金室蘭製鉄所構内に進出してきている。これらは、室蘭製鐵所の産出する特殊鋼に向かうという原材料立地に加え、災害に対するリスクヘッジ、さらには苫小牧のトランスミッション製造のトヨタ自動車北海道を意識している側面も認められた。

　室蘭～苫小牧はクルマで1時間圏内、重量級の機械金属工業集積を形成してきた室蘭は、自動車産業の主要な部分を構成する大物プレス品、鍛造品、鋳造品等の生産地としてその可能性は大きい。当面、北海道には完成車両工場はなく、自動車関連産業はトヨタ自動車北海道のトランスミッション、アイシン北海道のアルミダイキャスト、ダイナックスのクラッチディスク、デンソー北海道の車載用センサが焦点であり、まだ拡がりが乏しい。当面、室蘭の重量級機械金属工業は、有力各社の機械設備の架台やコンベア等の周辺部分の仕事を受けているにすぎない。また、進出してきたトヨタ自動車北海道などからは「北海道の中小企業は、量産に対応できない」と指摘されている。

　この点は、北海道機械金属工業の基本的な課題なのだが、これまで経験したことのない自動車産業との接触の中で、次のあり方を模索していく必要がある。全国的に大物加工をできるところが少なくなっている現在、室蘭に蓄積されてきた重量級の機械金属工業集積の意味は大きい。進出してきた自動車産業、そして、全国に視野を拡げ、新たな可能性に向かっていくことが求められよう。

1) これらの主要なケースについては、関満博『地域中小企業の構造調整』新評論、1991年、を参照されたい。
2) 富岡鉄工所、永澤機械が中心性を示していた1980年代後半の事情は、本書補論1を参照されたい。
3) 中国青島の猫車メーカーについては、関満博『北東アジアの産業連携』新評論、2003年、第3章を参照されたい。
4) このような事情については、関満博『鹿児島地域産業の未来』新評論、2013年、第7章を参照されたい。

5） このような事情とキメラの室蘭進出については、関満博『ニッポンのモノづくり学』日経BP社、2005年、第4章を参照されたい。
6） 中小企業の事業承継の難しさ等については、関満博『二代目経営塾』日経BP社、2006年、を参照されたい。
7） 近年の中小機械金属工業の独立創業の事情等については、関、前掲書を参照されたい。
8） HMTについては、関、前掲『ニッポンのものづくり学』第4章を参照されたい。
9） 斉藤製作所については、関満博『東日本大震災と地域産業復興 Ⅴ』新評論、2016年、第5章を参照されたい。
10） 精研舎については、関満博『東日本大震災と地域産業復興 Ⅳ』新評論、2014年、第2章を参照されたい。
11） 三井造船の企業城下町である岡山県玉野については、東京情報大学関満博ゼミナール『岡山県玉野地域の産業開発』1993年、関満博・岡本博公編『挑戦する企業城下町——造船の岡山県玉野』新評論、2001年、を参照されたい。
12） 新潟県柏崎市の機械金属工業については、一橋大学関満博研究室『新潟県柏崎市工業の発展戦略』2003年、関満博「震災に立ち向かう柏崎中小製造業」(『商工金融』第57巻第10号、2007年10月) を参照されたい。

第6章 函館地域／造船、漁労機械からの転換が進む
――造船、水産都市の新たな取組み――

　江戸時代から北海道の玄関口とされ、その後は北洋漁業基地の一つとして栄えた函館、最近のピークの1980年の人口は34万5165人（国勢調査）であったのだが、その後、減少過程に入り、2005年には30万人を割り込んでいる。道央テクノポリスと共に、北海道に2カ所とされた函館テクノポリスの地域指定を1984年に受け、2000年には人口45万人を目指したのだが、2015年の国勢調査では26万6117人となった。2010年の27万9127人から1万3010人の減少（減少率4.7％）となり、この5年間で北海道の市町村の中では最大の減少幅となった。それでも、北海道の市町村の中では、札幌市（195万3784人）、旭川市（33万9797人）に次ぐ第3の人口規模を維持している。

　地勢的には北海道の南に張り出す半島を形成し、大規模経営が拡がる北海道農業とは異なり、農畜産業の比重は小さい。耕地面積は1554 ha（全道の0.14％）にすぎず、1戸当たりの耕地面積は全道平均の23.5 haに対し、5.8 haにすぎない。また、田の比率は全道が20.8％であるのに対し函館は8.0％であった。また、水産物は昆布、イカで著名だが、水揚量、金額共に、全国の水産都市ランキングで近年は10位以内に入っていない。全国的にみれば、トップレベルの水揚のある水産都市というわけではなくなっている。ただし、かつての水産都市を背景に水産加工（珍味）は依然として、函館の基幹産業を形成している。

　また、機械金属工業等のモノづくり産業は、伝統的には函館どつくに代表される造船、さらに水産に関連して漁労機械が集積していたのだが、近年、低迷感が著しい。他方、1984年に地域指定となった函館テクノポリス計画は、核施設の北海道立工業技術センター、函館市産業支援センター、インキュベーション施設などを展開し、また、産学官連携などにも意欲的に取り組んできた。近年、ようやく具体的な成果が出始め、今後に期待される点は少なくない。

このような中で、2016年3月26日、北海道新幹線が開通、JR新函館北斗駅が開業し、観光に期待が寄せられている。函館山の夜景、五稜郭、ウォーターフロント、温泉、そして、海産物による魅力的な食事が観光の焦点とされているようである。

1. 水産を主軸にする産業構造

以上のような地勢的な条件の中で、函館の造船、漁労機械を軸にする製造業は室蘭の鉄鋼業集積と並んで北海道を代表するものとして歩んできた。だが、関東以北で最大の造船所とされた函館どつくは、補論3でみるように、1970年代末の頃から減退し、かつての面影はない。1975年の頃には従業員2649人を数えたものだが、1993年段階で683人になっていた。この間、函館どつくは2007年には名村造船所（本社大阪、拠点は佐賀県伊万里市）の連結子会社となり、2009年には地元の楢崎造船を吸収合併、小型船舶にも参入している。なお、2016年4月現在、函館どつくの函館造船所の従業員は472人に加え、協力会社員530人であり、全体では1002人を数える。2016年3月期の売上額は280億円であった。

このような事情の中で、函館市は1980年代に入ってから全国的に推進されたテクノポリス構想に取組み、1984年には函館テクノポリスとして地域指定を受け、郊外の桔梗町に函館テクノパーク（6.5 ha）を形成、北海道立工業技術センター、函館市産業支援センター、インキュベータファクトリー（貸試作工場、4室、各97 m^2）、インキュベータルーム（4室、各50 m^2）等を用意していった。さらに、臨空工業団地（約57 ha）も設置された。また、函館には国立大学法人の北海道大学（水産学部）、北海道教育大学函館校（国際地域学科）、公立はこだて未来大学（システム情報科学部）、私立の函館大学（商学部）、そして、函館工業高等専門学校（函館高専）もあることから、産学官連携によるポスト造船、水産をベースにした新たな産業化などが期待された。

この函館テクノポリス構想とその後の評価は難しい。本章で採り上げるメデック、菅製作所、函館テクノパークに立地する企業、さらに、がごめ昆布の開

発など、幾つかの興味深いケースは生まれたものの、製造業事業所数、従業者数、製造品出荷額等は減少を続けている。ここでは、まず、函館の近年の製造業の動きをみていく。

▶減少が著しい函館製造業

函館市の製造業は、本書で採り上げる室蘭、苫小牧、千歳、旭川、帯広、釧路という北海道の主要工業都市の中で、特に2000年以降、後退ぶりは最も著しいことが指摘される。表6—1（従業者4人以上）によると、2000年から2014年にかけて、事業所数は506から283事業所へと半減に近い223事業所の減少、減少率は44.1％になった。従業者数は1万0991人から7885人へと3106人の減少、減少率は28.3％となった。この間、製造品出荷額等は3059億円から1733億円へと1363億円の減少、減少率は44.4％となっている。全国の20～30万人都市の中でも、これほどの減少を示したところは他にないのではないかと思う。

表6—1　函館市工業の事業所、従業者、出荷額等、付加価値額等の推移

区分	事業所数（件）	従業者数（人）	製造品出荷額等（100万円）	付加価値額（100万円）	従業者1人当たり付加価値額（万円）
2000	506	10,991	305,874	—	—
2001	475	10,350	276,755	—	—
2002	432	9,580	275,898	94,305	984
2003	420	9,164	278,198	91,128	994
2004	408	9,720	293,981	94,256	970
2005	396	9,121	177,977	71,976	789
2006	380	9,348	180,585	66,951	716
2007	365	9,535	194,201	66,837	701
2008	339	8,671	184,661	54,417	628
2009	323	8,713	179,887	60,619	696
2010	318	8,674	185,329	56,155	647
2011	305	8,355	182,705	59,052	695
2012	299	8,406	177,632	59,894	713
2013	292	8,135	170,248	54,439	669
2014	283	7,885	173,330	54,513	691

注：従業者4人以上の統計。
資料：『工業統計表』

この表6—1で注目すべきは、2014年の従業者4人以上企業の従業者1人当たりの付加価値額691万円であろう。つまり、製造業従業者1人当たり幾ら稼いだかという指標である。全道平均は958万円（全事業所では870万円）であったが、函館市はその62.0％水準にとどまっていた。本書で採り上げる主要工業都市の中でも実質最下位であった。この点は、函館市の製造業の約半数を占める食料品製造業の付加価値の低さが影響しているように思う。

▶水産加工が基幹であり、機械金属系は未発達

　表6—2は、2014年の産業中分類別の製造業の状況を示している（従業者4人以上）。水産加工を中心にした食料品製造業が129事業所（構成比45.6％）、従業者4661人（59.1％）、製造品出荷額等947億円（54.6％）を占めている。函館市では水産加工事業所が圧倒的な位置を占めていることがわかる。函館は水産加工が基幹産業ということになろう。

　全国の温泉地、高速道路のサービスエリア等の土産品は珍味、漬物、饅頭等が定番だが、地元のものは少ない。珍味は函館産、漬物は信州北部産、饅頭は石川県加賀市産とされている。函館の水産加工品の多くは、そうした土産店のOEM製品なのである。もちろん、函館産の珍味のブランド力は大きいが、全国の各地で6次産業化などにより地元産の加工品を提供する方向に向いており、函館産の珍味のOEM供給のスタイルは次第に後退していくことが懸念される。

　機械金属10業種については、事業所数で82（構成比29.0％）、従業者数2191人（27.8％）、製造品出荷額等は明示されていない。それらの中で、電子部品等が事業所数3、従業者数462人、製造品出荷額等115億円が目立っている。この電子部品等は函館エヌ・デー・ケーとジェイデバイスということになろう。ただし、この有力2企業を合わせても、従業員は460人に満たず、製造品出荷額等も115億円に満たないことになる。函館テクノポリス構想で期待された「メカトロニクス、新素材、バイオテクノロジー」の振興というテーマは必ずしも実現されなかったということであろう。

　このような枠組みの中で、函館の地域産業、中小企業は、次の時代に向かっているのである。

表6—2　函館市工業の事業所、従業者、出荷額等（2014）

区分	事業所数（件）	（%）	従業者数（人）	（%）	製造品出荷額等（100万円）	（%）
函館市計	283	100.0	7,885	100.0	173,330	100.0
食料品	129	45.6	4,611	58.5	94,727	54.6
飲料・飼料	6	2.1	142	1.8	2,278	1.3
繊維工業	11	3.9	147	1.9	1,429	0.8
木材・木製品	6	2.1	64	0.8	935	0.6
家具・装備品	8	2.8	88	1.1	850	0.5
パルプ・紙	2	0.7	56	0.7	x	x
印刷	20	7.1	274	3.5	2,966	1.7
化学工業	4	1.4	110	1.4	5,468	3.2
石油・石炭	—	—	—	—	—	—
プラスチック製品	2	0.7	51	0.6	x	x
ゴム製品	1	0.4	12	0.2	x	x
なめし革・毛皮	—	—	—	—	—	—
窯業・土石	4	1.4	61	0.8	921	0.5
鉄鋼	1	0.4	80	1.0	x	x
非鉄金属	—	—	—	—	—	—
金属製品	29	10.2	333	4.2	7,496	4.3
はん用機械	8	2.8	60	0.8	867	0.5
生産用機械	11	3.9	325	4.1	7,218	4.2
業務用機械	3	1.1	35	0.4	765	0.4
電子部品等	3	1.1	465	5.9	11,460	6.6
電気機械	3	1.1	21	0.3	403	0.2
情報通信機械	2	0.7	89	1.1	x	x
輸送用機械	22	7.8	783	9.9	29,843	17.2
その他	8	2.8	78	1.0	706	0.4
機械金属系10業種	82	29.0	2,191	27.8	x	x

注：従業者4人以上の統計。
資料：表6—1と同じ

2．函館地域の新旧の機械金属工業

　かつての函館機械金属工業は、函館どつくを軸にした造船、そして、水産都市を背景にした漁労機械関係が中心であった。基幹の函館どつくは補論3でみるように、1970年代末から大きく後退している。漁労機械についても、日本の水産業全体の衰退の中で、これも大きく後退している。函館の製造業、機械

金属工業も大きな転換点を迎えている。

このような中で、新たなタイプの中小企業も生まれつつある。その代表的なケースは、1989年創業の専用機メーカーのメデック、もう一つは、漁労機械から真空装置に転換した菅製作所ということになろう。特に、菅製作所の場合は、テクノポリス構想により設置された北海道立工業技術センターの支援の下に新たな領域を切り拓いていったことで注目される。

また、函館の中には造船、漁労機械以外の独自な領域に踏み込んでいる中小企業も存在している。本節で検討する鋳鉄管の村瀬鉄工所、釣りの錘を生産するフジワラなどの中小企業もある。これらの中小企業は造船、漁労機械の衰退とは関わりなく、独自な存立基盤を確保しているのであった。

(1) 函館市／水道用異形鋳鉄管の製造
——函館の代表的名門企業の行方（村瀬鉄工所）

函館市、かつては北海道の入口として大きく繁栄した。1923（大正12）年の関東大震災の頃には、東日本で最も繁栄する都市として、東京の料理人たちが一斉に避難していったとされている。函館の食のレベルが高いが、こうしたことが背景にある。また、近代都市形成の基本である近代水道の敷設が1889（明治22）年と、横浜市の1887（明治20）年に次いで全国2番目の早さであった。このような事情の中で、地元函館での水道管製造が課題とされ、1914（大正3）年に鋳造業の村瀬鉄工所が函館市の求めにより水道配管用の異形管、鉄蓋、地下式消火栓等の製造に踏み出していった。以来、100年以上、村瀬鉄工所は函館を代表する機械金属系の企業として興味深い歩みを重ねてきた。

▶村瀬鉄工所の歩みと輪郭

村瀬鉄工所の創業者は岐阜県関市出身の村瀬定次郎氏（1868年生まれ）、美濃の国で鋳物の修業を重ね、1896（明治29）年に函館に渡る。1901（明治34）年に地元の星野鋳物工場に入り、鍋釜、竈などの家庭用金物の生産に従事していった。1907（明治40）年、村瀬定次郎氏は函館市栄町で村瀬鉄工所を創業している。約330 m^2の工場で鍋釜等の家庭用鋳物製品を生産していった。

1914（大正3）年には鋳造に加え、旋盤、ボール盤等を導入して機械加工部門を充実させていった。この頃、近代水道を展開していた函館市からの要請で、水道配管用製品の鋳造に入っている。

　戦時中は統制経済の下、軍需関係の鋳物以外の生産は禁止となり、手榴弾の筒などの生産に従事していた。戦後は家庭用金物の需要が急増し、さらに、上水道の新設が続き、異形管等の水道用鋳物の市場が拡大した。1954年には久保田鉄工（現クボタ）の要請により北海道向け異形管のOEM生産に踏み切っている。以後、水道用異形管のメーカーとして独特の発展を重ねてきた。

　この間、1957年に札幌工場を新設、1960年にはクボタの協力工場として本州方面向けの水道管生産がメインになっていった。函館の工場もいくつか移転を重ね、現在の函館工場（函館市昭和）は1966年に移転新設、札幌工場（札幌市東区の丘珠鉄工団地）は1974年に移転新設されている。函館工場の敷地面積は2万0533 m^2、製造工場は8930 m^2、従業員は約70人、札幌工場の敷地面積は1万3366 m^2、製造工場は6930 m^2、従業員約70人を数えている。なお、女性はほとんどいない男性型の事業所であった。

　主要な製品は、上下水道用ダクタイル鋳鉄異形管、耐震用ダクタイル鋳鉄異形管、工業用水用・ポンプ用ダクタイル鋳鉄異形管、押輪、接合部品、地上式

出荷を待つ異形鋳鉄管

消火栓、鉄蓋、仕切弁筐、各種鋳鉄筐とされるが、異形管については最大1トン、口径（内径）75〜800 mm、長さ2.5 mまでのものを製造している。JIS、業界の規格品は約1000種、特注品が年間3000種類もある。主要な受注先は札幌市、函館市をはじめとする道内の水道局をはじめ、クボタ、渡辺パイプ、太三機工、富士機材、札幌大成機工、北陽、栗林商会、新栄クリエイト等の全国の水道資材商社等であった。自治体から直接の場合もあるが、大半は商社を経由している。

▶公共投資の削減により、市場は縮小

異形鋳鉄管の主要な製造工程は、以下の通り。ユーザーから製品図が届けられ、木型の調整を行い、造型する。他方、原材料を厳選し、溶解（電気溶解炉2基）、成分調整し、注湯する。冷却してから砂落とし、ショットブラストをかけ、バリ取り、機械加工を加え、水圧試験、外観等の検査、そして、内外面塗装（粉体塗装）を加えることになる。

同業者は20年前には全国に22社とされていたのだが、市場が20年前に比べて40％程度に低下していることから退出が続き、現在では同業者は全国13社に減っている。北海道に2社（もう1社は札幌の鶴巻工業）、東北1社、関東3社、中部3社、関西2社、中国四国1社、九州1社となっている。

1995年の阪神淡路大震災後、水道管の耐震化が課題とされ一気に市場が拡大したが、2000年前後がピークであり、その後は漸減、ピーク時の年間60万

鋳造工程　　　　　　　　　　バリ取り工程

トンに比べ40％の水準に低下している。特に、財源の乏しい地方都市の仕事の落ち込みが著しい。海外との関係は、一時期は韓国からの輸入があったのだが、現在では途絶えている。また、日本より60％安いとされる中国製は一部に輸入され、日本の企業で塗装され、保証をつけて納入されている。他方、輸出は為替次第であり、一時期は売上額の20％を占めることもあったが、2015年は4〜5％にとどまっていた。以上のような基本的な環境の中で、村瀬鉄工所の場合は、1999年には最高の売上額35億円を上げたが、その後、30億円弱で推移し、2015年は24億円となっていた。

▶確実な仕事をベースに視野の拡大を

　村瀬鉄工所の現在の社長は4代目の村瀬充氏（1954年生まれ）、横浜国立大学工学部電気工学科を卒業後、将来経営者になることを意識し、経済学部で2年聴講を重ねた。その後、クボタに入社し京葉工場に4年在籍、北海道に戻ってきた。当初は札幌工場勤務であり、14〜15年勤めてから函館工場に来た。2000年、46歳で社長に就任している。60代に入ってきた村瀬氏は函館産業界の重鎮となり、函館の「産学連携『クリエイティブネットワーク』」の代表幹事などを務めていた。

　日本が成熟し、縮小経済に入っている現在から将来にかけて、国内市場はさらに縮減していくことが予想される。そのような状況の中で、村瀬氏は以下のような課題を指摘していた。第1は「コストダウン」の追求とされていた。ただし、衰退気味の業界の中でコストダウン競争が進むと、価格低下に歯止めがかからず、悪循環になっていくことが懸念されていた。第2は、鋳物の新分野への進出が挙げられていた。例えば、軽量化が求められる自動車鋳物の薄肉化も視野に入っていた。ただし、この分野も素材転換が進められており、将来的には不安がある。このように、若干の不安要素があるものの、低コスト

村瀬充氏

化と新分野への展開は不可欠であろう。

　さらに、もう一つの要素としては海外市場、輸出の重要性も高いと思う。日本製は過剰品質ともいわれているが、品質の信頼性は高い。また、日本の水道システム全体への評価も高い。そのような意味では、先進国向けに水道システム全体の輸出、また、異形管単体での輸出の可能性も高いのではないかと思う。寿司、和食、日本酒と日本製に対する関心が高まり、それは鋳物、機械加工部品等の工業製品にまで及びつつある。そうした流れを受け止め、品質の高い確実な製品として、特に先進国市場を模索する必要性は高いと思う。そうした点にも取り組んでいくことを期待したい。

（2）北斗市／釣りの錘の世界を切り拓く
──新製品開発、環境関係へも配慮（フジワラ）

　イカの町といわれる函館、漁業をベースに造船業、漁労機械、水産加工業まで幅の広い水産関連産業集積を形成している。その函館に隣接する北斗市に、釣りの錘(おもり)の世界でこの道50年の独特な存在感を示す企業が存立している。

▶レジャー用錘の世界に踏み込む

　フジワラの創業者である藤原鉄弥氏（1943年生まれ）の父は、函館の自宅

藤原鉄弥氏　　　　　　　錘の製品／塗装の準備

で動物の角、骨などをベースにする釣針を製作していた。また、その仕掛けに鉛を使っており、北洋漁業が盛んであった時代にはマニラロープに鉛の錘をつける仕事もしていた。藤原氏は地元の高校を卒業後、父の仕事を5年ほど手伝っていたのだが、父がやめることになり、1967年、24歳の時に自宅で資本金30万円の㈲藤原鉛加工所を1人で設立、漁網用の錘を製作する仕事に入っていった。弟も直ぐに入ってきた。当時、鉛は高価なものであり、商社から原料を預かり、その下請として始めていった。まだ北洋漁業は全盛であり、良い時代を過ごすことができた。

　第1回目の転機は、1970年の頃に訪れる。耐久性の大きい合繊のロープが登場、さらに、合繊ロープの中に鉛線を入れたものが出てきて、マニラロープは消えていくことになる。マニラロープは1年程度しか持たないのに対し、合繊ロープは数年は持った。このような事態に対して、藤原氏は1971年にはレジャー用の錘に転じていく。特に、1972年には岸壁釣り用のナス型の錘5種を開発、北海道から青森周辺で使われていった。

　1975年頃になると、釣りブームが起こり、従来は釣り道具屋が暇な冬季に手作りしていた錘の需要が拡大、藤原氏の下にも依頼が多く来るようになった。ただし、市場拡大に伴い競争も激化していく。錘は釣り道具屋の目玉商品となり、価格が下落していく。ある時、藤原氏は岸壁のあたりを歩いていたのだが、コンクリートの上に放置されていた錘が黒くなっていることを発見、カラー化することを思いつく。1985年には釣り業界初のカラー錘を発売している。特に、鰈（かれい）の豊富な宮城県の塩竈湾でよく使われ、「鰈釣りには色付き錘」といわれるほどになっていった。この少し前の頃から、釣り錘用の自動鋳造機を導入し始めている。これが第2の転機となった。

▶釣りの錘のリーディング企業に
　第3の転機は、1980年代末に青森市の著名な釣り師である西田豊忠氏との出会いから始まる。西田氏はある時、釣具店でルアー（疑似餌釣り）の錘のスプーンを見掛け、岸壁の根魚釣りに使えるのではないかと考えて購入した。岸壁からテトラポットの間に落とすと左右の動きが大きすぎて根掛かりになって

塗装前の準備工程

しまった。沈下速度を少し早めることを考え、早速、鉛のナス型錘を叩いて薄くし、カーブをつけ短冊状にしてみた。これを試してみると釣果が著しいものであった。ブラクリ（錘）とルアーを掛け合わせたものとして「ブラー」と名付けられた[1]。

　そして、西田氏はこれを量産するものとして藤原氏を訪ねてきた。それから十数年をかけて開発を進め、1989年には藤原鉛加工所から西田式ブラーが生産・販売されていった。重さ3タイプ、色3タイプの9タイプを作り、西田氏と藤原氏は全国の釣り場を行脚していった。西田氏が訪れると地方紙の記者が付いてきて、記事にしてくれた。ここから西田式ブラーはブレークしていった。現在、岸壁釣りの用具としては基本となっている。現在では中国製のコピー商品が出回っている状況である。なお、1992年には社名を現在のフジワラに変更している。また、現在地の北斗市には1999年に函館から移転してきている。

　現在のフジワラの従業員数は48人（女性パートタイマー20人を含む）、営業所を東京（3人）、札幌（1人）を出している。藤原氏の長男（41歳）は常務として社内の現場に立っていた。次男（36歳）は東京営業所にいる。製造は鉛のインゴットを調達、溶解して成形、さらに、塗装を重ねていく。鋳鉄（鉛より比重が30％小さい）ものは中国で成形されたものを入れ、社内で塗装

していた。アイテム数は3000を超えていた。販売先は従来はレジャー用70％、漁業用30％であったのだが、近年は釣り人口の減少からレジャー用65％、漁業用35％となっていた。

　釣り人口は1990年の釣りブームの頃は2000万人といわれたものだが、2002年には約3分の1の670万人まで落ちている。その原因は、気軽に釣れる場がなくなっているからとされていた。この業界、ライバルも多く、市場縮小の中で競争も激しいが、フジワラの売上額はさほど減少はしていない。それだけブランド力があるということであろう。最近の年売上額は4億4000万円を上げていた。

▶市場縮小、環境問題の中での次の課題
　釣り具をめぐる最近の課題は、釣り人口の減少、漁業の衰退に加え、環境問題も加わってきた。「鉛フリー釣り用錘」の実用化が求められ、フジワラも2000年には「全製品のコーティング化宣言」を発し、2001年からは「鉛フリー釣り用錘」の開発に踏み出している。そして、2006年には「鋳鉄製船釣り用錘」の特許認定を受けた。現在、日本国内の釣り用錘で鉛フリー製品は5％程度にしかすぎないが、今後、環境問題の高まりの中で、普及していくことが見込まれる。業界のリーディング企業としては、そのような取組みを積極的に進めていくことが望まれる。また、塗料についても規制が次第に厳しいものになり、使えるものが限られ、価格も高騰している。こうしたことも懸念材料のようであった。

　ここまでのフジワラの発展を基礎づけたのは、藤原氏の製品開発力であった。最近では営業サイドからも新製品のアイデアが出るようになってきた。市場縮小の中で生き延びていくには、不断の新製品開発が求められ、また、海外市場等の開拓等も必要になろう。さらに、釣り用錘の開発で得たノウハウを他の事業分野に活かしていくことも重要なテーマとなろう。イカの町函館から生まれた釣り用錘のフジワラは、幾つかの転機を乗り越えてきたが、ここでもう一つの取組みが求められているのであった。

(3) 函館市／北海道を代表する専用機メーカーに
──函館にこだわり、高専卒を採用（メデック）

　機械金属工業の中には、一品の装置ものを設計・製作していく自動機、専用機メーカーという存在がある。その場合、機械加工（切削、研削）、鈑金、鋳物、鍛造、メッキ、塗装、プリント基板等、機械工業の要素技術の全てを必要とする。このような領域の仕事は機械金属工業の集積の著しい東京大田区～川崎市、東大阪、あるいは精密機械工業の集積する長野県諏訪～岡谷地区などで発達していた。全般的な傾向として、集積の中の要素技術を必要に応じて組織していくことが行われてきた[2]。

　例えば、東京大田区の専用機メーカーは、従業員規模20～40人である場合が多く、社内には開発・設計と組立部門以外は置いていない場合が少なくない。加工部門は地域の中小企業に広く依存する形となっている。個々の仕事に対して必要とされる要素技術の組み合わせが異なり、専用機メーカーがその全てを抱えていくことは現実的ではない。地域的な技術レベルの高い要素技術の拡がりがベースとなるであろう。このような事情から、工業集積の密度の薄い地方圏では、専用機メーカーはなかなか育ちにくい。

　この点、北海道をみると、この二十数年の間にようやく全国レベルの専用機メーカーが育ってきたことが指摘される。代表的な存在は、ここで検討する函館のメデック、そして、第4章4─(1)でみた石狩のシンセメックであろう。これらの企業は、特に、苫小牧～千歳地区に進出してきたトヨタ系企業の専用機、自動機製作に大きな力を発揮してきたことから、近年、注目度が高まっている。

▶メデックの輪郭

　函館市の臨空工業団地（鈴蘭丘町）に立地するメデック、北海道の地場の機械関連中小企業として注目度が高い。創業社長の漆嵜照政氏（1953年生まれ）は、函館市の出身、函館高等工業専門学校の第7期生として卒業、神奈川県の自動車関連のプレス工業に就職する。設計部の構造解析でトラックのシャーシの設計に従事していた。4年ほど経った頃に、函館の父が倒れ、帰郷すること

漆嵜照政氏

森精機のMC、NCを装備

になる。家業は靴の付属品の卸をやっていたのだが、漆嵜氏は家業には就かず、地元函館の名門機械商社である半田機械器具（現ハンダ）に入社する。半田機械器具には13年勤めた。その間、社内で装置ものを作る部門を立ち上げたのだが、うまく機能せず、独立創業することにする。1989年、函館市鍛冶町でアパートの2室を借り、メンバー4人でスタートした。社名のメデックはMechanical Design Engineering Companyからとった。

　当初から装置ものを手掛け、地元函館の日立北海セミコンダクタ（現ジェイデバイス[3]）の仕事から始めた。メンバーが少ない中で、機械加工、配線、組立、販売も全て自力で行っていった。専用機メーカーであることから機械加工などの多様な要素技術が必要になるが、函館地方には十分な加工企業がなく、翌1990年にはプロメック函館工場を設立、機械加工を内部化していった。1993年には札幌にプロメック札幌工場を設置している。

　1995年には函館市臨空工業団地に新社屋を構えた。その頃から、事業が軌道に乗り始め、1998年には秋田営業所、2002年には山形営業所（米沢市）を設置、2003年にはCAMセンター、2006年には函館第2工場開設、2012年には千歳営業所の開設と重ねてきた。秋田営業所（2人）はマイクロン秋田（雄和町、旧秋田エルピーダメモリ）対応、山形営業所（3人）はルネサスセミコンダクタパッケージ＆ソリューションズ（米沢市、旧日立北海セミコンダクタ

| メデックの組立職場 | 機械加工部品 |

米沢工場)、千歳営業所(15人)は日立北海セミコンダクタ千歳工場対応であったのだが、最近はデンソー北海道(千歳市)向けが急増していることから、千歳の営業所の要員を充実させていた。山梨工場(10人、上野原市)は、以前は外注工場であったのだが、資本を入れて傘下に納めていた。

▶専用機製作と精密機械加工

　このような事情から、メデック・グループは、㈱メデック(函館本社、札幌、秋田、山形、千歳)、㈱プロメック(函館本社、札幌)、㈲サーフェイスヨシムラ(山梨)、㈲CAMセンター(函館)の4社から構成されている。グループ全体の従業員数は197人(男性148人、女性49人)、機械設計27人、電気・ソフト設計26人、製造44人、加工39人、CAM8人等からなっている。設計、CAMの部門に女性が11人起用されていた。

　売上額の推移は、創業4年目の1992年には5億円を超え、6年目の1994年には10億円に到達、2000年には27億円を超えた。さらに、2006年には43億円に達したのだが、リーマンショック後の2009年には21億円と半減を経験している。創業以来、初の赤字決算となった。その後は順調に回復し、2016年2月決算では46億6000万円と過去最高を記録している。連結分を合わせると52億円を超える。北海道の機械金属関連企業の中では、最も勢いのある企業の一つといえそうである。

　メデックは創業以来、「自動機製造」「精密機械部品製作」「産業機器販売」

を三つの柱としている。また、主力のユーザーは、当初は半導体関連であったが、その後は、水晶振動子関連、液晶関連、そして、現在は車載用センサ部門と拡げてきた。この点、2011年の東日本大震災後に半導体の切断装置のディスコ（広島、東京大田区）との付き合いが出来たことが大きい。ディスコの主要外注加工企業は熊本、鹿児島、宮崎等の南九州に集中している。大震災以降、ディスコはリスクヘッジを意識し、函館のメデックにオファーをかけてきた。そして、2016年4月の熊本地震後、さらに仕事量が増えている。特に、三本柱の一つの精密機械部品製作部門はディスコからの受注が大半を占めるものになってきた。

漆崎氏は「ディスコのおかげで、当社の加工技術が上がった」と語っていた。全国の機械工業を意識している身からすると、東北、九州に展開した半導体製造装置の東京エレクトロン、ディスコ、そして、真空装置のアルバック（旧日本真空技術）の3社が地域の中小企業に与えた影響は極めて大きいとみている。東北、九州の精密機械加工、精密鈑金加工は一気にレベルを上げたことが実感される。

メデックの場合は、このようなディスコとの取引がキッカケになり、自動車関連のダイナックス（千歳、苫小牧）、デンソー（千歳）、パナソニック（千歳）などとの取引が深まっていった。さらに、装置ものの海外はルネサス関係（蘇州、北京、マレーシア、ケナン）、そして、国内はジェイデバイス函館工場との取引をキッカケに、ジェイデバイスの工場が多い九州全体にも拡がっていった。メデックの仕事はすでに北海道の範囲を超え、全国、海外まで視野に入っている。なお、数年前から取引が開始されたトヨタ系最有力企業のデンソー北海道の仕事が一気に年間8億円規模に達していることが注目される。デンソー側のメデックに対する評価は高い。

▶メデックの次の課題

地方に立地する専用機メーカーとして、メデックは興味深い発展を成し遂げているが、幾つかの点で際立った点のあることが指摘される。第1は、周辺に外注加工企業を確保できないことから加工部門を備えているという点であろう。

専用機メーカーの規模が拡大していくと、仕事の繁閑の差が大きなものになってくる。そのような場合、その差を埋めるものとして、一つは加工部門が独自に受注を重ねるという場合と、もう一つは自社製品を開発・販売しようとする場合がある。いずれも課題と可能性があるが、メデックは加工部門の内部化を選択していた。この加工部門は社内の専用機製作を支えるものであると同時に、最先端の世界をリードしていくために独自にレベルを上げて行くことが求められる。

　もう一つの特徴は、社長の漆崇氏が函館高専卒業生ということもあり、これまで高専卒業生を重点的に採用してきた。約200人の従業員のうち函館高専卒が60人にも達していることは興味深い。その他にも北海道内の高専卒も少なくない。このような事情から「メデックは高専卒ばかり」の印象となり、大卒、工業高校卒等の若者にとって敷居が高いものになっている。ここまでは函館高専卒のアイデンティティが効果的に働いたであろうが、メデックが人的にもさらに優れた集団になっていくためには、他の育ちをした人材を入れていくことが必要になってきているように思う。函館から全国、世界に向けて新たな取組みが求められているのである。

　これらを含めて、メデックの存在はモノづくり産業不毛の地とされてきた北海道に大きな勇気を与えている。デザイン、設計、開発、そして、加工技術も含めて、さらに進化していくことが期待される。

（4）北斗市／漁労機械部品製作から真空装置へ転換
　　――当初のOEM生産から、自社製品に向かう（菅製作所）

　全国の各地域には、機械加工や製缶・溶接をベースにする伝統的な鉄工所が広く存在する。これらの多くは地元需要に対応してきた。漁業基地であれば漁労機械、繊維産地であれば繊維機械、鉱山地帯では鉱山機械等の修理、部品製造、機械製造などに従事してきた。だが、この四半世紀、いずれの地域も伝統的な地域産業は困難な時代を迎えている。

　北海道函館市の隣の北斗市、北海道新幹線の新駅（新函館北斗駅）の建設で沸いているが、そこに菅製作所が立地していた[4]。

菅育正氏（左）と菅鉄夫氏

菅製作所の自社製品

▶工業過疎地での伝統的企業の２代目の挑戦

　北海道函館地域、かつて拡がっていた造船、漁労機械などの基幹産業の影は薄くなり、新たなタイプの企業が目立ち始めている。工業過疎とされていた北海道にも半導体製造装置等の先端技術分野に取り組んでいる企業が登場しつつあった。その中の一つ、菅製作所の歩みと取組みは、たいへんに興味深い。地場産業関連の漁労機械から時代の先端を行く真空装置製造に見事に転換していた。

　菅製作所の創業は、戦後まもなくの1946年1月。日魯漁業の缶詰機械などを製作する企業にいた先々代が、函館市内で独立創業した。漁船のエンジンの修理、缶詰機械の部品などの製造からスタートした。こうした領域は意外に精度も厳しく、菅製作所のその後の技術基盤を形成するに大きく貢献した。だが、先々代は1955年2月に急逝する。当時、卒業間近の高校3年生であった菅鉄夫氏（1936年生まれ）が、従業員5人の菅製作所を引き継ぐことになる。一回り以上も年上の従業員を抱え、ここから菅鉄夫氏の挑戦が始まる。

▶漁労機械から真空装置メーカーへの転換

　1963年には、漁船用の電磁クラッチの生産に踏み出す。漁船の高速化が進み始めた時代であり、標準化を追求した菅製作所の製品は爆発的に売れた。だが、1980年前後から漁業全般が下り坂となる。次の製品を模索し始めた頃、1986年、函館市郊外に北海道立工業技術センターが設立される。函館テクノ

漁撈機械の組立	機械加工職場

ポリス建設の一環としてであった。

　工業技術センターのオープン時に、「新技術サロン」という異業種交流組織がスタートする。地元メーカー20社が参加し、四つの専門部会が組織され、その一つに「真空」部会があった。当初、工業技術センターには真空の専門家が3人所属しており、そこに参加していた菅鉄夫氏は、なんとなく「次は、真空かな」と考えていた。

　1995年には、いよいよ漁労関係の仕事は乏しいものとなり、「真空」に踏み込むことを決意する。ただし、何をやってよいかわからなかった。その頃、たまたま、北海道大学の真空関係の教授から、ある人物の紹介を受ける。函館出身で北海道大学を卒業後、島津製作所で15年、真空関係の仕事に従事してきた技術者であった。Uターンを希望していた。この技術者の採用（1997年）が、その後の菅製作所を大きく変えていく。

　さらに、当時、工業技術センターの研究員であった加賀壽氏（日本製鋼所、室蘭工業大学教授を経て、その後、函館市産業支援センター専門員）が、住友石炭鉱業からの「有機薄膜製造装置」の仕事を紹介してくれた。この受注がその後の菅製作所の「真空」への転換の大きなキッカケとなっていった。以後、アネルバ（現キヤノンアネルバ）、北海道大学などから順調に「真空装置」の受注を重ね、当時、従業員21人の菅製作所は、真空関係の専門メーカーへの転身を果たしたのであった。

▶3代目へのバトンタッチと自社ブランドへの転換

　2004年4月には、菅鉄夫氏は会長になり、社長には3代目の菅育正氏（1965年生まれ）が就いた。会長は「私は49年も社長をやってきた」と語っていた。育正氏は3人兄弟の長男。函館高専機械科を出た頃は「継ぐ気はなかった」と語っている。卒業後は千葉県の射出成形企業に就職する。現実の社会に入って、ようやく家業に関心を抱くようになる。

　丁度その頃、先の北海道立工業技術センターがオープンする。工業技術センター設立の条件として、民間からの研究員を4人受け入れることになっていた。父の勧めで、育正氏はUターンし、研究員として3年間を工業技術センターで過ごす。工業技術センターではメカトロニクス部門に配属され、制御、測定関係に就いていた。この3年間は大学院生活のようなものであり、3代目の育正氏はメカトロニクスの基本を身につけることができた。また、センターの研究員、さらに幅の広い人脈を身につけた意義は大きい。

　現在の菅製作所の総合カタログをみると、光放出電子顕微鏡、ALD（Atomic Layer Deposition、原子層堆積）装置、スパッタ装置、アニール装置、雰囲気制御加熱炉、ウエットエッチング装置、電磁ロータリーポンプバルブなど、真空系、半導体系の研究開発用装置群が並んでいる。特に光放出電子顕微鏡はドイツの技術を基本とするものであり、日本では菅製作所1社のみ。世界でもドイツに3社あるのみである。これらは、数年前まではOEMとして供給するものが70〜80％であったのだが、現在では逆転し60％は自社ブランド化している。主たる受注先は北海道大学などの大学関係に加え、キヤノンアネルバ、住友石炭鉱業などであった。

　この10年、受注にあまり大きな変動はなく、従業員規模は30人前後、売上額も3億円前後で推移してきた。2008年のリーマンショックで半導体関係、研究開発関係は縮小したが、2011年の東日本大震災後は漁船の回復が進められ、漁労機械の部分が拡大し補ってくれた。ただし、震災特需も2015年に入る頃には終わった。

　次第に自社ブランドの比重が高くなっているが、今後は代理店を組織して積極的に販売していくことを構想していた。特に、北海道新幹線開業により東北

が近くなる。東北大学をはじめとする大学、また、東北には半導体関連、真空関係の企業も少なくない。さらに、アジア諸国地域の産業化の高まりの中で、10年後ぐらいには海外販売比率を10%程度にしていくことを視野に入れていた。

このように、菅製作所は、2代目が漁労機械関係の鉄工所から真空への足掛かりをつけ、3代目が真空関係を具体的な事業にし、さらにOEMから自社ブランド化へと進んでいるのであった。

3. テクノポリス、産学官連携から生まれる

伝統の造船、漁労機械が衰微していく中で、新産業創出は函館製造業の大きな課題であり、テクノポリス構想をベースに多様な取組みが重ねられていった。このような中で、幾つかの興味深い中小企業も生まれてきた。函館テクノパークの中には、北海道立工業技術センター、函館市産業支援センターが設置され、創業支援のインキュベータルーム、インキュベータファクトリーが用意されている。

このようなインキュベーション施設から新たな中小企業が育ち、一人立ちしていくことは難しいのだが、函館では、漁業用、農業用のプラズマ照明に展開する仁光電機、そして、独特なソフト開発に向かうマイスターの2社が生まれた。いずれもインキュベーション施設から独立し、函館テクノパーク内に用地を取得、新たな展開に向かっているのであった。

この節では、この2社に加え、函館市内で独自的な専用機メーカーに育ったメデックからさらに独立創業していったコムテックに注目していく。

(1) 函館市／集魚灯から出発し、光の可能性に向かう
　　——漁業から農業までを視野に入れる（仁光電機）

近年の漁船漁業は、魚群をソナーで追跡し、あるいは、集魚灯により魚を集めるなどの方法が採られている。漁業基地の北海道函館市には、漁船関係の企業が少なくない。函館市が造成した函館テクノパークの一角に集魚灯の仁光電

柏谷和仁氏

函館テクノパーク内の仁光電機の新社屋

機が立地していた。1990年に創業しているものの、2006年から従来の集魚灯に代わる次世代型集魚灯の開発に向かい、2008年には函館市のインキュベーション施設に入居、その後、製品化に目処が立ち、2013年には函館テクノパーク内に新工場を建設するという興味深い展開を重ねていた。

▶インキュベーション施設から、新工場建設

函館出身の柏谷和仁氏（1965年生まれ）は、学校卒業後、技術者として横浜のウシオ電機に勤めていた。35歳の頃の2000年、函館の父が体調を崩し、介護を担う母が参ってしまい、帰郷することにする。父は函館で集魚灯の販売会社の営業に従事していた。函館に戻ってしばらくすると、父の体調も戻り、何か事業を興そうと考え、ウシオ電機で海洋関係の経験もあったことから、2000年、函館で6畳2間のアパートを借り、水銀灯とイカ吊機械の販売を開始している。父が営業、柏谷氏が技術を担当した。イカ吊機械は静岡県清水市（現静岡市）の三明のものを扱っていた。当時、水銀灯の市場は安定していたが、イカ釣機械は大きく変わり始めたことから、水銀灯、集魚灯の領域にシフトしていった。

現在のイカ吊りの方式は、ソナーでイカの塊をみつけ、真っ暗な中で釣り上げるスタイルが主流とされている。1本の糸に30本の針を付け、2本ずつの糸

HID 作業灯

12〜13組を海中に下ろす。約600〜700本の針を下ろすことになる。餌は付いていない。イカは光を嫌うことから、このような漁法が採られている。このイカの習性を受けて、仁光電機は海中に光を差し込んで檻を作り、イカを逃がさない方式を考えていく。併せて、従来の集魚灯はメタルハライドランプ（MH）といわれるものであったが、2006年から次世代型ランプとされ指向性の強い自動車に採用されているHIDランプに向かっていく。

この開発のために、2008年には函館市産業支援センター内に設置されていたインキュベータファクトリー（貸試作工場）に入居する。函館市産業支援センターの隣には北海道立工業技術センターもあり、その指導を受けながら5年の歳月をかけてHID集魚灯を完成させた。この製品は集魚灯としてばかりでなく、鱈の刺し網漁の海底をのぞく作業灯としても採用されていった。これらを踏まえて、手狭にもなったことから2013年には函館テクノパーク内に用地（約1000 m^2）を取得、新工場を建設して移転した。なお、この函館テクノパーク一帯に、先の函館市産業支援センター、北海道立工業技術センターが立地している。

▶プラズマ照明で新たな可能性に向かう

現在の従業員数は粕谷氏を入れて7人（男性5人、女性2人）であり、全員

技術系であり、手直しに歩きながら営業していく。また、加工、組立は外注依存であり、北広島市の鈑金業者のワールド山内に任せていた。さらに、仁光電機には設計者を置いていないことも一つの特徴であった。技術的な面をワールド山内に伝えると、山内側がうまく形にしてくれていた。販売先は北海道全体と北東北の青森県、岩手県あたりであった。沿岸の漁船を保有している漁業者が販売先だが、最近は補助金の関係から漁協を通すことが多い。また、現地の業者を代理店としてメンテナンスなども依存していた。

東日本大震災津波で、特に岩手県、宮城県の大半の漁船は流失し、水産庁の補助金により回復が図られたが、2014年までにはほぼ終了している。一般的にはエンジンメーカーが元請けになり、地元の漁船電装業者が軸になり仕事が来た。仁光電機の場合は、津波被災地では気仙沼市の石川電装から受注していた[5]。

集魚灯、作業灯にHIDランプを使用してきたが、3000時間（1〜3年）で切れることから、新たな光源としてプラズマ照明（LEP）を採用していた。この技術はアメリカのものであり、太陽光とほぼ同じ波長を持つ。また、寿命は5万時間とされる。アメリカでは高速道路の街路灯、空港施設、さらに農業に使われている。日本は全体的にLEDに傾斜しているが、LEDは光の波長は限られており、農業にはあまり向かないとされている。

仁光電機は漁業用としてLEPに取り組んできたが、農業用としての可能性が大きく、植物工場等の施設栽培用に開発を進めていた。仁光電機のリーフレットでは、「植物の健やかな成長には、太陽光に含まれる赤外線、可視光、紫外線など幅広い光の波長が必要です。例えば、花の咲く前の段階では青色光が、花時期には赤色光が葉緑素の働きに影響を与えます。また、紫外線は植物を丈夫にし、病気になり難くします。プラズマ照明は太陽光に近く、成長に必要な波長が全て含まれています」としていた。

集魚灯から出発し、光源を水銀灯からHID、さらにプラズマ照明へと移し、さらに、漁業から農業にまで範囲を広め、新たな可能性に向かっていた。仁光電機の場合、1990年にスタートしているものの、実質的なスタートはHIDライトの開発に入る2006年であり、函館市のインキュベーション施設で開発を

重ね、そこでインキュベートし、新工場に移っていった。インキュベーション施設から飛躍するケースが少ない中で、興味深い歩みとなっているのであった。

(2) 北斗市／一人で難しい機械を受ける
──函館高専出身の機械技術者(コムテック)

　北海道函館市、道南の拠点であり、港湾都市であることから、漁業、水産加工業に加え、関東以北で最大の造船所であった函館どつくを頂点にする造船関連企業が集積していた。このような状況を背景に、函館高専が設置されている。国立の高専は全国70校弱とされるが、北海道には4カ所(函館、苫小牧、旭川、釧路)設置されている。そして、この函館高専からは多くの技術者が輩出されている。代表的な存在は、現在、北海道で最も有力な専用機メーカーとされているメデックの漆嵜照政氏(1953年生まれ)であろう。

　その函館高専出身で漆嵜氏と一緒にメデックを立ち上げ、その後、独立創業した人物が函館市に接する北斗市の一角で、1人で機械の製作に従事していた。

▶メデックを立ち上げ、袂を分かつ

　板東忠典氏(1962年生まれ)は函館郊外の農家の生まれ、長じて函館高専機械科に進学、父は「耕運機を直せればいいか」と考えていた。ところが、板東氏は農家を継ぐ気はなく、卒業後は東京大田区のベアリングメーカーのNSKに入社する。3年が経った頃に父が倒れ、帰郷する。函館に戻り、高専

製作中のイカ・ロボットと板東忠典氏

工房の趣の組立場

に挨拶に行くと、教授から「半田機械器具（現ハンダ）に手伝いに行け」といわれた。ハンダは函館を代表する機械商社であり、漆嵜氏がいた。

　ハンダにはそのまま居ついて設計に従事していたが、3年ほど経った段階の1989年、漆嵜氏とメデックを立ち上げていくことになる。当時、函館には日立の半導体工場（日立北海道セミコンダクタ、現ジェイデバイス）があり、そこの専用機製作を目指した。漆嵜氏、板東氏、その他2人の4人の旅立ちであった。漆嵜氏とは8年間一緒にメデックを育ててきたが、途中で意見が合わなくなり、板東氏は1996年にはメデックを離れていく。当時、メデックは40人ほどの規模になっており、板東氏は部長職であった。

　メデックを退職した板東氏は、1996年11月に函館市内の小さな借家でコムテックを立ち上げている。板東氏と従業員2人の3人の旅立ちであった。なお、コムテックの名称は、Community of Machine Technic を略して命名した。当初はハンダからの依頼でドライアイス製造機等の食品加工機械を製作していった。2000年を過ぎた頃からは公共投資が半減し、その影響は大きく、従業員は最大4人いたものの、現在では0.5人とされていた。函館高専で技官を退職した69歳の人であり、週に3日来てもらっている。手伝い程度であった。現在の本社は農家の父が亡くなり、遺産相続で得た資金で2011年に建設している。2階はアパート（3室）として貸していた。函館市から北斗市に少し入ったあたりであった。

▶職人仕事、名人仕事の機械屋

　板東氏は「来るもの拒まず」「知り合いからの紹介以外やらない」「ウチには、安くて難しいものしか来ない」「初物ばかりで、打ち合わせをしながら作っていく」「苦しいことばかり」「小さいものは別にして、年に2～3点」と語っていた。

　この1～2年で製作したものは、砂川市のムトーガラス（本社千葉）から依頼された医療用顕微鏡のスライドガラスの上に乗せるガラスを切断する機械があり、大型で組むのに半年ほどかかった。また、細胞をスライスし、スライドガラスに乗せて検体をみる機械も製作した。これらは、札幌の商社を経由して

いる。

　加工と電気周りは外注、コムテックは設計、組立ということになる。板東氏は「電気のようにみえないものはダメ。自分は機械のカムとかロボットが得意」としていた。「まず、作って苦しむ。立ち上げて、評価され、ようやく動く」「目標の納期にはほぼ遅れる」「売上額は2000～3000万円で十分」としていた。訪問時は北海道新幹線の開業（2016年3月26日）に向けた展示用の大型イカ・ロボットの製作中であったが、イカの手の動きを示し、「これは、自分しかできないだろうな」と語っていた。少し前の時代の「職人仕事、名人仕事」のようにみえた。

　このような独特の「機械屋」というべき人を各地で時々みかけるが、それは、機械工業全体の豊かさのようにも思える。函館にこのような「機械屋」が存在しているのであった。

(3) 函館市／東京の仕事しかしないソフト会社
——複雑なデータをわかりやすく表現するサービス（マイスター）

　近年、地方にソフト会社が目立つようになってきた。インターネットが普及し、通信環境も格段に良くなってきたことから、ゆったりとした環境の中で仕事ができるのであろう。北海道函館市、函館テクノパークの一角にマイスターの社屋が建っていた。この函館テクノパークの一帯には北海道立工業技術センター、函館市産業支援センター、インキュベータファクトリー、インキュベータルーム等があり、ハイテク企業も立地するなど、函館のハイテク産業化を先導する地域とされている。

▶早くから35歳で独立することを意識し、会社を設立

　マイスターの創業社長は瀧浩幸氏（1960年生まれ）、函館出身で地元の高校を卒業後、トヨタ自動車に入社、名古屋の工場のラインで働いていた。毎日、同じ仕事の繰り返しばかりで、このままでは自分はダメになると考えて4年で退社、函館に戻ってきた。函館でハローワークに行くと、名古屋に比べて賃金水準が大幅に低く、このままでは「食えない」「勉強しよう」「これからはコン

瀧浩幸氏

函館テクノパーク内のマイスター

ピュータだ」と考え、所持していた100万円を元手に登別の日本工学院北海道専門学校（2年制）に入学していった。

　日本工学院卒業後は、函館を代表するソフト会社のSECに入社する。このSECは主としてNECの仕事をしており、入社当時の従業員は100人ほどであった。現在ではSECは従業員500人ほどになっている。このようなソフト会社の場合、システムエンジニアは実質的には派遣社員であり、数カ月単位で「現場」は変わっていく。出向、出向の連続であった。

　25歳の頃には、「このままではダメ」「10年後には自分で会社をやる」と決意を固める。SECで働いて6年が経った頃に、東京からソフト会社が函館に進出してきた。それを機会にSECを退社し、そのソフト会社に移籍した。仕事は管理の仕事、さらに、東京で2年間ほど営業職に就いた。東京に出てみて、「NO.1でなければダメ」なことを知る。

　予定通り10年が経った35歳で退職し、函館に帰って来た。その頃、友人から「会社をやらないか」と電話があり、即、「やります」と応えている。周囲から700万円ほどを集め、2000年10月に資本金1000万円のマイスターを設立した。アパートの1室を借りて3人でのスタートであった。

▶「見える化」に特化したビジネス

　瀧氏は「メイド・イン・函館にこだわる」「規模ではなく質」「1人当たりの利益率で日本一を目指す」「発想で勝負する」と語り、そして、「ある特定のことしかしない」「1億円の仕事はしない。1000万円ぐらいの仕事をいっぱいやる」ことを目指していた。その結果、現在のビジネスモデルである「見える化」に特化してきた。要は「複雑なデータを、わかりやすく表現するサービス」ということになった。

　現代は、人口は減少しているもののデータ量は飛躍的に増えている。世間のビッグデータもそうだが、企業内などでもデータ量の増大は著しい。例えば、野球の世界では「スコアブック」という手書きのデータが中学野球からプロ野球まで蓄積されている。これらのデータをデジタル化し、縦横無尽に利用できる形で配信していくサービスを開発している。このような点に着目し、多様な領域に切り込んでいた。

　ただし、創業から3年ほどは儲からない時代が続いた。当初から仕事は東京と見定め、2001年には東京営業所（現支店）を置いている。現在、東京支店には4人置いているが、営業というわけではない。開発部隊である。

　創業した頃に函館市産業支援センターがオープンし、インキュベータルームがあることから、早速入居した。このインキュベータルームの期限は3年、最長でも5年とされているのだが、3年で退室し、2003年5月には函館テクノパークの土地を取得して新社屋を建てている。当時は、インキュベータルームからの飛躍として、マスコミに注目された。この間、マイクロソフトのVISIOを使って開発を進めていたことから一目置かれるようになり、マイクロソフトからの仕事も増えていった。2006年には、マイクロソフト認定ゴールドパートナーの資格を取得している。地方にありながらも、ユニークな取組みを重ねているソフト企業であった。

▶「市場は東京」と函館でこだわる

　現在の従業員は19人（女性1人）、男性の18人は全て開発人員である。函館の15人は全て函館の人材、東京支店は東京の出身者で構成されている。採

用はネットで公開して行っているが、一回の募集に全国から50人は応募してくる。これらの中からUIターンを優先して採用していた。定着率は良い。平均年齢は38〜39歳とされていた。現在の売上額は2億円前後、3年後には6億円を目指していた。

　瀧氏は函館に育ち、名古屋のトヨタのラインで働き、その後、専門学校でコンピュータを学び、一旦函館のソフト会社に就職するものの、10年後に独立創業することを意識し、その通り独立した。この間、東京で営業職を経験し、「NO.1でなければダメ」であることを痛感、函館の地で独自的に「複雑なデータをわかりやすく表現するビジネス」に着目、興味深い実績を上げてきた。今後、人口減少、高齢化が進むほどに、増え続けるデータをわかりやすく提供していくことの意味は大きい。瀧氏は「市場は東京」と見定めながら、函館で興味深いビジネスを重ねているのであった。

4．函館地域の6次産業化の動き
——地域資源を見直した産業化

　函館には優れた水産物資源があり、従来からそれをベースにする地場産業の水産加工業、珍味製造業が拡がっていた。だが、これら伝統的な地場産業部門はやや後退気味である中で、別系統の動きとして地域資源を活かした新たな事業が開始されてきている。近年、話題になる6次産業化の動きであり、また、函館テクノポリス以来の多様な研究機関、産学官協同などの取組みの中で開始されている。

　このような中から、本節では三つを採り上げる。一つは、地域で放置されていた「がごめ昆布」に注目し、産学官をあげて取り組み、20億円ほどの事業にまで成長させてきた函館がごめ昆布連合の取組みであり、二つ目は、飲食店経営から地場の水産物に着目し、全国に向けた鮮魚の卸売から、さらに海外輸出にまで踏み込んできたサンフーズのケース、そして、甲類焼酎が支配的な北海道において、芋焼酎用の黄金千貫の栽培を成功させ、乙類焼酎の生産に踏み出している札幌酒精工業に注目していく。

このような取組みは、観光、水産、水産加工、造船、漁労機械で歩んできた函館に新たな可能性をもたらすものとして注目される。

（1）函館市／地域の未利用資源を活かした産業化
――がごめ昆布の6次産業化で20億円の事業に（ノース技研／函館がごめ昆布連合）

　昆布（真昆布）といえば、北海道の水産物の中でも重要な位置を占めている。江戸時代の頃から、北前船により日本海をたどって富山で陸揚げされ、大阪に送られていった。昆布流通の中軸は大阪であり、加工技術も高まっていった。日本の出汁文化の基本は、東日本は「かつお」、西日本は「こんぶ」とされている。こんぶが採れない西日本で北海道の真昆布が珍重されてきた。

　この昆布の一種に「がごめ昆布」というものがある。真昆布ほどの出汁は出ず、漁師たちからは邪魔者扱いにされてきた。だが、近年、機能性物質である「フコイダン」の含有率の高いことが判明、一気に注目されてきた。北海道昆布の一つの中心地である函館において、6次産業化の興味深い取組みが重ねられていた。

▶測量業者が産学連携の勉強会に参加
　このがごめ昆布の産業化に熱心に取り組んでいる布村重樹氏（1960年生ま

布村重樹氏

JR函館駅前のアンテナショップ「ねばねば本舗」

れ）は、測量を中心にするノース技研の2代目社長。ノース技研自体は先代により1967年に創業されている。道路、河川の測量、設計に従事するものであった。布村氏は芝浦工業大学工学部土木科を卒業、家業を継ぐつもりはなく、関西の下水関係のコンサルティング企業に勤めていた。33歳の頃、父が脳梗塞で倒れ、「帰って欲しい」とのコールがあり、「設計をやるなら帰る。札幌に支店を出す」ことを条件に帰郷した。当時のノース技研は従業員20人ほどであった。

北海道に戻っても、布村氏は札幌勤務を10年ほど続けてから、函館に戻る。全国的に2000年頃から建設業は構造不況業種となっていく。公共工事主体の建設需要はこの10年で半減したとされている。公共工事依存型経済とされた北海道の場合、特に深刻であり、2003年頃には、ノース技研の売上額は5億円から2億円に低下していった。布村氏は2007年に家業を継いでいる。現在の従業員数は40人となっていた。

この建設業をめぐる構造的な問題に対し、布村氏は「新たな事業を興さないとたいへん」との認識に至り、2003年から開始された地元の産学連携の勉強会に参加していった。

▶商品開発200以上、アンテナショップを開設

近年、全国の各地で地域資源を見直した新たな産業化、高付加価値化を目指した産学連携、6次産業化等が推進されている。函館地域は北海道を代表する水産・海洋学術都市であること、水産に関連する裾野の広い産業の集積、北海道大学水産学部をはじめとする水産・海洋の学術研究機関が集積していることを背景に、2003～05年度には経済産業省の「都市エリア産学官連携促進事業（一般型）」の指定を受け、「がごめ昆布及びイカの高付加価値化等に関する開発研究」に入っていく。3年間、毎年1億円の助成金を受けた。さらに、2006～08年度にかけては、継続して「都市エリア産学官連携促進事業（発展型）」の対象となり、「マリン・イノベーションによる地域産業網の形成」をテーマに3年間毎年2億円の助成を受けた。

この6年の間に多くの成果が上がった。がごめ昆布の養殖技術の開発、機能

性物質の「フコイダン」の構造解析、フコイダンの抽出精製技術の開発（特許）、フコイダンの制癌効果、免疫活性化の解明、フコイダンの細胞活性化機能（傷創被覆材の開発）、がごめ昆布の最適保存・加工条件の解明、がごめ商品の開発（200品目以上）といった成果が生まれた。

　このような流れの中で、産学連携に集った人びとが、2008年、函館がごめ連合（当初10社、現在40社）を結成、7月から9月にかけて、JR函館駅前ビルでアンテナショップを開設していく（自費）。その後、2009年4月からは、函館市の雇用促進事業の対象とされ、駅前の現在地にアンテナショップ「ねばねば本舗」を常設していった。このアンテナショップは、がごめ連合の会長の布村氏のノース技研が受入れ、ノース技研の社員（2.5人）でがごめ商品を中心にした委託販売、一部に仕入販売に従事している。当初は雇用促進事業の対象になっていたのだが、この2年は助成がなく、年間数百万円の赤字を出していた。

▶がごめ昆布の経済効果と可能性

　がごめ昆布は、従来は浜のやっかい者として無価値なものであったが、商品化、高付加価値化されるに伴い、浜値がどんどん上がり、近年は真こんぶをしのぐものになってきた。現在では真こんぶの倍以上の価格で取引きされている。そのため、漁師も意欲的になり、養殖もかなり行われるようになってきた。ただし、函館地区の真昆布の取扱量年3万トンに比べ、まだ300トンと100分の1のレベルであった。今後の増産の可能性は高い。

　各方面の商品化が進み、年間にがごめ昆布関連商品の売上額は20億円以上と推定されている。特に、加工需要が多く、低等級のものでも単価が高いことが一つの特徴となっている。がごめ昆布は加工がしやすく、多種多量の商品が開発されている。さらに、真昆布の場合には江戸時代以来の流通ルートが確立されており、新規参入は難しいのだが、がごめ昆布の場合は、そのような制約が全くない。新規参入のしやすい領域とされている。また、函館市内の飲食店も意欲的であり、現在、すでに20以上の飲食店がメニュー化している。

　このように、函館の新たな地域資源としてがごめ昆布への関心高いが、アン

テナショップの自立は難しい。がごめ連合では、PR 活動の活発化、特徴や機能性などの情報整理・発信、空港、市内外のイベントでの PR 販売、試食会の開催、がごめ料理の普及、新メニューの開発などが認識されていた。

このように、近年の地域資源を活かした高付加価値化、6 次産業化に共通する「販売」の悩みを抱えているが、すでに年間 20 億円以上の事業になってきたことは興味深い。地域に愛される商品として定着し、全国に拡がっていくことが期待される。

(2) 函館市／飲食店経営から、鮮魚の卸、海外輸出にまで踏み出す
——地魚にこだわり、鮮度にこだわる（サンフーズ）

北海道函館市、水産業の町として知られている。また、1923（大正 12）年の関東大震災の頃は、函館は北洋漁業の基地として東京以北で最も賑やかな町であった。そのため、大震災で失職した東京の優れた料理人たちが函館に避難し、和食も洋食もレベルの高い町になったとされる。その函館の五稜郭タワーの 2 階に人気店「四季 旬花」がある。社長は元五稜郭タワーの職員、バブル経済崩壊後、五稜郭タワーをリニューアルすることになり、その後、独立創業した。

地魚にこだわった店づくりに向かい、魚市場から直接仕入れる中で、鮮魚の卸を始め、東京の料理店、さらに、タイにまで鮮魚を輸出するほどになってきた。近年の世界的な和食ブーム、寿司ブームの中で興味深い取組みが重ねられていた。

▶飲食店が魚卸を始める

サンフーズの創業社長は小林真実氏（1969 年生まれ）、22 歳から 9 年間、函館を代表する観光地五稜郭にある五稜郭タワーの職員として働いていた。特に、飲食営業が主体であり、タワーの飲食店（330 m^2）で最後の 6 年は店長を務めていた。この間、1992 年にはバブル経済崩壊となり、店の売上額は激減していく。五稜郭タワー自身も老朽化していたことからリニューアルということになり、飲食店はなくなり、3 年ほどは受皿会社に所属していた。

小林真実氏

塩水シャーベット氷を作るニッコー製機械

　このような事情の中で、小林氏は「地元に受け入れられる店づくり」「地魚にこだわった店づくり」を目指し、2005年、35歳の時に飲食店経営で独立創業している。五稜郭タワーの2階に「四季料理　旬花」をオープンさせた。鮮度の高い地魚を求め、小林氏自身が函館魚市場で直接仕入する飲食店をスタートさせた。舌の肥えている函館市民から歓迎され、満席の毎日であった。

　このような取組みが評判になり、東京の居酒屋チェーンからもオファーがかかり、次第に魚の卸売業も形になっていった。現在の小林氏の名刺には、㈲サンフーズと㈱サンフレッシュサービスの二つの会社があり、小林氏が両方の代表取締役となっている。サンフーズの業務内容は、北海道産を中心とした水産物の販売を軸に、①全国の業務店への活魚、鮮魚の販売、②アジア圏（タイ・香港・シンガポール）への鮮魚輸出、③病院及び老健施設への水産物一次加工品販売、④飲食企業に向けた北海道産水産物のコンサルティング業務、⑤加工食品の開発と販売、とされている。従業員は8人であった。もう一つのサンフレッシュサービスは飲食事業であり、飲食店経営、弁当製造料理仕出し業を展開、従業員はパートタイマーを中心に約50人で構成されていた。五稜郭タワーの飲食店「旬花」の経営、さらに、本社のバックヤードで弁当、仕出し料理を製造していた。

▶シャーベット氷で鮮魚を輸送

　小林氏は東京で開催される飲食店経営者の塾に参加しているが、そのメンバーが函館に来ることになり、魚市場を案内すると、「ウチにも入れて欲しい」ということになり、2005年の夏の頃から、東京などの飲食店に供給するようになっていく。活魚、鮮魚で対応した。

　2013年から海外にも出すようになっていたが、その頃、バンコクで米、牛肉の卸業を営む日本人夫妻が函館を訪れ、旬花で食事をしてくれた。親しくなり、翌早朝には魚市場を案内した。その夫妻からバンコクに魚を送って欲しいといわれ、週2便の輸出を始めていった。函館は空港と魚市場が近い。この条件の下で早朝に仕入した鮮魚を13時の函館発羽田便に載せると、JALの深夜便でバンコクには翌朝5時に着く。バンコク側が通関を終えた魚を引き取りに来るというものであった。この間、物流は日本通運に依頼している。

　1回の輸送は平均80～100 kg（実質70％）、最大120 kgを送ったこともある。マグロなどは15 kgもの1本、あるいは半身で送る。アジア圏では寿司ネタ、特にウニ、ブリなどの脂の強いものが好まれる。この間、2014年には経済産業省のグローバル農商工連携事業に採択され、東南アジア輸出向け水産加工施設を建設した。

　特に、サンフーズは鮮度維持への関心が深く、当面、塩水シャーベット氷（－1～－1.5℃）を用いて鮮魚を輸送している。海水では衛生上問題もあり、海水の半分強の塩分（2％）の人工海水を作り、それを釧路の食品加工機械メーカーのニッコー（第8章3—(1)）に作ってもらった機械でシャーベットにしていた。このシャーベット氷で何回かタイに輸出していた。

▶和食、寿司ブームで市場は世界に拡がる

　このように、小林真実氏が率いるサンフーズ・グループは、地魚にこだわった飲食店経営から出発し、当初、魚市場からの直接仕入に入っていった。「食」へのこだわりの時代となり、鮮度の良さが地元で評判になっていく。それを聞きつけた居酒屋チェーンからの依頼あり、鮮魚の卸売業ももう一つの事業となっていった。さらに、それは、和食ブーム、寿司ブームに沸くタイなどのアジ

ア圏にまで拡がっていった。優れた魚市場である函館魚市場と函館空港が近接していることも、このような取組みの背景になっている。

　この間、小林氏は鮮度維持に取組み、現在は塩水シャーベット氷を利用する形にたどり着いていた。一回、塩水シャーベット氷に入れた鮮魚を送ると、「鮮度が良い」とされ、リピーターになっていく。現状、早朝に函館魚市場で仕入れた鮮魚は、物流条件が改善されてきた現在、タイのバンコクには一日遅れの翌早朝には届く。当面、塩水シャーベット氷を利用しているが、小林氏の視線は、さらなる鮮度維持の可能性を模索していた。優れた魚の集まる函館を基軸に、興味深い取組みが重ねられているのであった。

(3) 厚沢部町／北海道で本格焼酎を生産
——原料生産地に工場建設（札幌酒精工業）

　先進国になると酒類の消費量は減少するといわれ、わが国もこの30年ほど減少傾向が続いている。そのような中で、90年代以降、焼酎ブームが巻き起こり、若年層は甲類をベースにする「チューハイ」、年配層は乙類の「芋焼酎」が定着してきた。芋焼酎の本格的な生産地は九州の鹿児島県、宮崎県であり、米焼酎は熊本県、麦焼酎は大分県が本場とされている。この点、北海道は伝統的に甲類が主流であり、乙類（本格焼酎）はあまり縁がなかった。北海道のKIOSKをのぞくと、甲類のワンカップ（札幌ソフト）が置かれている。北海道の人びとにとって焼酎とは甲類のことを指していたようである。

　このような中で、2006年10月、北海道南部の函館の北西部にあたる厚沢部町に本格焼酎の工場が建設され、地元産の原料で、芋焼酎、麦焼酎、ジャガイモ焼酎が生産されていた。

▶醸造用アルコールメーカーが乙類焼酎に向かう

　ことの起こりは、1970年代中盤以降、横路孝弘知事の頃、北海道も「一村一品運動」に取り組み、各地で多様な取組みが重ねられたが、いくつかの地域で地元の原料を使った乙類焼酎の生産が取り組まれた。カボチャ、昆布、ワカメ、牛乳、長芋、クマザサなどの焼酎であった。現在、これらの中で残ってい

札幌酒精工業厚沢部工場

地下に熟成貯蔵用の瓶が100本

るのは、クマザサ、牛乳、昆布、長芋ぐらいであった。北海道は甲類が強く、かつては90％以上甲類であった。乙類が普及してきた現在でも甲類が80％程度を占めている。

　このような中で、北海道札幌市にある札幌酒精工業が興味深い取組みを開始している。北海道では開拓以来、圃場整備、炭鉱開発など過酷な労働が多く、低価格の日本酒が大量に生産販売されていた。その場合、大量の醸造用アルコールを添加していた。その醸造用アルコールを生産するために道内の日本酒の蔵元たちが出資して、1933（昭和8）年に札幌酒精工業を設立している。ただし、近年は低価格の日本酒の市場は縮小し、札幌酒精工業のメイン製品は甲類焼酎の「札幌ソフト（20度）」となっている。従業員60人ほどで年間7000klほどを生産している。

　1990年代末の頃には、芋焼酎が全国的なブームになり、札幌酒精工業としても純北海道産の原料で乙類に踏み込むことを意識し、2001年には「喜多里（きたさと）」ブランドを立ち上げている。「喜び多きふる里は、北海道にあり」を縮小して命名した。

▶函館の近くに本格的な乙類焼酎工場を建設

　2001年にはジャガイモ、昆布、サツマイモの3種に取り組むが、北海道にはサツマイモがみつからなかった。そのため栽培から入ることを目指し、乙部町宮岡にワイナリーを保有していたことから、2003年、その隣町の厚沢部町（あっさぶ）

の農家にサツマイモの黄金千貫の栽培を依頼する。20aからの旅立ちであった。この年の収穫は約4トン（反収2トン）、4合瓶で4000本ほどの芋焼酎が生産された。

翌年から栽培面積を拡大し、2004年は作付面積1.2 ha、24トン、2005年は2.3 ha、65トンと拡大し、札幌工場では対応できない規模となり、新工場建設に向かっていく。輸送コスト、原料の品質維持等も考慮し、原料産地の厚沢部町に建設していく。2006年4月に着工、10月に完成している。総事業費14億円、敷地面積1.5 ha、延床面積約5000 m^2、生産能力900kl（4合瓶換算で125万本）という壮大な工場となった。杜氏には札幌工場で乙類を手掛けていた人が就き、従業員は地元から5人を採用、さらに、繁忙期には十数人のパートタイマーを入れている。

この間、栽培戸数も増え、2009年には23戸、作付面積26.7 ha、生産量500トンを超えた。また、技術的な改善により反収も3トンに達した。そのため、近年は生産調整をしており、栽培戸数は23戸であるものの、作付面積は10 haに削減している。生産本数は20万本と、生産能力の6分の1ほどであった。生産品目は、芋焼酎、ジャガイモ焼酎、麦焼酎の3種であり、昆布焼酎は札幌工場で生産していた。また、紫芋焼酎の試作にもかかっていた。

北海道では、甲類焼酎を生産しているのは、札幌酒精工業と合同酒精の2社のみ。乙類は当社に加え、ジャガイモの合同酒精、網走の清里であり、芋焼酎は札幌酒精工業だけであった。販売は北海道内が中心であり、酒類問屋を通じて飲食店、酒屋に届けられていた。北海道でも次第に乙類が飲まれるようになってきたが、近年のデフレのため価格の安い甲類に回帰しているようであった。

▶バイオマスタウン構想の展開

なお、この札幌酒精工業厚沢部工場の敷地の中には、2008年から別会社の農業生産法人㈱ノアールが展開している。焼酎工場から排出される焼酎粕に着目し、燃焼用メタンガス精製と液肥を生産するバイオプラントであり、さらに、メタンガス燃焼と工場から排出される蒸留冷却水を利用する熱交換システムを取り入れた大型温室（25×120 m）を併設している。この温室で黄金千貫の苗

バイオマス・エネルギー利用でベビーリーフの温室栽培

の栽培、さらに、水耕栽培で西洋野菜のルッコラ、ロロロッサ、エンダイブ、デトロイト、グリーンロメイン、ターサイ、カラシナなどのベビーリーフ（幼葉）の栽培を行っていた。さらに、黄金千貫の苗をつくり終わったハウスはイチゴの栽培に用いられていた。このハウス栽培には、7人の若者たちが就いていた。

ベビーリーフはサラダ用に供給されるものであり、年間12回ほどの収穫が期待されていた。また、育苗された黄金千貫の苗は契約農家に配布されていた。この事業は2008年からの厚沢部町の「バイオマスタウン構想」に呼応するものであり、事業費の2分の1が補助されていた。

このように、函館の奥座敷ともいえる厚沢部町では、北海道の悲願の一つである地元原料による芋焼酎の生産が行われ、さらにバイオマスタウン構想に向けた興味深い取り組みが重ねられているのであった。

5. ハイテク化と6次産業化を重ねて

江戸末期の頃から北海道の窓口とされた函館、観光資源が豊富であり、温泉、優れた食によって注目されてきた。この観光以外では、水産、水産加工、造船、漁労機械などの産業が成立し、特色のある産業展開を重ねてきた。だが、1970

年代以降、基幹の水産業の後退、そして、それに関連する漁労機械産業の縮小、さらに、1970年代末以降の造船の函館どつくの縮小と続いていく。この間、1984年に函館テクノポリスの地域指定を受け、新産業創造に向かったのだが、思うような成果を獲得することはできなかった。先の表6—1でみるように、2000年以降についても、製造業の衰退ぶりは著しい。

　この間、人びとの関心は2016年3月の北海道新幹線開通、新函館北斗駅の開業にあり、観光による地域振興に目が向いていった。新幹線効果があることは喜ばしいことだが、浮草的性格の強い観光にだけ依存する経済は好ましいものではない。しっかりとした経済基盤、産業基盤を形成していくことが求められる。函館には、北海道大学水産学部、公立はこだて未来大学、函館大学、函館高専があり、北海道立工業技術センター、函館市産業支援センター、函館産業振興財団をはじめとする教育研究機関、産業支援機関もある。人材育成や研究開発支援の体制もそれなりに整っている。

　近年の地域産業振興の焦点は、東アジア諸国の台頭の中で、独自なハイテク技術をベースにした産業化、そして、地域資源を見直し、新たな産業化を目指す6次産業化が焦点になってきた。函館にはそのためのシーズは豊富にあり、いかに産業化につなげるかが課題とされている。

　特に、北海道新幹線の開通により、函館は空路と新幹線という二つの優位性を持つことができた。全国的に人口減少、高齢化が進み、経済、産業も縮小気味である。一時期までの日本産業を牽引していた半導体等の電子産業は世界レベルの再編の過程にあり、国内は大きく後退を余儀なくされている。他方、企業立地も2000年代以降、全国的にふるわない。そのような中で、東北から北海道にかけては、新たなうねりが生じてきている。自動車産業の東北、北海道への展開、また、災害リスクを意識した新たな地方立地も目につくようになってきた。さらに、全国的な人材不足の中で、比較的余力のある北海道への注目度も高い。人材立地が企業立地の一つの課題になってきた。そのような意味では、人材育成が地域産業振興の最大のテーマにもなってきた。

　北海道新幹線の開通に加え、産業的には、これまで中京地区、関東地区中心に編成されていた自動車産業が、東北、北海道に移り始めている。北海道では

苫小牧～千歳のあたり、東北では岩手県内陸の北上から宮城県の栗原、大崎、大衡のあたりが焦点になり、新規企業立地も進み、地域の中小企業にも重大な影響を与えつつある。北海道新幹線開通により、自動車産業の集積する岩手～宮城は至近の位置になってきた。このような点に積極的に関われるかが問われてこよう。

　産業、事業活動は人が行うものである。津軽海峡により分断されていた函館の人びと、経営者の気持ちが、新幹線により切り拓かれ、産業化に向けた新たな取組みを開始していくことを期待したい。その場合、ハイテク産業化と地域資源を見直して、時代に合った商品を提供できる新たな6次産業化が課題になっていくであろう。

1）　詳細は『ブラー20周年記念誌』㈱フジワラ、2010年、を参照されたい。
2）　大田区機械金属工業集積の意味については、関満博・加藤秀雄『現代日本の中小機械工業――ナショナル・テクノポリスの形成』新評論、1990年、を参照されたい。また、長野県諏訪～岡谷の事情については、関満博・辻田素子編『飛躍する中小企業都市――「岡谷モデル」の模索』新評論、2001年、を参照されたい。
3）　日本の半導体後工程の工場の買収を重ねているジェイデバイスについては、伊東維年「日本の半導体産業の凋落下で飛躍を遂げるOSAT企業――大分県臼杵市に本社を置くジェイデバイス」(『商工金融』第64巻第5号、2014年5月）が詳しい。
4）　私の菅製作所への訪問は、1990年、2005年、そして、2016年の3回にわたる。1990年の報告は、本書補論2―2―(2)、2005年の報告は、関満博『二代目経営塾』日経BP社、2006年、Ⅱ―13を参照されたい。
5）　震災津波被災の気仙沼の状況と漁船関連の電装に従事する石川電装については、関満博『東日本大震災と地域産業復興Ⅰ』新評論、2011年、第10章を参照されたい。

第7章　旭川地域／道北の最大都市の産業展開
——家具、農業関連機械、食料品など多様な領域に展開——

　北海道第2の都市であり、人口約34万人を抱える旭川市、北方防衛の軍都として出発し、骨格の大きなまちを形成してきた。歴史は115年ほどだが、家具産業をはじめ、広大な農地を背景にする独特な農業関連機械、食料品加工、さらに、独自な全国を見据える興味深い事業も形成されている。

　そして、道北最大の都市を形成しているものの、近年、人口減少が進み、経済規模も縮小、また、製造業も全体的に縮小に向かっている。その中で、興味深い幾つかの事業が展開されているのであった。

1．最北の産業都市の展開方向

　北海道第2の都市とされる旭川市（人口33万9797人、2015年国勢調査）は、1890（明治23）年、旭川村として開村し、翌1891（明治24）年、屯田兵400戸が入植してきたことから始まる。歴史はほぼ115年ということになろう。1900（明治33）年には札幌の陸軍第7師団が移駐してくるが、その頃から人口が増加していく。早くも1900年の人口は2万2800人を数えていた。その後は北海道の北部の中心都市として発展し、1985年には人口36万3631人を数えるまでに至った。ただし、1985年をピークに人口は減少過程に入っている。

　産業的には、後にみるように、人口急増に伴う家具需要と原木素材供給から家具産業が独特の発展を示し、また、北限とされる水稲に加え、ダイコン、ニンジン等の重量野菜の大規模産地としても発展し、その洗浄等の特殊な機械の製造、また、豊富な農産物をベースにする食料品加工の領域などを拡げていった。

▶事業所、従業者数が減少、付加価値も低い

　表7—1は、旭川市の2000年から2014年までの工業統計（従業者4人以上）であるが、事業所数、従業者数、製造品出荷額等のいずれも縮小していることを示している。事業所数は2000年の639事業所から、2014年の338事業所までほぼ一貫して減少し、減少数は301を数えた。減少率は47.1％となる。従業者数もこの間、1万3720人から8151人と5569人の減少、減少率は40.6％、製造品出荷額等は2454億円から1931億円へと552億円の減少、減少率は21.3％となった。特に、従業者数の40％減は旭川経済にとって大きな問題であろう。雇用の受け皿がなければ、人口はますます減少する。

　表7—2は、2014年の産業中分類別の工業統計だが、食料品、飼料・飲料、木材・木製品、家具・装備品、パルプ・紙、窯業・土石といった地域資源をベースにする部門の比重が高く、以上の業種だけで、従業者数の54.3％（4428人）、製造品出荷額等の61.8％（1193億円）を占めている。他方、付加価値の

表7—1　旭川市工業の事業所、従業者、出荷額等、付加価値額等の推移

区分	事業所数（件）	従業者数（人）	製造品出荷額等（100万円）	付加価値額（100万円）	従業者1人当たり付加価値額（万円）
2000	639	13,720	245,364	—	—
2001	589	12,891	229,970	—	—
2002	552	11,755	203,438	95,021	808
2003	536	11,400	191,042	88,053	772
2004	507	11,169	194,783	89,215	799
2005	511	10,921	191,397	85,346	781
2006	449	9,853	180,864	76,200	773
2007	425	9,610	190,641	79,583	828
2008	431	9,740	189,346	78,511	806
2009	399	8,983	171,130	64,800	721
2010	394	9,183	173,630	70,833	771
2011	405	8,687	176,734	65,557	755
2012	377	8,681	167,912	59,853	689
2013	361	8,534	183,701	66,575	780
2014	338	8,151	193,068	69,990	859

注：従業者4人以上の統計。
資料：『工業統計表』

表7—2 旭川市工業の事業所、従業者、出荷額等（2014）

区分	事業所数（件）	（%）	従業者数（人）	（%）	製造品出荷額等（100万円）	（%）
旭川市計	338	100.0	8,151	100.0	193,068	100.0
食料品	80	23.7	2,811	34.5	60,438	31.3
飲料・飼料	3	0.9	165	2.0	7,310	3.8
繊維工業	12	3.6	663	8.1	8,909	4.6
木材・木製品	27	8.0	454	5.6	8,148	4.2
家具・装備品	31	9.2	466	5.7	5,086	2.6
パルプ・紙	8	2.4	317	3.9	31,564	16.3
印刷	34	10.1	590	7.2	8,562	4.4
化学工業	3	0.9	65	0.8	x	x
石油・石炭	2	0.6	16	0.2	x	x
プラスチック製品	6	1.8	322	4.0	6,806	3.5
ゴム製品	—	—	—	—	—	—
なめし革・毛皮	1	0.3	7	0.1	x	x
窯業・土石	16	4.7	215	2.6	6,797	3.5
鉄鋼	4	1.2	51	0.6	x	x
非鉄金属	2	0.6	10	0.1	x	x
金属製品	52	15.4	719	8.8	12,642	6.5
はん用機械	12	3.6	210	2.6	x	x
生産用機械	21	6.2	410	5.0	9,775	5.1
業務用機械	1	0.3	6	0.1	x	x
電子部品等	1	0.3	329	4.0	x	x
電気機械	5	1.5	139	1.7	1,701	0.9
情報通信機械	—	—	—	—	—	—
輸送用機械	6	1.8	90	1.1	x	x
その他	11	3.3	96	1.2	1,700	0.9
機械金属系10業種	104	30.8	1,964	24.1	x	x

注：従業者4人以上の統計。
資料：表7—1と同じ。

　高い加工組立型業種の典型である機械金属系10業種は、104事業所（構成比30.8％）、従業者1964人（24.1％）であった。なお、プラスチック製品の従業者数322人（4.0％）、製造品出荷額等68億円（3.5％）は、最北の自動車部品工場とされる上原ネームプレート工業（本書第4章3—(5)）が寄与するところが大きい。

　また、従業者1人当たりの付加価値額（表7—1）をみると、景気の動向等による変動はあるものの、800万円前後で推移している。2014年の全道平均が

958万円からすると、平均以下ということになる。本書で採り上げる主要都市の中では、函館市に次いで低い。付加価値の低い産業が拡がり、事業所も従業者も減少しているというのが、旭川製造業の現状のようである。付加価値の高い、雇用吸収力のある産業、企業の育成が課題と思う。

そのような課題はあるものの、旭川では、以下のケースでみるように、興味深い事業所も数多く展開していた。

2. 家具産地／量的縮小も存在感を高める

旭川といえば、静岡（島田、焼津、藤枝）、飛騨（岐阜県高山）、徳島、大川（福岡県）と並んで日本の家具の五大産地といわれている。ただし、1992年のバブル経済の崩壊、人口減少、住宅着工件数の激減等により、いずれの産地も苦戦している。その中でも、旭川と飛騨は善戦しているとされる。特に、先の五大産地の中でも旭川と飛騨は比較的小規模な産地であり、高級家具路線を堅持し、ここまで来ていることが興味深い。

（1）旭川市／世界に向かう旭川家具のリーディング企業
　　──積極的に首都圏、海外に（カンディハウス）

先にみたような屯田兵の入植、第7師団の移駐により人口が急激に拡大した旭川では、新たな事業の必要性が生じ、特に、ちゃぶ台等の家具需要が発生、木材資源も豊富であったことから、職人が本州からも来住、師団建設工事関係者、さらに、北海道庁鉄道部旭川工場木工部の職人が独立創業していくなどにより木工、家具の集団が形成されていった。特に、1901（明治34）年、旭川洋家具の祖といわれる川越徳太郎氏が鉄道部を退職し、開業していったことが象徴的であろう。その後、開業が相次いでいった[1]。

そのような動きに注目し、大正年間には家具産業育成のための取組みが開始されている。1914（大正3）年に区長に就任した市来源一郎氏は意欲的であり、1915（大正4）年に第1回木工伝習所（非常設）を開催、1917（大正6）年から1923（大正12）年までの間に毎年、先進地である富山県や福島県の工芸学

校に研修生を出していた。1919（大正 8）年には、現在の旭川家具工業協同組合の前身となる旭川家具生産組合が設立され、さらに、1934（昭和 9）年には旭川家具工業組合が組合員 44 名により設立されていった。

　戦後は復興需要、高度成長期の頃のブライダル・ブームの中で大きく発展し、旭川市の家具・装備品（工業統計）は、1975 年、203 事業所、従業者 3249 人、製造品出荷額等 182 億円となり、1981 年には、189 事業所、2917 人、240 億円を計上していく。以上は旭川市に限定された数字であるが、周辺の町を含めた旭川家具の生産額は組合資料によると、1987 年 384 億円、1991 年には 440 億円に達していたものと推定される。開村以来の 100 年で地域の一大地場産業となっていった。

　だが、この 1991 年頃がピークであり、その後縮小を重ね、2015 年の推計では旭川家具全体で 150 億円程度にまで減少しているものとみられる。旭川家具工業協同組合の現在の組合員は 42 名、その他に工房が 120 軒ほどあるとされている。かつては 100 人規模の家具メーカーが多かったのだが、大半は閉鎖されてしまった。むしろ、そのようなメーカーから分離独立していった工房が少なくない。旭川産地の中では、ここで検討するカンディハウス（従業員 286 人）が最大規模であり、次は 50 人規模のアルフレックス（Arflex）・ジャパンとされていた。100 人前後規模の家具メーカーは他に存在していない。なお、旭川は大雪山系を背景にする原木市場、研究教育機関、人材調達等の木製家具生産のためのインフラが世界で最も整っているとされ、海外や道外から工場を設置している場合も少なくない。先のアルフレックス・ジャパンはイタリアの家具メーカーであり、プレステージ・ジャパンは東京から来ている。これらは協同組合のメンバーに入っていた。

▶カンディハウスの設立と歩み

　カンディハウスの創業者の長原實氏（1935 年生まれ、2015 年没）は東川町の出身、旭川公共職業補導所（現北海道立旭川高等技術専門学校）を卒業、地元の有力メーカーであった熊坂工芸（現在はない）に入る[2]。その後、1963 年 3 月から旭川市の海外派遣技術研修生として 3 年半西ドイツに滞在、

長原實氏

椅子の組立工程

提供：カンディハウス

箱物家具、脚物家具、家電メーカー等で学ぶ。帰国後は1年半ほど旭川市工芸指導所に勤務し、1968年9月に㈱インテリアセンターを設立、専務取締役に就いた。従業員12人の旅立ちであった。当初から世界に通じる（デザイン、品質、構造）脚物家具を目指し、「人生のテーマは、木の一本一本の個性を生かした、もっとも使いやすい美しい家具を作ることです」としていた。長原氏は1979年にインテリアセンターの代表取締役社長に就いている。

　家具に限らず、伝統産業分野では産地生産者から産地問屋、集散地問屋、地方問屋、小売店という流通構造が古くから形成されている。長原氏はこのような枠組みを打ち破り、直販、そして、道外、世界への展開を意識、旭川家具に新たな可能性を導いていく。創業5年後の1974年には札幌営業所（現道央支店／ショップ）を開設、以後、横浜営業所（1980年）、さらに、東京都渋谷区代々木に㈱カンディハウスを設立（1983年）、名古屋市（1984年）、大阪府吹田市（1986年）、京都市（1986年）、福岡市（1987年）、金沢市（1987年）、仙台市（1990年）、東京都新宿区（2003年）等、国内13カ所にショップを展開していく。この間、1980年というかなり早い時期に、旭川家具のメンバー6社（その他に札幌の家具メーカー1社）で北海道家具サンフランシスコショールーム（常設）を開設していくが、新たな可能性を痛感、1984年にはサンフランシスコに現地法人Hokkaido Designs Inc.を設立している。カンディハウスの現会長渡辺直行氏が駐在していった。なお、現在の社名になっているカンディハウスの名称は、アメリカ進出に際し、何かロゴをということで考え出さ

れたものであり、特別な意味はないとされていた。

　この1970年代から1980年代にかけてはニクソンショック（1971年）、第一次オイルショック（1973年）という大きな社会経済変動が起こっているが、依然として経済は拡大基調であり、インテリアセンターは創業以来の20年ほどの間は年率15％増の右肩上がりで成長していった。バブル経済の1991年には売上額53億円（グループでは60数億円）、従業員360人を数えたのであった。だが、その後一転し、バブル経済崩壊の3年後には売上額36億円にまで低下していった。2005年から2007年までは回復基調となり、2007年には売上額43億円にまで戻している。この間、2004年には現会長の渡辺直行氏が代表権を持ち、2007年には代表取締役社長に任じていった。

　その後も起伏は大きく、2008年の消費税率3％から5％への引き上げは高級家具の市場を縮小させ、この年には売上額は前年比18％減となった。また、リーマンショックの2008年の売上額は前年比26％も減少している。直近の2015年の売上額は33億円、従業員数は286人となっていた。製品のカテゴリー別では、椅子、テーブルといった脚物が70％程度、キャビネット（システム）20％、その他10％とされていた。住宅着工数が減少している現在、キャビネットは減少気味であり、相対的に脚物の比重が増えていた。

旭川本社のショールーム

▶カンディハウスと旭川家具の未来

インテリアセンターの時代から、販売会社を二つ持っていた。一つは卸売主体のHOCKであり、もう一つは直販のカンディハウスであった。将来的には直販と考えており、直販の売上が70％を超えたらHOCKを閉鎖する計画であったのだが、1992年に超えたため、1993年にHOCKを閉鎖した。そして、2005年には社名を現在のカンディハウスに変更している。

販売先の80％は道外であり、東京が約50％を占める。ユーザーのターゲットは年収1000万円超の家庭。年齢層は高く、新築時期、リフォームの時期をイメージしていた。現在の輸出は5％程度、今後、増加をさせたい考えであった。現在、海外拠点はサンフランシスコ（日本人2人と日系アメリカ人2人）と2005年に設置したドイツのケルン（日本人1人、ドイツ人2人、社長はドイツ人）の2拠点。その他に人は出していないが、韓国、台湾（台北、台中）、中国（北京、上海）、香港、シンガポール、オーストラリアに代理店を置いていた。

1990年代以降、世界経済産業の再編成が進み、家具産業については伝統のヨーロッパは壊滅状態であり、有力企業は力を低下させている。アメリカは空洞化の状況にあり、良いモノにこだわってきた旭川にとっては一つの大きなチャンスの時代となってきた。また、マーケットとしてはアメリカに加え、アジアは成長セクターとして可能性は非常に大きい。日本国内は全体的に縮小気味だが、モノづくりの世界はさらに高度化を重ねている。旭川は1990年から3年に1度の「国際家具デザインフェア旭川（IFDA）」を開催しているが、近年は世界的なものとなり、100カ国、1200～1300人のデザイナーが参集してくる。家具の世界では旭川の知名度はたいへん大きなものになっているのである。

カンディハウスの従業員286人（男性217人、女性69人）のうち、製造部門は162人（男性142人、女性20人）を数える。技能向上を目指して技能五輪に参加しているが、ほぼ毎年、国内チャンピオンを出している。技能に対する関心は深い。また、社内のデザイナーは1人だが、外部デザイナーとして20人ほどを依頼している（半数は外国人）。また、会長の渡辺氏は東京造形大学工業デザインの出身だが、従業員の25％は美術系の大学卒業者であった。

このように人材の層は厚い。

　旭川には技能に優れた若者が多い。原材料も豊富にある。世界のデザイナーとの交流も深い。さらに、世界の木製家具のセンターになりつつある。そのような環境を背景に、良いモノを作り、世界の人びとに喜びを提供する企業として成長していくことが期待されているのであった。

(2) 東神楽町／田園で匠の技を磨く
——人材の育成に向かう（匠工芸）

　先のカンディハウスと共に旭川家具を代表するメーカーとしてここで検討する匠工芸がある。創業社長は技能にこだわり、若い頃には技能五輪世界大会で銀メダルを獲得していた。先のカンディハウスの長原實氏の後を追い、3年のヨーロッパ研修を夢見ていたのだが、派遣は3年で停止となり、「行き損なった」と振り返っていた。

▶技能にこだわって独立創業

　旭川市に隣接する東神楽町（ひがしかぐら）の田園地帯の高台の一角に匠工芸の瀟洒な建物が建っていた。創業社長は桑原義彦氏（1947年生まれ）。6人兄弟の3男として紋別市で生まれた。北海道入植3代目であり、初代は山形の田を売却して北海

桑原義彦氏　　　　　　　　匠工芸の社屋

道に来た。港町の紋別で米、酒店を開業していたが、その後、農業に転じ、小麦、ビート、ジャガイモ、野菜等を栽培、浜の網元に野菜を供給していた。父の時代になると畜産にも踏み出していた。桑原氏は中学生の頃は家畜の世話をしていた。中学校卒業後は宮大工の叔父に影響されて北見市の職業訓練校（1年、全寮制）に入る。

卒業後は学校から紹介されて、旭川のオーダーメイド家具専門の山際家具製作所に勤めた。当時、山際家具は従業員30人ほどであったが、旭川家具の御三家とされていた。3年は下職に就いていたが、その後、本格的に家具作りに入る。「家具作りが好きで好きでたまらなく」、16年ほど勤めた。この間、技能五輪に参加、1回目は国内2位であり、2回目に1位となり、スペインのマドリードの世界大会に参加した。結果は銀メダルであった。

1979年、33歳の時に従業員3人で匠工芸を創業している。創業の理由は、当時の北海道は半年冬であり、その間、仕事がなかった。誰も仕事をしていなかった。桑原氏はもっと仕事をしたいと考え、「雪のない所の仕事をしたい」と山際家具に訴えても、採り上げてもらえず独立に踏み切った。当初の3年間は、山際家具の仕事をメインにしていった。

1982年頃になると、山際家具製作所の経営が傾き、桑原氏に再建が託され

研磨工程

た。当時、匠工芸は従業員 6 人ほどであったのだが、一気に 20 人規模になっていった。仕事はあるのだが、山際家具から来た職人は働かず、さらに、借金が 1 億 2000 万円ほど残っていた。これは 3 年で返済した。桑原氏は「これで自信がついた」と振り返っていた。1993 年には旭川から現在地の東神楽町（土地 7 万 2784 m^2、建物 3274 m^2）に移転していった。

▶次の課題は人材育成

　当初は特注家具を中心に展開していた。その頃の特注家具の主な納入先は、帝国ホテル客室備品（1983 年）、名古屋国際貿易センター図書館家具（1984 年）、鹿島建設より特注家具受注。この頃から、ホテルへの家具納入が増加していく。その後は、上高地帝国ホテル家具（1986 年）、北海道庁の依頼により宮内庁への献上品としてカントリーダイニングセット納入（1987 年）などと重ねていった。その後、新工場に移ったあたりからデパートが自社企画品を置いてくれるようになるのだが、他方で、特注品はバブル経済崩壊後は壊滅状態になっていった。そのため、自社企画品への転換でしのいでいった。現在では自社の企画品が増加している。自社企画のカタログ品、特注品、OEM 生産のそれぞれが 3 分の 1 ずつの構成になっていた。売上額は 1990 年代初めのバブル経済の頃は 5 億 8000 万円ほどであったが、現在は 4 億円ほどで落ち着いていた。

　なお、家具の材料はナラ（ロシア）、オーク（カナダ）、ウォールナット（カナダ）が多いが、道産材のナラも意識的に利用していた。現在の従業員は 42 人（男性 30 人、女性 12 人）、女性のうち 7 人は製造現場に立っていた。厚労省の技能検定では、家具の手加工部門で 1 級取得者が 10 人ほど、2 級はほぼ全員が取得していた。製造工程はおおまかに、木取（荒削）から始まり、成形（削り）、接着、機械加工、小組立（ダボ、ほぞ、組手接ぎ、くさび）、仕上げ、塗装、椅子張、仮組み・組立、検査となる。匠工房ではこれらは分業されているが、従業員は 10 年をかけて一通り経験するように組まれていた。

　このような事情から匠工房からの独立創業者は少なくない。旭川地区で少なくとも 10 人の卒業生が独立して工房を開いている。旭川家具産地のリーダー

の一人である桑原氏は、現在、旭川家具工業協同組合の会長職に就いていた。協同組合の組合員は42名だが、その他に120ほどの個人による工房が存在している。この点に関し、桑原氏は「点ではダメ。線から面にしていかないとダメ。人を育てていく必要がある」と語っていた。

若い頃から家具作りの技能の向上に力を注ぎ、独立創業、その後、困難に陥った世話になった企業を引き継ぎ、注文家具から自社企画品にまで進み、若い人材の育成に踏み込んでいた。旭川家具をブライダルからリビング、ダイニングに導いてきたのはカンディハウスの長原實氏。次のリーダーとして桑原氏は技能の向上、人材育成を強く意識しているのであった。

3. 北海道農業に貢献する機械工業

先にみたよう、旭川市の機械金属10業種の事業所数は104（構成比30.8％）、従業者数1964人（24.1％）は、35万人都市としては貧弱だが、広大な農業地域であり、特に重量野菜の大産地であることを背景に、興味深い農業関連の機械を生産する企業が存在している。独特の大規模農業を展開して北海道には、農耕用の大型機械を生産する農機メーカーが帯広に集積しているが、旭川には収穫された重量野菜を洗浄、選別等を行う機械群を生産する中小の独特な機械メーカーが複数存在しているのであった。地域の事情に密着した機械メーカーということになろう。

（1）旭川市／重量野菜の洗浄で新たな世界を切り拓く
　　——不断に進化を重ねる（エフ・イー）

北海道はダイコン、ニンジン、長芋等の根菜類等の重量野菜の日本最大の産地であり、その栽培、刈取り等のための農業機械、さらに、刈取り後の洗浄、選別等の加工機械が独特な発展を重ねている。特に、農業機械に関しては帯広に関連企業を含む集積（クラスター）が形成されていることが知られるが、洗浄、選別機に関しては旭川に北海道を代表するメーカーが幾つか成立している。ここで検討するエフ・イーと次の項でみるヒロシ工業がそれであった。この両

者はライバル関係にありながらも、洗浄方法に違いがあり、それぞれ独特の発展を示していた。

▶根菜類の洗浄の世界に入る

エフ・イーの前身である佐々木鉄工所の創業は1959年、現社長佐々木通彦氏（1955年生まれ）の父である佐々木通氏が旭川の木工団地で合板（ベニヤ）のホットプレス機を生産していた。ただし、戦後一世を風靡した合板は、1980年頃からの貿易自由化、発展途上国の現地生産などにより、一気に原木（ラワン材）産地のインドネシア等に移管され、国内の合板工場は冬の時代に入っていった。

2代目となる旭川生まれ育ちの佐々木通彦氏は、石川県の金沢工業大学機械工学科に進み、卒業後は札幌のプラント会社に勤めた。このプラント会社は多様な領域を扱っており、佐々木氏は農業関係の米の乾燥機の設計に携わっていた。昭和50年代の後半になると「産地の土を消費地に持ち込まない。野菜は洗浄して出荷する時代」となり、勤め先の業務としてニンジン産地である富良野の農協に出向させられる。農協が共選果場を設置することになり、大型の洗浄施設が必要になっていた。この富良野でのニンジン洗浄施設、選果施設の取組みが、その後の佐々木氏に大きな影響を与えていった。洗浄すると鮮度が落

佐々木通彦氏　　　　　　　完成した野菜洗浄機

ちる。そのためには保冷、冷蔵といった輸送インフラの必要性も痛感された。

その後は、ニンジンからダイコンがテーマになり、佐々木氏はタテ洗浄方式というダイコン洗浄機のプロトタイプを完成させていった。ブラシでダイコンを洗浄していくと、ブラシの傷がつくが、そのブラシの改良、ポンプの水圧の安定、ノズルの改良、インバーターの安定性などの課題に応えていった。洗浄の世界も次第に進化していった。それでも、アナログの世界であり、経験知がものをいった。

▶根菜類の洗浄、選別に新たな可能性を提供

1983年、28歳の時に父の会社に自分の意思で戻った。佐々木鉄工所は、最大時、従業員30人ほどであったのだが、入社してみると従業者は父母の2人だけであり、借金だらけであった。自宅、工場以外の資産を処分したものの、手元には1億2000万円の借金が残った。佐々木氏にとってはマイナスからのスタートとなった。「専務取締役」の名刺で営業に出向くと、「まだやっているのか」といわれた。これまでの合板機械では展望がなく、佐々木氏の得意の農業関係でいくことにしたが、前の勤め先から圧力がかかってきた。ただし、かつてのユーザーが味方になり、少しずつ仕事になっていった。

機械加工主体の佐々木鉄工所と、もう一つ同じ旭川の製缶業の甲斐鉄工所は以前から交流が深く、1991年に統合してエフ・イーを成立させている。この年に佐々木氏が社長に就任している。社名のエフ・イーは鉄の原子記号のFeから採っていた。この間、市街地から現在の旭川市工業団地に移転している。

「葉付きダイコンの洗浄から始まり、あらゆる根菜類の洗浄・選別・梱包等の設計、製造」に取り組み、現場の声を聞きながら効率化や市場ニーズに対応した製品を製作している。代表的な製品は、ダイコン洗浄機、ニンジン洗浄機、長芋洗浄機、自動皮むき機等に加え、ジャガイモ内部検査装置、カメラ形状選別機、タマネギ選果施設、カボチャ磨き機、重量選別機等であり、単体の機械から壮大なプラントものまでを手掛けていた。さらに、これらを発展させたミニコンテナ洗浄機、ダイコン収穫機、そして、浄水場の濾過材（砂、石）の車載式濾材洗浄選別装置などにまで展開していた。売上額約8億円強に占める製

品別売上額は、洗浄関係60％、選別機30％、皮むき機10％の構成比となっていた。従業員数は約30人であった。

▶全国を視野に入れ、地元の振興に力を注ぐ

　エフ・イーの最大の特徴は、ソフト開発（自動制御）を社内でできる点にある。社内に機械設計5人、ソフト開発に4人を抱えていた。営業は5人だが、彼らも設計ができる技術者集団であった。また、母体の佐々木鉄工所の機械加工、甲斐鉄工所の製缶技術が社内にあるものの、加工の70％は外注に出されていた。旭川周辺で12〜13社を組織していた。中には、後にみる旭川機械工業のように、OEM生産に応えられるところもある。このような生産体制は、この10年ほどで構築されていった。

　他方、販売については、北海道は半年冬であり、その間、仕事が動かないことから道外に踏み出し、特に、冬でもダイコン等の根菜類を産出する鹿児島県大隅半島に注目していく[3]。大隅半島は桜島の噴火によるシラス台地であり、米が採れない。また、北海道と同様の開拓地であり、圃場も広い。1農家当たりの耕作面積も10〜20haとなっている。そこでは通年でダイコン等の根菜類が栽培されているのである。このような点に関心を抱き、2016年には宮崎県青島にも営業所を設置している。

　このような結果、北海道10店、東北10店、九州10店ほどを始め、全国に50店ほどの代理店を組織していた。その他、クボタ、ヤンマー、井関農機等の農機を扱う全国の農機具店も代理業務を引き受けてくれており、沖縄以外の全国に販売ネットワークが形成されていた。北海道の農機、食品加工機械はなかなか道外に出ていかないが、佐々木氏は根菜類の洗浄、選別の領域で果敢な取組みを重ねているのであった。

　この佐々木氏、マイナスからの出発であったのだが、根菜類の洗浄、選別に新たな可能性を切り拓いてきた。そして、事業が軌道に乗ってきた現在、社会的な活動にも力を注いでいる。旭川機械金属工業振興会の会長、旭川工業高等専門学校産業技術振興会の会長職を引き受けていた。後継者を予定される子息の佐々木雄大氏（1984年生まれ）も5年前に家業に戻ってきた。後継の不安

もなく、佐々木氏は自社に加え、旭川地区の機械金属工業振興に力を注いでいるのであった。

(2) 旭川市／民事再生から脱し、次に向かう
―― 自社受注で幅を拡げる（ヒロシ工業）

　日本の根菜類、重量野菜の最大の生産地である北海道、個々の農家の耕作面積も本州の10倍以上とされ、大規模生産が行われている。そして、最大の消費地である首都圏に遠いことから流通はホクレン（ホクレン農業協同組合連合会）を通じて行われることが多い。そして、北海道の各地域は特定農産物による産地化をしている場合が多く、集荷し、出荷していく際の洗浄、選別、梱包等の一連の作業に壮大な規模の機械群（プラント）を設置している。

　そして、このような要求に応えていくために、北海道の各地にそのような設備メーカー、プラントメーカーを生み出してきた。北海道の各地に特異な農業機械、農業関連機械、食品加工機械メーカーが立地している背景は、そのようなところにある。

▶独立、大手傘下で民事再生

　先のエフ・イーの工場の近くの同じ旭川市工業団地内に、巨大な装置群、プラントを提供するヒロシ工業が立地していた。ヒロシ工業の創業は2002年と最近のことだが、その前史がある。旭川には1920（大正9）年創業の和泉製作所という産業機械メーカーが存在していた。ダイコンの選別機等の産業用機械を製作し、各地の農協や大手農機メーカーと取引していた。この領域では北海道のトップメーカーとして知られていた。ピークは1994年の頃であり、売上額30億円に達していたのだが、その後、低迷し、2008年には12億9000万円にまで低下していった。そして、2009年11月には自己破産申請をしている。現在、この和泉製作所は産業用機械大手の渋谷工業（石川県）傘下の渋谷機械（静岡県）に吸収されている。

　このような事情の中で、和泉製作所の営業・設計課長に任じていた佐々木氏が独立創業し、2002年にヒロシ工業を設立している。この佐々木氏の祖父は

ヒロシ鉄工を営んでいたこともあり（現在はない）、佐々木氏はヒロシ工業と命名している。このヒロシ工業は母体の和泉製作所と同様の農業系産業機械の生産に踏み出していった。だが、創業から6～7年を経過した頃から経営が傾き始め、2009年には民事再生となっていった。これに対して、エア・ウォーターが支援に入り、2010年には資本を100％入れて再スタートさせている。すでに、2016年3月には再生法はクリアされていた。

　このエア・ウォーターとは、大阪本社の東証第一部上場企業であり、札幌証券市場の上場企業でもある。事業内容は産業ガス、化学品、農業・食品事業とされ、2015年度の売上額は連結で6606億円、単体で1792億円、従業員数は連結で1万1334人、単独で847人を数える。事業体としてのルーツは三つあり、それらが統合されて現在のエア・ウォーターとなっている。一つは1929（昭和4）年創業の札幌の北海酸素、二つ目は大阪の1933（昭和8）年創業の大同酸素、そして三つ目が和歌山の1962年創業の共同酸素である。1993年には北海酸素と大同酸素が合併して大同ほくさんとなり、さらに、2000年に共同酸素と合併して、現在のエア・ウォーターとなった。全国に工場を展開している。本社は大阪にあるが、札幌には札幌本店があり、北海道の中には、千歳工場、輪西工場（室蘭）が設置されている。北海道との縁は深い。このエア・ウォーターからヒロシ工業に社長が派遣され、再建にあたっていった。

▶自社製品を開発して、新たな境地を

　エア・ウォーター側から投入されている代表取締役社長は目黒正則氏（1951年生まれ）、北海道出身でエア・ウォーターの東京支店に長くいてエネルギー関係の営業職として勤めていた。2009年の民事再生後にヒロシ工業に赴任している。当時、従業員数は34人、経営的には破綻していたものの、「壮大な装置、プラントを製造する能力を持っていることに驚いた」と語っていた。目黒氏は「プラントをやる基礎が固まっていなかった。大手の下請仕事ばかりだった」と振り返っていた。

　新しい体制になってからは、自社商品づくりに励み、この4～5年で特許を5件出願している。特に、根菜類、重量野菜の洗浄に非接触の「リング式」と

目黒正則氏

ヒロシ工業の組立工場

いう方式を展開、6カ所から噴霧して洗浄、野菜に傷をつけない方式を採用していた。大きな装置となると、体育館二つほどの大がかりなものになっていた。新しい体制になってから発表された装置群としては、ニンジン洗浄選別機械施設、トマト重量選別機械設備等の野菜・果実洗浄選別機械、自動箱詰装置があり、単品の機械設備としては、土砂を取り除く除塵ローラー、自走式の馬鈴薯堀り・選別を行うサイズグレーダー、長芋一本洗い機、全自動コンテナ洗浄装置、さらにも産学連携で開発した特許出願中の野菜残渣圧縮処理装置、食用南瓜種綿分離機などがある。

　かつては大手の下請仕事であったが、現在は100％近く自社受注をしている。ライバルは多いものの、北海道の市場は大きく、これからも拡がると受け止めていた。経営的には、「やってみなはれ」方式をとっていた。この間、従業員の出入りがあり、現在は20人体制となった。男性は17人、全員現場に加え、開発にも携わっていた。女性3人のうち1人は営業の前線に立っていた（他の2人は事務）。年齢構成は20歳から66歳まで。20代が3人であった。2016年4月には旭川高等技術専門学院（制御関係、2年制）を卒業した20歳が入ってきた。この技術専門学院から採用していく場合が多い。目黒氏は「ウチは体育会系、辞める人も多いが、残る人はヤンチャ組」と語っていた。

　自社の特徴としては、機械加工、製缶から組立まで一貫してできること、開

発した機械装置の能力を最大限に発揮できることとしていた。そして、次の課題としては、プログラミングを活用し、ロボット化、AI（人工知能）との組み合わせを意識していた。再生法をクリアし、新たな企業として次に向かっていることが伝わってきた。

（3）旭川市／オーダーメイドの産業機械に向かう
──3代目が自社製品に展開（旭川機械工業）

　地方の装置ものを製作する機械メーカーの場合、地場産業との関わりが強い場合が少なくない。繊維産地であれば繊維機械、農業地域であれば農業機械、食品加工機械などの修理、製作が求められ、ノウハウの蓄積が重ねられていく。農業地帯であり、家具の産地である旭川の場合、そのような領域の機械メーカーが誕生している。そして、特定領域で独特の機械を生み出し、さらに全国を視野に入れ、幅の広い展開を重ねていく場合も少なくない。

　旭川機械工業㈱の創業は1947年、関山秀雄氏によって旭川機械製作所としてスタートしている。1970年には旭川機械工業に社名を変更、1974年には現在地の旭川鉄工団地に移転している。機械の修理から始めたが、早い時期に独自な「竹輪製造機」を開発、50台ほどが売れた実績がある。その後はオーダーメイドの産業用機械の領域に踏み込み、事業領域は、産業機械設計製作、堆肥製造プラント設計製作、食品農産物加工機械設計製作、重機器具設計製作、搬送設備設計製作、作業機械設計製作、窯業機械設計製作、さらにプレス鈑金加工とされていた。主要取引先は、兼松エンジニアリング、国策機工、サンエイ工業、ナラサキ産業、日鉄鉱業、日本製紙、竹本容器、北海道農材工業、北海道ホンダ、マルハニチロ北日本等となっている。北海道内の仕事がメインであった。

　従業者は2代目社長の関山憲充氏（1948年生まれ）を含めて11人、男性6人、女性5人の陣容であった。主要設備は機械加工系では、旋盤5台、フライス盤3台、横中グリ盤、スロッター、オープンプレーナー、ラジアルボール盤等があり、鈑金系では、レーザー加工機、プラズマ切断機2台、プレスブレーキ、シャーリング、プレス3台、溶接機等から構成されていた。関山憲充氏は

関山憲充社長（左）と関山真教常務　　　自社開発の3Dターニング

横浜（溶接）と札幌（旋盤）で2年ほど修業して家業に入っている。常務で3代目が予定されている関山真教氏（1974年生まれ）は、高校まで旭川で育ち、関東学院大学理工学部土木工学科を卒業、札幌の土木系コンサル会社に3年ほど勤め、26歳で家業に戻っている。関山真教氏は「15年前の戻った頃は現場工事が多かったが、現在では工場での製作ものが多い」と語っていた。

▶新たな機械装置ものに向かう

このようにオーダーメイドの産業用機械の世界を歩んできたのだが、この7～8年は自社製品の機械を発表してきた。孟宗竹皮剥機、竹の子（根曲がり竹）皮剥機などの農業関係の機械に加え、3Dターニングマシン（木工旋盤）を開発している。この3Dターニングマシンは、北海道立総合研究機構森林研究本部林産試験場（旭川市）との共同研究によって実現された。共同で特許を出願している。「チップソー・ルーターの高速回転と主軸の回転で木材などを簡単に3次元加工できるNC木工旋盤」とされていた。3次元CADデータを入力することにより加工プログラムを自動作成し、複雑な切削造形物の製作が行える。非円形、薄物加工を自在に行うことが可能とされている。

第1号の導入事例は長崎県島原市であり、これまでも富士通や全日空に加え、全国10都道府県の木工業者、障害者施設などに導入されている。3年で12台の納入実績を重ねていた。価格はワークの長さが40cmのものが1100万円、90cmのものが1250万円とされていた。現状ではHPからの問い合わせが多い。

ハンディキャップのある方でも容易に操作できるため、就業支援などの一環として導入される場合が多く、また、最近各地で設置されている Fab-Lab などの施設構成の一環として導入されていくことも期待される。

現状、熟練した職人によって構成されているが、人材不足は否めず、特に機械系の人材の増強が課題とされていた。今後の目標としては新製品の 3D ターニングマシンの受注拡大、さらに複雑・高度なものの開発に関心が注がれていた。実際の経営もすでに 3 代目を予定される若い関山真教氏に移されており、産学官連携等を通じて、いっそう興味深い製品の開発が進められていくことになろう。

道北の旭川の場合、機械工業は地場の農業・食品、家具等の木工をベースに機械修理等から発生していった。現状、目立った機械金属工業集積とはなっていないものの、一部に興味深い中小企業も登場してきた。重量野菜の洗浄機に際立った成果を上げつつあるエフ・イー、ヒロシ工業等といった企業もある。産業用機械、あるいは、装置ものは地域の機械工業集積に重大な影響を与え、加工業者の一段のレベルの上昇を促す契機となる。特に、近年は機械系技術と電気・制御系の技術の複合により新たな世界がみえ始めている。若い世代が中心になり、新たな可能性を切り拓いていくことが期待される。

4. 地域資源を活かした産業化

全国のいずれの地域においても、農畜水産物の多くは素材のまま流通に乗せられていく場合が多かった。とりわけ市場に遠い農産物の大生産地である北海道の場合、JA（ホクレン）の系統流通に乗せられ、地域に付加価値が残ることが少なかった。このような状況の中で、近年、地域に雇用の場を拡げ、付加価値を残すものとして 6 次産業化への関心が深まっている。この点、広大な農地が拡がる旭川の地においても、幾つかの取組みが重ねられている。

本節で検討する福居製餡所は、元々は十勝の小豆を原料に生餡を製造し、地元から全国の菓子屋に販売していたのだが、その後、地元小豆に注目、その育成に関わりながら、さらに、生餡から練餡、そして、多様な製品開発に乗り出

し、また、直売所を設置、地元に楽しみを提供するものとして6次産業化のモデル的な展開に踏み出している。

また、旭川は一時期は「北海道の灘」といわれるほど酒造業が盛んであったのだが、酒造業全体が衰微する中で、高砂酒造は大雪山の伏流水をベースに「地域の酒」として継承されているのであった。

（1）旭川市／製餡から菓子製造、OEM生産、直売所も
──2代目女性社長が切り拓く（福居製餡所）

北海道は農産物、水産物の宝庫であり、とりわけ小豆(あずき)については国内産の80％を占めている。特に十勝地方は小豆の大産地とされ、北海道全体の50％強を占めている。このような事情から、北海道には全国に餡を供給する製餡加工業が少なくない。餡の製造は、まず、「炊く」「蒸す」「さらす」「絞る」という工程で「生餡」ができる。この「生餡」には、小豆つぶ餡、こし餡、皮むき餡、白餡などがある。この状態で全国の菓子屋等に出荷される場合が少なくない。さらに、砂糖を加えて練ったものが「煉餡」とされる。和菓子用、パン用などの業務用、一般家庭用もある。製餡業としては「生餡」「煉餡」が主流だが、近年は加工にも踏み出し、甘納豆等の「豆類」、羊羹、和菓子、PB商品（OEM）等の菓子類に踏み出している場合も少なくない。このような典型的な製餡企業が旭川に存在していた。

▶2代目は女性社長

福居製餡所は、1948年、旭川出身の福居安一氏が創業している。福居氏は戦前期には旭川で米穀店を開いており、1934（昭和9）年には東京に支店を出す勢いであった。だが、戦争で全てを失い、終戦後に旭川に戻ってくる。当時、福居氏の叔父が雑穀商を営んでいたことから、そこに身を寄せる。1948年に福居氏は叔父の家の一部で製餡業を開始した。当時は旭川には十数店の製餡業が存在していた。地元の菓子屋に餡を届けながら、少しずつ、土地、建物を増やしていった。

現2代目社長の福居恵美子さんは、福居安一氏の長男で2代目を期待されて

福居恵美子社長

製餡工場

いた福居高徳氏に嫁いできたのだが、高徳氏が若くして他界した。そのため、1992年、恵美子さんが2代目に就いた。福居製餡所の入口には、「まるぶん㈱」の看板も掲げられている。これは亡くなった高徳氏の姉が札幌の川西製餡の専務に嫁いでいるのだが、その専務が札幌で独立創業したものである。このまるぶんとは深い提携関係を結んでいた。設備の二重投資をしない、仕事のやり繰りをする関係であった。まさに、製餡一族といえそうであった。恵美子さんには長男、長女がおり、2人とも福居製餡所に入っていた。3代目を期待されるのは長男の福居裕二氏（1972年生まれ）であり、専務取締役に就いていた。

▶製餡業をめぐる環境変化

現在の従業者は36人、福居親子の家族3人が入っていた。従業員のうち男性は20人ほど、女性15人（大半がパートタイマー）の構成であった。製餡工程は意外に力仕事が多く、その部分には男性が就いていた。小豆の仕入は100％北海道産。元々は生餡の製造であったのだが、次第に煉餡、そして、菓子のPB商品の受託の比重が高まっている。羊羹、どら焼、甘納豆等と拡大していた。常時40〜50種類を手掛けていた。ユーザーは全国であり、約300件、菓子関係卸（和菓子が多い）40％、パン屋関係卸40％、商系（餡問屋）20％

福居製餡所の製品群

の割合であった。卸売業者を経由して菓子屋、パン屋に販売されていく。

　先にみたように、小豆といえば十勝産とされ、旭川のある上川地域産は中間地帯とされ、十勝産より価格は安い。ところが、1997年頃、農業試験場により新たな小豆が開発され、上川地域で育成、試作されていた。冷害に弱い品種であったが、上川地域では栽培が可能であった。上川地域の朱鞠内湖の近くで育成されたことから「しゅまり小豆」と名付けられていく。朱色の鞠のように美しく、味と香りの良さが特徴で道産小豆の中で高い評価を受け始めている。ただし、十勝産に比べ生産量が限られ、価格も高い。福居恵美子さんはこの「しゅまり」に惚れ込み、「朱鞠小豆ブランド推進委員会」の有力メンバーとして、「しゅまり」をベースにした製品開発、さらに全国に持ち歩き、宣伝を重ねていた。

　小豆といえば「赤いダイヤ」といわれ、投機の対象になっていたものだが、近年はそうした色合いはやや薄くなっている。以前は札幌に市場が立っていたのだが、近年、閉鎖され、関東、関西で相場が立つ。かつてのような相場の乱高下はなくなっているようであった。実際の小豆の仕入は、JAや商系（雑穀商社）からであり、ユーザーの銘柄指定によって仕入れていた。また、ユーザーからの要望により、多様な製品開発にも応じていた。人口減少、菓子の多様

化等により、市場は縮小気味であり、同業者も減少している。かつて旭川だけで製餡業者は十数社あったものだが、現在では3社になっていた。

▶直売所「あん庵」の設置

　旭川市内で70年近くも製餡業を営んでいると、周囲から「餡」を分けて欲しいとの要望も入る。メーカーとしてはユーザーの菓子屋が気になり、以前は断っていたのだが、周囲の市街地に菓子屋もなくなったことから、「ソフトクリーム」ならば良いかと考えて、しゅまり小豆を使用した「あんソフト」を開発、それを中心にした直売所「あん庵」を2014年に工場に付設した。生餡、甘納豆、羊羹、どら焼等も販売していた。店長には元パートタイマーの50歳ぐらいの女性を就け、工場のパートタイマーの人もローテーションで適宜店に立つようにして運営していた。

　周囲に菓子店がなくなったことから意外な人気店になり、また、お遣い物に「組み合わせ商品」などが売れていた。生餡の製造から始まり、煉餡、菓子類（PB商品）、そして、直売所の設置など、興味深い歩みを重ねているのであった。

　北海道といえば、農産物、水産物に優れており、原料のままで本州に出荷することが多かった。以前から、地元で加工度を上げ、付加価値を地元に残すことが課題とされていた。この福居製餡所の場合は、生餡という一次加工から出発し、煉餡、菓子などの加工品へと展開、さらに直売にも踏み出していた。まさに、近年課題とされている6次産業化に向かっているといえる。このような取組みを重ね、加工のレベルを上げ、新たな製品開発を進め、さらに地元に付加価値を残していくことが期待される。

(2) 旭川市／民事再生から立ち直り、酒づくりを深める
　　――旭川に残る3蔵の一つに（高砂酒造）

　アルコール飲料が多様化し、また、国内のアルコール市場が縮小しつつある近年、伝統的な清酒は厳しい状況に置かれている。生産量をみると（国税庁資料）、1980年には1193千kℓを数えていたのだが、2015年には432千kℓへと

63.8％の減少になっている。35年間でほぼ3分の1になったということであろう。そして、清酒メーカー（製造免許場）は1980年には2947軒を数えたが、2016年には1445軒へと半減した。

このような状況の中で、清酒をめぐっては興味深い動きが観察される。衰退気味の産業なのだが、品質の向上が著しいこと、杜氏が高齢化する中で、蔵元杜氏が増加していること、併せて季節雇用から通年雇用のスタイルに変わってきたこと、また、国内市場が縮小しているものの、近年の世界的な和食ブームにより、海外輸出が増加していることなどが指摘される。北海道旭川市、市街地の中に高砂酒造が綺麗に整備されて立地していた。

▶北海の灘の酒づくり

大雪山系の伏流水が流れる旭川は、酒造の適地として、また、1890年の開村、屯田兵の入植、陸軍第7師団の札幌からの移駐などによる増加する人口を受け入れながら、酒造業を育んできた。明治から大正にかけては19蔵があったと報告されている。別称「北海の灘」といわれるほどであった。高砂酒造の前身は、1899（明治32）年、福島県会津地方出身の小檜山鐵三郎氏が小檜山酒造店として創業したものである。当時の銘柄は「旭高砂」「旭福泉」であった。酒づくりの命は「水」とされているが、高砂酒造は大雪山系の伏流水（地下水）を用いている。やや軟水で、年間を通じて11℃であった。この地下水の井戸は市民にも開放され、汲みに来る人も少なくない。

旭川市街地の高砂酒造　　　　　　高砂酒造の大吟醸酒「一夜雫」

戦時中の蔵は旭川酒類工業㈱として統合され、4工場体制で「北鎮」の名称で生産されていたが、戦後は1948年から1956年にかけてそれぞれ独立していった。現在では、旭川の酒造蔵は高砂酒造に加え、男山、大雪乃蔵の3カ所となっている。現在、高砂酒造の建物は1907（明治40）年建設の木造の建物と、1929（昭和4）年建設の鉄筋コンクリート造の建物の二つがある。100年を超える古い木造建築物は直売店、資料館等として利用され、事務所、酒づくりはコンクリート造3階建の建物で行われている。90年を経過するコンクリート造の蔵は実にしっかりしたものであった。当時の繁栄ぶりが偲ばれる。年間の生産量は3000石弱とされていた。なお、1965年には小檜山酒造が石崎酒造を吸収合併し、現在の高砂酒造となっている。

　生産品目はかなり多く、本醸造から純米大吟醸、さらに袋吊りの「しずく」も生産している。現在の主力銘柄の「国士無双」は1975年から発売、1990年からは雪氷室で袋吊りで生産する純米大吟醸酒「一夜雫」（720㎖、5714円）を発売している。また、国士無双をベースにする「国士無双梅酒」も生産販売していた。

▶民事再生法後の復活

　このように高砂酒造は旭川を代表する酒造蔵として歩んできたのだが、経営が傾き、2004年6月、民事再生法の適用になっていく。経営陣は替わり、札幌の日本清酒㈱が親会社となっていった。この日本清酒とは1926（昭和元）年、札幌を中心に企業合同されたものであった。北海道における清酒の有力メーカーということであろう。そして、高砂酒造には日本清酒から社長が送り込まれてきた。

　現在の社長は畠山敏男氏、札幌出身で日本盛の東京支店勤務から、2014年に高砂酒造に赴任している。民事再生後も従業員を全員引き継いだが、その後、自然減し、残っている従業員は10人となっていた。現在の従業員は45人を数える。なお、以前は南部杜氏に来てもらっていたのだが、民事再生以後は日本清酒から杜氏を引き受け、通年雇用の社員杜氏となっていた。

　酒米は北海道産が60％、ホクレン（JA）を通じて入れている。その他の

40％は兵庫県の山田錦、山形県、秋田県の美山錦を商系（米穀問屋）経由で入れていた。販売市場は北海道内が50％、道外40％、輸出10％とされていた。輸出の大半はアメリカであり、「日本酒輸出協会（SEA）」のメンバーとして輸出している。この輸出銘柄は「大雪」であり、720㎖（国内価格1500円）、1800㎖（3000円）とされていた。現地では3倍ほどの価格で取引されている。

1990年前後のバブル経済の頃は売上額9億円に達していたのだが、2004年の頃は5億円に低下し、民事再生となった。その後は回復し、現在では7億円ほどに戻っていた。この間、事務所として使っていた古い木造の蔵を改造し、1998年には資料館、直売店等を設置している。事務所はコンクリート造の建物の1階に移されていた。

▶清酒をめぐる新たな世界

近年の日本酒（清酒）をめぐっては、全体的には需要減であるが、国内では純米酒、大吟醸酒、しずくなどの高級酒の市場の拡大、また、和食、寿司ブームを背景にする海外市場の拡大といった市場サイドの変化があることが指摘される。例えば、2007年の清酒の輸出量は1133万ℓ、輸出額約70億円から、2015年は1818万ℓ、約140億円に倍増している。8年間で輸出量は60.4％増、輸出額は約2倍となっている。輸出も次第に高級酒に移行していることが読み取れる。現在の輸出量は清酒生産全体の約4.2％程度だが、世界の和食ブームを反映して着実に増加している。

また、衰退気味の産業では品質は低下していくのが常識だが、日本酒は逆に年々、品質が上がっていることが痛感される。いずれの蔵においても、確実に前年よりもレベルが上がっている。かつてのように安価な酒を大量に生産・消費する時代ではなく、良い酒を少量嗜む時代に変わっている。そのような時代状況を受け止め、真摯な酒づくりを重ねていくことが求められている。また、清酒蔵は地域の文化の象徴でもあり、地元に深く愛され、それに応えていくことが求められている。それが、また世界からの関心を呼び込むことになろう。

5. 北方の都市から発信する企業群

　ここまで検討してきたように、旭川では地域の事情を背景に多くの興味深い産業、企業を生み出してきた。そして、その中からは旭川家具のような全国的、あるいは世界に向かおうとする産業、企業まで育て上げてきた。地域の産業も究めていけば世界企業になるということであろう。その種の産業は地域に雇用を生み出し、他地域から外貨（域外からの所得）をもたらすことになる。最北の35万人都市である旭川からは、家具以外でも幾つかの全国レベルの企業を生み出している。

　ここで検討する中央精工は精密金属加工という地元にユーザーを期待できない中で、独自に技術レベルを上げ、全国から注目を浴びるものになり、また、北拓は縁があって旭川に着地した企業家が、全く新たな風力発電のメンテナンスという事業に取組み、全国レベルの事業に拡大しているのであった。

(1) 旭川市／道北の地で精密機械加工に向かう
―― 離れたユーザーは1社もない（中央精工）

　北海道旭川市、道北の中心都市であるが、基幹産業は農業、家具製造業とされている。機械金属工業については、大物の農業関係、食品関係、木材関係の鉄工所が目立つものの、精密機械加工等は乏しい。有力受注先が地元になく、そのような領域の企業が育ちにくい環境にある。そうした事情の中で、一人気を吐く精密機械加工、装置ものを手掛ける中小企業が存在している。

▶旭川の地で機械金属工業の多様な部門に展開

　中央精工の創業経営者は佐々木工氏（1940年生まれ）、旭川出身であった。学校卒業後は小樽市の親戚筋の鈴木鉄工所に勤め、7年ほど船舶のエンジン修理に携わっていた。主として旋盤に取りついていた。その後、旭川に戻り、1970年、1人で旋盤1台（ヤマザキマザック製）を用意し、㈲中央鉄工所を立ち上げている。

旭川市には戦時中の 1945 年に東芝関連の東芝旭川工場が設置され、一般照明器具を生産していた。この東芝旭川工場は 1960 年から、当時の TV ブームの中でブラウン管の製造に入っていった。当時は TV の普及期であり、従業員が 600 人もいた。このような中で、中央鉄工の仕事は増加していく。1973 年の頃には中央鉄工の社内の従業員は 8 人ほどであったが、東芝旭川工場には社内外注として 70〜80 人ほどを入れていた。ブラウン管の製造、サルベージに携わっていた。なお、この東芝旭川工場はその後、プリント基板、電子レンジ用マグネトロン、サーマルプリンターヘッド等に展開、1993 年以降、東芝ホクト電子の名称で現在でも旭川に存在している。従業員は 270 人ほどで推移している。

　このような経験を重ねる中で、中央鉄工の仕事は増加し、受注先も大手が多くなっていった。1992 年には中央精工㈱に社名を変更している。また、1992 年にはプレス事業を開始、1999 年にはパーツ工場の増設、2003 年には横浜事業所を開設、2006 年には射出成形事業の開始と重ねていった。ISO については、2007 年に ISO9001・2008、2009 年には ISO14001・2004 の認証を取得している。旋盤系の機械加工から出発し、プレス、射出成形など機械金属工業の多様な部門に展開していった。

▶中央精工の輪郭

　現在の中央精工グループは、基幹の機械加工を担う中央精工が従業員 68 人、射出成形、プレス、検査等を担う中央テックが 169 人、ネジの仕入販売に従事する旭川ねじ 6 人、そして、横浜事業所 1 人の計約 245 人から構成されていた。事業分野は、精密機械加工、金型の設計・製作、プレス加工、装置の設計・製作・設置、製缶・プラント設備、電子部材・部品の製造販売、コンプレッサーの販売・メンテナンス、射出成形、検査業務とされていた。精密機械加工を得意としているが、売上額の約 30％ は装置ものになっていた。

　社内の加工等の設備をみると、一般的な MC、NC 旋盤、研削盤に加え、安田工業の MC、三井精機の治具ボーラー、三菱電機の放電系の設備、ツアイスの三次元測定器等の第一級の機械設備が設置されていた。北海道ではトップレ

加工サンプル

ベルの工作機械、測定器類であろう。精密加工にかける意気込みが感じられた。

受注先は精密機械、産業機械メーカー、電気・電子メーカー、飼料・食品・飲料水メーカー、自動車部品メーカー、医療器メーカーが掲げられ、メインは5～6社ながらも、その数は約130社に及ぶ。地域的には、道内が70～80社、道外は九州にまで及び50～60社、海外もスポット的だが、機械加工品について、タイ、チェコ、メキシコ、中国あたりまで取引がある。

▶精密加工と提案力に優れる

中央精工の最大の特質としては、精密加工が得意なこと、ユーザーへの提案力に優れていることが挙げられていた。技術的に高く、コストが低いために、見積もりは100％取れる。また、一度取引したユーザーで、離れていったところはないとされていた。それだけの実力と信頼感があるのであろう。北海道内にはこのような総合的な機械加工・装置もののメーカーはなく、独自な存在感を拡げていた。全国的にみても、このような存在は珍しい。

人材面では工業高校卒が中心であり、地元の旭川工業高校と旭川実業高校（私立）から毎年4～5人を定期的に採用していた。さらに、旭川工業高等専門学校からも採用していた。定年は65歳に設定されているが、65歳を超えた人

も2人ほど残って仕事を重ねていた。

　旭川の不都合な点としては、一般的には輸送費負担が大きいことが指摘されていたが、中央精工の場合は小物が多く、さほどの問題ではなさそうであった。大半はJRコンテナで送られるが、北海道の特例で半額ほどの価格で取り扱ってもらっていた。また、急ぎの場合は、日通航空を利用し、旭川空港からエアで運んでいた。その場合は、東京は翌日、他の都市の場合はプラス1日とされていた。

　このように、中央精工は機械金属工業の集積が乏しいとされる北海道、その中でも道北の地で興味深い展開を重ねているのであった。佐々木工氏も2017年で77歳になるが、依然として意気軒昂、「忙しくて、歳をとる暇がない」と語っていた。後継者は30歳を少し超えた子息、既に社内に中継ぎを予定される人材も育っており、次の展開に向かっているのであった。

(2) 旭川市／風力発電機のメンテナンスに向かう
――旭川の地から全国に向かう（北拓）

　2011年3月の東日本大震災に伴う福島第一原子力発電所事故により、自然エネルギーへの関心が高まっている。ポスト原発の主力は風力発電と太陽光発電に絞られてきており、各地で施設の設置が進められている。特に、風力に関しては既に全国に2100基（310万kW）の発電能力を備え、さらに、2020年までに台数で倍、発電能力で3倍強の1000万kW（ほぼ原発10基分）が計画されている。なお、日本に設置されている風力発電施設の80％はドイツ、デンマーク、オランダ、スペイン等からの輸入品である。このような事情の中で、風力発電機の生産、設置、メンテナンス、部品（約2万点以上とされる）の生産供給体制の整備が課題にされている[4]。この風力発電、デンマーク、オランダ、ドイツといったヨーロッパ諸国が先行し、日本は日本製鋼所、三菱重工（デンマークのVESTASとの合弁）、日立、駒井ハルテック（大阪、300kW前後の小型機）の4社体制である。

　このような枠組みの中で、「風車はキチンとメンテしないと回らない」とされており、メンテナンスの必要性が増大している。さらに、国内の陸上の適地

は乏しいものになり、洋上での設置が次の課題とされており、メンテナンスの重要性はさらに高まっていく。このような状況の中で、北海道旭川市に興味深い企業が登場してきた。

▶クリーニング業から風力発電のメンテナンス事業に

　旭川リサーチパークに立地する㈱北拓、元々は 1970 年に㈱北拓クリーニングとして創業の旭川のクリーニング業であった。このクリーニング業が新たな経営者により、日本最大の風力発電のメンテナンス事業者に転換していった。代表取締役社長は東京出身の吉田ゆかりさん、取締役副社長は仙台出身の吉田悟氏（1971 年生まれ）の御夫妻であった。ゆかりさんは人事等の社内をみており、悟氏は対外的な活動を中心にしていた。悟氏は青山学院大学経営学部卒業、在学中の 1991 年にベンチャー企業（エコロジーコーポレーション）を起こし、デンマークの風力発電機メーカー Micon の代理店となり、輸入業務を手掛けていった。風力発電に出会ったのは、ユーザーから高級防火ドアの依頼があり、それをヨーロッパで探しているうちに巡りあい、その輸入販売に入っていった。ただし、当時は日本国内で風力発電機は売れず、商用の風力発電機が初めて売れたのは 1994 年のことであった。その後、百数十基を販売したが、この輸入会社はその後、デンマークの企業に売却している。

吉田悟氏　　　　　　　旭川リサーチパークの北拓の社屋

北拓の前身はクリーニング業であり、旭川を中心に百数十店を展開、従業員も100人を超えていたのだが、経営者が亡くなり、夫人が継いでいた。子息は4人いたのだが、誰も承継していなかった。この子息のうちの長男が、1995年に結婚した吉田夫妻の仲人であり、「商売をつぶすわけにはいかない。たまにみてやって欲しい」と頼まれていた。こうした事情から吉田夫妻は1995年に初めて旭川を訪れている。その後、このクリーニング業を建て直し、倍の規模にまで持ってきていたのだが、1999年頃、中小の風力発電の輸入代理店が大手に吸収され始め、吉田氏のもとに「メンテができないか」との打診が入るようになった。このような事情から、クリーニング業のかたわら社内の技術者3人で風力メンテナンス部を設立、数年でクリーニング業を上回る売上額を上げるようになっていった。

　このため、2006年には会社をクリーニングの北拓クリーニングと風力対応の北拓に分割し、北拓クリーニングを道内の有力クリーニング企業に売却していった。ここから北拓の風力メンテナンス事業が本格化していった。

▶急速に拡がる風力発電の世界

　既に日本には2100基ほどの風力発電施設が設置されているが、メンテナンス業務に携わっている企業は、メーカー系、発電事業者系、電力会社系であり、独立系（サードパーティ）で本格的に展開しているところは北拓のみとされている。既に北拓は先の2100基の70%には関わった実績を重ねている。実質操業開始から数年経った2001年段階で従業員は10人、道内から開始し、次第に全国に向かっていった。現在の従業員は約85人（事務所7人）、国内の営業拠点は旭川本社（10人）を中心に、風力発電機の設置を視野に入れ、道内の稚内市、幌延町、江差町、道外は山形県酒田市、茨城県鹿島市、東京都品川区、静岡県浜松市、兵庫県神戸市、福岡県北九州市、鹿児島県坊津町、鹿児島県南大隅町の12ヵ所に支店ないし営業所を設置している。

　各営業拠点には2〜4人を配置していた。作業は最低2人1組で行われる。ユーザーは風力発電所を構える自治体、あるいは大手企業とされていた。売上額は2014年の頃は約10億円であったが、現在はグループ全体で約22億円に

上っていた。

　このように、風車のメンテナンスの仕事は急増しているにも関わらず、要員不足が深刻なものになっている。現在、国内の風力発電1基の能力は2メガ（2000 Kw）が中心だが、メンテ要員1人の能力は年間3本程度であり、国内2100基とすると約700人が必要とされる。さらに、今後の10年ほどで倍になることが予想されている。これに対し、全国のメンテ要員は450人しかいない。人材の育成が課題とされている。

　このような事情の中で、北拓は旭川、北九州、南伊豆、枕崎の4カ所に研修センターを設置していた。人材育成にはOJTが不可欠であり、これら研修センターに13本の自社風車を設置している。日立製の1台を除いて全て海外製で形式も異なっている。さらに、今後に増加が予想される着床型洋上用風車2基を陸上に建て、トレーニング用としていた。

　洋上用に関しては、日本国内では福島沖20 kmに実証実験用として浮体風力発電施設が3基（7メガ1基：三菱重工製、5メガ1基：日立製、2メガ1基：日立製）設置されているが、今後の主力は海岸に比較的近い海域での着床型とされている。当面、銚子沖に2.4メガ（三菱重工製）、北九州沖に2メガ（日本製鋼所製）の2基の計画が進んでいるが、今後、7～8年で10倍の2ギガほどの計画が進んでいく見通しであった。なお、浮体型については日本が最先端とされている。このように、風力発電の世界は急速に拡がっているのである。

風車のメンテ・訓練施設と太陽光の実験施設　　　遠隔で風車のモニタリング

▶パイオニアとしての取組み

　北拓の本社のある旭川リサーチパークの中には、本社屋の他に、部品倉庫、トレーニングセンターが付設され、小型の風車2基が設置されていた。また、旭川の本社ではモバイル機器を活用し、集中監視契約を結んでいる風力発電施設に対しては、24時間の監視体制を形成していた。さらに、隣地には発電能力835kWの太陽光発電所を開設している。売電が主目的ではなく、風力との比較研究のためとされていた。

　現状、風力発電機のメンテナンスの事業は開始されたばかりであるが、技術、価格、サービスの競争が始まっている。まだ適正価格、適正な方法等も未確立であり、人材育成をベースにしながら、持続性のある適正なあり方を模索していた。業界のパイオニアとしての責任でもあろう。事業領域についても、「風力発電機器サービス」として、風力発電関連機器の輸入、輸入パーツ・消耗品の輸入代行、修理手配なども掲げられていた。

　メンテナンスにとっては人材が全てであり、現状の80数人のスタッフの80％は道内出身者が占めていた。道外出身者はHPなどをみて参集していた。今後は国内での人材調達、育成が課題だが、海外人材にも注目していた。特に、韓国のサムソンが風力発電から撤退したために、人材が余っていると受け止め、2016年に現地で募集したところ2日間で25人が応募してきた。9月には第1号として4人が旭川にやってくることになる。これからは、日本国内ばかりでなく、アジアの各国、世界の風力発電機のメンテナンスが視野に入っているのであった。

　このように北拓の事業はまことに興味深い方向で進んでいる。全く新たに生まれてきた事業領域であり、しかも人的な要素が極めて強い。人材育成、適正なメンテナンスのあり方など、パイオニアとして担わなければならない役割も大きい。吉田悟氏は業界団体の日本風力発電協会（約270名）の理事を発足以来務め、また、研究者中心の日本エネルギー学会の監事も務め、人材育成、資格制度の確立、さらに、適正なメンテナンスのあり方などで指導的な役割を演じているのであった。

6. 北方 35 万人都市の産業化の行方

　防衛と道北の地域経営上の拠点として形成された旭川は、人口 35 万人規模の北海道第 2 の都市を形成しているのだが、大規模農業と家具・木工以外に雇用と外貨（域外からの所得）を獲得できる目立った産業を生み出してこなかった。そして、防衛、行政の比重（所得）は相対的に低下し、35 万人の人口を維持するだけの受け皿である産業を手にできないままに人口減少、さらに、先にみたように製造業の衰微に身を置いている。

　このような事態の中で、1967 年に開園した旭川市旭山動物園が観光客を集める最大の場所として期待されている。観光客の増加により関連する新たな事業も生まれ、所得と雇用を確保していくことが期待されている。この旭山動物園が不断に進化し、人びとの関心を呼び続けていくことが期待される。地域産業振興、地域経営としては一つの挑戦であろう。

　また、いずれの事業も不断に進化していかなければ、所得も雇用も維持拡大はできない。この 15 年ほどの旭川の製造業の縮小ぶりは、そのあたりに問題があることをうかがわせる。

　本章のケースでみてきたように、看板の家具産業は一時のブライダル・ブーム以降の縮小にも関わらず、世界に残る高級家具産地として新たな局面を切り拓きつつある。やはり人材育成がカギになっていた。また、特殊な農業関連機械の展開、優れた農産物の付加価値を上げるための 6 次産業化の取組みなどは、旭川産業のこれからに重大な示唆を与えている。さらに、中央精工や北拓の取組みからは、旭川発の新たな事業化の可能性をみることができるであろう。

　また、第 4 章 3—(5)で採り上げた自動車のエンブレムに展開する上原ネームプレート工業の取組みも示唆的である。一時期は中国に進出したものの、国内に残ることを目指し、旭川の地に生産を集約していた。日本の最北に位置する有力自動車部品メーカーであった。この成功からは、新たな企業誘致の可能性もみえてくる。第 4 章でみたように、北海道は近年、苫小牧〜千歳を焦点に新たな自動車集積の方向に向いている。一定の人口を抱え、広大に拡がる旭川の

新たな可能性として、所得と雇用を生み出す産業化に取り組んでいくことが求められる。

1）　旭川家具産地の歩みは、木村光男『旭川木材産業工芸発達史』旭川家具工業協同組合、1999 年、同『旭川家具産業の歴史』旭川振興公社、2004 年、を参照した。
2）　長原實氏については、川嶋康男編著『100 年に一人の椅子職人』新評論、2016 年、が詳しい。
3）　鹿児島県大隅半島の農業については、関満博『鹿児島地域産業の未来』新評論、2013 年、第 2 章を参照されたい。
4）　このような風力発電の関連産業を含めた拠点整備については、北九州市が積極的であり、臨海部の響灘沖約 10 km の約 2700 ha の水域に風車 40〜50 基、計 15〜20 万 kW の発電所を建設、併せて、陸上に風車の組立工場、部品メーカーを集積させ、風力発電産業拠点形成を狙っている（『西日本新聞』2016 年 9 月 7 日）。

第8章　帯広・釧路地域／豊かな地域資源を活かした産業化
――農業関連の帯広、水産関連の釧路――

　帯広市は道東といわれるが、北海道中央部のやや南部の内陸に位置し、面積約 619 km^2、2015 年の国勢調査人口は 16 万 9327 人を数える北海道第 6 番目の都市である。緩やかな丘陵状の地形であり、水稲栽培は行われていないが、ジャガイモ、小麦、大豆等の大産地として知られている。帯広の農家 1 戸当たりの耕作面積は 2010 年の『世界農林業センサス』では 31 ha とされているが、実質的には 50〜100 ha 規模の農家が少なくない。日本を代表する大規模農業地帯とされている。

　その帯広から JR 特急で 1 時間 20 分ほど東の太平洋に面する釧路市は、面積約 1363 km^2、人口は 17 万 4742 人であり、札幌市、旭川市、函館市に次ぐ第 4 番目の都市とされている。この釧路の場合、夏季に濃霧が発生するなど気象条件が厳しい。農家 1 戸当たりの耕地面積は 43.1 ha とかなり広いのだが、農業は牧草栽培が主流とされている。むしろ、釧路産業の特徴は以前は太平洋炭鉱（現釧路コールマイン）と水産とされていたのだが、近年、太平洋炭鉱は縮小され、主力産業は水産、及び水産加工ということになろう。

　このように、道東の主要都市である帯広市と釧路市は、農業、水産というそれぞれ際立った領域を形成している。なお、近年の人口動態は（2010〜15 年の国勢調査）、帯広市は北海道の人口増加市町村 8 市町の一つであり、1270 人の増加となった。増加率は 0.8% であった。他方、釧路市は 6427 人の減であり、減少率は 3.5% となった。帯広市の場合は周辺町村からの移住が進んでおり、逆に釧路市の場合は周辺町村への人口のスプロール化が進んでいるとされる。

1. 帯広市と釧路市の工業構造の特質

　このように、道東の代表的都市である帯広市と釧路市は、それぞれ特徴のある都市を形成しているが、それらは工業構造に濃厚に反映されている。ここではまず、それぞれの特徴と課題というべきものを2014年の工業統計表に基づいてみていくことにしたい。

▶帯広市の工業構造の特徴と課題

　表8—1（従業者4人以上）によると、帯広市の事業所数は2000年の200事業所からほぼ一貫して減少傾向を示し、2014年には136事業所となった。この15年間に64事業所の減少、減少率は32.0％となった。従業者数はこの間、5803人から4807人に減少、減少数996人、減少率は17.2％となった。製造品

表8—1　帯広市工業の事業所、従業者、出荷額等、付加価値額等の推移

区分	事業所数（件）	従業者数（人）	製造品出荷額等（100万円）	付加価値額（100万円）	従業者1人当たり付加価値額（万円）
2000	200	5,803	121,046	—	—
2001	195	5,308	111,271	—	—
2002	186	5,140	101,514	45,091	877
2003	181	4,998	105,219	47,651	953
2004	161	4,807	101,273	42,410	882
2005	161	4,989	103,736	45,723	916
2006	151	5,108	102,081	41,083	804
2007	148	5,301	119,242	45,870	865
2008	147	5,076	121,546	45,235	891
2009	140	4,939	116,633	40,858	827
2010	135	4,997	112,899	41,261	826
2011	151	5,200	128,709	49,516	952
2012	131	4,876	124,683	44,300	908
2013	137	4,629	128,039	45,642	986
2014	136	4,807	137,878	51,008	1,061

注：従業者4人以上の統計。
資料：『工業統計表』

出荷額等は、2000年の1210億円から2014年には1379億円と、この15年で最高値を示した。15年間で169億円の増加、増加率14.0%であった。この間、ITバブル崩壊（2000年12月）、リーマンショック（2008年8月）、東日本大震災（2011年3月）といった事態が生じたのだが、それほど大きな影響を受けていない。従業者1人当たりの付加価値額は、少し前までは北海道平均（2014年958万円）レベルであったが、2014年には1061万円に上昇している。事業所数はこの15年で30%減少し、従業者数も17.2%減少したものの、比較的安定的に推移しているようにみえる。

　表8―2の2014年の産業中分類別事業所、従業者、製造品出荷額等をみると、幾つかの特徴が指摘される。日本を代表する農業地帯であることから、食料品製造の比重が高く、事業所数の30.9%、従業者数の45.6%、製造品出荷額等の44.2%を占めている。食料品製造は帯広市経済の40%経済ということになろう。この食料品製造は事業所数に比べて従業者数、製造品出荷額等が相対的に大きい。42の事業所の平均の従業者数は52.1人であり、全産業平均の35.3人を大きく上回るなど、帯広市経済の主要な位置にあることがわかる。

　また、業種別では電子部品等が、事業所数3であるにも関わらず、従業者数964人（構成比20.1%）、製造品出荷額等349億円（25.3%）を占めているが、これはパナソニックデバイス帯広（2017年4月、パナソニックスイッチングテクノロジーズ㈱に社名変更、本社帯広市）が大きく寄与している。このパナソニックデバイス帯広は帯広経済（製造業）の20%前後を占めていることになる。機械金属系では、生産用機械が9事業所、従業者345人、製造品出荷額等が64億円、さらに関連の金属製品が18事業所、258人、出荷額等58億円をあげていることは興味深い。これらは東洋農機等を中心とする小規模な農機生産集団を形成していることを意味するであろう。

　このように、帯広の製造業は、大規模な農業地帯であることを反映して食料品製造、そして、農業機械集団を発達させ、さらに進出企業のパナソニックデバイス帯広が重なるということになっている。

表8—2　帯広市工業の事業所、従業者、出荷額等（2014）

区分	事業所数（件）	（％）	従業者数（人）	（％）	製造品出荷額等（100万円）	（％）
帯広市計	136	100.0	4,807	100.0	137,878	100.0
食料品	42	30.9	2,190	45.6	60,969	44.2
飲料・飼料	2	1.5	36	0.7	x	x
繊維工業	7	5.1	93	1.9	962	0.7
木材・木製品	5	3.6	146	3.0	9,968	7.2
家具・装備品	7	5.1	87	1.8	1,174	0.9
パルプ・紙	2	1.5	88	1.8	x	x
印刷	18	13.2	370	7.7	4,523	3.3
化学工業	1	0.7	9	0.2	x	x
石油・石炭	—	—	—	—	—	—
プラスチック製品	—	—	—	—	—	—
ゴム製品	—	—	—	—	—	—
なめし革・毛皮	—	—	—	—	—	—
窯業・土石	6	4.4	84	1.7	1,742	1.3
鉄鋼	1	0.7	17	0.4	x	x
非鉄金属	—	—	—	—	—	—
金属製品	18	13.2	258	5.4	5,843	4.2
はん用機械	4	2.9	43	0.9	435	0.3
生産用機械	9	6.6	345	7.2	6,365	5.1
業務用機械	—	—	—	—	—	—
電子部品等	3	2.2	964	20.1	34,885	25.3
電気機械	1	0.7	20	0.4	x	x
情報通信機械	—	—	—	—	—	—
輸送用機械	4	2.9	21	0.4	224	0.2
その他	6	4.4	36	0.7	422	0.3
機械金属系10業種	40	29.4	1,668	34.7	x	x

注：従業者4人以上の統計。
資料：『工業統計表』

▶釧路市の工業構造の特徴と課題

　表8—3（従業者4人以上）によると、釧路市の事業所数は2000年の267事業所からほぼ一貫して減少傾向を示し、2014年には175事業所となった。この15年間に92事業所の減少、減少率は34.5％となった。従業者数はこの間、6921人から4827人に減少、減少数2094人、減少率は30.3％に上る。製造品出荷額等は、2000年の2606億円からリーマンショックの2008年には2855億円と増加していたが、2009年に低下、2011年以降盛り返し、2014年は2378

表8—3 釧路市工業の事業所、従業者、出荷額等、付加価値額等の推移

区分	事業所数 (件)	従業者数 (人)	製造品出荷額等 (100万円)	付加価値額 (100万円)	従業者1人 当たり付加価値額 (万円)
2000	267	6,921	260,558	—	—
2001	257	6,684	253,734	—	—
2002	240	6,235	226,248	94,073	1,509
2003	226	5,789	228,351	94,374	1,630
2004	216	5,395	224,615	92,279	1,710
2005	232	6,088	254,858	98,578	1,619
2006	231	5,951	255,995	86,440	1,453
2007	226	6,241	276,763	85,819	1,375
2008	223	6,084	285,538	86,804	1,427
2009	199	5,522	257,323	78,191	1,416
2010	199	5,296	242,067	87,214	1,646
2011	198	4,999	241,358	98,778	1,976
2012	187	5,127	241,697	83,773	1,567
2013	182	4,976	234,274	80,267	1,613
2014	175	4,827	237,826	75,037	1,555

注：従業者4人以上の統計。
資料：表8—1と同じ

億円となっている。2000年当時に比べると228億円の減、減少率は8.7%であった。この15年、多少の変動はあったものの、比較的安定的に推移しているようにみえる。また、釧路市の従業者1人当たりの付加価値額は2011年には1976万円と高く、2014年においても1555万円を計上していることが注目される。本書で採り上げる主要都市の中でも、室蘭と並んで高い。これは、装置型の製紙工場（日本製紙、王子マテリア）と化学工場（荒川化学、大塚製薬等）の存在が大きく寄与している。この従業者1人当たり付加価値額の高さは、市内製造業事業所全てが高いことを意味しない。装置型事業所の影響が強く作用しているとみるべきであろう。

表8—4の産業中分類別状況をみると（2014年、従業者4人以上）、水産基地であることを反映し、食料品が事業所数60（構成比34.3%）、従業者数2035人（42.1%）、製造品出荷額等618億円（26.0%）と、釧路経済の35〜40%を占めている。まさに水産都市ということであろう。ランドマークになっているパルプ・紙は7事業所、643人、出荷額819億円を計上、化学工業は5事業所、

表8—4 釧路市工業の事業所、従業者、出荷額等（2014）

区分	事業所数（件）	（%）	従業者数（人）	（%）	製造品出荷額等（100万円）	（%）
釧路市計	175	100.0	4,827	100.0	237,826	100.0
食料品	60	34.3	2,035	42.1	61,848	26.0
飲料・飼料	14	8.0	304	6.3	30,030	12.6
繊維工業	6	3.4	68	1.4	588	0.2
木材・木製品	14	8.0	129	2.7	2,341	1.0
家具・装備品	—	—	—	—	—	—
パルプ・紙	7	4.0	643	13.3	81,894	34.4
印刷	8	4.6	152	3.1	1,937	0.8
化学工業	5	2.9	611	12.7	40,386	17.0
石油・石炭	1	0.6	5	0.1	x	x
プラスチック製品	6	3.4	76	1.6	1,288	0.5
ゴム製品	—	—	—	—	—	—
なめし革・毛皮	—	—	—	—	—	—
窯業・土石	7	4.0	105	2.2	2,749	1.2
鉄鋼	5	2.9	56	1.2	2,319	1.0
非鉄金属	—	—	—	—	—	—
金属製品	13	7.4	164	3.4	3,394	1.4
はん用機械	7	4.0	81	1.7	2,579	1.1
生産用機械	6	3.4	192	4.0	2,037	0.9
業務用機械	2	1.1	17	0.4	x	x
電子部品等	—	—	—	—	—	—
電気機械	2	1.1	24	0.5	x	x
情報通信機械	—	—	—	—	—	—
輸送用機械	8	4.6	128	2.7	3,103	1.3
その他	4	2.3	37	0.8	217	x
機械金属系10業種	47	26.9	662	13.7	x	x

注：従業者4人以上の統計。
資料：表8—1と同じ

611人、製造品出荷額等は404億円である。パルプ・紙部門が30％経済ということであろう。

また、機械金属系に関しては10業種で事業所数47（構成比26.9％）、従業者数662人であるが、生産用機械、はん用機械、金属製品の3業種で、事業所数26、従業者数437人、製造品出荷額等約80億円を計上している。水産加工機械を焦点にする小規模な生産集団が形成されている。

このように、釧路市の製造業は事業所数、従業者数は減少気味であるが、製

造品出荷額等は2400億円規模を維持している。業種的には地域資源を背景にする水産加工が軸であり、それに関連する機械金属系業種の小集団、そして、進出企業の装置型の製紙工場、化学工場が重なるという構図になっているのである。

2. 帯広市／北海道大型農業機械の展開

　農業は各国地域の地域条件によって大きく異なる。日本の場合、本州以南では水稲が基本であり、また、1戸当たり耕作面積が1.6 ha前後、場合によると0.5 ha程度の零細な場合も少なくない。このような事情の中で、日本の農業機械の基本は、小規模水稲栽培向けとなっていった。田植機、小型トラクタ、コンバインが三種の神器とされ、クボタ、ヤンマー、井関農機、三菱マヒンドラ農機の主力4社によって供給されてきた。

　この点、北海道の場合は水稲の比重が小さく、ジャガイモ、小麦、大豆に加え、多種多様な農作物が手掛けられ、1戸当たりの耕作面積も本州以南の15倍程度とされてきた。そのため、北海道では大規模畑作向け、あるいは北海道の特徴であるジャガイモなどの重量野菜、さらに牧草などを焦点に独特な農業機械が開発され利用されている。

　特に、北海道の最大の農業地帯とされる帯広、十勝では大規模農業が際立っており、それに対応する農業機械が生み出されてきた。本節でみる東洋農機、土谷特殊農機具製作所、そして、オーダーメイドのフクザワ・オーダー農機は、その典型を示している。

（1）帯広市／ポテトハーベスタの国内シェア80％を握る
——大型農機生産の代表的企業（東洋農機）

　日本にはクボタ、ヤンマー、井関農機、三菱マヒンドラ農機の大手4社の農機メーカーがあり、水稲栽培関係を中心に標準的な農機を提供している。この点、北海道は畑作が中心であり、また、1農家の圃場の面積、耕作面積も大きいことから独特な農機メーカーが成立してきた。北海道内の最有力企業は千歳

市の牧草関係機械を主力とするIHIスター（第2章2—(2)、売上額規模約70億円）、第2位がここで検討するポテト（ジャガイモ）ハーベスタ（収穫機）をメインとする東洋農機（約30億円）である。クボタなどの大手4社を除くと、売上額20億円を超える農機メーカーはその他に全国的に2社程度である。多くの中小農機メーカーの売上額規模は3〜5億円とされている。

▶3社の企業合併、大型機械に進む

　東洋農機の前身の山田農機具製作所の創業は、帯広入植が開始されて間もない1909（明治42）年であり、北海道農業の発展と共に歩んできた。当初は鍛冶屋的なものであり、周囲の農家の要請に応えながら多様な取組みを重ねてきた。1960年の頃には、北海道大学、帯広畜産大学の教授の指導を受け、欧米の作業用機械を研究、馬耕用の作業機械を開発している。そして、1967年には山田農機具製作所を中心に同業3社が合併して現在の東洋農機となった。さらに、1976年には東京中小企業投資育成の資本を入れ（34％）、社会性、公開性の高い企業となった。

　1980年にはその後の主力となっていくポテトハーベスタの発売を開始し、以後、畑作用大型作業機械を中心に、ディスクハロー（破土、整地用）、ブームスプレーヤ（防除用）など180種類約160型式の製品を自社開発、設計から製造、販売までを一貫して手掛けている。主力のポテトハーベスタは2002年に販売台数2000台を突破、2010年には4000台を突破している。

牽引式ポテトハーベスタ　　　　　　精密鈑金の設備

| 鍛造工程 | 粉体塗装工程 |

　従業員は約160人、開発部門約20人、工場約30～40人、サービス部門約30人、営業所関係約30人、その他総務等の構成であった。営業所、サービスセンターは道内だけであるが、斜里郡小清水町、網走郡美幌町、上川郡美瑛町、夕張郡由仁町、虻田郡倶知安町、河西郡芽室町、河東郡士幌町、中川郡豊頃町に配置されている。また、部品加工については、周辺の外注先が乏しいことから、機械加工、金型、プレス、鈑金、鍛造、熱処理、溶接、塗装、組立までの一通りの工程を内部化していた。なお、外注先としては単価の安い刑務所（帯広、釧路、札幌、網走、月形）が主体であり、溶接、組立を依存していた。北海道の農機メーカーは刑務所利用が少なくない。

　売上額は2000年代中頃までは26～27億円、近年は30億円前後で推移してきたのだが、2016年度は好調であり、過去最高の38億円が見込まれていた。大型機械ゆえに道内以外（府県向けという言い方をしていた）の市場は小さく、一部に鹿児島、宮崎といった南九州を中心に長崎、東北、茨城、四国などの芋類の栽培している地域にディラーを通じて販売していた。

▶農業を取り巻く環境変化の中での可能性

　十勝地域の農業は畑作中心であり、1戸当たりの耕作面積も北海道の中でも広い。平均的には30 haとされているが、専業農家の場合は50～60 haが普通になってきている。近年の高齢化、担い手不足（就労者の減少）から農地の集約化、大規模化が進み始めている。このような事情から、さらに機械の大型化

が求められている。また、十勝地域などの道東の場合、水稲はほとんど行われておらず、畑作が中心であり、一般的には「小麦」「ジャガイモ」「甜菜」「スイートコーン、豆類」の4年の輪作（ブロックローテーション）の場合が少なくない。4年目にはタマネギなどを植える場合もある。また、近年は物流条件の改善により、穀類、豆類、根菜類といった日持ちのするものに加え、ブロッコリー、アスパラ等の野菜栽培も増えてきた。

　これらの体系の中で、東洋農機はポテトハーベスタで主導的な位置にあり、また、4年の輪作作物に対しての防除用スプレーヤの生産をメインにしていた。北海道農業の拡がりという点からすると、今後は穀類、豆類、根菜類以外の野菜にも着目し、新たな可能性をみていくことも必要であるように思う。

　また、全国的に水稲栽培の縮小、野菜類の多様化の中で、ジャガイモ、さつまいも、里芋等の根菜類の栽培が拡がってきた。さらに、本州以南でも大規模化、農地の集約化も進み始め、大規模農業への関心も深まってきている。ただし、本州以南にはそうしたノウハウがなく、特に芋類に関しては東洋農機に聞きに来る場合が少なくない。こうした事情の中で、本州以南でも大型機械の要請が高まっているのであった。

　海外に関しては、スポット的に輸出したことはあるが、東洋農機には海外向け農機はないとの認識であった。ただし、JICAを通じて2013年頃からインド向けの自走式ポテトハーベスタの要請が入っていた。インドでは急速な経済発展の中で、農村に人手がいなくなり、出荷できない状況になってきた。また、賃金上昇も著しく、ジャガイモ主体の食品も増加するなど、農と食をめぐる環境が激変してきた。さらに、トラクタはかなり普及しているものの、耕作用としてよりも移動手段として使われている場合が少なくない。このような事情から生産性の高い作業機の要請が強まっている。

　現在は自走式ポテトハーベスタの適応試験をしている状況であった。2013年のジャガイモの生産は日本の年間240万トンに対し、中国は9594万トン、インド4534万トン、ロシア3019万トンと巨大な数字となっている（FAOSTAT資料）。ただし、インドの場合、コストは10分の1を求められることから、直接投資は考えにくく、技術供与、ノウハウの提供ということを意

識していた。

　世界的にみて、ジャガイモは主要な食糧になり、その生産量は膨大なものである。そして、その収穫機の必要性、可能性の拡がりは大きい。各国地域により土壌条件、その他の環境条件も異なる。十勝地域、北海道の経験を広く提供していくことも必要とされているのであろう。

（2）帯広市／北海道の農業に合わせた農機具を提供
　　――次はバイオガスとアイスフィルター（土谷特殊農機具製作所）

　本州以南と比べて、北海道の農業は農家1戸当たりの耕作面積が15倍、そして、寒冷地という際立った特色がある。また、水稲栽培も行われているが、酪農、ジャガイモ、豆類、小麦、ビートなどの栽培が多いことも大きな特徴であろう。このような事情を受け止めて、北海道では特徴のある農機具を生産する企業が少なくない。

　北海道農業の特色を最も濃厚に示している十勝地域の帯広市の郊外に、創業から84年を数える土谷特殊農機具製作所が立地していた。この土谷特殊農機具製作所は「自社では製品開発はしない。既に開発が終わり、成功例として残っている製品を導入、活用する。大型農機具の初期投資は大きく、その導入は政策（補助金）に大きく左右される。政策が終わると導入がなくなる。そのために、常に次の製品を用意してきた。現在、次の製品はバイオガスプラントとアイスシェルター」と語っていた。

▶土谷特殊農機具製作所の歩み

　土谷特殊農機具製作所の創業は1933（昭和8）年、現2代目社長の土谷紀明氏（1941年生まれ）の父の土谷清氏が個人で始めている。この土谷清氏は札幌の金属プレス企業として著名な土谷製作所の創業者の弟であり、一緒にやっていたのだが、牛乳輸送缶製造を視野に入れ、酪農の盛んな帯広にやってきて創業している。当時の牛乳輸送缶は手作りの鈑金仕上げであり、錫メッキを必要とした。

　戦前期の1940（昭和15）年には政令により豊平農機（現IHIスター）など

土谷紀明氏　　かつての牛乳輸送缶　　アイスシェルターと植物工場

と企業合同となり、北海道特殊農機具製作所帯広工場とされた。ただし、戦時中は材料もなく、事実上、休業状態であった。終戦後に合同会社を解散、合同前に戻ったが、その際、現在の社名である土谷特殊農機具製作所となった。戦後しばらくはルンペンストーブ、アイスキャンディ・ケースなどを生産していた。1962年には狭隘になったことから、現在の西帯広工業団地（帯広市造成）に移転している。敷地面積は約4 haとなった。さらに、1966年には建築士が入社してきたことから建設部門を設立していく。現在ではこの建設（工事）部門が売上額（製品＋工事）の約70％の比重を占めるものとなっている。土谷特殊農機具製作所の特徴の一つは、この工事、さらにメンテナンスまで行うという点であろう。

　1970年には、アメリカのステライト社と自動搾乳機についての技術援助契約を締結、バキュームポンプと自動停止付サスペンドユニットの国産化を開始している。そして、この外国の成熟した技術を導入するというスキームが、その後の土谷特殊農機具製作所の大きな特徴になっていく。1975年にはアメリカのデムース社から給餌システム、糞尿処理システム、1977年にはオランダのポイーズ社からのコンピュータ牛群管理システム、2004年にはドイツのプランET社からのバイオガスプラント技術の導入などが行われた。

　農業の世界では政策（補助金）のウエイトが高く、農機具メーカーは政策転換に大きく揺り動かされていく。例えば、1972年頃から政策によりタワーサイロ（酪農用飼料貯蔵）の普及が推進され、設置費（約1000万円）の半額補

移動式植物工場

助となり一気に普及したが、1981年の政策終了と共に市場が収縮した。なお、その10年ほどの間に土谷特殊農機具製作所は道内に約800本のサイロを建設している。現在でも約100本のサイロが使われており、土谷特殊農機具製作所はメンテナンス対応をしていた。

▶バイオマスプラントの展開

　土谷特殊農機具製作所の現在の主力事業は、搾乳・給飼・排泄物処理・牛群管理システムの設計・販売、アイスシェルター及びバイオマスプラントの製造・販売・メンテナンスとされている。2015年度の売上額は46億1722万円、製品売上額は約11億円（約24％）、バイオマスプラント関連を中心にした建設工事売上額（機械、施設工事）が約33億円（約70％）、その他であった。現状ではバイオマスプラント関連の売上額が目立っている。2016年10月現在では、道内に稼動中プラント25施設、建設中プラント10施設を数えている。現在の従業員は130人、工場関係が約90人とされていた。工場内には、プレス、金型、機械加工、製缶・溶接、さらに、メッキ（溶融亜鉛）など、機械金属工業の要素技術が一通り備えられていた。このような点は要素技術の集積が十分ではない北海道、さらに十勝地域の現状と課題であるようにみえる。

また、営業所は札幌、帯広、釧根（標茶町）、中標津、北見、興部に設置されていた。なお、農機具は故障した場合、即座に修理することが求められるが、土谷特殊農機具製作所は道内の営業所網をベースに365日24時間対応の体制をとっていた。このことも、土谷特殊農機具製作所の一つの特徴とされている。

　現在の柱になってきたバイオマスプラントは、畜産農家の①家畜排泄物由来の環境問題を解決し、②その消化液は良質有機肥料として循環農業を支えるばかりでなく、③発電電力は全量買取制度により売電されていくことになる。なお、このバイオマスプラント設置には、設置費用の4分の1の補助金が付いている。土谷特殊農機具製作所の売上額は2008年には42億円であったのだが、リーマンショックの直撃を受け、2011年には17億円まで減少した。その後、バイオマスプラントの市場拡大により一気に過去最高の46億円を超すに至っている。

　▶アイスシェルターの今後の期待

　このように現在は好調なのだが、過去の経験を踏まえ、バイオマスプラント以後のテーマとしてアイスシェルター・植物工場に取り組んでいた。このアイスシェルター技術は30年来、北海道大学との共同研究を重ねてきたものであり、2000年には㈱アイスシェルターを設立している。既に特許は10件ほど取得済である。基本的な原理は「寒冷気候と水の潜熱を利用して通年、水と氷の共存状態を維持し、電力、人力、燃料を使わず、この0℃、100%湿度の冷熱源で農産物の貯蔵熟成、家屋の冷房を低コストで行う」というものである。このアイスシェルターの完全制御型植物工場試験施設が完成したのが2010年、実施試験操業開始が2012年、そして、第1号施設として士幌町道の駅に移動式シェルター「熟成氷室」「貯蔵氷室」を設置したのが2015年3月であった。このように実機の設置はこれからだが、関連技術の展開として、2007年、室内氷上競技のカーリングのホール「カールプレックスおびひろ」に設置している。

　このアイスシェルターの活用方法については、クリーンで低コストな氷冷熱で通年貯蔵が可能という「農産物の貯蔵」、ハウス内の温湿度を調整して野菜、

花卉の発育を抑制し出荷時期の調整を行う「抑制栽培」、氷冷熱で昼夜の温度差をつけ、果物等の糖度を高める「糖度向上栽培」などが期待されている。いわば「植物工場」ということになる。また、このアイスシェルターについては。大きさは自由であり、トレーラーに載せて移動可能なものもある。この移動式のものは圃場、道の駅などにも配置可能としていた。このアイスシェルター、「鮮度維持」が求められている現在、その主要な方法の一つとして、今後の設置拡大が期待されているのであった。

(3) 芽室町／長芋農家の要請に応える立植式半自動プランターを開発 ——自衛隊ヘリ整備士が創業（フクザワ・オーダー農機）

　フクザワ・オーダー農機の会社案内をみると、メインの事業は「農業機械・食品加工機械の開発、製造、販売、改造及び修理」と記してあった。具体的にはソーラー式長芋プランター、立植式半自動長芋プランター、ニンニク収穫用搬送機、ブロッコリー・フローレットカッターなど、地元の農家を意識した独自な製品が並んでいた。

　芽室町は帯広市の北側に展開する十勝地域の農業地帯の一角であり、小麦、大豆、小豆、いんげん豆、ブロッコリー、長芋等の生産で知られている。農家1戸当たりの耕作面積は30haを超えるなど、日本を代表する大規模農家による食糧地帯を形成している[1]。このような事情から、大規模耕作向けの興味深い農業機械を開発生産する中小農機メーカーが少なくない。

　▶陸上自衛隊を退官して、家業から創業へ

　フクザワ・オーダー農機の社長福澤剛志（1972年生まれ）は帯広市の出身、山梨県の日本航空高校航空科を1990年に卒業、同時に陸上自衛隊に入隊、東部方面ヘリコプター隊第2飛行隊（東京都立川市）に配属された。2003年には第7飛行隊（札幌市丘珠）に移ったが、一貫してヘリコプターの整備の仕事に就いてきた。家業は芽室町で日用品販売の福澤商店を営んでいた。その福澤商店の近くの農機具屋が廃業となり、父はそれを買取り（現在地）、少しずつ農機具の領域に入っていった。

福澤剛志氏	立植式半自動長芋プランター

　ヘリコプターの仕事は「マニュアル通りに行い、それ以外のことはしてはいけない」というものであり、発展性があまり感じられなかった。また、自衛隊の場合、定年が54歳であり、その後のことも考え、家業に入ることにする。2010年には自衛隊を退役、家業の福澤商店、フクザワ・オーダー農機に入っている。

　その頃、周辺の長芋農家の「植え付けが苦しい」という話を聞き、家業に戻った当時から「長芋のプランター」の開発に取り組んでいった。福澤氏は農機の経験はなかったものの、見よう見まねでこの領域に踏み込んでいった。1年ほどの試行錯誤を重ね、2011年頃から本格的に取り組んでいく。福澤氏は「ヘリコプターより、難しい」と振り返っていた。2014年1月にはフクザワ・オーダー農機の部分を父から買い取る形で創業している。2015年8月には法人化し、㈱フクザワ・オーダー農機の代表取締役に就いている。

　北海道全体で長芋農家は約600戸、付加価値は高いものの、栽培、特に定植の際に手がかかる。長芋は2月下旬から3月上旬にかけて種芋の準備に入り、5月に定植する。従来は畝をまたぐプランターの両サイドに座り、人の手で一つずつ定植していた。

　なお、長芋の収穫は10月末から11月下旬に行われていた。この定植の作業の自動化を目指し、作業者は立ったまま作業機に乗り、種芋を手元に置くだけ

で、自動的に定植されていく。また、このプランターは太陽光パネルを乗せた自走式のものも開発されていた。特許申請中であり、価格は350万円ほどであった。この4～5年で25～30台を生産していた。主たる需要者は帯広、芽室を中心にした十勝地域の農家であった。口コミで仕事が拡がっていた。売上額は6500万円ほどであり、1億円を目指していた。

▶どんな困難な状況でも、メンテ対応

　従業者は福澤氏の他に正社員が若い30代から40代の2人、その他に必要に応じてアルバイトを起用していた。この正社員の2人はいずれも元自衛官であった。知り合いの紹介で採用、さらにその後輩が入ってきた。北海道は自衛隊が各地に展開しているが、定年が早いために、このような形で人材が供給されている。なお、退役自衛官の場合、年30日の訓練を必要とする即応予備自衛官（年約60万円支給）と、年10日間の訓練を必要とする予備自衛官（年約9万円支給）になる制度があるが、福澤氏は予備自衛官、他の若い2人は即応予備自衛官となっていた。また、即応予備自衛官を出頭させる会社側にも年51万円支給される制度であった。

　フクザワ・オーダー農機には2016年11月中旬の夕方に訪問したが、若い2人は工具と発電機、ライトを持って出動していった。フクザワ・オーダー農機の会社案内には「天候や昼夜を問わず、いかなる困難な状況下に於いても迅速に可動状態に回復させ、皆様の作業に支障を与えません」と記されていた。福澤氏は「自衛隊の時には、暗闇の中で作業したものだが、今はライトがあるだけまし」と語っていた。人員的にはあと2人ほど欲しい。営業と図面を描ける人材としていた。社内には基本的な工作機械、溶接設備等が設置されていたが、部品加工の多くは札幌周辺に出していた。近間より札幌の方が安いとしていた。

　このように、フクザワ・オーダー農機は、自衛隊が広く展開している北海道の地で、ヘリコプターの整備に長年携わっていた人材が、家業を継承しながら、地域の農業の課題に応える機械設備を独自に開発、さらに、若い自衛隊OBを雇用し、機動力のある事業体として展開していた。帯広を中心とした十勝地域では、独特な農機を開発生産している企業が少なくないが、より身近な領域で

小回りの効いた取組みを重ねる農機メーカーとして、フクザワ・オーダー農機が展開しているのであった。

(4) 帯広市／製糖工場のメンテから廃棄物処理設備に
——地場産業をベースに展開（武田鉄工所）

日本の代表的な農業地帯である十勝平野、小麦、ジャガイモ、甜菜などが豊富に栽培されている。このような事情の中で、1919（大正8）年、日本を代表する製糖企業の日本甜菜製糖が帯広で設立された。その後、1960年には日本甜菜製糖の本社は東京都中央区に移転したものの、依然として主力工場の一つである芽室製糖所（1970年設立）が展開している。その大型工場のメンテナンスを主とする中小企業が興味深い取組みを重ねていた。

▶日本甜菜製糖の機械設備メンテナンスに従事

日本甜菜製糖の設立は1919（大正8）年、ビート（甜菜種の中の砂糖用種）の産地である帯広でスタートしている。当初の帯広製糖所は閉鎖されたが、隣の芽室町に芽室製糖所が維持されている。武田鉄工所の創業は1952年、池田町出身の武田義雄氏により設立された。武田氏は日本甜菜製糖の技術者であり、20年ほど勤務した後に独立創業した。当初は帯広市大通2丁目で3～4人でスタート、三輪車で動いたものであった。その後、手狭になり、1968年に現在地に移転している。その頃には従業員10人ほどになっていた。この間、仕事は日本甜菜製糖の構内に設置されている機械設備のメンテナンスであった。この仕事が売上額の60～70％を占めていた。現在の従業員は21人となっていた。

製糖は原料のビートの収穫後の10月末から翌年の2月末まで行われ、3月から10月まではメンテナンスの時期となる。基本的には現場で行う仕事が大半とされていた。この間、従業員21人のうち17～18人ほどは構内に入り、作業を重ねていく。構内ではプレハブ事務所を与えられ、工具などは用意していた。また、構内には日本甜菜製糖の修理室があり、そこを利用することもある。大きな工場のある都市、地域で発生する事業の一つの典型を示している。

2代目社長は米田充氏（1941年生まれ、2001年没）であった。米田氏は帯

広出身、帯広農業高校を卒業後、東京の警視庁に勤め、日大経済学部（夜間）に通っていた。警視庁には23年間勤め、警部補で帰って来た。しばらく地元の測量会社のズコーシャに勤めた後、初代の武田氏の長女と結婚して1978年に武田鉄工所に入社している。米田氏は1987年に2代目社長に就いていった。2001年には他界され、夫人の米田悠瀾（はるみ）さんが3代目社長に就いていた。

▶3代目から4代目に

現在も主力は日本甜菜製糖の機械設備のメンテナンスであり、売上額の60～70％を占める。その他としては、JFE建材の鋼製ダム、流木止めのスリットビーム、さらに、橋脚関係の現場設置の工数を低減するニューマチックケーソン工法用刃口などを手掛けてきた。日本甜菜製糖、JFE建材以外の受注先としては、宮坂建設工業、サークル機工、鉄建、山田機械工業、北海道エア・ウォーター、東武機械などがある。地方の鉄工所として、主力企業のメンテナンスを軸に、製缶系の仕事に従事してきたことがわかる。仕事の地域的範囲は十勝地域が中心であるが、函館あたりの仕事もある。道外からは引き合いは来ない。

4代目を期待される専務取締役の米田真基（まさき）氏（1980年生まれ）は米田夫妻の長男、地元高校を卒業後、神奈川大学経済学部を卒業、心理学をやりたくてアメリカに2年ほど留学したが、その後、家業を承継するために2年ほど川崎の専門学校で溶接、検査を学び、2007年に戻ってきた。真基氏は「当初、現場

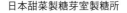

米田真基氏（左）と米田悠瀾さん　　　日本甜菜製糖芽室製糖所

に入り仕事の流れを把握したが、技術的には職人と同レベルになるのは難しい。その後は経理を担当している」と語っていた。

　従業員は平均年齢42～43歳程度、最年長が67歳だが、定着も良く、30～40代を中心に技能、技術の伝承がスムーズに行われているようにみえた。この人手不足の時代に、2016年4月は道立帯広高等技術専門学院（2年制）の卒業生が入社してきた。この技術専門学院からは毎年、インターン生を受け入れていた。2017年4月にも1人入社することが決まっていた。

▶農業残渣利用の循環型バイオマスバーナー

　このような事情の中で、2010年代に入ってから北海道の一つの課題である農業残渣物の燃料化を受けて、それを燃焼できるバーナーを北海道立総合研究機構との共同開発に入っていった。当初は小豆の残渣、長芋栽培用のネット（ポリエステル）から始め、中型のバーナーを開発した。2012年からは小型機の自社開発を目指し、きのこ類栽培の菌床、もみ殻、稲殻などを投入していった。これらは灰分が多い。木質の場合の灰分は2％程度なのだが、その他は10～20％も出てくる。これらの処理が課題であった。

小型バイオマスバーナーユニット

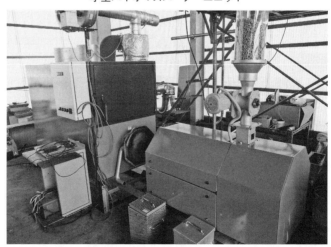

この点に関しては、回転炉を開発し、自動的に灰分を排出するシステムを完成させた。この結果、灰分の多い廃棄物系バイオマス燃料の安定燃焼が可能になった。この小型ペレットバーナーユニットは、農業用ビニールハウス暖房用として期待されている。木質ペレットに加え、廃棄物系固形燃料が使用可能となり、灰分は稲の旨み成分である珪酸質が多く、肥料として循環されていく。

　現在、設置実績は2件、芽室の花育苗ビニールハウス（温風式、木質ペレット使用）と、北海道大学試験農場（温水式、小豆殻ペレット使用）であり、今後、利用の拡がっていくことが期待される。このような循環型のバイオマスバーナーの必要性は高い。課題は木質ペレット用バーナーがかなり普及している中で、農業残滓に注目する武田鉄工所のバイオマスバーナーの場合、原料となる農業残滓を系統的に集められるかという点であろう。当面は、籾殻や加工工場から出てくる残滓を集約していく仕組みを作ること、さらに、導入実績を重ねていくことが必要であろう。そのためには、十勝地域のトライアル発注などが関係機関により行われていくことが期待される。

3．北海道農業の魅力を高める

　北海道農業の新たな動きについては、第9章でみていくが、近年、農業周辺で興味深い取組みが観察される。農産物直売所や農産物加工、農村レストランなどが注目されるが、それ以外にも、地域資源を大事に育て、さらに、付加価値を付けようとする6次産業化の深まり、農業の近代化を意識し、IT技術などを採り入れた栽培手法の開発などが推進されている。そして、日本の代表的な農業地帯である帯広、十勝の地で興味深い取組みが重ねられていた。

　この節では、地元の穀物商社が農家を組織し、地元産の小麦を育てながら、さらに、製粉工場の建設まで踏み込んでいるケース、北海道の農家に貢献することを深く意識し、農業近代化をサポートしようとする農業総合コンサルタント企業、そして、帯広、十勝の恵を地域の活性化を意識しながら興味深い「屋台村」として展開しているケースに注目していく。

(1) 音更町／十勝をベースに雑穀商から製粉業、地域商社に
——生産者と消費者のコミュニケーションを図る（山本忠信商店）

　北海道十勝地域、日本の代表的な農業地帯として知られている。特に、戦前期は「赤いダイヤ」で知られる小豆の世界的な産地であった。現在でも、小豆、小麦の日本最大の産地として知られている。日本の農産物流通は基本的にはJAに集荷され、消費者、流通業者、加工業者等の関連部門に配布されていく。この間、生産者と消費者の距離は遠く、消費者サイドも、生産者サイドもコミュニケーション不足の課題を抱えていた。このような事情の中で、十勝をベースにしてきた豆類を主力にする雑穀商が興味深い取組みに踏み込んでいた。

▶小豆、小麦の十勝での展開

　世界一の品質の小豆産地として知られてきた十勝では、「山買い」という中間業者がいて、農家の軒先で買い付け、帯広市の大通りに並べて雑穀商に販売するというスタイルをとっていた。戦前期の農家の軒先では、小豆と山買いが持ち込む干魚などとの物々交換が行われていた。日本の商品流通の原初的なスタイルであった。大正期には小豆は投機の対象となり、価格は一気に7〜8倍、栽培面積も10倍になった。その頃から、山買いのスタイルが少なくなり、1932（昭和7）年には農家を雑穀商から守るための産業組合（現JA）が組織されていった。

　山本忠信商店（通称ヤマチュウ）の創業者は大阪の出身（次男）、満鉄に勤務し、戦後は一家8人で引き揚げ、大阪に戻っている。実家は大阪の卸売市場に店を出し、豆も一部に扱っていた。このような事情から創業者は豆に関心を抱き、1952年には産地の音更に向かい、山買いから始めている。買い取った豆を雑穀商に販売するというスタイルであった。

　ヤマチュウの3代目の現社長である山本英明氏（1959年生まれ）は、明治大学工学部機械学科の卒業、当初は次男が継ぐことになっていたのだが、英明氏は先代の父に頼み込んで家業に入ることにし、当面、沼津の食品卸会社に5年ほど修業に出て、1987年に家業に戻ってきた。その頃には、ヤマチュウは

山本英明氏

製粉工場の十勝☆夢mill

従業員42〜43人の雑穀商の形態となっていたが、まだ山買いの形態は残っており、37〜38件の山買いと付き合っていた。ただし、山買いの高齢化、後継者不足が深刻になり、将来が懸念された。このような事情の中で、ヤマチュウは農家との直接取引を模索し、1989年には小麦の世界に入っていった。当時の小麦は政府管轄の一元的な買上げの中にあり、品質向上の努力は乏しく「最悪」とされていた。「パンにしても膨らまない」とされていた。

▶雑穀商が製粉工場を建設

このような事情の中で、山本氏は「食の安心・安全。顔のみえる農作物」という時代状況の変化を受けて、1990年、ヤマチュウに小麦の集荷を委託していた小麦生産者15戸により、地元小麦のチホクコムギにあやかった「チホク会」を設立している。当初は栽培技術の情報交換などであったが、その後、小麦の新品種の開発、消費者に知ってもらう活動などに踏み込んでいく。この間、2004年にはパン用の小麦「ゆめちから」を開発、2006年からは市場に提供し始めている。山本氏は毎年『経営指針』を公表しているが、2009年の『経営指針』では、「製粉工場建設」を発表している。

2011年7月には、十勝初のロール式製粉工場「十勝☆夢mill」を完成させ、小麦栽培から小麦粉生産までを十勝で行うことを可能にした。さらに、2012

製粉工場の内部	容量約1万トンのサイロ

年2月には、製粉工場に隣接して、最大容量1万0500トンの小麦貯蔵用施設（サイロ）を完成させ、集荷・貯蔵・製粉を一カ所に集約していった。ヤマチュウの会社案内には、「十勝☆夢 mill は、小麦生産グループ「チホク会」と共に運営する工場として、離れてしまった『畑』と『食卓』の距離を乗り越え、『作り手』と『食べ手』がお互いを支えあう世界を全力で実現していきます」と記してあった。15戸でスタートした『チホク会』のメンバーは、現在では260戸、耕作面積3600haに拡大している。このチホク会のメンバーの半分は十勝地域だが、道南、オホーツクにまで拡がっているのであった。

　現在のヤマチュウの従業員数は77人、グループ全体では100人を超える。売上額は約43億円、グループ全体では50億円に達していた。売上額43億円のうち、豆類が28億円、小麦8億円、小麦粉3億円、その他は農業資材、飼料などとなっていた。

▶加工度の向上、地域商社としての視野

　このような経験を重ねるうちに、小麦を中心にしてその先の「食品加工」の世界に入ること、さらに、北海道の優れた食材、食品を海外に広めたいとの想いが深まり、2013年には、シンガポール現地法人のPrime Stream Asia PTE LTD.と、地域商社のプライムストリーム北海道を立ち上げている。池田町のワイン、十勝地域のチーズ、和牛、パン用小麦などを世界に発信していくことを目指していた。現在、シンガポールは営業マンが2人駐在、地元のレストラ

ン、量販店に北海道産の食材を提供していた。この部分の売上額は1億5000万円ほどに達していた。北海道産の野菜を日本国内価格の7倍ほど高い価格で卸していた。

また、加工に関しては、まず、から揚げ粉などの「ミックス粉」の生産から開始する予定であり、2017年には新工場を建設する構えであった。

このように、豆の山買いから開始し、雑穀商に転じ、日本の農産物の流通、消費の課題を受けて、「安心・安全。顔のみえるあり方」を模索し、生産者の組織化、製粉工場、大型サイロの建設と続け、その先には、北海道産食材の高加工度化、さらに海外への輸出を視野に入れているのであった。

(2) 帯広市／十勝、北海道の農業に貢献する
──測量会社から農業総合コンサルタント企業へ（ズコーシャ）

近年、日本農業の大規模化が進んでいる。水稲をベースにする本州以南の場合、農家1戸当たりの平均の耕作面積は1.6 ha程度と零細だが、近年の高齢化、担い手不足の中で、集落営農、大規模受託経営が拡がってきた。「ぐるみ型」集落営農とされる北陸、富山の場合は農家が20戸から60戸程度集まり、20～50 haを集積、より条件が厳しい中国山地などの「オペーレータ型」集落営農の場合は15～30戸、10～20 ha程度に集約されてきた[2]。

また、本州では比較的営農規模の大きい東北地方の場合は、個人や数戸の専業農家による大規模受託が支配的になり、20～150 haを請け負っている場合も少なくない。中には、岩手県北上市の西部開発農産のように約800 haを集積している場合も登場してきた[3]。

この点、北海道は別格であり、基本的な1戸当たりの耕作面積は約23.5 ha、十勝では31 haといわれていた。そして、この北海道でも近年、高齢化、担い手不足による耕地の集積、大規模化が進み始めている。十勝あたりでは実質的には50～100 ha規模になっている。寒冷地であることから冬季の耕作は難しいが、環境条件を活かしながら小麦、豆類、ジャガイモ、ダイコン、ブロッコリーなどの野菜の大産地として存在感をますます高めている。その十勝、帯広を拠点として「農業総合コンサルタント」を掲げるズコーシャが展開していた。

ズコーシャの本社ビル

▶北海道をメインとする農業総合コンサルタントへ

　ズコーシャの『会社案内』の冒頭には、「当社は、昭和34年の設立以来、着実に業務範囲、営業エリアを拡大してまいりました。現在では土木・建築設計はもとより、地域振興計画、都市計画、補償調整、農業調査、環境調査（大気、水質、土壌、騒音、振動、悪臭など）、動植物調査、地質・土質調査さらには地図情報システムや情報処理サービスを全道で展開しております」と記されている。

　このズコーシャの創業は1959年、帯広で4人の測量会社としてスタートしている。創業時の名称は㈲北海道地勢通信社、そして直ぐに㈲北海道測量図工社に名称変更している。当初は測量でスタートしたのだが、地域のニーズに応えるうちに、社会資本、道路、農業土木等の領域に入っていった。特に、昭和40年代に入ると蓄積される測量データの処理の必要性から自社向け電算システムを導入、これが基礎になり、その後のIT事業に展開していった。さらに、同じ頃から公害規制が強まり、環境部門にも参入していった。

　現在の事業部門は「土木設計」「建築設計」「まちづくり」「地域振興」「農

業」「環境」「計量証明」「試験」「補償」「地質」「測量」「GIS」「IT」「技術開発」と実に多岐にわたる。売上額の構成でみれば、3分の1が環境系、3分の1がIT事業、そして、3分の1が測量・設計であり、これが3本柱とされていた。事業所の配置は帯広の本社を中心に、全道を意識し、札幌、網走、函館、釧路、稚内、登別に支社・支店・出張所を構えている。従業員は全体で約220人、技術者が配置されているのは、本社に加え札幌支社（約40人）であった。人材育成に意欲的であり、博士が6人、技術士42人、一級建築士4人、一級土木施工管理士32人、環境計量士16人、測量士39人等が在籍していた。

　ユーザーは北海道庁、北海道開発局等の北海道の各官庁、市町村がメインであり、「北海道をメインとする総合コンサルタント」を標榜していた。道内には小規模なライバルはいるが、本州にはさらに規模の大きいライバルもいる。北海道の地に足を置いた農業総合コンサルタントとしては最も規模が大きく、業務内容も多岐にわたるものであろう。「測量の仕事がコアになって、その回りに時代状況に合わせて新たな部署を創設していく。ソフトな仕事、そしてそのための施設を作るというハード部分な仕事、その両方の仕事を積極果敢に引き受けながらズコーシャはここまで歩いてきた[4]」と語っている。創立30年の1989年には社名を現在のズコーシャに変更していた。

▶IT農業支援に向かう

　このような歩みの中で、ズコーシャは自社所有の農場として2002年には㈲テクノファームを設立（帯広市八千代町）、約70 haの圃場で多様な取組みを重ねている。特に農業のIT化に対する意欲が大きく、2005年頃からは人工衛星、空撮用無人ヘリ（現在ではドローン）利用による土壌分析、そして、それらを踏まえた「IT農業支援システム」、特に「リモートセッシングを活用した自動可変施肥システム」の開発、普及を目指している。

　これまでの農家の慣行的な施肥管理は、一つの圃場の中でも土の肥沃度は不均一であるにも関わらず、同じ量の肥料を施肥してきた。そのため、作物の成長に必要な養分量以上を供給している場合が少なくない。また、過剰供給した肥料は地下水の硝酸性窒素汚染の原因ともなる。

これに対し、可変施肥は土地の肥沃度のバラツキを詳細に把握し、肥沃度に応じて作物の成長に必要な養分量を計測し、マップ化していく。そして、可変施肥マップにしたがって施肥量を可変制御する。そして、この自動可変施肥の実施フローは、ドローンによるセンシング、土壌分析、データ解析、圃場内の肥沃度の10 m単位でのバラツキの把握、Web-GISによる施肥設計、可変施肥マップの作成、自動可変施肥機による施肥の実施というものであり、適正な施肥によるコスト削減、収量、品質の安定化、環境保全に貢献する。
　このような取組みは農水省も期待するものであり、2006～08年の農水省事業の「IT活用型営農の構築」に北海道からは北見のイソップアグリシステム（第9章2―(1)）とズコーシャ・テクノファームの2社が採り上げられて実証実験を重ねてきた。その後も、北海道経済産業局、帯広畜産大学等との連携を重ね、「リモートセンシングを活用した低コスト施肥技術の実証と普及」に取り組んでいた。
　現状、日本農業の中で「十勝の一人勝ち」ともいわれているが、その十勝の農業のより豊かな展開に向けて、帯広、十勝、そして北海道に軸足を置き、測量からスタートしながら、地域のニーズを汲み取り幅の広い農業、環境等の領域で、ズコーシャは興味深い取組みを重ねているのであった。

(3) 帯広市／街の「へそ」の屋台を展開
　　――地域振興、起業支援、地産地消を目指す（北の屋台）

　近年、全国の各都市に従来の屋台ではない、新たなイメージの屋台村が形成され、人びとを惹きつけている。帯広、苫小牧、函館、小樽、青森、弘前、八戸、秋田、山形、福島、そして鹿児島などにも展開しているが、やや北の方に多いように思う。東京の立川にも6年ほど前に、それらによく似た屋台村が形成された。外から見る限りこれらに共通するのは、博多や高知のような移動式の屋台ではないこと、店主が素人風で家族的な雰囲気が強いこと、そして、普通の屋台では刺身などの熱を加えないものは出ないのだが、これらでは生ものも出ることであろう。このなぜか不思議な「屋台村現象」、これを切り拓いたのは北海道帯広市の人びとであった。

帯広の「北の屋台」

北の屋台の「御多幸」と久保裕史氏（左）

▶街の中心部には「へそ」が必要

　ことの起こりは1996年、帯広青年会議所に集う若者たちが、帯広市街地の空洞化、活力の低下を懸念し「十勝環境ラボラトリー（TKL）」をスタートさせたところから始まる。当初「国際環境大学構想」を打ち上げたが挫折し、改めて陳情型ではなく、自分たちの資金と行動力でまちづくりに参加しようとして約40人が集まり、1999年「まちづくり・ひとづくり交流会」を設立。何度かの会議を経て、「街には中心部という『へそ』が必要」との共通認識を抱く。

　そして、街の中には何がなくなっているのかと問いかけ、コミュニケーション、コミュニティがなくなっていることを痛感する。かつてあったはずの「市場（いちば）」「屋台」がないことに気づき、調査を開始する。日本全国や世界の現場を回り、1000葉にも及ぶ写真をもとに『写真資料集』を作成、「まちづくり・ひとづくり交流会」を帯広商工会議所の「北の屋台ネット委員会」に組織替えする頃から、行政、商工会議所の人びともメンバーに入っていく。この頃から行政の補助金などがつくようになった。

　各地の調査を踏まえて判明したことは、屋台は行政や警察が管轄する道路法、道路交通法、都市公園法、食品衛生法などの規制が多く、また現営業者一代限りの営業権しか認められていない既得権益の商いであり、新規参入ができないことがわかってきた。さらに、冬季の寒さの厳しい十勝での開店に大きな障害もあった。これに対し、時間をかけて各部署との調整を重ね、一つひとつ障害を突破していく。関係者のそのエネルギーには感嘆の念を禁じえない。

▶地域振興、起業支援、地産地消を深く意識

　特に、移動式では許可にならないことに対して、厨房部分を固定し、その前方に仮設の移動式の屋台をドッキングする発想が、障害を突破する最大のポイントであったように思う。屋台部分が仮設であるため、通路幅3mを必要とする消防法もクリアできた。その結果、上下水道、電気、ガスを完備できた。既存の屋台では法律上、直前に火を通す温かいメニューしか出せないが、この屋台の場合は飲食店の許可を得て、一般の食堂と同様のメニューを提供することができた。さらに、スタート前には「寒さ体感実験」を重ね、客席に厨房の調理熱を循環させる工夫も加えていった。

　このような新たな屋台の可能性の追求を重ね、2000年2月には補助金などの受け皿も意識し、実施主体である「北の起業広場協同組合」を設立していく。そして、この事業の目的は当初から以下の三つとしてきた。第1に「まちのにぎわいをつくること」、第2に「素人でも始められること」、第3に「地元の食材を使うこと」であった。地域振興、起業支援、地産地消を深く意識していたことになる。

▶年間16万人の人を惹きつけている

　この間、イベント、シンポジウムを連発し、市民の認知度を高めていった。2001年1月の説明会には116人が押し寄せ、50数人が応募してきたが、ラーメン、おでん、焼き鳥ばかりであった。当初の受け皿の施設は20店、1業態2店舗まで、ユニークな発想を優先させるとした再募集をかけたところ46件の応募があり、スタート時は15店を入居させた（5店分のスペースは他の利用）。用地は商店街の中の駐車場（538.28 m^2）、厨房本体の面積は3.3 m^2（2.6 m×1.3 m）、共同水洗トイレ1棟15 m^2 が基本であり、厨房本体に移動式の屋台（カウンター、座席）が付く。各店は2坪ほどとなる。

　入居は3年間。ただし、2期目の応募は妨げないとしている。再応募の場合も、また一からのスタートとなる。家賃は月8万円、共益費2万円、広告費2万円の月計12万円、さらに保証金を100万円徴収する。電気、ガス、水道は利用者負担となる。

2001年7月29日に第1期がスタートした。1期の3年間の全体の年平均売上額は2億3000万円、来店者は1年目15万3041人、2年目15万3378人、3年目16万0066人を数えた。そして、この1期の経験を踏まえ、入居者はモチベーションの高い個人経営のみを対象にしていった。

　2014年3月からは第5期に入っている。入居店数はいっぱいの20店舗、最近の来客数は帯広市の人口約17万人に近い16万人で推移している。年間売上額は約3億円、1店舗当たり平均で年間約1500万円ほどであった。個店別の売上額では最高が2500万円、最低が1000万円であった。個別の個性的なメニューがあるかどうか、そして、店主の人間力がポイントとされていた。

▶人びとの「思い」の結集

　これだけの事業を切り開いてきたのは、協同組合の8人の理事たち。いずれも青年会議所のOBたちであった。中心となっている久保裕史氏（1954年生まれ）は地元の出身であり、流通経済大学（茨城県）を卒業後、日本通運に勤務。旅行関係の仕事で世界を回っていた。1982年に帯広に戻り、その後8年ほど札幌そごうに勤め、1990年に地元の帯広で画廊と旅行会社を創業、同時に青年会議所に入っている。世界に対する開かれた視野と、地域の活性化に深い関心を寄せ、これだけの事業にしてきた。世界の屋台の写真を集め、関係者を全国の屋台に巡らせ、連続的にイベント、シンポジウムを開き、人びとのエネルギーを高めてきた。

　そして、基本には「地域振興」「起業支援」「地産地消」を置き、出店者に観光情報、食材情報を流し、地域のタクシー会社、ホテルとも連携している。毎月、出店者と農家を集めた食材の研究会、出店者会議を開き、事業の意義を徹底させているのであった。

　北の屋台は帯広・十勝の地域活性化・地産地消の拠点であり、人びとの交流の場であり、普通の人びとが創業していくインキュベーション施設としても機能している。スタートしてからすでに17年、北の屋台は十勝・帯広の希望の星として人びとに愛されるものになっているのである。

▶**全国 19 の屋台村が協議会**

　この北の屋台が評判を呼んで以来、全国の各地で「屋台村」の構想が推進されるようになってきた。特に、久保氏が「弟分」と呼んでいる青森県八戸市の屋台村「みろく横丁」が帯広の経験を踏まえ、2002 年 12 月にオープンしたことも興味深い5)。この二つの屋台村の成功は全国の各都市に大きな影響を与えている。

　現在では全国に数十の屋台村が形成されているのではないかと思う。久保氏のもとには多くの関係者が教えを請いに来ているが、久保氏は「売れるからよいのではなく、その地域の特色のある屋台にしなさい。むしろ、それは地域の発見ですよ」と指導していた。

　2004 年には北の屋台の考え方に共鳴する屋台村が「全国屋台村連絡協議会」を結成し、2015 年現在では 19 カ所がメンバーになっている。本部が帯広にあり、事務局は八戸に設置されている。メンバーは小樽、函館、苫小牧、青森、弘前、秋田、福島、福井に加え、2011 年 12 月には東北大震災で被災した気仙沼の仮設の屋台村「復興屋台村気仙沼横丁」がオープンしメンバーに入ってきた6)。さらに、2012 年 4 月には鹿児島にオープンした7)。

　協議会は毎年、持ち回りで開かれ、併せて大きなイベントを開催してきた。2011 年は気仙沼の屋台村の開設に合わせて、全国から関係者が集まっていた。「屋台」には人びとの気持ちをウキウキさせるものがある。しかも地域振興、起業支援、地産地消とくるならば、新たなコミュニケーションが生まれる空間として、人びとを惹きつけていくことになるのであろう。

4．釧路市／水産都市の新たな産業化の方向

　周囲を海で囲まれている日本、各地に優れた水産都市がある。近年の全国の主要漁港の水揚量と金額をみると、少し古いが、東日本大震災直前の頃（2009 年、時事通信社）、水揚量では、第 1 位が銚子（22.4 万トン）、以下、焼津（17.6 万トン）、八戸（13.9 万トン）、松浦（13.6 万トン）、釧路（12.8 万トン）、長崎（12.3 万トン）、境港（11.9 万トン）、根室（11.7 万トン）、石巻（11.5 万

トン)、枕崎（10.9万トン）であり、金額では、第1位が福岡（541億円)、以下、焼津（377億円)、三崎（340億円)、長崎（261億円)、根室（261億円)、銚子（234億円)、八戸（217億円)、松浦（202億円)、気仙沼（196億円)、下関（184億円)、函館（174億円）などとなっている。北海道では釧路、根室、函館が代表的な水産都市となる。

　このような事情から、当然、釧路は水産加工が盛んであり、水産に関連する加工機械等の生産も行われていく。先の工業統計（表8—4）でも、その間の事情が読み取れた。そして、特に、近年、釧路の水産加工機械等に関連する中小企業は、水産の最大のテーマの一つである「鮮度維持」を焦点に興味深い取組みを重ねているのであった。

(1) 釧路市／水産加工機械から畜産加工機械まで
——形が不定形で生きてきた（ニッコー）

　釧路市、日本を代表する水産基地として知られている。釧路港内には多くの漁船が係留され、また、陸上には水産加工企業も少なくない。この釧路に「不定形」の魚介類の加工機械生産を得意とするニッコーが立地している。会社案内によれば、事業内容は「食品・水産・食肉・農産・各加工機械の企画開発、製造販売」とある。

　水産加工では鮭加工機械、ホタテ加工機械、いくら加工機械等、食肉加工では過熱蒸気焼成機、ポーションカッター、豚のロース・バラ部位から背骨を取り除くウエッジカッター、牛・豚加工用正肉裁断装置、農産加工ではスチーマー、マルチベジタブルカッター、省人省力化機械では、超高速ピッキングシステム、具材定量供給装置、鮮度維持では連続式シルクアイスシステム「海氷」などが紹介されている。実に幅広い領域を手掛けていた。

　ニッコーの創業は1977年、創業社長の佐藤厚氏（1945年生まれ）は旭川の出身、旭川工業高校を卒業後、東京都大田区東糀谷の包装機械メーカーである巴精工に就職している。東糀谷のあたりは機械メーカーが多く、巴精工は当時従業員70人ほどの自動機メーカーとして知られていた（1980年代中頃に閉鎖)。巴精工では技術、企画、営業もこなした。だが、社内で上司と対立し、

佐藤厚氏

超高速ピッキングシステム

　数人が退職、それぞれ静岡、大阪など故郷に戻っていった。佐藤氏は旭川に戻った。母に叱られ、叔父を頼って釧路にやってきた。しばらくブラブラしていたが、モノづくりをしたい気分になり、水産基地であることから、水産加工機械のメーカーになることを考える。姉と友人に助けられ、1977年、資本金300万円で独立創業している。

　当初、仕事はなく、機械修理などをしながら糊口をしのいでいた。当時、200海里問題が発生し、養殖漁業への動きが始まり、オホーツクのあたりではホタテの養殖が開始されていた。だが、すでに水産基地では高齢化が進み、担い手も乏しいものになっており、「ホタテの加工機械」の可能性に取り組んでいった。干貝柱機、煮沸機、乾燥機等であった。当時、ホタテの加工は一般的には50人で1日に1～2トンとされたのだが、1979年、佐藤氏は12～13人で15～16トンの機械を開発、1台4200万円で見積もりを出した。これが大ヒットし70台も売れ、これによりニッコーの基礎ができたとされている。当時、従業者は佐藤氏以外に1人だけであり、加工の大半は外注に出して対応した。

　その後、他分野ということで養殖魚である鮭が安定している考え、鮭の加工機の世界に入っていった。形状の不定形な鮭の半身を3次元のセンサーで一瞬に判断し、均等な重量で切り身にしていくというものであった。この鮭の加工機はカナダ、アラスカにも輸出していた。ロシア極東にはこれまで400台も納

新たに導入した3Dレーザー加工機	小型の連続シルクアイスシステム「海氷」

入していた。

　私は2005年1月に一度ニッコーを訪れているが、当時は従業員52人、技術者20人（機械12人、電気8人）、工場20人、その他は総務・営業等という布陣であった。特に技術者の年齢は30代前半が多く、90％は地元出身者、UIターンが多かった。室蘭工業大学、北海道工業大学、釧路高専などの卒業生が集結していた。当時の売上額は8億円であった。そして、佐藤氏は「今後のテーマは、肉の脱骨装置であり、世界に売りたい」と語っていた。

▶肉の脱骨機、ホタテの貝柱取り出し機を開発

　11年ぶりに訪れたニッコーは敷地内に第2工場を増設、新たな先端的な加工機械も導入していた。この間の大きな変化としては、水産の将来に不安を感じ、農産加工の世界に大きく踏み込んでいたことが目を引いた。北海道はダイコン、タマネギ等の大産地であり、付加価値を地元に残していくために加工に踏み込み始めた時期であり、ニッコーもそこに注目していく。客先は道内のJAである場合が多く、日本ハム、日水、マルハニチロ等の大手食品会社とのつながりを形成することができた。その頃に「鮮度維持」の重要性を深く認識していった。

　10年前から取り組んできた肉の脱骨については、日本ハムからの要請も大きく、機械化に向かっていく。屠畜された牛、豚は頭と足を外し、二つ割り、三つ割りされ六つの部位に分けられる。そして、背骨と肋骨の脱骨が必要とさ

れる。この作業は世界的に人力で行われている。作業条件は厳しく、効率も低い。このような事情の中で、脱骨の自動化、機械化の必要性は高い。そして、この10年の間に背骨部分の脱骨の機械を開発することに成功している。肋骨に関しては現在取組中であった。この背骨脱骨機はすでに日本ハム、スターゼン等の国内の大手パッカー7社、十数台が納入済であり、海外輸出もされている。佐藤氏は「肋骨を成功させて、システムで世界に売りたい」と語っていた。

また、北海道の水産物への世界の評価は高く、年間600億円強ほどが輸出されている（2015年）。その50％はホタテとされている。この間、高齢化が著しく、ホタテから貝柱だけを取り出す自動機の必要性が生じてきた。3年前に見通しが立ち、2016年には完成した。今後、ホタテをメインとする漁協に普及していくことが期待されていた。

▶鮮度維持の「シルクアイス」の開発

また、近年、水産物の鮮度維持が大きなテーマとなってきた。釧路には後にみる「窒素氷」の昭和冷凍プラント、電解水の島本鉄工があるが、ニッコーは海水・塩水の「シルクアイス」を開発していた。ニッコーの技術は海水・塩水をシャーベット状に製氷し、マイナス温度帯でミクロン単位の微細氷を製氷するものであり、魚体に密着することから効率良く冷却する。スイッチを入れると3分でシャーベット氷が連続的にできてくる。温度帯は完全凍結前の0℃〜−3℃程度であり、魚種によって適温は異なる。漁船に積んでおけば、即座に海水からシャーベットを製氷、一瞬に魚は冷凍の手前で冷蔵される。そして、水抜きしてそのまま流通に乗せることができる。実験では、函館のサンマの刺身が台湾で食することができている。

2013年に発売開始し、2016年現在、大型のものが48基全国の市場、漁協に納入され、台湾にも輸出された。漁船、市場、漁協、水産加工業に採用されていくことが期待されていた。このシルクアイスシステム、2015年の売上額は3億円であったが、2016年には5億円が予定されていた。佐藤氏は「地域に密着した技術は、世界に拡がる」と語っていた。

このように、ニッコーはこの10年ほどの間に、さらに進化していた。現在

の従業員は78人、大卒が60％を占め、全国から参集していた。工場も増設され、工作機械も充実していた。売上額も15億円に拡大していた。後継を予定される子息（専務取締役、1972年生まれ）は、釧路高専を卒業後、ロボットメーカーの安川電機に10年ほど勤めて戻ってきた。北海道でも最高レベルの機械メーカーとされるニッコーは、「このような地域では、何にでも対応しなければいけない」として、興味深い足跡を記しているのであった。

（2）釧路市／鮮度維持に新たな可能性を切り拓く
──窒素水・氷に向かう（昭和冷凍プラント）

魚介類、農産物の鮮度維持は消費者、飲食店サイドの要求ばかりでなく、生産者、流通業者にとっても最大の課題となってきた。魚介類、農産物の高付加価値化の方向は、一つには生産地での高度加工、そして、鮮度維持とされている。そして、このような取組みは各地で行われているが、日本を代表する水産業基地である釧路において興味深い取組みが重ねられている。

▶倒産企業から創業

水産都市の釧路には、水産加工企業の他に冷蔵庫・冷凍庫関連の企業が集積している。現在の昭和冷凍プラント社長の若山敏次氏（1948年生まれ）は、函館市の隣の北斗市の出身、函館水産高校を卒業後、冷凍機メーカーの昭和重機に勤める。だが、若山氏が釧路営業所長をしていた1981年に昭和重機は倒産していった。このような事態に対して、若山氏は釧路の事業を引き継ぎ、1982年に昭和冷凍プラントを設立していく。

当時は北転船（遠洋底引き網漁船。ベーリング海等で操業していたが、200海里問題以降、漁場を北海道沿岸に転換させられたことから、「北転船」といわれた）の時代であり、夜に帰還する船の整備を翌朝までに仕上げるという仕事が大量にあり、良い時代であったのだが、その後、ソ連による漁業規制が強まり、水産業は困難な時代を迎え、減船が推進されていった。このため、陸上の仕事に向かい、釧路の大手水産会社の冷蔵・冷凍庫の設置・メンテナンスなどを手掛けていった。ただし、このような領域は大手との価格競争になり、独

自技術の必要性を痛感させられていった。

　転機となったのは1996年の病原性大腸菌O157による食中毒問題であり、食の安心・安全が問われていくことになる。このため、1996年には漁船用の紫外線殺菌装置、さらに、2000年には海水をシャーベット状にする「フローアイス」を開発していく。紫外線殺菌装置は歯舞漁協などで45基ほど採用された。歯舞漁協はサンマのブランド化に努め、「マイサンマ」の商標で販売していった。ただし、また大手の参入が続き、競争力を失っていく。

　このような事態に対し、他社に真似されない技術を求めていく。特に、「酸化しない氷ができれば、鮮度保持期間を延長できる」と考え、窒素水・氷の領域に取り組んでいった。数年の試行錯誤を重ね、2005年に「窒素水・氷」の開発に成功していった。この窒素水・氷は、水に窒素を注入し、酸素を除去した窒素水を凍らせてできる。

　鮮度低下の一連の現象は、空気中の酸素による酸化による劣化、細菌の増殖による劣化、魚介類内部の酵素による劣化が重なって生じる。これに対して、従来の食品鮮度保持の方法は、容器内の酸素を無くす「真空保存」、腐敗菌の繁殖を抑える「冷凍保存」、塩分の濃度を上げて水分活性を抑える「塩蔵」、大気中の酸素と隔離する「水中保存」、ポテトチップスやイクラの醬油漬けなどに採用されていた容器内の酸素と窒素を入れ換える「窒素転換」などとされていた。

店舗用の窒素水・氷の装置

大型装置を入れた釧路東水冷凍

▶「酸化防止」「鮮度維持」「安全性」に優れる

　これに対して、「窒素氷」は、酸素を含まない氷であり、「酸化防止」「鮮度維持」「安全性」に優れるとされていた。窒素氷は融けても酸素を含まない窒素水となり、鮮度維持効果が2日間ほど延びる。大気中に78%存在している窒素ガスは大気から抽出するため環境負荷が小さく、人体に対する安全性は立証されている。例えば、現状、刺身の場合、鮮度維持は3日間が限度とされているが、5日間に延びることになり、その経済効果は大きい。

　このように、昭和冷凍プラントの開発した窒素氷を用いた「窒素ガス封入氷製造システム」は、「酸化防止」「鮮度維持」「安全性」の課題に対して画期的なものとなってきた。ただし、このような新規の提案はなかなか採用されにくく、採用実績が問われていく。この点、2010年6月には、東京築地の最有力水産卸売業である東都水産の釧路東水冷凍に採用され、窒素海水氷自動製氷工場としてオープンしている。納入額約3億5000万円、製氷能力は40トン／日、貯氷能力300トンであった。1996年頃までの昭和冷凍プラントの売上額は2億円前後であったのだが、2016年には8億9000万円を計上するほどになっている。

　その後の目立った納入実績としては、東日本大震災津波で被災した岩手県大船渡市の水産加工メーカーである大洋産業大船渡工場にやはり製氷能力40トン／日を納入している。この間、350kg／日程度の小型窒素氷製氷機を開発、スーパーマーケットのバックヤード等に採用されていた。また、新設される豊洲市場には製氷能力10トン／日が納入されることが決まっていた。かつての大手との価格競争を教訓に、窒素氷に関しては知財の管理も徹底させていた。

　現在の従業員は10人、技術者主体の少数精鋭集団が形成されていた。平均年齢40代中頃、若山氏の親族では、函館高専機械科を卒業した20代の甥が加わっていた。この甥は昭和冷凍プラントに入社後、釧路高専の電気科（夜間2年）にも通い、機械と電気の技術の習得に向かっていた。

　現在、知名度が上昇する中で、中東あたりからの問い合わせが続いている。当面、ドバイとの商談がまとまり、2018年6月納入予定で、10トン／日能力のプラントが約1億円で予定されていた。水産都市としての蓄積の豊富な釧路

の地で、鮮度維持をテーマに掲げ、窒素氷という領域で興味深い取組みが重ねられているのであった。

(3) 釧路市／工場アパートを引き継ぎ、多角化に向かう
──地域産業と共に歩む（島本鉄工）

1980年代の地域中小企業政策の下で、「工場アパート」というものが全国に広範に設置された。都市部などで住工混在に悩む中小企業を域内再配置により集約化し、長期低利の中小企業高度化資金を使い連棟や重層階などの型式により、操業環境を確保していくというものであった[8]。

私は1989年3月まで東京都庁の中小企業診断機関であった東京都商工指導所に在籍し、中小企業診断士として中小企業高度化事業、工場アパート事業に携わっていたのだが、1987年に北海道庁からの依頼を受け、釧路市で実施される工場アパート（釧路エンジニアリングセンター協同組合）設立のサポートをしていた。当時、釧路は遠洋漁業が停滞し、さらに基軸の太平洋炭鉱の閉山の動きもある中で、地元企業家の早川鉄工の早川幸吉氏が中心になり、工場アパート事業を展開することにより、地域活性化を目指していたのであった。だが、中心人物の早川氏が1991年に急逝し、当初からの組合員である島本鉄工の島本幸一氏（1949年生まれ）が現在にまで引き継いでいる[9]。釧路という機械金属系工業の希薄な地域で、その後、島本鉄工は興味深い取組みを重ねているのであった。

▶工場アパート事業と島本鉄工

協同組合釧路エンジニアリングセンターのオープンは1988年10月、工場アパート事業の要件である5社以上の参加として、早川鉄工、島本鉄工、ニチエイ電気、共立鉄工、そして、早川鉄工の関連会社の5社でスタートした。敷地面積は約1万6500㎡、5社分がL字型の連棟で形成された。釧路ばかりでなく、当時構造不況にあえいでいた北海道機械金属工業界の期待を帯びた船出であった。だが、リーダーの早川氏が1991年に急逝、半年後には早川鉄工関連の2社が倒産していった。その後は島本氏がリーダーとなり事業を継続してい

工場アパートの釧路エンジニアリングセンター	島本幸一氏

くが、2002年9月にはニチエイ電気、共立鉄工が自己破産していった。その結果、釧路エンジニアリングセンターは島本氏の双肩にかかることになっていった。中小企業高度化事業の場合、長期低利融資なのだが、借入額の償還について組合員の連帯保証がある。返済繰り延べを重ねながらも、現在では、島本鉄工が残った借入金の返済を重ねていた。

島本鉄工の創業は1933（昭和8）年、技術者であった島本氏の祖父が始めている。漁船の焼玉エンジンのメンテナンスから開始している。釧路の水産業がピークであったのは1968年頃、北転船が出てきて船の大型化、鋼鉄船が登場し釧路は沸いていたのだが、1970年代中頃から200海里問題が発生、これを転機に北転船の減船が続いた。このあたりから釧路の水産関連産業は停滞を重ねていく。

このような事情と太平洋炭鉱の閉山の方向が、先の釧路エンジニアリングセンターの設立につながっていった。島本鉄工の場合は、1985年まではほぼ完全に水産関連に依存していた。3代目の島本氏が仕事に就いた1975年までは「黙っていても仕事は大量に来た」と振り返っていた。その後は減船が続き、陸上を中心とした毎年の仕事の確保が課題になっていった。象徴的だが、釧路エンジニアリングセンターに入った頃から仕事の内容が変わっていった。

この間、自己破産したニチエイ電気を島本鉄工が事実上引き取り、2003年、

島本鉄工の工場アパート工場（星が浦工場）　　　特注の依頼が来る

㈲エスティテクノスを立ち上げている。ニチエイ電気は船舶のメンテナンス、電解水装置、海中の潮流の測定、釧路コールマイン（旧太平洋炭鉱、現在、年間50万トン程度を産炭）の電気回りの仕事をしていたのだが、潮流の測定は手放し、電解装置、釧路コールマイン関係の仕事を残していった。旧ニチエイ電気の従業員は、エスティテクノスの社員となり、小型船舶のメンテナンス（2人）、電解関係（1人）、釧路コールマインの電気工事・メンテナンス（4人）に配置されていた。その結果、島本氏は2社をみているが、エスティテクノス関係7人、本体の島本鉄工が33人となっていた。

　現在の島本鉄工の事業領域は、内燃機関の製作・販売・修理、鋼構造物の設計・製作・設置、船舶整備修理、土木工事請負、一般産業用機械の製造・据付・修理、そして、海水（塩水）電解殺菌装置の製造・販売となっていた。製缶・溶接、機械加工を軸に多様な領域に向かっているということであろう。

▶地域に深く根ざす鉄工所
　この10年ほどの大きな変化は、4代目を期待される後継者（1981年生まれ）が家業に戻ってきたこと、酪農方面（バイオマスガス等）に向かい始めたこと、ニチエイ電気が取り組んでいた電解殺菌装置分野に本格的に取り組み始めたことなどであろう。バイオマスガスに関しては、アメリカのコーンズ・バイオマスと技術提携し、プラントの製作を行い、設置するものであり、既に白老地区に2基の設置実績があった。発電に使うことは難しく、ボイラー燃料として利

用されている。

　電解殺菌装置に関しては、ニチエイ電気が既に製品化していたものであり、2003年から本格的に取り組んでいた。特に、この10年ほどは「食の安心、安全、鮮度維持」がテーマになり始めたことから、次の主要な事業として期待していた。基本的には港、市場、加工場に電解水を散布して殺菌していくというものであり、すでに標津漁協、歯舞漁協で採用されている。また、船舶に積んでいく場合も少なくない。釧路では、ニッコーの海水・塩水をシャーベット状に凍らせる「シルクアイス」、昭和冷凍プラントによる「窒素氷」など、鮮度維持に向けた取組みが重ねられているが、島本鉄工の「電解水」もその一つとして注目されているのであった。

　このような事情の中で、現在の島本鉄工の仕事は、製缶・溶接といった装置ものの製作が50～60％、メンテナンス関係30～40％となっていた。バイオマスガスの仕事は毎年はなく、電解殺菌装置関係はこれからの事業として期待されていた。いずれにおいても、島本鉄工は、水産基地の釧路、農業、畜産の北海道を視野に、地域に深く根ざしたあり方を模索しているのであった。

（4）釧路町／ブリキ屋から鋼構造物、総合請負業に展開
　　──さらに進化、拡大に向かう（残間金属工業）

　ビルなどの骨格を構成する鉄骨の製造は、鋼構造物業といわれている。戦後、この領域は建築物の木造、コンクリート造から、重量鉄骨による鋼構造物造という流れの中で進化してきた。全国の鋼構造物業をみると、鍋、釜、鍬などの鍛冶屋（鍛造）から出発している場合と、建築物の雨樋などのブリキ屋（鈑金）から出発している場合が顕著にみられる。建築物や都市のインフラの進化に伴い現在の形に発展してきた。だが、公共工事や住宅着工の減少により、近年、転廃業も相次いでいる。そのような中で、着実に事業範囲を拡大し、存在感を高めている企業が釧路市の隣の釧路町に存在していた。

▶拡大、進化を重ねる鋼構造物業
　現在の２代目社長の残間順雄氏（のりお）（1946年生まれ）の曾祖父は仙台から釧路

に移住し、屋根や雨樋などのブリキ屋として仕事をしてきた。戦後、まもなくの頃までは、このような職人仕事は大量に存在していた。残間金属工業の創業は1957年、一度潰したブリキ屋を再開する形で残間氏の父が自宅の軒先で開始している。当時は、ルンペンストーブといわれた暖房器具を製作していた。この領域は毎年9月から12月にかけて仕事が集中する「1年に1回の勝負」であった。当時、釧路には3社あったのだが、現在は残間金属工業しか残っていない。北海道の暖房のシステムは、その後、ボイラーでお湯を沸かして循環させるセントラルヒーティングが主流になっていった。

このような事態に対し、残間金属工業は鉄骨（鋼構造物）の世界に参入していく。残間氏が地元の高校を卒業後入社した1965年の頃は鈑金に陰りがみえ始め、軸足を鉄製階段、手すり等の建築金物の世界に移していった。1979年には法人化し、鋼構造物業の本格化は平成に入ってからであった。一時期は釧路では同業者が13社を数えたのだが、これも現在では残間金属工業しか残っていない。そして、残間家6人兄弟の長男であった残間順雄氏は1993年に社長に就いていった。

残間順雄氏が社長に就く頃から、残間金属工業はまことに興味深い取組みを重ねていく。バブル経済崩壊の1992年に現在の第2工場の敷地約6600 m^2 を坪10万円で取得、2011年にはその隣地約2000 m^2 を坪3万円で取得している。釧路の地価の低下ぶりがわかる。現在、第1工場と合わせて、敷地は1万1160 m^2、建物面積4598 m^2 に拡大している。これらの借金は全て返済してい

残間幹夫氏（左）と残間順雄氏

残間金属工業と屋外ヤード

る。この間、従業員数も1990年前後の11人から現在では43人となっていた。特に、近年は採用意欲が高く、2013年からは毎年1～2人の新卒を採用していた。平均年齢は39歳前後と若い。また、この拡大の中で、残間氏の弟2人が呼び戻されていた。釧路信金に勤めていた次男（1949年生まれ、現常務取締役）と豊橋のトピー工業に勤めていた4男の残間幹夫氏（1956年生まれ、現工場長）である。

　この間、2012年には石狩市（石狩新港）の鉄骨階段メーカーであった共和鉄工をM＆Aで取得している（従業員26人）。共和鉄工には後継者がいなかった。共和鉄工の従業員には動揺が走ったが、給料を残間金属工業と同様に上げて不安を解消していった。現在、共和鉄工の社長には残間順雄氏の長男（1973年生まれ）が就いていた。北海道の大きな工事は札幌周辺に集中していることから、その受注の窓口として期待していた。さらに、釧路市内に設計会社のZプランニング（従業員2人）を設立している。グループ全体で従業員数は71人を数えている。残間金属工業の売上額は2013年の11億3400万円から、2016年は約15億円に増大していた。また、共和鉄工の売上額は約4億円となっていた。公共工事が低迷している北海道において、残間金属工業は発展的な流れを形成していた。

▶常にチャレンジする

　現在の残間金属工業の領域別の売上額は、鉄骨関係80％前後、建築金物関係20％前後、その他雑工事もあった。主な製品・工事は、金物関係はエキスパンドメタル蓋、看板下地、カゴ類、ゴミ箱、雪止柵など、階段は内部階段、外部階段、避難階段、手摺りなど。建物関係はゴミ処理施設、学校、体育館、私立病院、寺院、倉庫、工場。また、牛舎等、耐震工事関係は小学校、市役所、体育館などであった。その他には地上デジタル放送用アンテナ鉄塔、消防署鉄塔、標津漁港水産流通基地基盤整備工事等があった。エリア的には北海道が中心だが、青森県八戸市や岩手県一関市などの東北の工事を請け負うようになっていた。数年前からは鋼構造物の製作、設置ばかりでなく、総合請負業（ゼネコン）も手掛け始めていた。

溶接・研磨作業　　　　　大口径鋼管の溶接にロボットを採用

　このように、この四半世紀をリードしてきた残間順雄氏は「何か進化していかないと意味がない。自分たちは常にチャレンジする。未来のために働いていかなくてはいけない」と語っていた。現在、残間金属工業は鋼構造物業ではMグレードだが、2016年12月には大きな工事を請け負えるHグレードに変わることが予定されていた。Mグレードの場合は中高層ビルを中心として年間2400トン前後の鉄骨製作工場が認可され、Hグレードとなると、高層ビルを中心として年間6000トン前後の鉄骨製作工場が認可される。

　ブリキ屋、鉄製ストーブの製作から開始した残間金属工業は、階段、手摺り等の建築金物、さらに重量鉄骨の鋼構造物製作に踏み出し、Hグレードに上がり、総合請負業に進んでいる。この間、規模の拡大も目覚ましく、敷地、建物拡大、機械設備の充実、M&Aによる鉄骨専業メーカーの取得等を行い、兄弟を呼び寄せ体制の整備を図っていた。今後の課題としては、人材育成と分散している工場の集約が掲げられていた。特に、人材育成については、技能、技術ばかりでなく、人間的な成長を視野に入れていた。地方建設業苦難の時代の中で、残間金属工業は興味深い足跡を重ねているのであった。

5．豊かな農水産物の産業化の課題と可能性

　豊かな農畜産物、水産物を提供し続けている北海道、その中でも農畜産物は帯広から十勝地方、水産物は釧路から根室のあたりが焦点とされてきた。いず

れも魅力的な農畜産物、水産物を私たちに提供してくれている。ただし、これまでは主たる市場である首都圏との距離が遠いことから、JA、JFを通じる系統流通が基本であった。生産者〜産地市場〜長いトラック輸送〜大都市の市場〜小売（スーパー）〜消費者とたどるものであった。北海道からは優れた素材が大都市に供給されていった。ただし、北海道は優れた素材を採取するだけであり、あまり多くの付加価値を得る仕組みにはなっていなかった。

　このような事情の中で、近年、地域に付加価値を残すべき、雇用機会を創出すべきという認識が生まれ、6次産業化の取組みが始まっている。このような農畜産物、水産物の場合、付加価値の向上、雇用の創出という点からすると、方向は大きく二つあると考えられる。一つは、6次産業化の議論に沿うものであり、加工度を上げることにより、付加価値の創出と雇用の場を拡げていくというものであろう。当然、このような取組みの必要性は高い。

　もう一つ、農畜産物、水産物をめぐる「高付加価値」の議論には「鮮度」というものがある。鮮度の良い農畜産物、水産物ほど魅力的なものはない。高加工度化を目指す6次産業化の推進の一方で、近年、鮮度に関する関心も一気に高まっている。本章のケースの中でも、アイスシェルターの開発に向かっている帯広の土谷特殊農機具製作所、また、釧路には、シルクアイスシステム「海氷」のニッコー、「窒素水・氷」の昭和冷凍プラント、「電解水」の島本鉄工などが興味深い取組みに踏み込んでいた。いずれにおいても「鮮度」が焦点とされていた。

　多様な鮮度維持の方法が考案され、地元の設備メーカーなどによって具体化され、それらが地元で使われ、広く普及していくことが望まれる。これこそ、まさに地域資源を焦点とする多様な事業体による新たな産業、可能性の創造となろう。北海道ばかりではなく、日本の代表的な農業地帯である帯広、十勝、そして、優れた水産都市の釧路においてこそ、そのような可能性に向けた取組みを進めていく意義があろう。帯広、釧路発の農畜産物、水産物をめぐる高付加価値、地域産業の活性化が期待されることになる。

1） 十勝の農業については、『別冊スローアーカイブ 十勝農業の本』㈳北海道中小企業家同友会とかち支部農業経営部会、2014年、が詳しい。
2） 集落営農に関しては、楠本雅弘『進化する集落営農』農山漁村文化協会、2010年、関満博『「農」と「食」のフロンティア』学芸出版社、2011年、関満博・松永桂子編『集落営農／農山村の未来を拓く』新評論、2012年、関満博「『富山型』集落営農の展開──砺波平野と近代工業都市高岡の兼業農業地帯」(『明星大学経済学研究紀要』第48巻第2号、2016年12月）を参照されたい。
3） 東北の大規模受託経営については、関満博『「農」と「食」の農商工連携』新評論、2009年、Ⅴ─1、関満博『「地方創生」時代の中小都市の挑戦──産業集積の先駆モデル・岩手県北上市の現場から』新評論、2007年、第8章を参照されたい。
4） 「十勝農業を支えるサポータたち」（前掲『別冊スローアーカイブ 十勝農業の本』）。
5） 八戸のみろく横丁については、及川孝信「八戸市／郊外と中心地における『食』の集合体形成──『台所』価値創造と『佇み』文化再興による食ブランド戦略」（関満博・遠山浩編『「食」の地域ブランド戦略』新評論、2007年、第3章）を参照されたい。
6） 気仙沼の仮設商店街の屋台村「復興屋台村気仙沼横丁」については、関満博『東日本大震災と地域産業復興 Ⅲ』新評論、2013年、第5章を参照されたい。
7） 鹿児島の屋台村「かごっまふるさと屋台村」については、関満博「鹿児島県鹿児島市 地域活性化、起業支援、地産地消を目指す──年間50万人が集う『かごっまふるさと屋台村』」（関満博『地域産業の「現場」を行く 第7集』新評論、2014年、第190話）を参照されたい。
8） 工場アパートについては、日本計画行政学会編『都市工業の立地環境整備計画──住工調和をめざして』学陽書房、1987年、関満博『地域産業の開発プロジェクト』新評論、1990年、を参照されたい。
9） 釧路エンジニアリングセンターのその後の歩みは、中囿桐代「工場アパートと地域産業──釧路エンジニアリングセンター」（『地域開発』第553号、2000年10月）を参照されたい。

第9章　北海道農業をめぐる新たな動き
――大規模農業の変質と農業周辺の新たな可能性――

　先の第1章で示したように、北海道の農業は幾つかの点で際立った特徴がある。第1に、日本の耕地面積の4分の1を占め、農業産出額の13.2％を占めている。第2に、本州以南の1経営体当たりの耕地面積は1.6 haほどであるが、北海道はその約15倍の23.5 ha（2010年）と大規模農業が基本である。第3に、水稲の比重が低く、ジャガイモ等の根物、重量野菜と大豆、小麦等の穀類の比重が高い。牧草、そして乳用牛を中心とした畜産の比重が高い。第4に、日本の面積の約22％を占める北海道は広大であり、地域によって自然環境等が大きく異なり、それが農畜産業に大きな影響を与えている。水稲は道央から道北の旭川周辺まで、道東から道北の北の方には水稲はなく、十勝周辺は重量野菜、さらに、釧路以東と道北の宗谷総合振興局管内などは牧草・畜産地帯を形成している。そして、第5に、首都圏市場に遠く、生産者に市場情報等が乏しいことなどから、流通がホクレン（JA）にほぼ一元化され、各地域の特定品目への産地化が促されたこともう一つの特徴であろう。

　このような北海道農業の基本構図の中で、近年、各地で新たな取組みが進められている。その背景には、情報化が進み、直売（直売所、宅配）などの新たな可能性が拡がってきたこと[1]、これまでの素材供給だけではなく、より付加価値を高めるための6次産業化などの可能性に目覚めたこと。農業の担い手が高齢化、減少している中で、むしろ、若手の農業者たちは事業意識を高め、一歩踏み込んだ取組みを進めていること。このような時代状況の中で、興味深い、新たな可能性を感じさせる取組みが重ねられているのである。

1. 北海道農業の新たな動き

　農業は自然条件、社会条件により適地適作があるが、北海道の場合は農産物

は最大の移出品であり、素材のまま首都圏を中心とする本州以南に送り込まれていた。このような事情である限り、特定品目の産地化が進められ、JA を軸にする大量生産、大量流通の仕組みが採られていく。戦後農業はこのような枠組みを強めてきた。高度経済成長期のように、大量に「モノ」が必要な時代には、この仕組みは効果的に働いたものと思う。だが、この仕組みでは生産者と消費者との距離は遠く、生産者の自主性が発揮されることは少ない。

　この構造に穴を開けたのは、日本の経済社会が豊かになり成熟化してきたこと、情報化が進み、直売所、通販、宅配の拡がりの中で、高品質、多様性が求められてきたことであろう。情報を閉ざされていた生産者は、より付加価値の高い農業へと向かっていくことになる。典型的なケースは、後のケーススタディでみる江別の輝楽里の取組みであろう。江別は水稲地帯であったのだが、人口増大を続ける札幌と 20 km という距離感の良さがあり、宅地化の進行に加え、他方で大都市近郊農業の可能性が拡がっていった。そのような事情を背景に、7戸の農家が株式会社化し、札幌市場向けの多様な野菜栽培に入っていった。さらに、直売、加工の領域にまで踏み込み、事業の規模と幅を拡げ、若者を惹きつける事業体となっていった。また、十勝や北見では、IT 技術を使った近代的な農業も取り組まれ始めている。

　大規模経営が特徴の北海道も、高齢化と後継者不足に見舞われ、離農も増えている。新たな可能性と希望がある農業に向かっていかない限り将来はない。この節では、新たな取組みをみせる幾つかのケースをみていくことにする。

(1) 幕別町／十勝の大地からベトナムまで
―――早くから法人化を進める（北海道ホープランド）

　北海道の中でも、十勝地域は大規模農業経営で知られている。その十勝の幕別町に 160 ha の農地を経営し、多方面な展開に踏み出している農業生産法人㈲北海道ホープランドが立地していた。現経営者は入植4代目の妹尾英美氏（1944 年生まれ）であった。北の大地で逞しく事業を拡げ、さらに、ベトナムにも進出していた。

| 妹尾英美氏 | 北海道ホープランドの農場 |

▶岡山から入植して115年

　妹尾家は岡山県吉井町（現赤磐市）の出身、曾祖父が1903（明治36）年に祖父を連れて入植している。2017年には入植115年となった。荒地を切り開き農地にしてきた。4代目の妹尾氏が家業に就く頃はまだ10ha規模であり、ビート、ジャガイモ、豆類、小麦、亜麻、種子用ホウレンソウ、さらに、家畜のエサ用にヒエ、エンバク等を栽培していた。ほぼ完全な自給自足体制であり、ニワトリ、豚、さらに馬耕用の馬も飼っていた。

　妹尾氏は子供の頃から農業をやる気であり、帯広農業高校を卒業後、即、家業に入った。特に、23歳の頃に1年間、アメリカに農業研修に行ったことが、その後の妹尾氏に重大な影響を与えたようであった。アメリカは「日本と違って何でもオープンに、自由にやれた」「農業をやるならアメリカと思った」と振り返っていた。このアメリカ研修の際、神奈川県大和市の人と親しくなったことが、その後の妹尾氏に大きな影響を与えている。

▶大規模経営の展開

　妹尾氏は早くから法人経営を目指していたのだが、1980年頃に大きな転機が訪れる。神奈川県大和市は都市化、宅地化が進み、友人は農地を手放すことになった。大和市の農地1a（100m²）で十勝では1000倍の10haが取得でき

完全放牧の蝦夷豚

るほどで売れた。このような事態に対して、大和市の友人は十勝の農地を取得し、法人経営することを目指していく。そのカウンターパートとして、妹尾氏が十勝に会社を作っていく。1981年に農業生産法人㈲北海道ホープランドを幕別町に設立した。十勝の農業法人としては最も早いものの一つであった。

　大和市の友人は1億5000万円で、幕別の土地（未開の土地）50 haを取得している。この土地を妹尾氏が開墾し、農地に変えていった。その後も北海道ホープランドの経営する農地は拡大し、現在では全体で160 haとなっている。このうち約3分の1の60 haを休ませ、100 haの農地を使っていた。小麦（30 ha）、ジャガイモ（20 ha）、ブロッコリー（14 ha）、豆類（8 ha）、アスパラ（7 ha）、スイートコーン（7 ha）などとなっていた。

　これだけの事業に対して、家族6人、構成員（従業員）6人、さらに実習生6人ほどの計18人で対応していた。なお、家族の6人とは、妹尾夫妻、長男、長女夫妻、次女から構成されていた。家族全員対応であった。また、北海道ホープランドの場合、最低3年間の就農条件の実習生を受け入れている。実習生の大半は非農家出身であり、独立を希望している。

▶独自で多様な取組みを重ねる

　転作作物の小麦は30 haの規模になり、40％はJA経由で販売しているが、60％は三重県津市の食品企業である「おやつカンパニー」に販売している。おやつカンパニーは主原料の小麦が国産の十勝のものであることを大きな差別化要因にしているようであった。

　また、十勝では帯広の北の屋台（第8章3―(3)）が有名だが、友人の農畜産家3人と共に、北の屋台のスタートの2001年7月から、農屋（みのりや）という店を出店している。農屋ではメンバー4人の生産物である新鮮野菜、乳製品、ステーキ、ハンバーグなどを提供していた。

　この他に、十勝川の河川敷の国有地を借りて、2006年から蝦夷豚の自然放牧（約350頭）も手掛けていた。真冬には−20℃にもなる十勝の地で通年の完全放牧であった。豚たちは逞しく、ストレスもなく育っていた。豚の場合、通常は半年ほどをかけて100 kg前後で出荷されるが、北海道ホープランドの場合は15カ月〜2年をかけている。最近出荷の豚は300 kgに及び、フィレやロースは肉牛より大きかった。この自然放牧には東京の一流ホテルが注目し、商談が進められていた。

▶ベトナムへの展開

　ベトナムとの関係は2002年にボランティア的に農業支援のつもりで開始したが、次第に深入りし、2005年には国立フエ大学と協力して試験農場をオープンさせている。5.5 haほどの農場を借り、フエ大学との共同研究で養豚を展開している。

　フエのあたりは意外に気候が厳しく、夏は暑く、冬は寒い。さらに、雨が多く2010年は7回も洪水に襲われた。そのような事情から野菜栽培は難しく、畜産が模索されている。2006年からはベトナム人技能実習生を3カ月単位で受け入れていた。妹尾氏の印象では、高度成長を続けるベトナムの場合、高品質の農畜産物の要請が強まり、日本の農畜産技術への関心が高い。妹尾氏は、将来、ベトナムで農業学校を展開することも視野に入れていた。

　北海道ホープランドの事業の中心はすでに長男に任せ、妹尾氏は二つの課題

をライフワークとしていた。一つは、ベトナムの農場を成功させること。もう一つは、世の中に適応できない若者の受け入れ、さらに、農業を通じて高齢者福祉の可能性を追求することであった。こうしたことを重ね、さらに、農業、花卉栽培などを通じて、今後増加する元気な高齢者に「希望」を抱ける環境づくりを目指しているようであった。北の十勝の大地に入植して115年、その歴史を背負った妹尾氏は、「そんなに時間はない」としながらも、残された時間を新たな可能性にかけているのであった。

(2) 江別市／「農」と「環境」の田園都市の新たな取組み
──飛躍的に生産性向上、女性の活躍の場も（輝楽里）

　北海道江別市、札幌市の中心から東約20kmに位置し、人口約12万人、面積約187km^{2}を擁する。北海道開拓の頃は石狩川の舟運の拠点とされていた。その後、先人の努力により泥炭地が改良され、広大な農地が形成されていく。市域全体の約40％は見事な田畑（経営耕地面積7049ha、2015年『世界農林業センサス』）となっている。主な農作物の作付割合は、牧草23％、小麦23％、水稲15％、野菜11％、大豆、小豆、甜菜等からなっている。

　このように基本は農業地帯なのだが、札幌からの距離感の良さから、近年、住宅団地、工業団地、大学等が進出、大学だけでも4大学、学生数1万3000人を数える学園都市でもある。市の南側は市街化が進んでいるが、北側、東側は広大な農地が続いている。

　この江別、7戸の農家が結集して設立した㈱輝楽里（きらり）という農業法人が注目されている[2]。

▶7戸の農家が法人化

　高齢化と担い手不足は、日本農業の共通する課題だが、経営規模の大きい北海道でも例外ではない。江別の農家の平均年齢はすでに65歳を超え、将来が懸念されている。このような状況の中で、江別の農家7戸が集団化し、㈱輝楽里を2006年5月に設立している。従来は7戸がそれぞれ農協に加入しており、それぞれ出資金を入れていたのだが、一つの株式会社になったことから出資金

輝楽里の耕作面積は165 ha に及ぶ	輝楽里の作業用倉庫

は一本でよくなり、6名分の500万円を取り崩して資本金（750万円）にあてていた。7戸（家族従事者、男性10人、女性6人）の16人に加え、パートタイマー4人の計20人の旅立ちであった。

7戸の農家が集まることにより、大規模経営が可能になり、各農家が得意とする領域を担う形をとっていった。当初の耕作面積は7戸の農家から借り上げた110 haと新規に借りた22.5 haの計132.5 haであり、生産品目は約20種、米、転作の大豆、小麦に加え、キャベツ、トウモロコシ、ブロッコリーを重点化し、その後、ハウス（2 ha、50棟）のイチゴ、オクラ等の栽培をスタートさせていった。

▶10年で売上が2.8倍

日本の農業でよく問題にされることだが、年間数日しか使わない農業機械を各農家が保有していたのだが、輝楽里は法人化を契機に余分な機械を処分し、身軽な形になった。田植機やコンバインはそれぞれ7台あったものを4台ずつに削減している。

設立当初から、販売先は一旦農協を通すものの80％はスーパーとの契約栽培等の自主販売に踏み出していった。余った20％程度を農協の系統流通に入れていた。販売先は札幌を中心とする近郊のスーパーが70％程度、10％は近くの農産物直売所等に入れていた。江別の農家は約450戸とされるが、スーパーに直接入れているところは3戸ほどしかない。毎日、10トンの大型トラッ

第9章　北海道農業をめぐる新たな動き　407

クで2回入れている。法人化以前の7戸の農家の合計売上額は1億7000万円であったのだが、法人化後は2億円を超え、2009年度は2億7000万円、そして2015年度は4億9656万円となった。10年で売上が2.8倍に増大し、さらに無駄な経費が大幅に削減されているのである。また、法人化のスタートの時に、JA道央と江別市役所から職員の給与表をもらい、それを上回ることを念頭に置いていたが、それも実現されている。

この間、関連企業として㈲江別ヤマト種苗、ISS北海道事業協同組合を設立している。江別ヤマト種苗は種子、苗の販売、農業資材の販売及びリース、農産物の受託生産、農畜産物の生産、販売等の機能を担い、ISS北海道事業協同組合は外国人技能実習生の共同受入事業等を行っていた。

▶新たな雇用を生み出す

この輝楽里の場合の注目すべき点は、日本農業の変質、さらに、地域条件の変化に見事に応えたというところにある。北海道農業の多くはホクレン（JA）の影響が強く、産地化、特定品目の単作に向かっている場合が少なくない。それをホクレンを軸にする系統流通で本州などに売られていくという形が支配的である。生産農家にとっては、どこに売られているのか、いくらで売られているのかわからず、清算される半年後に意外な思いを深めるばかりであった。

だが、人口が急増する大都市札幌（人口約195万人）に近接しているという江別の地域条件からすると、大市場に多種多様な生産物を直接投入し易い条件が整ってきた。その点を受け止め、輝楽里は大規模化し、多種多様な品目に展開、安定供給の実現に向かっていった。

このため、手が足りず、法人化2年目以降、外国人技能実習生を入れてきた。現在では13人（男性5人、女性8人）を数え、総勢では65人（家族従事者15人、パートタイマーを含む）になっていた。この間、若い男女の正規雇用の人も増えていた。さらに、2015年からはタイ人のインターンシップを受入れ、2016年現在11人（男性3人、女性8人）となっていた。

▶農家女性に「希望」と「勇気」を

また、この法人化が農家の女性たちに与えた影響は大きい。一般に農家の女性は、家事、育児、農業、年老いた両親の介護まで全てを担ってきた。少しの時間の余裕もなかったとされている。だが、法人化することにより特に農作業の部分に余裕が生じてきた。例えば、私自身、江別で2007年から若い経営者、後継者を集めた私塾「江別若手経営塾」を開いているのだが、2年目から輝楽里の農家女性2人が参加してきた。彼女たちは「ようやく、このような場に出られるようになった」と述懐していたのが印象に残った。

そして、時間的に余裕の出てきた女性たちは、早速、加工に入り始めている。2009年春には1400万円をかけて加工場（愛菜工房きらりんこ）を輝楽里のメンバーの自力で完成させている。女性たちは味噌、漬物などの生産に入り、近年拡がってきた農産物直売所などに出荷していた。初年度の売上額は188万円であったが、2015年には595万円になっていた。目標を1000万円に置いていた。

▶10年を経て、次に向かう

この輝楽里のリーダーは、創業以来の社長である石田清美氏（1953年生まれ）、自立的な強い経営意識で取り組み、興味深い成果を上げてきた。当初はメンバーの土地110 haを借りるところから出発したが、その後、メンバーの土地を会社で買取り（現在、ほぼ半分）、さらに、他の土地も買収し、現在の

加工を始めた女性たち

藤城正興氏（左）と石田清美氏

実質的な自前地は130 haとなっていた。利益はほぼ土地の買収にあててきた。販売もJA依存からほぼ脱し、自主的な販売体制を確立している。大市場の札幌に近いという地理的条件を最大限に活かし、多種少量生産、スーパーに直をベースにする事業モデルを追究していた。

また、輝楽里の定年を66歳の誕生日の日としていた。会社設立から10年を経た2015年には、石田氏が代表取締役社長であるものの、次の時代を意識して経営陣を刷新、子息の石田雅也氏（1977年生まれ）とメンバーの後継者である藤城正興氏（1977年生まれ）を常務取締役に起用していた。次の時代はこのような若者が担っていくことが期待される。

このように、日本の農業をめぐる環境は大きく変わりつつある。もちろん、地域によって置かれている条件は大きく違う。したがって、向かうべき方向もそれぞれであろう。だが、供給側も消費の側も高齢化し、成熟化してきた現在、それに合わせたあり方が模索されてしかるべきであろう。輝楽里の取組みは一つのあり方として注目される。

(3) 江別市／若い2人で株式会社を形成
——大都市近郊型農業、直売所などを展開（アンビシャス・ファーム）

江別市の基本は農業地帯なのだが、北海道では札幌市への人口集中が進み、江別の地理的条件が近年、大きく変わってきた。市の南側は市街化が進んでいるが、北側、東側には広大な農地が拡がっている。このような事情の中で、次の時代の担い手とされる若手の後継者たちが株式会社の農業法人を立ち上げるなど、興味深い取組みを始めている。

▶入植5代目のいとうファーム

2014年11月に設立された㈱アンビシャス・ファーム、代表取締役は柏村章夫氏（1982年生まれ）、取締役は伊藤 儀氏（1982年生まれ）であった。2人は江別にある酪農学園大学酪農学科の同級生であった。

伊藤氏は明治の中頃に入植した農家の「いとうファーム[3]」の5代目であり、岩見沢農業高校農業科を卒業後、酪農学園大学酪農学科に進む。卒業後は1年

伊藤儀氏（左）と柏村章夫氏

アンビシャス・ファーム、

間、酪農学園大学の臨時職員として施設管理にあたり、その後、ハワイで農業研修生を10カ月ほど務めた。近年、北海道の農家の意欲的な後継者たちは、酪農学園大学で学び、アメリカに留学、あるいは農業研修に向かう場合が少なくない。

2008年の3月に帰国し、すぐに野菜栽培に入っている。それまでのいとうファームは水稲が基本であり、一部に転作奨励作物の小麦、大豆、小豆を栽培、さらに乳用牛を7頭ほど飼養していた。伊藤氏は「水稲、小麦、大豆、小豆では、将来的に行き場がないと思ったと」振り返っていた。伊藤氏が入ってからは、耕地面積約24 haのうち、水稲11.5 ha、転作の小麦、大豆、小豆が7 ha、野菜が5.5 haの割合になった。乳用牛の飼養はかなり前に止めていた。

いとうファームの1年は忙しい。4月は田植の準備となる。育苗ハウスは3棟、約5000箱を育てる。5月初めはレタス、ブロッコリーの定植。5月末に田植（1週間）。6月は大豆、小豆の種蒔き、さらに防除等の管理作業が中心となり、少しずつ収穫物が出てくる。7月から収穫が本格化していく。さらに、トマト、スイートコーンなどの作付けが続いていく。野菜の収穫は10月中頃までであった。稲刈りは9月の末となり、その後は野菜用のハウスの解体、次年度のための床づくり（施肥）となっていく。また、冬の越冬キャベツ、ジャガイモを6月頃に種蒔きし、11月中頃に収穫。まとめて雪の下に保存できるようにしていく。

▶アンビシャス・ファームの旅立ち

　このいとうファームに、2012年4月、伊藤氏の酪農学園大学時代の同級生である柏村章夫氏が合流してきた。柏村氏は山口県出身、父親はサラリーマンであった。大学卒業後は広島の大豆専門商社で営業職を務め、商品開発、販売に携わっていた。大学時代から伊藤氏と共に農業をやることを意識し、30歳で脱サラし、夫人と共に江別に戻ってきた。柏村氏はいとうファームで2年間研修生として働いていた。伊藤氏は商社経験のある柏村氏の計数管理、販売戦略などを取り入れ、新たな事業体として進化させていくことを考えていた。

　そして、このような準備期間を経て、株式会社の設立に至る。資本金300万円は2人が半分ずつ出資した。株式会社設立にあたり、企業理念は「新しい農業の可能性を創造し、人々を幸せにする」としていた。さらに、「私たちは『次世代が魅力的に感じる農業』を実践し、日本の農業を活性化させるという大志があります。その思いとこれから一緒に働く仲間たちには農業に夢や志を持った人たちに集まって欲しいという願いをこめて『Ambitious Farm』という社名にしました」と記している。農業の希望の抱けるモデルケースになることを意識し、対外的な信頼感、販売活動の積極化、雇用の受け皿を意識して株式会社を設立していった。

　代表取締役社長は柏村氏、伊藤氏は取締役、当面の従業員は伊藤氏の両親、さらに常勤のパートタイマーとして柏村氏、伊藤氏の夫人が就いていた。全体で6人ということであろう。会社化することにより、家計と会社を分離することになる。また、外部からのパートタイマーの投入は繁忙期である8月前半から9月の中頃までの1カ月強、最大8人ほどに依頼していた。

▶新たな農業複合経営に向かう

　24 haの農地は、いとうファームから借りている。水稲11 ha、転作の大豆3 ha、小麦2 ha、残りの8 haにはブロッコリー、トウモロコシ、アスパラガス、ジャガイモなどの露地栽培に加え、夏季のみのハウス約10 aほどでミニトマトなどを作っていた。外仕事は3月初めの融雪剤をまくところから始まり12月まで続く。また、12月末から2月にかけては雪の下から掘り出した越冬

冬季のハウス

キャベツの出荷作業もある。冬季はこれまで除雪作業を請け負っていたのだが、現在は越冬キャベツの栽培、出荷に切り換えていた。年間で約70種類、100品目ほどを栽培していた。

　また、以前は主力の米（約1000俵［1俵＝60 kg］）はJA道央が60％、商系の米穀問屋が35％、残り5％は直売所、知人などへの直売となっていたのだが、株式会社設立後はJAの比重は3分の1ほどに減らし、むしろ、直売の比重が3分の1に増加している。米のJAへの販売価格は1万円前後／60 kgなのだが、直売の場合はおぼろづき1850円／5 kg、ななつぼし1700円／5 kgに設定されていた。大豆、小麦はJAに販売、野菜の半分はJA、残りの半分は直売所、札幌や東京の個人営業の飲食店に向けていた。直売は、一つはコープさっぽろの「ご近所野菜コーナー」にモノのある時に出し（手数料25％）、もう一つは野幌の花屋の駐車場を借りて7〜10月末まで、「ふたりのマルシェ」と称して、土曜日の午前中3時間ほど夫人2人で出していた。これだけで、120万円ほどの売上額が上がっていた。

　2016年からは近くの農家から6 haほどの農地を借り、30 haに拡大する。さらに、野菜の種類と量を増やし、6次産業化にも向かおうとしていた。当面は野菜のフリーズドライを目指していた。かつての水稲単作で、一部に酪農に

従事していたところから、世代が変わり、また江別の地域条件の変化、栽培面積の増加、生産品目の多様化、柏村氏の参加、株式会社化などにより多様な可能性がみえ始めている。札幌市場に向けた多様な野菜の提供、直売、さらに付加価値を上げていくための加工、レストランの展開など、新たな「複合経営」の可能性が拡がっている。アンビシャス・ファームは、それらを見据えながら、新たな一歩を踏み出しているのであった。

(4) 江別市／日本の酪農の発祥というべき牧場
——多様な加工品生産、直売店を展開（町村農場）

札幌市の郊外にあたる江別市、現在では住宅団地、大学（4大学）が立地しているが、元々は農業、酪農などが盛んに行われていた。特に、酪農に関しては大正年間から種牛の改良、個体販売に就いていた老舗の町村農場の存在が大きい。町村農場自身、すでに乳用牛の個体販売は停止し、酪農業と加工製品の生産販売、直売店の展開に踏み出していた。江別中心部から石狩川を渡ったところに町村農場が拡がっていた。

▶日本の酪農業の先駆的存在

日本の近代酪農業の祖とされる初代の町村敬貴氏（1882年生まれ、1969年没）が、石狩川河口の石狩郡石狩樽川に町村農場を拓いたのは1917（大正6）年、100周年を迎えた。敬貴氏の父の町村金弥氏は札幌農学校の2期生であり、同期には内村鑑三、新渡戸稲造がいた。札幌農学校卒業後、金弥氏は国営農場の真駒内牧牛場の技師であったアメリカ人のエドウィン・ダン氏に師事し、開拓使御用掛としてその助手に入っている。金弥氏は欧米式大規模農場の経営と畜産技術を学び「日本酪農の父」と呼ばれていった。

金弥氏の長男である敬貴氏も札幌農学校に学び、卒業後の1906（明治39）年に渡米、ウイスコンシン州のラスト牧場を中心に10年間、酪農実習に従事した。この間、ウイスコンシン州立農科大学を卒業している。1916（大正5）年に帰国、1917年には石狩樽川で町村農場を開設している。だが、その場所は泥炭地であるため牧場の適地ではなく、1927（昭和2）年には江別市対雁に

冬の町村農場　　　　　　　　　町村均氏

移転している。この場所で乳用牛の改良に努め、全国に個体販売を重ねていった。当時、日本の酪農の世界で町村農場は名をとどろかせていた。

　1965年の頃になると、2代目の町村末吉氏が牛乳の加工に入っていく。1968年には瓶詰めの「町村牛乳」を発売開始している。町村農場自体、自家用、贈答用にアイスクリーム、バター等を創業以来生産していたのだが、この時期から本格的な加工品の生産にも入っていった。ここが、現在の町村農場の原点とされている。

　当時は札幌オリンピック（1972年）で盛り上がり、札幌の都市基盤整備が進み、人口増大が始まる時期でもあった。2015年の札幌市の国勢調査人口は195万3784人を数えるが、札幌オリンピック直前の1970年の人口は約半分の101万0123人であった。その後、札幌市の人口は1975年124万人、1985年154万人、2010年191万人と拡大傾向を示していった。45年でほぼ倍ということになろう。このような人口拡大を受け、町村農場の「びん乳」は爆発的に売れていき、経営の基盤を作ることができた。

　1991年には農場が市街化区域に編入されることになり、土地の評価額が上がったことから一部を売却し、現在地（約11 ha）の江別市篠津に移転している。従前地の一部は「江別旧町村農場」として資料保存され、公開されている。

▶現在の町村農場

現在の町村農場の当主（3代目）は2代目の末吉氏の3男の町村均氏（1962年生まれ）となっている。現在の事業分野は、酪農部門、牧草部門、製酪部門（工場）、販売部門から構成されている。乳用牛の個体販売はすでに行っていない。また、雄牛が生まれた場合は、生後1～2週間で市場に出していた。

基幹の酪農部門は乳用牛約350頭を飼養、そのうちの約180頭から搾乳している。牧草地は農場に隣接する40 haを中心に、江別の各地（4カ所）に分散し、全体で自有地約170 haを数えていた。ここでは牧草を中心にトウモロコシ、小麦の輪作を行っていた。乳用牛の粗飼料（牧草、トウモロコシ）は100％自家製であり、これに輸入品の濃厚飼料（30％程度）を混ぜて牛に供給している。この酪農、牧草の部分は従業員9人（中国人技能実習生を含む）にアルバイト約2人をつけていた。1日の生乳の生産量は約5トン半、70～80％は自社工場内で処理されていくが、残りは森永乳業などに販売していた。

製酪部門（工場）は従業員6人にパートタイマー約10人で構成されている。製造品目は牛乳（3種）、ヨーグルト（飲む、食べる）、バター（3種）、アイスクリーム（5種）、チーズ（4種）、練乳も作っていた。

販売部門は農場内の直売店（町村農場ミルクガーデン）に加え、札幌（2店舗）、東京（新丸ビル地下）、横浜（みなとみらい）、大阪（ららぽーとEX-POCITY）に各1店舗を展開、各1～2人の従業員にパートタイマー、アルバイトも雇用していた。その他、事務などを合わせて、正社員が約30人、全体

町村農場の乳用牛たち　　　　町村農場のバイオガスプラント

で115人ほどの規模となっていた。

　なお、町村農場は当初からホクレン（JA）の系統外にあり、自由度は高いが、補助金等の対象になりにくく、自主独立の経営を求められていた。

　また、町村農場を特徴づけるものとして、液肥処理のためのバイオマス発電を導入している点が指摘される。導入は2000年であり、主として悪臭対策としてドイツ製のプラントを導入した。個人の農場としては全国初であった。メタンガス発電であり、95kWの発電能力を備え、実質的には農場内で使う電力の半分程度をまかなっていた。16年間でエンジンは3回の取り替え、発電機は1回の取り替え、発酵タンクのトラブルが絶えなかったが、ようやく安定してきた。悪臭対策には効果的であり、全体的には「入れて良かった」との判断であった。

　近年、北海道の物産の人気は内外ともに高く、各地で頻繁に催事（イベント）が開催されている。国内では4～5月、9～11月にかけてが多く、年間20デパート、40回ほどに参加している。基本は1週間だが、売れているところは2週間となる。鹿児島の山形屋の場合は3週間も開催する。また、海外での催事も多くなり、シンガポールやタイでも人気が高い。シンガポールの場合は明治屋が進出しており、その中に「北海道どさんこプラザ」が設置されている。このような海外の催事の際は、アイスクリーム、飲むヨーグルト等を出品していた。今後、海外展開については、物流条件の改善が課題として上げられていた。

　このように、100年の歴史を重ねる町村農場は、当初の乳用牛の個体販売から酪農、そして、二次製品の生産と販売に転じてきた。丁寧な生産、そして、北海道の酪農のイメージを基礎に、アイスクリームやヨーグルト、バター、チーズ等と製造品目の幅を拡げ、直営店による直売で人びとを惹きつけている。札幌郊外の江別の地で、魅力的な空間を形づくり、「町村農場には責任があります」のキャッチコピーの下で、酪農から二次製品生産、直売という着実な歩みを重ねているのであった。

(5) 恵庭市／野菜栽培から6次産業化に向かう
──農産物生産、農産加工品、観光、直販、飲食の展開（余湖農園）

　札幌郊外のJR北広島駅からクルマで10分、新千歳空港からクルマで30分の田園地帯の恵庭市穂栄に余湖農園が展開していた。約55 haの農地は露地に加えて、21棟のハウス（40 a）、加工場、作業棟、直売所、バーベキューコーナー、格納庫、研修室、事務所等が立地していた。リーフレットには、「一次産業──こだわりの農産物生産」「二次産業──農産加工品の数々」「三次産業──観光と販売と飲食」と記されてあった。㈲余湖農園取締役、㈱グローバル自然農園代表取締役の余湖智氏（1947年生まれ）は、開口一番「早朝6時には納品に出かける」と語り始めた。

▶野菜、有機栽培に入り、周辺をグループ化

　余湖氏の父は新潟県佐渡島の出身、農家の長男であったが相続を放棄し、1941年に満蒙開拓団の一員として中国黒竜江省ハルビンの先の二龍山に入植した。新潟県からはこの厳寒の二龍山には約450人が入植している。1945年8月9日にソ連軍が入ってきて、逃避行を余儀なくされ、ようやく1946年に帰国できた。帰国後、1950年に現在地の穂栄から4kmほど先の北島に入植した。

余湖智氏

余湖農園のハウス栽培

そこには新潟の先輩が前年に入植していた。水害の常習地帯であったが、食料増産の時代であり、国からも補助金が出て、水稲栽培に従事した。当時は「いくらか豊か」であった。

　1969年になると米余りが始まり、高校を卒業して2年目の余湖氏は「野菜栽培を学ぶために」北海道中央農業学園（現農業大学校）に入る。1年間のうちに100日は農家で実習を重ねた。そして、戻った1970年には野菜栽培に参入している。土壌改良のために石灰を入れ、ミツバ、レタス、ネギなどの栽培に入った。1985年頃になると、地元の100人ほどの消費者（女性）グループから「有機栽培で野菜を作って欲しい。それを直接届けて欲しい」との要望があり、その道に入っていく。恵庭から千歳、苫小牧、札幌と拡がり、一時期はメンバーが600人にも達した。有機栽培を消費者と一緒に勉強していった。この取組みは十数年ほど続けていたのだが、スーパーなどの拡大により崩れていった。

　1992年には、近隣の農園の農産物を販売していくために、㈱グローバル自然農園を資本金1000万円、出資者十数人でスタートさせた。主として札幌のイトーヨーカドー、東急ストアに販売したが、多いときにはこの2店で売上額の80%を占めることもあった。だが、その後、安価な韓国、中国産の農産物が大量に入り始め、売れなくなっていった。この間、不揃い、虫食いの有機栽培の農産物を販売していたのだが、2000年代中頃に日本の「有機栽培の基準」が変わっていく。「過去2年間化学肥料を使わない」ことが条件になっていった。余湖農園の場合は、除草剤を使うため有機栽培にならなくなった。余湖農園は消費者に事情を説明し、有機は行わず、「自前のブランド化」を図っていった。

　現在のグローバル自然農園の構成員は全体で19人、余湖農園のメンバーは12人、その他の7人は周辺の農家5戸（7人）から構成されていた。実質的にはグローバル自然農園の機能の95%程度は余湖農園によっていた。グローバル自然農園の売上額は約2億4000万円、2億2000万円は農産物の販売、加工品の販売は1200万円、観光・飲食は800万円ほどとされていた。

▶農園の移転を契機に6次産業化に向かう

　北島の土地は水害が多いことから災害対策として収用されることになり、2009年から2010年にかけて現在地に移転していく。現在地は元々農地であった。自作地27.4 haをベースに周辺の土地27.6 haを借り、余湖農園は全体で約55 haで構成されていた。農園の中心部には、農産加工場、直売所、バーベキューコーナーが設置されていた。収用の補償に1億5000万円が支給されたが、1億円で農地を購入、5000万円で自宅を再建した。そして、この移転を機会に従来からイメージしていた6次産業化に向かっていった。

　第1次産業としての農業は、露地、ハウスによる野菜栽培。栽培品目は50種類を超える。ハウスの一部ではミツバなどの水耕栽培が行われ、冬季にはチップボイラーで温めていた。販売先はコープさっぽろなどであり、一部は直売、加工に回される。なお、JAに野菜は販売していない。

　第2次産業の農産加工場の中に工房が二つ設置されていた。一つは菓子、ジャム、ゼリー等の菓子工房であり、年配の職人に貸していた。もう一つは漬物（夏）、味噌（冬）など向けの工房であった。なお、余湖農園の場合、この自家用の工房の他に農商工連携を意識し、ジュース（にんじん、トマト）生産は旭川の谷口農場に委託、また、札幌の南華園（焼肉屋）と連携し、2015年2月には「完熟トマト鍋（スープ）」を発売し、評判を呼んでいた。さらに、南華園とは第2弾として「食べるスープ（ミネストローネ）」を計画していた。

　第3次産業領域としては、園内に直売所を設置、余湖農園と関わりのある農

野菜の洗浄　　　　　　　　　　農産加工場でキムチを製造

園のものを含めて農産物、加工品を展示販売している。また、この直売については、園内の直売所に加え、恵庭の道の駅に隣接する農畜産物直売所「かのな」、札幌中心部の狸小路、さらに、北広島の三井アウトレット「北海道ロコ」にも出荷していた。さらに、園内にバーベキューコーナーを設けていた。このバーベキューコーナーには、2015年には約3000人が訪れてきていた。

▶6次産業化の可能性を拡げる

これだけの事業に対して、余湖農園の従業員は12人、3人は事務職員であり、9人が現場に入っていた。露地栽培、ハウス栽培等の農作業に加え、農産物の洗浄、仕分等、さらに、加工場の仕事、直売所、バーベキューの世話など多くの仕事がある。園内では忙しそうにみんなで働いていた。なお、余湖氏には4人の子供がいるが、誰も家業に戻ってきていない。事業の承継はグループの中の若手に託すことになりそうであった。また、余湖農園は農業研修生（3年）を預かり、これまでに40人ほどを卒業させていた。近年、このような卒業生は道の駅などが受け皿になり、すぐに事業的な展開に向かえるようであった。余湖農園は農地の手当て、販売先の斡旋等の支援を行っていた。

最近の余湖氏の関心は、「調理用トマト」の栽培と利用、そして、首都圏向けの「野菜ボックス」の販売のようであった。調理用のトマトは糖度5度以下に抑えたものであり、余湖農園だけで3ha、年間150トンほどとなる。メンバーのものを加えると年間200トンほどになる。これらは商社を通じて業務用、給食用として販売されている。もう一つの野菜ボックスとは、7品目ほどの野菜を詰め合わせたものであり、ライフコーポレーション（本社東京、大阪、東証第一部）を通じて首都圏の店舗で販売されている。2015年には30トンを販売した。売上額も2000万円ほどに上がった。

このように、余湖農園は約55haの敷地をベースに多様な野菜の露地、ハウス栽培、農産物加工、直売、飲食（バーベキュー）と重ね、農商工連携による商品開発、さらには、調理用トマトの生産、首都圏の消費者を視野に入れた野菜ボックスの販売などに踏み込んでいるのであった。早い時期に水稲栽培から野菜栽培に転じ、有機栽培に関心を寄せ、さらに、移転を契機に農産物加工、

直売、そして、農商工連携、6次産業化に向かっていた。このような歩みは、水稲栽培に終始してきた日本の農家の一つの向かうべき方向を示しているようにみえる。

2. 農業周辺の新たな取組み

　以上の農業そのものの新たな取組みに加え、近年、農業周辺というべきところで興味深い取組みが重ねられている。先の第8章3—(2)でみた帯広のズコーシャや本節でみる北見のイソップアグリシステムなどのIT技術等を駆使した新たな農業の仕組みの提供、あるいは北海道ばかりでなく全国で取り組まれている植物工場のケース、さらには、畜産に伴う糞尿の新たな活用の仕方等、農業周辺に新たな取組みがみられるようになってきた。また、本章では取り扱わないが、先にみたような旭川や帯広あたりで取り組まれている農業関連機械設備の開発も、そうしたものの一つであろう。

　この節では、そのような取組みの中から三つのケースを採り上げる。精密農業に向かうイソップアグリシステム、苫小牧の地で新たな植物工場を展開するJファーム、そして、北見の地で牛の尿から消臭剤、液肥を開発する環境ダイゼンに注目していく。

(1) 北見市／精密農業によるトータルフードシステム形成を目指す
　　——システム会社経営者が農業を変える（イソップアグリシステム）

　これだけIT技術が高まり、普及しているにも関わらず、農業分野ではその導入、利用が進んでいるようにはみえない。相変わらず「経験」と「お天気任せ」が続いている。もちろん、「経験」の重要性は高いが、IT技術を組み合わせて新たな可能性の追求も必要なのではないかと思う。北海道のオホーツク海に面する北見の地で、興味深い取組みが重ねられている。「持続可能な農業を目指して〜情報技術と農業の融合〜」「精密農業によるトータルフードシステム」の形成が目指されていた。

▶IT 活用による新たな営農システムの構築

　門脇武一氏（1949 年生まれ）は、北見市の出身、大学を卒業後、NEC に入社、東京三田の本社の電子光管関係の部署に所属していた。当時はアナログからデジタル技術への移行が開始され始めた頃であった。そこにしばらく在籍し、門脇氏は 1983 年、北見に U ターン、一人でソフト開発会社の㈱システムサプライを設立している。当初、北見には仕事がなく苦労したが、以来 30 年、現在では従業員 25 人の北見を代表するソフト開発会社となっている。

　北見は全国でも有数のタマネギの産地であり、農業が圧倒的に優越する地域であった。情報技術者として地元の農業をみていくと、お天気任せであり、離農も多かった。持続的な地域社会形成に問題を感じることが多く、農業の情報化を進め、計数管理していくべきとの認識に至る。このような視点をベースに 1998 年頃から「情報化により、地域課題を解決していこう」と呼びかけるのだが、一過性の集まりばかりが多く、継続的な動きにならなかった。

　そのような反省から、「継続的なロードマップ」を作る必要性を痛感、地元の農業者と交流を重ねながら、毎年、フォーラムを開催、100 人を集めるようになり、2000 年にロードマップを作成、2002 年には農業者 8 人、民間企業 8 社によって、資本金 4000 万円の農業生産法人㈱イソップアグリシステムを設

北見の農地

立している。代表取締役社長には門脇氏が就いた。

事業の理念としては「持続可能な社会と自然の共生」「農と食を結んだ担い手との共育」「地域循環型社会の創造」を掲げていた。事業内容としては「農業生産販売：小麦・大豆・タマネギ等野菜類」「農業加工生産販売：大豆・小麦の加工販売」「技術資材販売：情報技術支援・資材開発販売」としていた。

なお、イソップアグリシステムの「イソップ（ISOPP）」とは、「ISO14000、HACCP、Precision Agriculture（精密農業）」をもじったものとされていた。「IT活用による新たな営農システム」の構築を目指すものであった。

▶農業へのIT技術の導入

このイソップアグリシステムの具体的な取組みで注目されることは三つ。第1は、農業生産にIT技術を徹底的に導入しようとしていること、第2に、地域農業関係者の緩やかな連携により、持続可能な仕組みを形成しようとしていること、第3に、大豆を軸にした土づくり（土壌環境改善）、健康づくり（医食同源）を目指していることであろう。

特に、第1の農業へのIT技術の導入は際立っている。「精密農業F・Mシステム（Precision Agriculture Farming & Management System）」は、精密農業システムと精密農業管理システムから構築されている。

精密農業システムは、「現場端末」「土壌センシング」「生育センシング」「簡易生育・品質分析」「施肥機制御システム」「圃場気象観測」から構成されている。農業においては土壌管理が最大のポイントだが、それを徹底し、気象情報等を織り込みながら、生育分析、施肥管理等を行っていくことになる。このような点はIT技術の最も得意とするものだと思うが、農業の現場ではほとんど採り入れられていない。

精密農業管理システムは、「WEB・GIS圃場管理」「WEB農業日報」「WEB圃場履歴管理」「WEB営農支援」からなり、さらに、経営管理システムとして「経営管理・経営分析」が用意されている。

気象条件は私たちの手ではコントロールできないが、的確な気象情報を基礎にしながら、土壌管理、生育管理、施肥管理、圃場管理、経営管理を重ねてい

くことは、近代経営の基本ではないかと思う。このような点を経験に頼る農業者に理解してもらうことはたいへんなことだが、門脇氏は時間をかけて賛同者を得ることに成功している。

▶農地の集積が進む次の課題

もう一つの「大豆」に注目する視点も興味深い。「大豆の効用を探求し、健康価値の創出を図り、新たなフードビジネスを創出」するという視点である。北見の主要な生産物はタマネギだが、門脇氏は「小麦〜ビート〜大豆（ジャガイモ）」の輪作を提案している。そして、輪作体系の中軸に大豆を置いている。大豆の根粒菌は空中の窒素を固定し、土壌養分を自己生成する機能を保有していることに着目、大豆を環境保全型農業の基礎作物と位置づけている。さらに、健康づくり（医食同源）に向けて、大豆の加工品の製造販売にも踏み込んでいる。つまり、人と大地との循環体系を提案している。

このような方向に向けて、自社圃場約20 ha、大豆クラスター約1000 ha、小麦クラスター約30 ha、さらに、緩い連携体の圃場を約1000 haの規模まで拡大していた。

そして、出口としての加工施設としては国の資金を利用し、大豆の集荷・受入選別、乾燥、調整・貯蔵、粉体加工、2次加工の施設を設置していた。加工

門脇武一氏　　　　　　　　　小麦、大豆の調整施設

品としては、大豆のスティックケーキ、大豆ドレッシング、大豆粉、大豆酢、豆腐、小麦粉などが生産されていた。なお、この加工に携わる部分にはプロパーの従業員は置かず、親会社のシステムサプライから4人を出向させ、さらにパートタイマーを季節に応じて2～3人雇用していた。

　この加工販売の事業はこれからのようだが、離農が進む北見の農業においては、イソップアグリシステムの仕組みに任せようとする農家も少なくない。現状では緩い連携による農地の集積が進み、大規模受託経営に向かおうとしているようにもみえる。全国をみても、これだけ徹底的に農業にIT技術を導入しようとするケースはない。イソップアグリシステムの先駆的な取組みが成果を上げていくことが期待される。

(2) 苫小牧市／苫東に大型のオランダ型植物工場を展開
　　――ベビーリーフ、ミディトマト、南国果物を栽培（Jファーム）

　近年、各地で多様な植物工場が取り組まれている。光、温度、CO_2、養分といった植物生産に必要な要素を人工的に管理して栽培していくもので、水耕栽培、養液栽培をしていく。施設は太陽光を利用するもの、LEDなどの人工光を使う場合などがある。気候や季節に影響されず、安定的、計画的に栽培することができる。ただし、一般的に初期投資が大きく、また、夏場には露地野菜に比べて価格が割高になることが指摘されている。経営的には安定的な供給先を確保していくことが課題とされている。

▶巨大な植物工場の展開

　苫小牧市の東に展開する苫東地域の一角に、巨大な植物工場が展開していた。敷地面積6万2784 m^2、ベビーリーフ栽培棟の第1工場は1万 m^2、軒高4m、ミニトマト栽培棟の第2工場は5000 m^2、軒高5m、トマト、南国果実等の他種栽培棟の第3工場は1万 m^2、軒高5mであった。名称は㈱Jファームと称していた。また、敷地内にはPRセンター、出荷・管理棟、エネルギー棟、バイオマスボイラー棟に加え、軽食を提供するカフェ・ピリカが展開していた。

　温室構造はダッチライト型、鋼製パイプ造、樹脂フィルム張（旭硝子の透過

Jファームのハウス群　　　　　カフェ ピリカ

性95％とされるフッ素フィルム）であり、環境制御装置はオランダのPriva社のものを基礎にしていた。エネルギーはガスエンジン、バイオマスボイラー、温泉熱利用のヒートポンプを採用、トマト、リーフ類、南国フルーツを栽培していた。トマトはロックウール型養液栽培と特殊フィルム（アイメックフィルム）による養液栽培、リーフ類はNFT養液栽培、南国フルーツは鉢による養液土耕栽培であった。北海道の苫小牧の地でこれらの通年の栽培が営まれていた。

また、敷地内にあるカフェ・ピリカではミニトマト、ベビーリーフのサラダを添える軽食が提供され、ジャムなどの加工品の販売も行われていた。開設以来、1年で1万5000人の視察者が訪れていた。それだけ、厳寒の地の苫小牧の植物工場への関心は深い。

▶Jファームの設立

㈱Jファームは2013年11月、資本金500万円、農業生産法人㈱アド・ワン・ファーム50％、JFEエンジニアリング㈱49％、その他1％で設立された。アド・ワン・ファームとは、札幌の園芸・畜産施設建設の特定建設業である㈱ホッコウが、植物工場部門に進出することを目的に、2005年3月に㈲アド・ワンを設立、2008年5月には札幌郊外の丘珠町に鉄骨フィルムハウス（4125 m^2）を建設して通年栽培生産型農業に進出している。

また、北海道の各地には植物工場を展開している農業者も少なくなく、2009

年5月にはそれらを組織して統一ブランドの「nana」ブランドを立ち上げている。現在、アド・ワン・グループでは、2010年5月設立の㈱アド・ワン・ファームが農業生産に従事し、㈲アド・ワンはアド・ワン・ファームの生産した農産物の他に、グループの生産者の農産物の加工、流通を担っている。現在、アド・ワン・ファームでは、丘珠農場（栽培面積6600 m^2）の他に、豊浦農場（2万6400 m^2）、長沼農場（1万m^2）を運営している。

他方、JFEエンジニアリングとは、旧日本鋼管系のエンジニアリング企業であり、従来からエネルギー、都市環境、発電、アクア、鋼構造、機械システム、医療、リサイクル分野等に加え、農業分野へも進出している。

この両者の共同出資により、㈱Jファームが設立され、2014年3月から建設に入り、4カ月で完成、2014年8月には稼働開始している。Jファームの会社案内では、「㈱Jファームは、スマートアグリシステムを採用した植物工場で、ベビーリーフとトマトを栽培しています。スマートアグリシステムとは、Priva社が提供する高度栽培環境制御システムによりハウス内の環境（温度、湿度、日射量、CO_2、肥料など）を制御し、植物の生育に最適な栽培環境を創り出す最先端の栽培方法です。㈱Jファームでは上記に加え、JFEエンジニアリングのガスエンジン・トリジェネレーションシステム（電気・熱・CO_2の供給）やバイオマス燃焼ガス浄化システム（熱、CO_2供給）を導入することで様々なエネルギー利用の最適化を図り、省エネで環境負荷を軽減した栽培を行っています」と記してある。

現在の栽培品目はトマト7種、ベビーリーフは約20種のうち季節に合わせて11種以上を栽培していた。マニュアル通りに作業を行えば、素人でも直ぐに対応できるとされているが、太陽光利用型であるために、収穫量は変動し、猛暑の場合には糖度が上がらないなど実際にはなかなか難しく、2年を経てようやく安定してきていた。現在の㈱Jファームの正社員は20人、その他のパートタイマーを含めて70〜80人で行われていた。正社員は8:00から17:00まで、パートタイマーは9:00から15:00〜17:00までとなっていた。当面の販売先は札幌市内のデパートなどであった。

今後の農産物供給からすると、通年の安定供給が期待される植物工場の意義

は大きい。その国や地域の実情に合った仕組みの形成が望まれる。広大な苦東地域の中で、興味深い取組みが重ねられているのであった。

(3) 北見市（旧端野町）／牛の尿から消臭剤を開発・販売
——公害の元が公害を制する（環境ダイゼン）

　北海道北見市の郊外、旧端野町のあたりはオホーツクに注ぐ常呂川（ところ）が走り、タマネギを中心とした農業、さらに畜産業が盛んに行われている。この常呂川、長さが120kmに及び、流域では農業用水として利用され、サケ、マスが遡上し、河口ではホタテの養殖が盛んに行われている。ただし、牛の糞尿の処理の問題が発生、悪臭ばかりではなく、土中に染み込んだ尿が常呂川を汚染するという問題が生じていた。汚染は20年以上前から問題視されていたが、1997年には畜産排水が原因とみられる有害菌が検出されて大きな問題になっていった。

　このような状況の中で、1999年には「家畜排せつ物利用促進計画」が策定され、堆肥舎、液肥化施設、尿溜めなどの施設整備が促進された。特に、北海道立畜産試験場（現北海道立総合研究機構）を中心に糞尿処理技術の取組みが重ねられていく。糞尿を液肥、堆肥にするための技術開発が進められた。

▶ホームセンターに持ち込まれた液体がブレーク

　環境ダイゼン社長の窪之内覚氏（1943年生まれ）は北見市の出身、地元の百貨店に勤めていたが、1986年に倒産、翌1987年の42歳の時に地元のホームセンター「ダイゼン（大繕）」に転職した。窪之内氏は「私は接客が好きで、お客様の情報を得るためには、接客が一番。他店との差別化を図るには接客から入る情報が一番」と語っている。

　窪之内氏が店長を務めていた1998年、地元の酪農家が牛の尿を善玉菌で発酵・分解した無臭の液体を「園芸の売場で売って欲しい」と持ち込んできた。牛の尿を貯水槽に貯めて、特殊な方法で有用微生物を増殖させるものであった。尿が原料であるものの、完全無臭であった。酪農家は液肥として考えていたのだが、窪之内氏はいつも「アンモニアや腐敗の悪臭を消せる消臭剤がない」と客から怒られていたことが気になっており、この液体は「もしかしたら、アン

窪之内覚氏

開発された製品群

モニアなどの腐敗系の悪臭に反応するのではないか」と考え、試してみるとその効果は著しいものであった。しかも、腐敗系の悪臭のみを消臭し、花、果物、香水等には反応しなかった。

　この間、周囲の人びとに配って試してもらい、さらに、安全性を確認するために、帯広畜産大学、日本赤十字看護大学（北見市）、北見工業大学に分析を依頼し、高い評価を得ている。そして、1999年には消臭剤「きえ～る」として商品化していった。さらに、園芸売場では、客から「昨年のプランターや鉢の土、どうにかならないの」との苦情を得ていた。その頃には、大学の研究で、このバイオ活性水には悪玉菌を減らし、善玉菌を増加させることが立証されていた。自身でプランターの土に試してみると、6年間同じ土を再生することに成功する。ここから液体堆肥の「土いきかえ～る」を商品化している。この商品は農家から連作障害の特効薬として評価されてきた。この「土いきかえ～る」は、現在では韓国、ミャンマーなどにも輸出されている。

▶退職金代わりに権利を受け取り、創業

　このように、地元の酪農家が持ち込んできた牛の尿を原料とするバイオ活性水は、北見のホームセンターで事業部を作り商品化されていった。売上も順調に伸び、年間5000万円ほどの商品に育ったが、窪之内氏の定年が迫ってきた。

瓶詰めの工程／設備は自社開発

窪之内氏は「自分が関わらなくなったら、よくわからない商品として消えていってしまうだろう」と考え、ダイゼンとの間で退職金と引き換えに、この商品の権利を受け取っている。そして、2006年2月、新会社の㈱環境ダイゼンを設立している。当初はダイゼンの駐車場の一部を借り、プレハブ4棟、従業員3人でのスタートであった。退職金も無い中で、友人たちが出資してくれた。

原料の液体は酪農家5戸から調達し、工場では精製、瓶詰め等を行っており、アイテム数は15になってきた。販売はホームセンター時代の取引先の雑貨問屋が仕入れてくれている。当面は北海道が中心だが、口コミで次第に全国に拡がりだしている。

2012年には現在地（元食品会社の冷蔵倉庫）が競売にかかり、土地1390 m^2、建物約560 m^2 を1150万円で落札している。ここから活動は活発化し、2013年の売上額は1億5000万円に達し、2014年は2億円に届く見通しであった。従業員数は12人となっていた。

この間、2011年3月には東日本大震災が発生し、水産基地の三陸の被災地は悪臭に悩まされる。北見から被災地に派遣された赤十字職員が提案し、消臭に採用されたが、窪之内氏は気仙沼市に18ℓ缶を30缶、石巻市に10缶を寄贈している。

▶拡がる可能性

　使用の具体例としては、犬猫の消臭、介護の現場の消臭、トイレの消臭などに用いられ、また、トヨタ自動車からはここまで15トンほどを採用された。これまでの消臭剤の多くは香りで誤魔化すタイプのものであり、根本から解決するものはなかった。「きえ～る」は悪臭の原因である悪玉菌を善玉菌に変えてしまうものであった。このような事情から、トヨタ自動車の場合は、特に、中古車の室内の消臭に使われている。中古車の場合、車内ばかりでなくエアコンに前の所有者の臭いが染みついているが、その消臭剤として採用された。15トンで5万台の中古車に使われた。18ℓ缶で1万8000円であった。

　また、液肥としては連作障害の抑制に効果的であることが知れ渡り始めている。1 ha 当たり36ℓの「土いきかえ～る」を薄めて散布すると、これまでビート、小麦、大豆とローテーションを必要としていた圃場は、その必要がなくなり、特定品目への産地化が推進されることになった。

　さらに、魚の腐敗のスピードを落とし、鮮度を維持するに加え、悪臭も除去できる。釣り人や漁業者からも好評を得ている。また、水産の活魚や養殖の水槽にも採用されつつある。窪之内氏は水族館での採用を期待していた。

　このような商品は、製造販売者の意図を超えて、利用者が新たな使い方を見出す場合も少なくない。また、窪之内氏が指摘したように、誰かが持続的に取り組んでいかない限り、消えてしまう懸念もある。さらに、小規模事業者の場合、大手に取られてしまう懸念もある。そのような事情の中で、窪之内氏は「大手の消臭剤問屋とは付き合わない。雑貨問屋と付き合う」としていた。2017年には窪之内氏は74歳、「公害の元が、公害を制する」と語り、意気軒昂に次に向かっているのであった。

3. 北海道農業の課題と新たな可能性

　日本のエネルギー換算の食料自給率は40％程度とされているが、北海道は全国一の約197％（2013年、農水省）とされている。農業産出額についても1兆1110億円（2014年）と全国の13.2％を占めている。農業は北海道にとって

の最大の移出産業ということになる。まさに、北海道は日本の食料基地ということになろう。

　先に北海道農業の特徴を指摘したが、その中に北海道農業の課題が含まれている。地域によって事情は異なるものの、北海道の1経営体当たりの平均耕地面積は23.5 haもあるのだが、担い手、後継者の問題も絶えない。水稲地帯であるならば、23 haもあれば十分な収入が得られる。また、畑作地帯であれば人手の問題はあるが、かなりの事業規模と拡がりが期待できる。それでも後継者問題が横たわり、離農が絶えない。現状の農業に希望が持てないのかもしれない。

　このような事情から、近年、農地の流動化が進み、意欲のある農業者に土地が集積し、いっそうの大規模化が進んでいる。その場合、さらに栽培品目、精密農業の模索、生産の安定化、販売先の確保、6次産業化の推進等の事業的な展開が必要になってこよう。まさに、農業の経営の近代化が必要になり、人材の確保は最大の課題となろう。農機メーカーにとっては、さらに大型化、省力化が課題とされてこよう。

　また、これまで北海道農業は「素材のまま」提供し、地元にあまり付加価値が残らなかったとされているが、事業体自身、あるいは地元で付加価値を上げていくための取組みも必要とされる。この場合も販売先の見通し、販売方法、生産の安定化、高い品質、そして、やはり人材の問題が横たわる。この人口減少、少子高齢化の中で、北海道に限らず、あるいは農業に限らず、人材の問題が最大の課題となろう。

　そして、情報化の進展、物流の改善の中で、日持ちのする根物、重量野菜、穀類、豆類に限定されてきた北海道にも、新たな可能性が生まれてきている。付加価値を高める一つの方法は高加工度化であるが、もう一つは「鮮度」ということになる。物流が迅速化していけば、これまで難しかった葉物などの軟弱野菜の可能性も高まる。さらに、現在、旭川や帯広、釧路のあたりで模索されている鮮度維持の取組みが進めば、生産品目の幅はより拡がり、新たな付加価値を獲得していくことができよう。このような取組みの延長には海外市場の可能性もみえてこよう。

本章ばかりでなく、本書の各章でも農業関連の取組みが散見された。農業及び農作物に新たな命を与え、新たな可能性を切り拓いていくことが求められる。北海道の最大の地域資源は農畜水産物であり、その素材を大切にしながら、新たな価値を生み出していくことが求められているのである。

1）　農産物直売所と加工、農商工連携、6次産業化等の意義については、関満博・松永桂子編『農商工連携の地域ブランド戦略』新評論、2009年、同編『農産物直売所／それは地域との「出会いの場」』新評論、2010年、同編『「村」の集落ビジネス』新評論、2010年、同編『「農」と「食」の女性起業』新評論、2010年、関満博『「農」と「食」のフロンティア』学芸出版社、2011年、関満博編『6次産業化と中山間地域──日本の未来を先取る高知地域産業の挑戦』新評論、2014年、を参照されたい。
2）　初期の輝楽里の状況については、関満博『地域産業の「現場」を行く 第3集』新評論、2010年、第68話を参照されたい。
3）　いとうファームについては、関満博『地域産業の「現場」を行く 第6集』新評論、2012年、第172話を参照されたい。

| 終 章 | 北海道地域産業、中小企業の新たな時代

　日本の最北に位置し、日本の国土面積の約22%を占める北海道（8万3424 km^2、人口約538万人）、1854（嘉永7）年の日米和親条約により函館が開港され、歴史に大きく登場してきた。当初はアメリカ船への薪炭、石炭の供給のあたりから産業化が開始され、その後の屯田兵による開拓、北洋漁業の展開により独特な開発、発展が進められた。また、その後の北海道近代産業化の基礎となった室蘭の鉄鋼業、函館の造船業、苫小牧の製紙業などは1900年前後にスタートしている。

　未開とされた北海道の地の開発が本格的に進められてわずか百数十年、世界の地域開発史上、最も注目される成果を上げたものの一つとされている。広大な荒野は美しく豊かな農地となり、周囲の海の幸が「食」の豊かさを私たちに提供してくれている。さらに、札幌大都市圏は生活環境、学術、文化のレベルを高め、世界の北方圏を代表するほどのものとなってきた。

　だが、このような急激な開発、発展の歩みの裏面で、札幌大都市圏への人口、産業の一極集中、それ以外の地域の疲弊が目立つようになってきた。日本全体が人口減少、高齢化する中で、大都市圏への一極集中、条件不利の地方圏の衰退が懸念されているが、広大な面積を抱える北海道は、それ自身の中に最もシャープに問題を映し出しているようにみえる。産業、働く場がなければ人は暮らせない。また、人材がいなければ産業、企業も成り立たないのである。

　本書を締めくくるこの章においては、北海道が豊かで持続的であるための課題と可能性を、地域産業の視点からみていくことにしたい。

1．人口減少、高齢下の中の北海道地域産業

　これまでの高齢化先進地域とされる中国山地や四国山地等の地方圏の経験か

らすると、地方で人口減少過程に入ると、まず、小学校が統廃合され、次に中学校、そして、高校が統廃合されていく。この10年ほどの間に全国で約5000の小中学校が姿を消した。そして、これと同時に起こるのが高齢者（65歳以上人口）数の増加となる。人口減少の中で高齢者が増加することから、高齢化率が一気に40％前後まで上昇する。この段階を「高齢化の第1段階＝前期高齢地域社会」ということにする。日本の地方圏の町村多くはこの段階にある。特に、日本の特殊事情として、いわゆる団塊世代が65歳を超えたことから、この数年で高齢化率は急上昇してきた。

　そして、しばらく経つと、今度は人口減少の中で高齢者の絶対数が減少する。高齢化率の上昇はやや減速するであろう。そして、高齢化率はゆるやかに40％台から50％前後に向かっていく。高齢化の著しい高知県の山間部のあたりは、この「高齢化の第2段階＝後期高齢地域社会」というべき未経験ゾーンに入ってきた。北海道の場合は、2010年の国勢調査では高齢化率40％を超えたのは6市町村であったが、2015年の国勢調査では一気に30市町村に増加した。最大が夕張市の48.6％であり、45.0％超えたところが6市町村（夕張市、上砂川町［47.5％］、歌志内市［46.6％］、三笠市［46.1％］、松前町［46.0％］、神恵内村［45.6％］）となった。

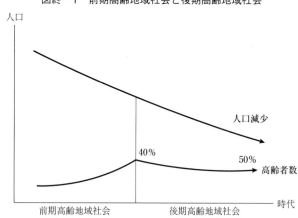

図終—1　前期高齢地域社会と後期高齢地域社会

このような人口動態が地域産業、中小企業にどのような影響を与えることになるのかが問われてこよう[1]。

▶人口減少、高齢者社会と事業所数の減少
　戦後しばらくの日本は起業の活発な国であり、急速な事業所数の増加をみせた。その多くは小規模零細であり、当時の日本の産業社会は「過小過多」といわれていた。「過小」は「少」ではなく、「小」と示されていた。要は、「小さ過ぎる企業が多過ぎる」というのであった。そのため、当時の日本の中小企業政策は「大規模化」「協同化」を推進してきた。
　だが、1980年代の中頃を屈折点に、その後、日本の事業所数は減少過程に入る。そして、この30年の間に事業所数は半分に近いものになった。いつの間にか、「過小過多」は死語になった。市場から退出する事業所ばかりが多く、逆に、その頃から国が起業を叫んでも、新規創業は著しく停滞している。社会の成熟化、大規模スーパー・チェーン店等の登場、製造業における機械設備投資の高額化などが、新規参入の壁を厚いものにしている。特に、一国の基幹産業である機械金属系部門の新規創業は、この20年ほどはほとんどゼロに近い。この「失われた25年」の間に、そのような時代になっているのである。この点は、本書の各所で示した各地の工業統計表を思い起こせば了解できるであろう。

▶前期高齢地域社会と後期高齢地域社会
　先に、高齢地域社会を「前期」と「後期」に区分したが、前期の場合は高齢化率が40％程度に達し、人口減少に伴う商店の閉鎖が続き、買い物弱者、ガソリン弱者が意識されるようになっていく。中国山地、四国山地の町村はほぼこの段階に達している[2]。さらに、このような状況になると、相対的に流動性の高い若者は故郷を捨てて都会に流れ、帰ってこない。そのような事情は地域の事業者の市場を縮小させ、さらに、雇用サイドからみても、人材不足、人手不足を招くであろう。それは、さらに事業の縮小に結びついていく。
　そして、後期高齢地域社会となると、高齢化率は50％程度に上昇していく

が、この段階では地域で農業に従事する人がいなくなる。現実に、2015年の国勢調査で高齢化率55.9%を示した高知県の大豊町（3962人）では、自力で耕作できる農家がいなくなり、水稲栽培は町の第3セクターの農業公社がほぼ一括して引き受けている。町内のほぼ全域を対象としているため、刈り入れの時期を逸する場合もあると指摘されていた。この後期高齢地域社会になると、地域経済社会が従来のような形では機能しなくなることが懸念される。

▶18歳人口の90%が流出する地方圏

図終—2は、地方小都市の年齢別人口モデルである。縦軸が人口、横軸が年齢である。このモデルにはいくつかの前提がある。年々、出生数は減少する。地元に大学、専門学校がなく、高卒での就職先も限られているとする。また、18歳人口は全人口の0.9%程度であり、人口2万人の市町村では180人ほどとなる。ようやく高校を1校維持できる規模であろう。

このような場合、18歳の春に大きな変動が起きる。彼・彼女たちは都会の大学、専門学校、就職先に向かっていく。地元就職は10〜20%程度であろう。20%も地元就職が可能な地域は相当に地域産業、中小企業が活発な場合であり、人口1000人程度の町村では1人も残れない場合もある。

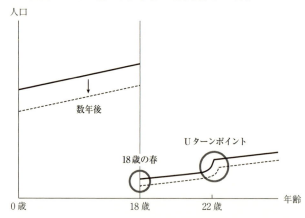

図終—2　人口減少、少子化の地方小都市の年齢モデル

そして、大学を卒業する22〜23歳になると、180人のうち半数程度は地元就職を希望する。だが、地元の受け皿は市町村役場の3〜5人、信用金庫、信用組合の3〜5人、地元スーパーの3〜5人の計10〜13人程度であろう。なお、近年の各市町村では事業所数は激減しているものの、一つだけ増加している部門がある。それは福祉系事業所であり、そこも大卒を数人を受け入れてくれる。また、高卒を受け入れてくれた中小企業に「大卒も採って欲しい」というと、「ウチは大卒は要らない」と応えてくるであろう。地元就職を希望しても、ほとんど地元に職を得ることはできないのである。若者の流出を食い止めるためには就業の場の提供が必要なのだが、現実の地域ではそのようにはなっていない。

▶「人材立地の時代」をどう受け止めるか
　全国の各地に地域産業の育成を意識した農林・水産・商工業などの専門高校があるが、卒業生の大半は県外就職とされている。地元に勤める場がないのである。新たな地域産業・中小企業を興す、あるいは見合った企業を誘致するなどの取組みが不可欠であろう。
　現在の家庭は長男長女の子供2人という場合が少なくない。かつてのように地元に場所を得られない次男、三男が都会に就職していくという時代ではない。就業の場があれば長男たちは戻ってくる。むしろ、現在は若者の「流動性」はかつてよりかなり低下し、地元志向が強い。若者を育て、企業が進出したくなるような環境を整備していくことが必要であろう。
　かつての企業立地は若者の流動性が高いことを前提に、立地の最大の要件を「輸送費」に置いていた。だが、人材の調達が難しくなり、若者の流動性が低下している現在、企業立地の最大の要件は、人材のいる所に向かう「人材立地」となってきた。地元の側がどのような「人材」を供給できるかが問われているのである。地域政策として、そのような観点からの取組みが求められていくであろう。

2. 地域産業、中小企業振興の三つの側面

　1980年代後半に入る頃までの日本は、基本的には拡大経済の中にあり、人口は増加し、市場は拡大、事業機会も大きく拡がっていった。大都市あるいは大規模な工業地帯が各地に生まれ、そこを起点に外延化が進み、条件不利の農山村、中山間地域にまで工場や商店などが拡がっていった。

　だが、その頃から地方圏では人口の減少が始まり、高齢化も進んでいった。特に、燃料の石油への転換とされたエネルギー革命が始まる1960年の頃から、薪炭産地、産炭地などでは一気に人口が減少し、高齢化が進み、さらに若者が転出していった。そのような地域では、まず、小学校が統合され、中学校の統合と進み、商店街が歯抜けになっていく。このような状況が重なると、ますます人口減少、高齢化が進む。そして、こうした問題の先進地である中国山地や四国山地のあたりでは、「字」単位の集落では全ての商店が消え去っていったところも少なくない。そこでは、買い物弱者問題、そして、ガソリン弱者問題が際立っていくであろう。大都市や工業地帯から押し寄せてきた波が、一気に退いていくかのようである。条件不利地域では、人口減少、高齢化、経済基盤の縮小はそのように進んでいくのである[3]。

　この点、第1章でみたように、北海道では1995年を分岐点に人口減少社会に突入している。だが、北海道の産炭地の人口減少は1960年の頃から始まっており、その頃から、札幌大都市圏への人口集中とそれ以外の広大な地域の際立った人口減少という累積的な不均衡の過程を重ねてきた。その象徴的なケースが夕張市や歌志内市、三笠市などであろう。そのような地域では、商店街も衰退し、また、就業機会も限られたものになり、若者は流出していく。人口減少と高齢化は際立ち、残された高齢者は買い物にも難儀していくことになろう。まさに「魅力的な働く場がなければ、人は暮らせない」のである。

▶域外から「所得」をもたらす産業

　このような事態が進む中で、地域産業振興の意義が問われている。振り返る

と、地域を支える産業には大きく三つの側面があることが指摘される。

　一つ目は、「域外から『所得』をもたらす産業」である。小さな生活圏レベル内だけでの循環では、生活に必要な物資を調達することは難しい。域外からの所得を獲得していくことが必要であろう。このような課題に対しては、一つには「地元で事業を興す」、あるいは「企業の誘致」があり、もう一つに「地域資源に付加価値」をつけて域外に販売していく、さらに、観光客を惹きつけていくというやり方もあろう。

　地方圏で事業を興してきたケースとしては各地の地場産業が注目される。北海道では旭川の家具、函館の水産加工などが指摘される。また、企業誘致については各地で戦前の頃から推進されてきたが、この数十年の実績としては、岩手県北上市[4]、島根県斐川町[5]（現出雲市）のケースが示唆的であろう。

　特に企業誘致については、従来は輸送費負担の小さいところ、広大で安価な土地、安価な労働力が焦点であったのだが、近年は人材が焦点になる「人材立地」の時代となってきている。先の北上市の場合は、近年は人材育成に重点が置かれ、新たな企業進出を促していることも興味深い。北海道の場合は、先のトヨタ自動車北海道、アイシン北海道、デンソー北海道のケースのように、地元人材への評価は高い。このような点に着目し、人材育成に力を注ぎ、人材立地を受け皿にした企業誘致は必至であろう。

　また、北海道の積年の課題なのだが、優れた農畜産、水産資源に付加価値をつけて域外に供給していくことが不可欠であろう。いわゆる6次産業化の取組みが求められる。このような優れた地域資源に付加価値をつけていくというやり方は、域外からの所得の獲得に加え、地域に新たな就業の場を提供していくことにもなろう。新たな事業の創出、企業誘致、地域資源に付加価値をつけるという課題は、北海道地域産業、特に札幌大都市圏以外の地域の産業振興の最大の焦点となろう。

▶地域に「就業」の場をもたらす産業

　日本の各地で、戦前期の頃から地域に「就業」の機会を作るために、地域のサイドが新たな事業を創造していく場合がみられた。雪深い東北や日本海側で

は、若者たちが出稼ぎにいかなくてもすむようにと新たな事業が興されていった。また、男性の就業の場が多いものの、女性の就業の場に欠けていた地域では、繊維などの女性型事業が創造され、あるいは誘致されていった。

　特に、これからの北海道にとっては、最大の課題は若者たちを各地に定住させていくための就業の場の提供であろう。人口が急減し、高齢化が一気に進んでいる2011年3月の東日本大震災の被災地では、若者の流出が顕著に進んでいる[6]。その復興の現場では「若者のいないまちは、消滅する」と語られている。

　現在の若者たちは、所得の高い、創造的な仕事に就きたがる。そのような場を地域の側がどのように提供できるかが問われている。あまり場所を選ばないIT系の事業、ハイテク企業の誘致、そして、地域資源を見直した新たな地域産業の創造が問われることになろう。これらの事業も、未来を感じられる事業であることが不可欠であり、事業体の中に創造的な企画、広告、マーケティング、IT技術等を幅広く導入していくことは、若者を惹きつける大きな要素になっていこう。各地の在来的な事業も、そのような方向に進化していくことが求められる。

　いずれにおいても、若者たちが「希望」を抱いて、地元に残りたいと思えるような事業の創造、育成が求められているのである。

▶地域の人びとの「暮らし（生活）」を支える産業

　拡大経済の時代には、市場原理が働き、必要とされる商店、サービス業などが新たに生まれ、各地に大きく拡がっていった。だが、縮小経済となり、人口減少、高齢化が進むと、それらの多くは退出していく。中国山地などの中山間地域では、数十店あったとされる商店街が消滅している場合も少なくない。さらに、最近の傾向としては最後に残されたJAの売店、小さなガソリンスタンドが閉鎖になる場合も多く、残された高齢の方々は買い物、スクーターへのガソリンの給油にも事欠き始めている。

　このような点をみる限り、地域産業問題の一つに「地域の人びとの『暮らし（生活）を支える』産業」の重要性があることを受け止めていく必要があろう。

この点、コミュニティの濃密な中国山地や四国山地では、移動販売、買い物代行、住民出資の共同売店などの取組みが開始されている。北海道の場合は、コープさっぽろによる「移動販売車」、セイコーマートによる条件不利地域への店舗展開などが推進されていることが興味深い[7]。

　北海道は広く、住宅も散在している場合が少なくない。そのような事情の中で、高齢者が不安なく暮らせる環境を産業サイドから豊かにしていくことが求められている。それは、縮小社会、人口減少、高齢社会の基本的な課題となろう。

3. 地域に新たな「長」を

　2014年春に発表された「地方創成会議」による「ストップ少子化・地方元気戦略」の問題提起、及び、その後の増田寛也氏の『地方消滅』（中公新書、2014年8月）の刊行は、地方における社会と暮らしのあり方を問うものでもあり、人びとに大きなインパクトを与えた。急速な人口減少、高齢化に直面している私たちは、自らの手でその暮らす地域を持続可能で安心・安全なものに作り上げていかなくてはならない。

　この人口減少、今に始まったことではない。夕張市や歌志内市などの北海道の産炭地、また、中国山地、あるいは、沖縄の山原（やんばる）などの薪炭地域では、1960年代に始まるエネルギー革命により一気に市場を失い、1960年から1970年というわずか10年の間に人口は3分の2に減少した。さらにその後の1970年から現在までにさら半分に減少している。これらの地域の現在の人口は、50年ほど前の3分の1となろう。夕張市の場合はさらに劇的であり、この50年間の間に人口は10分の1以下に減少しているのである。

　一つ前の時代の地域の基幹産業に代わる新た産業を生み出せなかったこと、さらに、経済の高度成長により大都市部に労働力が吸引されたこと、また、大都市と地方の生活環境の格差が大きくなり、若者を中心に人口の流出を促したなどにより地域が弱体化していった。その結果、現在では、雇用吸収力のある産業の育成が課題となり、また、商店などの閉鎖に伴う「買い物弱者問題」が

深刻になっている場合も少なくない。

　長らく、地方の産業の「現場」を歩いていると、昭和戦前から戦後の60年頃にかけて、地域の青少年に雇用の場を提供するために、地元の「長」というべき人びとが都会から企業を誘致したり、あるいは地域資源を活かした新たな事業化を推進してきたなどのケースに出会うことが少なくない。最近めぐりあったケースとしては、一つは東日本大震災津波で被災した宮城県南三陸町の志津川オリエント工業、もう一つは新潟県魚沼市（旧堀之内町）のホリカフーズがあった。

▶地域の「長」たちによる新たな事業の創造

　志津川オリエント工業の場合は、森林伐採、製材、薪炭製造等の山仕事のあった男性に比べて就業の場のなかった女性を意識し、1893（明治26）年、地元の長が地域資源を活かした製糸工場を創設したことに始まる。最盛期には450人の女性を抱えていたが、昭和大恐慌期の1932（昭和7）年に倒産している。戦後はその創始者の孫にあたる高橋長偉氏（1941年生まれ）が中心になり、今度は山仕事を失った男性を意識し、1969年に企業誘致に成功した。そこには地元有力者が60％の資本を出資している。この事業は1975年、地場資本だけの志津川オリエント工業となり、2011年3月の東日本大震災による津波は免れ、継続して営業されている。現在の従業員数は約40人である。地域の人びとの雇用の受け皿を形成してきたのであった[8]。

　ホリカフーズの立地する魚沼市（旧堀之内町）の一帯は豪雪地帯であり、戦前期において地元の有志が若者が出稼ぎに行かなくてもすむようにと、1936（昭和11）年、地元の牛肉（労働牛）を原料にした缶詰工場の堀之内食料品加工組合を設立するところから始まる。戦時中は軍の指定工場となり、戦後は新潟県経済連の堀之内工場となった。だが、不採算から清算されることになり、改めて地元有志に出資を募り、1955年、堀之内缶詰㈱として再出発している（1989年にホリカフーズに社名変更）[9]。

　当初は牛肉の缶詰生産であったのだが、その後、日本初の「濃厚流動食」に踏み込み、さらに介護食、災害用食品、ペットフードなどに展開、旧堀之内町

内に 3 工場、従業員約 240 人、売上額 50 億円の企業となっている。さらに、ペットフード専用の別会社を新潟市内に置き、従業員約 120～130 人、売上額約 40 億円を計上している。

　このように、昭和戦前から戦後のある時期までは、地域の「長」というべき人びとが、地域産業の振興、若者たちに雇用の場を提供しようとして興味深い取組みを重ねてきたのであった。その場合の有力者（長）とは、地域の名門、名士たちであり、さらに、警察署長、校長、駅長、消防署長、郵便局長などの「長」たちが地域に責任を持つものとして事業化に踏み出していったのであった。

▶新たな「長」の必要

　ただし、戦後の高度成長期を過ぎる頃になると、地域に「長」がいなくなっていく。近年、地元の有力者たちが地域資源をベースにした産業化に踏み込んだり、あるいは企業誘致に奔走し、自ら出資していくなどのケースはほとんどみられない。私の知る限りの最近のケースでは、地域唯一のスーパーが閉店になり、買い物弱者問題が懸念される中で、地元商工会の幹部数人が出資し、さらに個人保証により銀行借入れして、スーパー閉鎖の 1 年 9 カ月後の 2010 年 10 月に再開した島根県美郷町の「産直みさと市」ぐらいである[10]。

　このような時代、新たな「長」が必要になってきている。その場合の「長」となるべきは、市町村役場の産業振興担当や商工会議所・商工会・農協等の経済団体の若手職員たち、さらに、信組・信金の若手職員、そして、地域の次代を担う若手経営者たちということになろう。これらの人びとは地域経済を牽引すべき主要な存在であり、新たな産業化、事業化の担い手として登場してくることが期待される。

　今後、さらに人口減少、高齢化が進み、働く場もなく、また人びとの生活を支える商店などもなくなっていけば、地域は「消滅」する。そのような事態を生じさせず、そこで暮らす人びとが安心、安全な生活をおくることを可能にしていくための経済基盤、雇用の場、そして、買い物の場を確保していかなければならない。

かつての拡大経済の時代と異なり、日本全体が縮小の方向に向いている。そのような時代こそ、地域を愛し、地域で暮らしていくことを願うならば、地域の実情を冷静に分析し、そしてやるべきことを明確にして新たな一歩を踏み出していかなければならない。

4. 北海道の地域産業、中小企業を追い求めて
——あとがきにかえて——

　1980年代末の横路孝弘知事の下、北海道の次世代産業として、十勝にスペースシャトルが着陸できる滑走路を設置し、道内に航空宇宙産業を集積させようとのプロジェクトがあった。その技術的基盤を明らかにするために「北の技術ネットワーク」という調査事業があり、私もその一端に参加していた。道内の主要な工業都市を精査し、課題と可能性を明らかにしようというものであった。私は1987年8月に初めて北海道の工業都市の「現場」である室蘭に入った。それは、「北の技術ネットワーク」調査の一環でもあった[11]。

　それまでの私の地域産業の「現場」は繊維産業などの伝統的な地場産業と、もう一つ、東京の墨田区を中心とする日用品産業、大田区を中心とする機械金属工業であり、大都市工業としてくくられている領域であった。これらのいずれも刺激的なものであったが、文献などをみながら、どっしりと構えている地方の鉄鋼、造船等の企業城下町にも深い関心を寄せていた。

　1987年8月の室蘭の調査と1989年12月の函館調査は刺激的なものであり、私の地方工業都市研究の原点にもなった。以来、全国各地の工業都市をめぐり歩くことになった。その後、国内の条件不利の中山間地域への関心が深まり、中国山地、四国山地、九州山地等の農業、農村の現場に立ち、対極にある北海道の大規模農業への関心を深めていった。

　その頃、国立大学の定年（63歳）の時を迎えることになるのだが、その直前の2011年3月11日、室蘭と共に鉄鋼の企業城下町として歩んできた岩手県釜石市で東日本大震災津波に遭遇した。翌朝に遠望した釜石製鐵所の周りには、ガレキが山のように堆積していた。そこから5年ほどは、被災地の産業復興に

関わることを意識し、岩手県、宮城県、福島県の沿岸地域を中心に、北は青森県八戸、南は茨城県ひたちなかあたりまでを視野に入れ、5年間で300日ほどは被災地の地域産業の現場に立っていた。地域は産業なくしては成り立たないことを痛感させられた。「働く場がなければ、人は暮らせない」「人がいなければ、産業、企業は成り立たない」ことを強く意識させられた。

　企業城下町の室蘭からスタートした私の北海道、幾つかの企業城下町と大規模農業に向かい、そして、特にポスト企業城下町の地域産業、中小企業の行く末が常に気になっていった。また、私は2000年の頃から条件不利の中山間地域問題の一つとされる「買い物弱者」問題に関心を置いていた。そして、北海道で興味深い取組み重ねているコープさっぽろとセイコーマート（現セコマ）に関心を寄せていった。2015年5月、夕張のコープさっぽろ夕張清陵生協店の移動販売車「カケル」と同行、さらに、セイコーマート夕張店を訪れながら、北海道ならではの問題の構図と取組みを実感していった[12]。

　その帰途に、同行していた旧友の坂口収氏と、北海道地域産業、中小企業のことを語り合い、徹底した現場調査をベースに、その「未来」を論じる書籍を作成することを決めた。北海道地域産業と中小企業を論じる私にとっての最後の機会と思えた。

　2015年12月の函館、北斗を皮切りに、室蘭、苫小牧、千歳、恵庭、北広島、札幌、江別、小樽、石狩といった道央、そして、旭川、帯広、釧路とたどった。訪問した約80の企業に加え、市役所、北海道立総合研究機構、各地の産業支援機関等を含めると、この1年半ほどの間に訪れた企業・機関は100ほどに達し、お目にかかった人びとは200人を超えたのではないかと思う。旧知の方々に加え、初めて訪問するところも多く、新たな知見を得ることができた。

　ただし、脱稿した現在、いくつかの点が心に残る。一つは主要都市の製造業、農業関連の領域には踏み込めたものの、北海道のもう一つの基幹産業である「水産関連」に手が届かなかったこと、さらに、北海道の広大な道東、道北等の小さな町村、そして、人口減少、高齢化の著しい空知の旧産炭地に踏み込むことができなかった点である。本州以南で条件不利の中山間地域にそれなりに

踏み込んでいる身からすると、北海道の小さな漁村、農山村は一つの大きなテーマであるのだが、それは、また、別の機会に取り組めたらと願っている。
　1995 年をピークに人口減少過程に入っている北海道、そして、札幌大都市圏への人口、産業の集中と、反面におけるそれ以外の地域の急速な人口減少と高齢化は、北海道の問題、さらに、日本の問題を象徴的に示している。この問題を地域産業の視点から取り扱っていく必要性は大きい。それは、しばらく先の次の機会としておくことにしたい。

1）　人口減少、高齢化の進展と、それが地域産業、中小企業に与える影響等については、関満博「復興 3 年の地域産業、中小企業──「所得」「雇用」「生活支援」の三つの側面」(『しんくみ』第 61 巻第 3 号、2014 年 3 月)、同「人口減少、高齢化を迎えた地域社会と信用組合」(『しんくみ』第 62 巻 6 号、2014 年 9 月) を参照されたい。
2）　島根県の事情については、関満博編『地方圏の産業振興と中山間地域──希望の島根モデル・総合研究』新評論、2007 年、関満博・松永桂子編『中山間地域の「自立」と農商工連携──島根県中国山地の現状と課題』新評論、2009 年、同編『「農」と「モノづくり」の中山間地域──島根県高津川流域の「暮らし」と「産業」』新評論、2010 年、高知県の事情については、関満博編『6 次産業化と中山間地域──日本の未来を先取る高知地域産業の挑戦』新評論、2014 年、を参照されたい。
3）　条件不利地域の状況と買い物弱者問題に関しては、関満博『中山間地域の「買い物弱者」を支える──移動販売・買い物代行・送迎バス・店舗設置』新評論、2015 年、を参照されたい。
4）　北上市はこの 50 年ほどの間に約 270 社の誘致に成功し、北東北一の工業集積を形成することに成功している。この間の事情については、関満博『「地方創生」時代の中小都市の挑戦──産業集積の先駆モデル・岩手県北上市の現場から』新評論、2017 年、を参照されたい。
5）　町村レベルで最も企業誘致に成功したところとして、島根県斐川町 (現出雲市) が知られる。その間の事情については、関満博「企業誘致と企業化支援の幅広い展開──島根県斐川町」(関満博・横山照康編『地方小都市の産業振興戦略』新評論、2004 年) を参照されたい。

6） 東日本大震災の被災地の産業、そして、就業の状況等については、関満博『東日本大震災と地域産業復興Ⅰ～Ⅴ』新評論、2011～16年、を参照されたい。
7） これらの具体的な取組みについては、関、前掲『中山間地域の「買い物弱者」を支える』を参照されたい。
8） 宮城県南三陸町の志津川オリエント工業については、関満博・松永桂子『震災復興と地域産業5 小さな"まち"の未来を映す「南三陸モデル」』新評論、2014年、第5章を参照されたい。
9） 新潟県魚沼市のホリカフーズについては、関満博『地域産業の「現場」を行く 第8集』新評論、2015年、第212話を参照されたい。
10） 島根県美郷町の「産直みさと市」については、関、前掲『中山間地域の「買い物弱者」を支える』第9章を参照されたい。
11） 北の技術ネットワークの最終報告として、『北の技術ネットワーク形成詳細設計調査報告書』㈱開発計画研究所、1988年3月、がある。
12） コープさっぽろとセイコーマートの取組みについては、関、前掲『中山間地域の「買い物弱者」を支える』第6章、補論8を参照されたい。

補論1　1987年／企業城下町と中小企業の課題
――構造調整下の室蘭工業――

　北海道といえば、石炭、遠洋漁業が中心であり、製造業としては室蘭の新日鐵、日本製鋼所といった鉄鋼、函館の函館どつくを中心にした造船、そして苫小牧の王子製紙が知られていた。ただし、石炭は1960年を前後する頃からの石油への転換というエネルギー革命に遭遇、閉山が相次いでいった。また、1970年代の後半には200海里規制が行われ、遠洋漁業は衰退していく。さらに、1971年のニクソンショック、1973年の第1次オイルショック後の円高によって、鉄鋼、造船等の輸出型重厚長大産業が競争力を失っていく。

　そして、1987年2月には新日鐵による第4次合理化案が提出され、その前後から新日鐵による企業城下町室蘭では大幅な合理化、リストラが推進されていった。当時、全国の鉄鋼、造船等の企業城下町は特定不況地域とされ、構造調整が求められていった。

　このような状況の中で、私は1987年8月に北海道庁、室蘭市の要請に基づき室蘭の製造業の調査に赴き、この報告を1987年10月に提出している。関係者に配布された。その後、函館市、帯広市でも同様の現地調査を行い、報告を提出しているのだが、帯広市の分は散逸して残念ながら手元にない。この室蘭と函館の報告が残っていた。

　振り返ると、1987年2月の新日鐵の第4次合理化案は、個別新日鐵の合理化というだけではなく、日本産業の転換点を象徴していた。その直後の頃からバブル経済が発生するが、1970年代の中頃から1980年代の中頃にかけて、日本産業は大きな転換点に向かっていたように思う。その時期の一つの象徴として新日鐵による企業城下町として歩んできた室蘭の当時の状況は、歴史的な意味を帯びていたといえよう。そのような意味を込めて、本稿を補論1として掲載しておく。

　円高により加速されている日本産業の構造調整の中で、かつてのリーディング・インダストリーであった鉄鋼、造船などの重厚長大産業は未曾有の困難に直面している。特に、アジアNIEsの急速な近代工業化の中で、技術がある程度確立している成熟産業については生産の海外移管が相当に進み、新たなアジ

ア太平洋圏水平分業の時代に向けて、日本産業は先端技術産業分野、高付加価値、多品種少量分野に全体としてシフトしていくことを余儀なくされている。

　従来から、日本産業については近隣にヨーロッパ並みの同レベルの工業国を期待できなかったことから、全ての産業群をフルセットで備え、さらに、後発の工業国であることから、確立された設備、技術を導入し、極めてロスの少ない急速な近代工業化を進めてきた。そして、日本産業の課題は、独自技術の開発体制の確立、プロトタイプの創出機能の内部化にあり、成熟商品の低コスト量産品の大量輸出によって得られた外貨を研究開発機能の育成に振り向けてきた。まさに、高度経済成長期は国内市場、海外市場の拡がりを前提に、確立された技術による低価格量産体制が効果的に働き、念願であった研究開発機能の内面化を一定程度推し進めてきたのである。その結果、まだ課題は残るとはいえ、日本産業は先端技術分野においてかなりの独自的かつ世界的水準に達するものになった。

　ところで、このような低価格量産分野をテコとする先端技術化の推進を地域レベルでみる場合、大都市圏（実質的には首都圏）と地方圏の分担の形が構造化されていることに注目しなければならない。立地余力と豊富な低賃金労働力を背景として地方圏が低価格量産部門を担い、大都市圏が研究開発機能の充実に向かうという構図が、日本産業の近代化とフルセット構造の基本的なものになってきたのである。高度成長期をリードした鉄鋼、造船などは地方圏に広く展開し、地方経済の担い手としての役割を演じながら、日本産業の先端技術化に大きく貢献するものであったといってよい。

　しかしながら、このような構図は日本産業が持続的に発展し、フルセット型構造を維持できる時代には効果的であったのだが、日本の経済規模が大きくなり、あるいは、周辺に近代工業国地域が登場している現在、維持することが難しいものになっている。いわば、経済規模、経済発展水準にふさわしい産業構造が求められているということであろう。それが、1985年秋以降の貿易摩擦、円高以降の構造調整の意味するところであろう。それは、アジア太平洋圏水平分業の時代に向けて、各国間で産業、あるいは機能の持ち合いと相互補完関係を形成していくことを意味しよう。

ただし、そのような流れが歴史的な課題となりつつあるとはいえ、大都市圏と地方圏という分担の構造を形づくってきた日本産業は、いわば先進国と発展途上国的な部分を一国内に抱え込んでいたことから、地方圏を著しい困難に追い込むことになっている[1]。近年の円高傾向の中で、韓国、台湾、香港、シンガポールなどのアジアNIEs諸国地域は為替差のメリットを十分に享受し、近代工業化に弾みをつけているが、それらと直接的な競合を余儀なくされている日本の地方圏は、円高の不利益のみを与えられている。東京への政治、経済の一極集中といわれている現在、先進国的な機能を身に着けることのできなかった地方圏は国境のない、円高のメリットを受けることのできない発展途上地域として、内面の高度化を進める首都圏から疎外され続けている。アジア太平洋圏水平分業の時代における日本の地方圏の位置を、そのようなところにみていかなくてはならない。

　ところで、このような地方圏経済の困難を象徴するものとして、いわゆる企業城下町が注目される。室蘭、釜石、玉野、広島、宇部、大牟田、佐世保などに代表される企業城下町は、低地価、立地余力、豊富な低賃金労働力を特定大企業が一括して取り込み、ある程度確立された技術による大規模工場を建設し、低価格量産を特色として日本の高度経済成長をリードしてきた。しかしながら、このような産業分野は先に指摘したアジア太平洋圏水平分業の時代、あるいは日本産業の先端技術化の時代の中で、構造調整の焦点とされ、維持することさえ難しい。しかも、これらの産業は地方圏の特定地域でいわゆる企業城下町を編成しているのであり、現在進められつつある構造調整は地域経済の存亡を揺るがすものになっているといってよい。

　この補論1においては、以上のような構図の下であえいでいる企業城下町の一つの典型として北海道室蘭市を採り上げ、その特異な工業の集積構造と当面する困難を明らかにし、新たな時代に向けての発展課題を提示していくことにする。企業城下町に顕著にみられる工業構造の特異性は、日本産業の一面を象徴するものであり、その困難の構造分析は、アジア太平洋圏水平分業の時代の日本産業のあり方に重大な示唆を与えることになろう。

I 企業城下町の基本構造と工業集積

　企業城下町は低地価と広大なスペース、そして、豊富な低賃金労働力などを背景に、特定大企業が巨大な工場施設を建設し、地域の政治、経済、社会の根幹的な位置を占め、さらに、地域を構成する諸要素を吸収しながら、特定大企業そのものが地域と重なり合う特異な空間ということができる。およそ、地域に住まう人びと、中小企業、商店などのほとんど全ての要素は何らかの形で特定大企業との関わりを保ち、また、圧倒的な影響を受けていく。こうした構造にある限り、特定大企業の活動状況は直接的に地域全体に跳ね返り、まさに、地域の浮沈は特定大企業の動向そのものにかかっている。そうした点に着目しながら、ここではまず、室蘭工業の集積の基本構造を明らかにし、さらに、近年の構造調整の下での困難の構図を確認していくことにしたい。

1. 構造調整の中の企業城下町

　新日鐵と日本製鋼所という二大企業の企業城下町といわれる室蘭は、その比重の大きさと近年の低迷により地域経済は重大な影響を与えられている。ここでは、まず、それら代表的企業の位置と最近の動向からみていくことにしたい。
　室蘭市の製造業は約 230 工場前後によって構成されているが、主要 7 社（新日鐵、日本製鋼所、日鉄セメント、函館どつく、楢崎造船、楢崎製作所、日本石油）の占める位置は圧倒的であり、製造品出荷額等に占める比重は 1980 年で 92.2％、1985 年で 91.1％ を占めていた。この点、製造業全従業者に占める 7 社の比重は、1980 年 72.8％、1985 年 70.5％ となっているが、この他に新日鐵や日本製鋼所の場合には構内企業も多く、実態的には主要企業の従業者数はさらに大きな比重を占めるものとみられる [2)]。
　主要 7 企業のうち、楢崎造船、楢崎製作所、函館どつく、日鉄セメントはい

454

わば中堅規模であること、日本石油の出荷額の比重は1980年44.7%、1985年54.8%と大きいものの、巨大なプラントによる装置産業であり、従業者規模も500人規模であることから、見掛けほど地域経済に与える影響は大きくない。むしろ、数千人の従業者を抱え、広大な敷地（新日鐵約1300 ha、日本製鋼所約400 ha）を占め、さらに、下請加工業者を地域に広く編成している新日鐵と日本製鋼所の2社が与える影響力は極めて大きい。地域におけるイメージ、雇用吸収力、受発注関係等からみて、室蘭は新日鐵と日本製鋼所の2社による企業城下町であるといってよい。

室蘭で最大規模の新日鐵の従業員数のピークは1964年の約9900人であったが、その後次第に減少し、1980年6845人、1981年には4323人となっている。粗鋼生産のピークは1969年の4071千トン、出荷額のピークは1980年の2089億円であった。現在の主要産出製品は、棒鋼、線材、形鋼、熱延、冷延鋼板、及び半製品（ビレット、スラグ等）、化成品となっている。従業員数が減少したとはいえ、1985年の室蘭市製造業の従業者数1万2550人のうち新日鐵だけで4468人（構成比35.6%）を数え、さらに関連サービス業を含め3337人の常

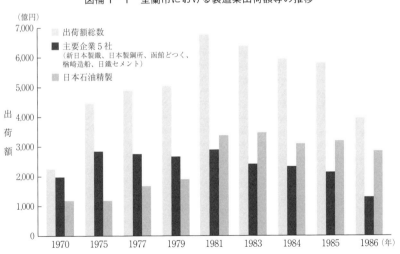

図補1—1　室蘭市における製造業出荷額等の推移

資料：室蘭市

時構内入構者を抱えるなど、地域経済全体に圧倒的な影響力を及ぼしている。

　日本製鋼所については、敷地面積、従業員数、さらに出荷額等も新日鐵の3分の1水準といわれており、事実、1986年現在、従業員数1578人、出荷額等348億円となっている。従業員のピークは1965年の4300人であり、現在では約1600人と当時の37.5%を占めるにすぎない。現在の主要産出製品は鋳鍛鋼、塔槽類、鋼板、産業機械等であり、いずれも近年の構造不況の中で、明るい見通しを得ることは難しい。

　以上のように、主力2社が大きな低迷の中にいるために、室蘭市の製造品出

表補1—1　室蘭市主要企業の従業員・出荷額の推移

(単位：人、億円)

年	新日本製鐵室蘭製鐵所		日本製鋼所室蘭製作所		日鐵セメント		函館どつく室蘭製作所	
	従業員	出荷額等	従業員	出荷額等	従業員	出荷額等	従業員	出荷額等
1975	6,845	1,779	4,212	678	386	93	647	145
1980	5,692	2,089	3,086	638	315	177	397	71
1985	4,468	1,342	2,785	460	247	145	262	50
1986	4,323	1,018	1,578	348	250	142	256	49
備考	従業員	64年ピーク 9,990人	従業員	65年ピーク 4,300人	従業員	79年ピーク 386人	従業員	75年ピーク 647人
	粗鋼生産	69年ピーク 4,071千t						
	出荷額	80年ピーク 2,089億円	出荷額	82年ピーク 854億円	出荷額	81年ピーク 179億円	出荷額	75年ピーク 147億円
年	楢崎造船		楢崎製作所		日本石油精製室蘭製油所			
	従業員	出荷額等	従業員	出荷額等	従業員	出荷額等		
1975	1,282	171			527	1,194		
1980	593	157			512	2,961		
1985	265	41	279	90	541	3,219		
1986	185	27	249	62	547	1,847		
備考	従業員	73年ピーク 1,472人			従業員	82年ピーク 580人		
	出荷額	77年ピーク 233億円			出荷額	83年ピーク 3,492億円		

注：1984年8月　楢崎造船から楢崎製作所が分離。
　　1984年12月　函館ドックが来島どつくの傘下に入り、函館どつくとなる。
資料：図補1—1と同じ

荷額等は1981年の6852億円をピークに次第に減少し、1985年には5870億円、1986年には3990億円へと沈み込んでいる。この間、製造業従業者数は1981年1万4854人から、1985年には1万2550人へと減少し、さらに、合理化計画が打ち出されるなど、地域経済は重大な局面を迎えつつある。

　最近の主要企業の合理化については、表補1—2にまとめてあるが、新日鐵の場合は、第1高炉休止（1982年11月）、第1線工場休止（1983年3月）、第4コークス炉休止（1983年5月）、さらに、1983年から1985年にかけての約500人の配置転換（君津、大分等）、第4高炉休止（1985年8月）などと続き、特に、1987年2月に提出された第4次合理化案が深刻な影響を与えつつある。この第4次合理化案は、1990年に現在唯一残されている第2高炉を休止しようというものであり、企業城下町の象徴が消失することを意味する。現在のところ、粗鋼生産を減少させてはいるが、高炉の火が消えているわけではない。周辺の下請中小企業にも一定の仕事は出ているが、1990年には一気に仕事がなくなることも予想される。そうした事態に対して、地元の危機感は著しく大きくなっているのである。

　高炉が一応維持されている新日鐵の場合には、1990年までの猶予期間があるが、日本製鋼所の場合には1970年代中頃からの人員削減は著しく、特に、1986年8月の第3次合理化（1009人削減）は地域に低迷感を色濃く漂わせている。その他、造船不況に悩む函館どつく、楢崎造船の人員削減は著しく、鉄と造船で生きてきた室蘭は未曾有の困難に直面しているのである。

　この間、北海道、及び、登別市、伊達市という室蘭周辺地域は人口増加傾向を示しているが、室蘭市は1970年の16万2059人をピークに次第に減少し、1985年には13万6209人というピーク時の84％水準に後退している。

　以上のように、鉄鋼と造船という高度成長期の花形産業に展開し、さらに、特定大企業の企業城下町としての歩みをみせた室蘭は、ポスト高度成長期、あるいは、アジア太平洋圏の新秩序形成という時代状況に対応することができず、地域経済の縮小、活力の喪失という深刻な事態を迎えている。さらに、1990年には企業城下町室蘭の最大のシンボルであった新日鐵の高炉の火が消えることが予定され、それ以後の展望を抱くことができないでいるのである。

表補1―2　室蘭市主要企業の最近の合理化

新日鐵	1982.11	第1号高炉休止（第4号高炉のみ稼働）
	1983.3	第1線工場休止
	1983.5	第4コークス炉休止
	1983.11	128人配置転換
	1985.	393人配置転換（君津、名古屋、大分）
	1985.3	大型鋼工場休止
	1985.4	連続熱延工場操業短縮（85.7第2高炉火入れ）
	1985.8	第4号高炉休止
	1985.9	第1、第2製鋼工場統合
	1985.12	一時帰休実施（月平均2,000～3,000人）
	1987.2	中長期経営計画（第4次合理化案）を提示
日本製鋼所	1984.1	53人配置転換
	1984.5	150人配置転換、200人を協力会社（日本ビクター等）へ長期出向、計350人削減
	1986.8	第3次合理化案提示、計1,009人削減（2,600人体制から1,600人体制へ）、650人指名解雇（180人は日本ビクター等へ）、359人を出向先へ転籍、再建計画案を提示
	1986.9	合理化案の縮小提示（1,009人削減を940人削減に）、370人を指名解雇、570人を転籍
	1986.11	1,043人の削減（希望退職385人、転籍550人、優遇退職69人、社内活用39人）
函館どつく	1977.12～1978.1	540人希望退職（うち室蘭84人）
	1978.12～1979.8	963人希望退職（うち室蘭101人）
	1984.9	642人希望退職（うち室蘭115人）、新会社函館どつく㈱として再建
楢崎造船	1985.4～1986.7	希望退職155人（うち㈱楢崎製作所72人）
	1986.11	一時帰休の実施

資料：図補1―1と同じ

表補1―3　室蘭地域の人口推移

（単位：人）

年	北海道	室蘭市	登別市	伊達市	室蘭地域
1960	5,039,206	145,679	29,100	26,442	201,221
1965	5,171,800	161,252	39,101	26,847	227,200
1970	5,184,287	162,059	46,526	29,552	238,137
1975	5,338,206	158,715	50,885	33,335	242,935
1980	5,575,989	150,199	56,503	34,705	241,407
1985	5,679,430	136,209	58,372	34,824	229,405

資料：『国勢調査』

2. 奇形化した工業集積

　以上のような特定大企業が主導する工業展開、鉄鋼、造船という典型的な重厚長大産業への依存により歩んできた室蘭工業は、当然のこととして、地域工業集積を特異なものにしている。地域工業の大半の企業は何らかの形で代表的企業に関与するものであり、それは、製造業に限らずサービス業においても顕著にみられる。

　こうした事情の全体を把握するためには、既存の工業統計等では不十分であり、詳細な実態調査が不可欠だろう。そのような課題はあるものの、ここでは、工業統計を基礎にして、実態調査で得られた幾つかの事実を加味しながら、室蘭工業の特質にふれていくことにしたい。

　まず、表補1―4～5によると、以下のような点が指摘される。

　1985年の従業者4人以上の製造業の事業所数は163であるが、この他に約70程度の従業者3人以下の事業所が存在するものと推定される。その結果、室蘭市の製造業はほぼ230事業所程度で構成される。

　このうち、機械金属系7業種（鉄鋼、非鉄金属、金属製品、一般機械、電気機械、輸送用機械、精密機械）については、1980年（全数調査）96事業所（構成比、40.1％）、1981年78事業所（4人以上）（構成比、45.6％）、1985年78事業所（4人以上）（構成比、47.9％）であり、実際には90～100事業所を数えるものと推定される。

　従業者数をみると、機械金属系6業種（精密機械は秘匿のため除外）で、1985年は1万0205人を数え、全体の81.3％を占めている。製造品出荷額については37.0％となっている。この点は、石油精製の日本石油の出荷額等が大きく影響している。

　業種別では、鉄鋼業、一般機械、金属製品の比重が高く、電機機械や精密機械の比重は低い。また、造船不況を反映して、輸送用機械がその比重を低下させている。こうした事情は、室蘭の場合は重装備な機械金属工業に傾斜していることを物語っている。

表補1-4　室蘭市工業の推移

産業分類 （中分類）	1980 事業所数（件）	1980 従業者数（人）	1980 製造品出荷額等（万円）	1981 事業所数（件）	1981 従業者数（人）	1981 製造品出荷額等（万円）	1984 事業所数（件）	1984 従業者数（人）	1984 製造品出荷額等（万円）
総数	239	14,563	66,137,247	171	14,854	68,526,248	158	13,151	59,824,447
食料品	60	1,064	1,510,483	33	745	1,564,579	37	718	1,594,196
繊維工業	2	X	X	1	X	X	1	X	X
衣服・その他の繊維製品	4	45	31,015	2	X	X	3	28	24,735
木材・木製品	10	131	331,143	7	117	244,021	4	47	84,494
家具・装備品	18	150	97,568	11	146	102,138	7	64	38,293
パルプ・紙・紙加工品	2	X	X	—	—	—	—	—	—
出版・印刷・同関連産業	27	452	264,395	22	439	285,090	23	437	286,718
化学工業	5	163	604,847	5	165	663,358	6	225	659,276
石油製品・石炭製品	2	X	X	2	X	X	2	X	X
ゴム製品	2	X	X	—	—	—	—	—	—
なめしがわ・同製品・毛皮	—	—	—	—	—	—	—	—	—
窯業・土石製品	9	513	2,299,171	8	506	2,297,691	7	365	1,776,461
鉄鋼業	13	5,999	21,138,221	12	6,626	18,833,539	13	6,141	16,111,099
非鉄金属	2	X	X	1	X	X	1	X	X
金属製品	35	1,543	2,941,655	29	1,206	2,158,286	23	840	1,825,989
一般機械器具	20	3,355	6,584,293	16	3,432	6,963,597	15	3,179	5,024,637
電気機械器具	2	X	X	3	87	29,056	1	X	X
輸送用機械器具	20	329	307,912	15	659	1,160,334	11	396	751,934
精密機械器具	4	17	9,333	1	X	X	1	X	X
武器	—	—	—	—	—	—	—	—	—
その他	2	X	X	3	20	21,605	3	40	26,632

注：1980年は全数。1981年以降は従業者4人以上の事業所。
資料：「工業統計表」

表補 1—5 室蘭市工業の概要（1985）

産業分類 （中分類）	事業所数 合計（件）	従業者規模別 4人～9人	従業者規模別 10人～299人	従業者規模別 300人以上	従業者数（人）	製造品出荷額等（万円）
	163	69	90	4	12,550	58,705,431
食料品	34	11	23	—	636	983,146
飲料・飼料・たばこ	1	—	1	—	X	X
繊維工業	1	1	—	—	X	X
衣服・その他の繊維製品	4	3	1	—	33	29,057
木材・木製品	2	1	1	—	X	X
家具・装備品	6	4	2	—	58	39,385
出版・印刷・同関連産業	21	11	10	—	391	284,581
化学工業	4	—	4	—	121	570,156
石油製品・石炭製品	2	1	1	1	X	X
プラスチック製品	2	2	—	—	X	X
窯業・土石製品	7	2	5	—	350	1,842,188
鉄鋼業	12	3	7	2	5,628	14,462,610
金属製品	29	14	15	—	857	1,710,880
一般機械器具	19	10	8	1	3,080	4,874,152
電気機械器具	5	1	4	—	128	40,283
輸送用機械器具	12	4	8	—	512	658,286
精密機械器具	1	1	—	—	X	X
その他	1	1	—	—	X	X

注：従業者4人以上の事業所。
資料：表補1—4と同じ。

　工業統計から読み取れるのは、ほぼ、この程度であり、実態調査を加味すると、さらに、以下のような点が指摘される。

　地域の元請的な企業は新日鐵、日本製鋼所、函館どつく、楢崎造船、楢崎製作所の5企業とみるべきであり、その他の中小企業は何らかの形でこの5企業に依存している。この中でも、新日鐵、日本製鋼所の存在は圧倒的であり、中小企業はその専属的な性格を帯びている場合も少なくない。また、この二大企業に同時に結合している企業もみられる。

　専属的な性格を帯びている中小企業の中には、構内企業も少なくない。また、これら構内企業の中には、例えば、北九州市に本社を置き、新日鐵の全国の工場に支店を出す形で室蘭にも進出している場合もみられる。

素材を中心とする新日鐵、日本製鋼所、あるいは造船業が中心であるため、それに関連する中小企業のタイプは実に限られている。その多くは大物機械加工、厚板の製缶、溶接であり、機械金属工業の体系としては偏りが大きい。小物切削、研削、精密鈑金、メッキ、熱処理、プラスチック成形などの専業者はいない。また、エレクトロニクス系の企業、さらに、製品開発型企業も欠落している。

　有力中小企業については、多工程、多機能の内部化が著しく、工業集積全体の未成熟さを物語っている。この点、専門的技術の高度化へは多くの問題を残すであろうし、また、設備投資負担、稼働率の平準化にも課題が残るであろう。さらに、これまで元請によってメンテナンスを含めて便利屋として育成されたため、特段の個性的な内容にはなっていない。こうした事情から、集積全体として奥行きに乏しく、機械金属工業としての展開力に多くは期待できない。さらに、地元の特定企業に依存してきたため、独自の営業力を備える機会もなく、室蘭の外への視野を欠落させていることも指摘される。

　こうしたことから、室蘭の中小機械金属工業については、企業城下町企業として非常に限られた内容にとどめられている。全体としての機能の偏在、開発力や営業力の欠如、城下町の外への視野の欠落が、室蘭工業集積の際立った特質として指摘される。さらに、鉄と造船の城下町であることから、大物機械加工、厚板の製缶、溶接へ傾斜し、そして、数年来の停滞の中で技術革新への対応の遅れが目立ち、新たな展開に向かおうとする活力も乏しい。そのため、現在保有している技術や加工機能を他に展開することも難しい。こうしたところに、鉄鋼、造船の企業城下町の困難をみていかなくてはならない。

II　企業城下町の中小企業をめぐる構造問題

　ここまで検討してきたように、企業城下町は特異な集積構造を形づくり、一時期までは著しい繁栄を謳歌したのだが、むしろ、そうした歩みが現在の困難

を導く背景となっている。そうした点を注目し、企業城下町の中小企業をめぐる構造的な問題について、以下では室蘭市内の中小企業の実際の姿からみていくことにする。

1. 特定企業への依存の構造

　企業城下町の中小企業の最大の特質は、特定の企業に強く依存するところにある。そのために、保有する機能は限られ、独自的な展開に踏み込むことは難しい。いわば、極めて従属的な体質になっているということである。ここでは、中小企業がどのような形で特定大企業の中に組み込まれているのか、そして、現在の大きな構造調整の中でどのような対応を迫られているのかについてみていく。

(1) 特定企業への依存と独自性の欠如（ムロテツ）

　1931（昭和6）年に鋳物工場としてスタートしたムロテツは、日本製鋼所の協力工場として歩む中で鋳物、機械加工、産業用機械の組立、製缶、鋼構造物工事、さらには金型製作などの領域まで踏み込み、従業者19人の中小企業としてはかなりの総合的な内容になっている。主たる取引先は日本製鋼所(65%)であり、その他として日東脂料化学（構築物）、楢崎製作所、楢崎造船、函館どつくなどの地元有力企業から受注している。

　日本製鋼所の仕事は設備のメンテナンスの他に、鍛造用プレス、エアハンマー、マニュプレーター、押出しプレス、武器、台車などの部分加工、あるいは小物の完成品組立などであり、また、日本製鋼所の要請で射出成形用金型製作のための設備も1982年頃に導入している。現在の社内の生産体制、設備体制は、キュポラを中心にする鋳造工場（5人）、大型の横中ぐり盤、正面旋盤、フライス盤を軸にする機械工場（7人）、放電加工機、マシニングセンター(MC)を軸にする金型工場からなり、製缶工場については休止中であった。

　ムロテツの場合、営業、設計部門を持たず、全て日本製鋼所の動向次第で揺れ動いているのであり、日本製鋼所の生産規模縮小は直接的に影響してくる。

表補1—6 事例研究対象企業の概要

区分	企業類型	創業年	従業者数(人)	売上高(万円)	主要製品	主要工程設備	受注先	備考
ムロテツ	機械加工 金型 製缶	1931年	19	47,800	産業用機械 鋼構造物 金型	鋳造、重切削、金型、溶接	日本製鋼所 65%	
富岡鉄工所	機械加工	1927年	54	43,000	大型機械部品 産業用機械 試験片	重切削(大型)	日本製鋼所 75%	ACT21のメンバー
吉川工業	溶接	1950年 (1920年)	130	136,000	生産設備の補修 鉄屑の加工処理 溶射	溶接、溶射	新日本製鉄 100%	本社北九州市 構内企業
日鋼検査サービス	検査、分析	1979年	130	99,300	検査、試験 材料分析 溶接	検査、試験、溶接	日本製鋼所 46%	日本製鋼所の子会社 構内企業
光和技研	機械設計	1964年	48	25,100	機械設計	CAD	新日本製鉄 90%	新日鉄構内に29人
新和産業	運送業	1959年	260	285,900	港湾荷役 陸上運送	トラック タンクローリー ブルドーザー	新日本製鉄 65%	
第一金属	シャースリット プレス、金型 組立	1969年	210	141,200	鋼材(スリット) プレス部品 電子部品組立	鋼板の切断 プレス、酸洗、金型、組立	新日本製鉄 65% 北海道松下 15%	
永澤機械	機械加工	1956年	47	39,400	機械部品 試験片 切削工具	切削、熱処理	日本製鋼所 55% 新日本製鉄 40%	
松岡工業	溶接	1972年	24	36,200	プラント製作 補修	水中溶接 インナーシールド工法	建設会社 石油精製 等	

金型部門は5年前に設置したものの、十分な仕事量を確保できていない。また、2～3年前からの日本製鋼所の人員削減の中で、ムロテツは7～8人を受け入れているなど、日本製鋼所のリストラ人員の受入れ機能をも担っていた。

以上のように、ムロテツは日本製鋼所の衛星企業として、多方面にわたるサービス機能を身に着け、一定の対応力を示していたのだが、独自な設計力、営業力を備える機会もなく、日本製鋼所の生産縮小を受け止めながら、次の展開方向を見出しえていない。老朽化した鋳造工場、他への転用の方向を見出しにくい大型の横中ぐり盤、正面旋盤からなる機械工場、受注先を見出しえない金型工場など、特定企業への依存によって機能、設備を特殊化されてきたムロテツが、日本製鋼所以外の受注先を求めることは難しい。

1600人体制にした日本製鋼所も、まだ25％程度人員過剰とされ、今後、さらに合理化に向かうことが懸念される。主力製品の鍛造用プレス、エアハンマー等の需要が回復することはほとんど期待できず、大型工作機械を特色にしていたムロテツは、重厚長大産業全体の衰微の中で、仕事そのものを見出すことも難しい。総合的な内容を求められていたために、むしろ、際立った特色を主張しにくいムロテツにとって、大物機械加工の技術はかなり重要なものと思うが、それらは北海道に限らず、国内全体に仕事を見出すことが難しくなっているのである。

以上のように、特定大企業に営業から設計、さらに設備導入までを事実上依存してきた城下町企業は、特定大企業が拡大していく時期には要請される通りに行動すれば十分な成果を得ることができたのだが、それは、特定大企業への依存による自立性の欠落した対応にすぎなかった。そうした構造の中にある限り、独自的に歩むための自立性が内面化されることは期待しにくく、特定大企業の方針転換は存立基盤そのものを突き崩すものとなっていく。そのようなところに、企業城下町における中小企業の特定大企業への依存の構造と独自性の欠如をみていかなくてはならない。

（2）加工機能の特殊化と展開力の課題（富岡鉄工所）

富岡鉄工所は1927（昭和2）年、北洋向缶詰機械製作のための函館工場を開

設したところから始まる。1937（昭和12）年にはフライス盤の製作を開始し、当時の商工省よりA級工作機械工場として認定された。その後、1948年に室蘭の日本製鋼所の機械加工部門の協力工場としての体制を取るに至り、1961年には室蘭市に重量物機械工場を新設、1964年には室蘭に完全に移転、さらに、日本製鋼所と資本提携することになった。

　現在の主要得意先は日本製鋼所（依存度35%）であり、その他としては楢崎製作所、楢崎造船など地元の企業があげられる。主要製品は重量30トンまでの大型機械部品の加工・修理、また、マニュプレーター、古紙再生機、コンクリート型枠、食品機械等の設計、加工、総合組立までを手掛けている。富岡鉄工所の最大の特質は重量物の機械加工にあり、これだけの機能の整った企業は北海道内では他に見当たらない。

　したがって、保有機械設備も大型立旋盤6台、横中ぐり盤3台、製鉄所の圧延ロールを削る大型旋盤をはじめ旋盤29台、フライス盤7台、NCフライス盤1台、MC1台を中心として、かなり重装備なものになっている。ただし、先に指摘したように、主力の日本製鋼所の生産縮小は著しく、重量物の機械加工、あるいはマニュプレーターの製作などの仕事は減少し、保有設備を十分に動かすだけの仕事を得ることは難しい。つまり、富岡鉄工所の場合、特殊な領域に特化し、機械金属工業の体系上、不可欠な機能ではあるものの、重厚長大産業の衰退という全般的な状況の中で、北海道内に十分な仕事量を確保することが難しくなっている。

　こうした状況の中で、富岡鉄工所は次のような課題に応えようとしている。

　第1に、保有設備、固有技術に見合った受注の確保という点である。特に、重量物の切削については、全体の量が趨勢的に減少することは避けられそうにないが、消滅することはない。この点、現在、京浜地区にある東芝、富士電機等の大型タービン工場、大型発電機工場等は地方への移管を進めつつあるが、そうした点に着目し、特殊技術を保有する企業として新たに取り組んでいく必要があろう。

　第2に、技術的、設備的課題として、超精密加工へのシフトがあげられる。室蘭に限らず、北海道内には超精密加工を手掛ける企業が少なく、集積の奥行

きも乏しく、先端技術等の支持基盤になりえていない点が常に指摘されている。こうしたことが地域のイメージを低下させ、企業誘致が思い通り進まない原因の一つとなっている。こうした事態に対し、富岡鉄工所は後にふれる金型、超精密加工専業の新会社ACT21の主要メンバーとなり、特定受注先に拘束されない独自的展開に踏み出そうとしている。このACT21の評価は後述するにして、独自的展開の方向を超精密加工に置こうとすることは、室蘭工業の集積の厚みを促すものとして期待される。

第3に、創業以来の機械製作の取組みの中で、現在はメカニクスの要素の強いマニュプレーター、古紙再生機等の設計、製作に従事しているが、エレクトロニクスの技術に乏しく、また、産業機械全般への市場的視野を備えていない点が指摘される。この点は、大物機械加工工場として歩んできたこと、特定大企業の枠の中で過ごしてきたことなどの経緯によるところが大きいと思うが、今後は外の世界との接触を深める中で、新たな独自的な展開の方向を見定めていく必要がある。

いずれにしろ、富岡鉄工所の場合、従業者54人の企業として、かなり特異な領域を手掛け、また、独自的な展開への意欲も大きい。ただし、これまで、企業城下町で特定大企業の枠の中で生きてきたということの重みは大きく、世間の技術的な動き、市場的な動きを的確に見通しながら、自らの個性、特異性を相対化し、事業スタイルを根本的に見直して取り組んでいかなくてはならない。

2. 構内企業の現状と課題

企業城下町の中小企業問題は、特定企業の中に所在する構内企業において最も先鋭的に現れている。ここでは、北九州市に本拠を置きながら、新日鐵室蘭製鐵所の要請で構内に進出している吉川工業と、企業合理化の一環として日本製鋼所の構内で子会社化されている日鋼検査サービスの二つの事例を検討し、企業城下町の中心的なテーマの一つである構内企業の問題に踏み込んでいく。

(1) 操業停止の懸念と構内企業の対応（吉川工業）

　吉川工業は1920（大正9）年、日本製鐵八幡製鐵所より製鋼くず破砕作業の依頼を受けて創業している。その後、北九州を本拠として、1950年に広畑、室蘭、1953年には光、1964年には堺、東海、1966年には君津、1970年には大分などの事業所を設け、釜石製鐵所以外の新日鐵の製鐵所には何らかの形で関与している。全体の従業者は約3000人を数え、製鉄原料、鉄鋼製品の加工及び荷役、鋼構造物の加工並びに工事請負、製鉄用機械の設計、製造、整備補修、さらに産業廃棄物の加工処理作業等までを請負い、新日鐵を支える総合的なサービス企業として歩んできた。

　特に、吉川工業室蘭支店については、新日鐵構内に事務所と作業場を借り、製鋼付帯部門をはじめ、製鋼主原料の一つである鉄屑の切断破砕等の加工処理、荷役機械、生産設備の整備作業などの幅広い分野に従事している。室蘭支店の従業者は約130人であり、構内企業の典型として構内の事務所と作業場を拠点に、転炉周辺に出張し、製鋼作業を円滑にするための役割を担っている。

　しかしながら、1980年前後から新日鐵の合理化が進み始め、1985年末には鉄は伸びないことが明確化してきた。さらに、1987年2月の第4次合理化案で室蘭製鐵所の高炉が1990年に止まることが提示された。その場合、製鋼工程である転炉も停止することになり、吉川工業の仕事は全てなくなることになる。新日鐵室蘭製鐵所は溶解、製鋼工程を保有しない圧延工場になる。この点に関連して、現在、新日鐵では転炉内で溶解するという新溶解法のテストを広畑製鐵所で続けているが、室蘭製鐵所で採用されるかについては不透明な部分が多い。

　いずれにしろ、粗鋼生産が減少しているとはいえ、高炉の火がついている限り、補修、整備などに従事する吉川工業の仕事は特別に減少することはない。そして、高炉の火が停止すると一気に吉川工業の仕事はなくなってしまうことになる。

　こうした事態に対して、吉川工業の本社（北九州市）は各事業所レベルでの対応を指示してきているため、室蘭支店は従来事業の延長上、あるいは新日鐵

との関連で新たな可能性を模索していた。現在、期待しているのは、1985年から手掛け始めている金属及びセラミックスの溶射関係の事業分野である。この溶射については、すでに吉川工業の網干（兵庫県）事業部で実績があり、そこからの技術トランスファーによって事業化を考えていた。現在、この溶射の売上額は全体の5％程度にすぎないが、溶射自体が今後有望な事業分野であること、北海道では技術を保有しているところが20社程度、専業は3社にすぎないなど期待されるところが大きい。

そのような意味で、1990年の高炉停止に向けて、従来からの鉄屑の破砕加工処理の技術、新たな溶射技術を両輪として構内企業からの脱皮を求められているのであった。特定大企業の都合により構内に誘致され、付帯部門のサービス型企業として奉仕してきた吉川工業は、特定大企業の合理化の中で放置され、独自的な方向を自らの手で切り開いていかなくてはならない状況にある。大企業自身の合理化については配置転換などの手段が講じられる場合が多いが、構内企業はそうした対応をとることも難しく、しかも、従来から特定大企業に全てを依存していることから、新たな事業分野の見通し、営業活動等についても大きなハードルを越えていかなくてはならない。構内企業が構内から未知の世界に出て行かなくてはならない時代が企業城下町に到来してきたのである。

(2) 子会社の自立化への課題（日鋼検査サービス）

日鋼検査サービスは、1979年に日本製鋼所の合理化の一環として日本製鋼所の全額出資（5000万円）により設立された構内子会社である。当初は日本製鋼所の品質管理部門230人のうち80人を出向の形で分離し、構内の製品の検査を主体に行っていたが、その他に、非破壊検査を外部から受注したいという目的を持っていた。日本製鋼所の非破壊検査は定評のあるものであり、JISの基準とされるほどのものであった。

その後、次第に売上額も伸び、1986年度実績では約10億円の売上額のうち、構内は5億円弱、54％は外部から受注できるようになってきている。外部の仕事は北海道内の日石、出光などの石油関係の設備のメンテナンス、北海道電力の熱交換機の検査、ガス会社などのプラントの保守検査等、かなり幅の広い

ものになってきた。その結果、事業分野としては検査及び試験関連83%、材料分析関係15%、溶接工事関係2%（以上1986年度実績）ということになる。

この中で、溶接部門については、1986年12月の日本製鋼所の合理化に伴い、技術者を20人受け入れたことによる。この点は、検査に伴う補修の必要性が大きくなっていた日鋼検査サービスの事業的な拡がりに沿うものであった。このように、日本製鋼所の合理化の一環として設立された日鋼検査サービスは、次第に独自性を強めつつある。ただし、細部を眺めると日本製鋼所の子会社として、あるいは、構内企業としての色合いを濃厚に残している。

この点、第1に、構内の事業所の試験、検査施設を安価に利用できる反面、日本製鋼所からの受注単価を低く抑えられているという点が指摘される。1000 m^2 程度の構内の事務所の家賃が月10万円に対し、日本製鋼所からの受注単価は時間当たり本工に対して54%程度に抑えられている。

第2に、当初、出向であった従業員の身分の切り替えが最近行われ、また、経営計画を自主的に立てられることになってきたことは、企業としての自立性に大きく寄与するが、資本が全額日本製鋼所であり、構内に所在し、しかも、営業部門も依存しているとするならば、自立性を貫くことは難しい。この点、外部の仕事の利益率は高いのだが、給与面で日本製鋼所よりも7%低いという事実は、当社の自立性はかなりの程度、制約されたものであることを物語っている。日本製鋼所に依存し、その看板に依存していくのか、あるいは、独自的な発展の道を模索するのかは、構内企業の日鋼検査サービスにとって重大な点となるであろう。

今後は利益率を抑えられがちな構内の仕事は3分の1程度に減らし、冬季の仕事の乏しい北海道だけでなく、本州からも受注したいとの構えである。また、構内から出たいという意向もあるようだが、そのためにはいっそうの自立性が求められるであろう。

3. 付帯サービス業の当面する課題

企業城下町の構造問題を議論する場合、構内企業や専属的な中小工業に目が

向きがちであるが、特定大企業の影響の及ぶ範囲ははるかに広く、その動向は地域の商業、サービス業にも及ぶ。ここでは、付帯のサービス業として、設計企業と運輸業を採り上げ、企業城下町のもう一つの側面をみていくことにしたい。

（1）専属設計企業の制約と課題（光和技研）

　光和技研は、三井鉱山（美唄）で機械設計に従事していた現社長が、1964年に仲間と独立して創業した機械設計専業の企業である。当初は函館どつくの仕事を受けていたのだが、次第に受注先が増え、楢崎造船、日本製鋼所、新日鐵などの室蘭の有力企業と結びついていった。高度成長期には順調に仕事が増えていたが、1975年の頃になると、主力であった函館どつくの仕事が減り始め、逆に新日鐵の仕事が急増、次第に新日鐵の専属的な設計企業となっていった。この間、構内の事務所を無償提供されたことから、当初10人ほどの人員を構内に入れ、現在では全従業員48人のうち、29人は構内、19人は室蘭市内の本社に常駐するという形になっている。

　現在の得意先は、新日鐵が70％、札幌の構研エンジニアリング（橋梁の設計）が20％、その他10％であり、事業分野としては産業機械設計70％、橋梁上下設計27％、建築設計3％の構成になっている。

　ところで、新日鐵の第4次合理化案は光和技研にも大きな影を落としている。1987年度はすでに新日鐵からの仕事は従来の3分の2程度に減少、1990年に高炉が止まるならば、仕事は半分以下になるものと想定されている。この光和技研は北海道における機械設計の最有力企業であり、地元の室蘭工業大学、室蘭工業高校の卒業生を惹きつけてきた。現在の人員規模を維持していくためには、早急に他の仕事を求めていかざるをえない。

　ただし、室蘭市内でほとんど唯一の設計専業の企業であるため、新日鐵からの要求は多岐にわたり、むしろ、際立った特徴を形成することができず、また、独自の営業力を身に着けることもできなかった。そのため、高炉休止後を十分に展望できていない。本州へアプローチしたくとも手掛かりがなく、暗中模索といった状況である。

1987年4月には富士通のCADを入れるなど技術革新への対応の構えをみせているものの、機械設計だけで制御系の技術がなく（従来は新日鐵に依存していた）、さらに、営業力が乏しいとするならば、新日鐵以降の時代を見通すことは難しい。新日鐵という巨大な傘の下で設計だけを行っていれば良かった時代から、多方面から仕事を取り、機動力に優れた展開が必要とされる時代へと移っているのである。特に、従業員50人前後という機械設計専業企業としてはかなりの規模にある光和技研は、単一企業に依存できたこれまでと、受注活動が重大な課題となり、多方面の受注先の要求に応えていかざるをえないこれからとでは、置かれる状況は全く異なってくる。機械設計といった頭脳労働においても、先に検討した機械金属加工企業と同様に、企業城下町で特定企業にのみ依存していたという事情は、将来に多くの課題を残すことになっているのである。

(2) 専属的運輸業者の展開方向（新和産業）

　新和産業は、1901（明治34）年、小樽港湾の石炭の荷役業者として創業している。その後、陸上部門にも進出、1937（昭和12）年には室蘭に支店を設け、新日鐵との関係を深めていった。

　貨物自動車70台、タンクローリー34台、ブルドーザ5台、バックドーザ11台、ショベルドーザ3台、フォークリフト5台、バス10台などを揃え、原料の船揚げ、構内の荷役、ダンプによる原料輸送、さらに、新日鐵室蘭製鐵所構内でのバスの運行などに従事してきた。また、1985年9月までは新日鐵の製鋼工場に100人ほどの人員を提供し、作業請負もやっていた。これは1987年現在、停止されている。

　主たる受注先は、新日鐵関係70％、その他は出光興産の石油輸送30％であった。従来は新日鐵関係の比重はもっと大きかったのだが、新日鐵の一連の合理化の中で仕事量は減少し、新和産業も縮小を余儀なくされている。1974年から新規の採用は行っておらず、現在、従業員260人、平均年齢42.3歳であるなど、高齢化の問題も抱えている。

　こうした事情の中で、1990年に室蘭製鐵所の高炉が停止されると、新日鐵

の専業的な性格の強い新和産業は深刻な事態を迎えることが懸念される。現状、従業員260人のうち新日鐵に関与している従業員は約180人を数え、中高年化しているトラック運転手の雇用確保と、企業としての新たな展開を求められている。当面、本州とのネットワークをどのように作るのか、宅配便とのリンケージを図れるのか、さらに、労働省の補助金を得て、トラック運転手のソフト技術者への職種転換を図るための訓練を実施するなどを考えていた。いずれにせよ、従来の特定大企業に依存するトラック業者から一般の運輸業者へ、さらに、北海道から全国レベルへの展開の課題など、1990年までの限られた時間の中で、新たな事業機会の模索、体制整備が求められていた。

　以上のように、企業城下町においては、特定大企業をめぐって関連産業部門が広大に拡がり、それらにサポートされながら、特定企業の事業展開が円滑に進められていた。そして、地域経済は特定大企業を頂点とする閉鎖社会を形づくっていく。サポートする関連産業部門は特定企業の繁栄と共に歩み、縮小と共に困難に陥る。特に、特定企業の枠の中に組み入れられていたため、外部への視野に乏しく、さらに保有する機能も限られ、他への展開もなかなか難しい。

　例えば、トラック、ブルドーザ等を揃え、運輸業務に携わっていたとしても、その内面は他の一般の運輸業者とはかなり異なっている。新和産業の場合は、新日鐵に対する労務提供型企業として、原料輸送に携わってきたということであろう。おそらく、今後はこうした労務提供型の事業を継続することは難しく、広い範囲での物の輸送を媒介にするインターフェース企業、情報伝達企業としてのあり方を求められよう。それは、企業城下町において特定大企業に依存する付帯サービス業からの脱皮の課題であることはいうまでもない。

4. 企業城下町における工業集積の制約

　ここまで、企業城下町における中小企業の存在の構造を、特定企業への依存との関連で議論してきた。そして、それらのいずれにおいても、特定企業の必要性に応じた極めて限られた機能とどめられ、新たな事態に対する対応力に多くの問題を残すことが明らかにされた。

もちろん、個々の企業のこれからの独自的な努力が不可欠だが、もう一つ、その背景をなす地域の中小企業の集積そのものの構造が問われていく必要がある。地域全体が特定企業に依存するという特異な道を歩んできた企業城下町の工業集積は、工業の体系的な視点からすると極めて偏ったものになっている。

（1）工業集積の未成熟と加工機械の内部化（第一金属）

1970年、薄鋼板のスリット加工の第一鉄鋼から分離独立した第一金属は、同年、鋼材の酸洗・ボンデ処理（リン酸塩皮膜処理）のための酸洗工場を建設、1971年にはプレス工場、1982年には金型工場、1984年には電子部品組立工場を建設するなど、かなり広範囲に展開してきた。いわば、鋼材の加工センターとして出発し、その後、より付加価値を高めるために、酸洗、プレス、金型という形で展開してきたということであろう。その結果、主要な事業分野は鋼板スリット加工30％、各種鋼材の酸洗及びボンデ処理35％、プレス及び金型製作15％、電子部品の加工組立20％の構成になっている。

主要な受注先は新日鐵60％、北海道松下電器（千歳市）15％、その他25％であるが、新日鐵は鋼板のスリット加工、酸洗が中心であり、松下電器は電子部品の組立、そして、プレスは自動車や建材関連ということになる。この中で、新日鐵への依存は表面上かなり大きなものであるが、第一金属の関心は新日鐵にとどまらず多様な方向に向いている。ただし、立地している室蘭という新日鐵の企業城下町であることからする制約に大きく規定されている。

加工機能の連続性からして、鋼板のスリット加工及び酸洗とプレス加工とは密接な関連があるようにみえる。ただし、これらと電子部品組立との間には関連がみられない。鋼板の切断、プレス・金型、電子部品の組立はそれぞれ別世界を形成している。この点は、地方の工業集積地でかなりの規模になり、事業分野を広げていく場合の一つの展開方向のようにみえる。

特に、このような事情を理解していくには、第一金属のプレスと電子部品の組立の関係が示唆的であろう。第一金属のプレス機械は12台から構成されるが、加工範囲は板厚で0.4〜0.8 mmのものである。これに対し、松下電器から受ける電子部品の組立は圧電ブザー等からなるが、その内装のプレス部品の板

厚は0.1 mm程度のものが多い。結果、松下電器からは全てのプレス部品が支給されてくることになる。かなりのプレス機械を保有し、金型製作もできるのだが、第一金属の内部では、プレス関係と電子部品の組立関係は別の世界を形成している。従業員260人、うち電子部品の組立工場は150人（うち女性135人）からなるが、事業的な総合性の乏しい多角的な展開ということになろう。それは、室蘭を基軸に北海道で求められてきた事業機会を何でも受け入れてきたことを示すであろう。

　その結果、第一金属は多様な事業分野に取り組んでいるものの、際立った個性は乏しい。特に、新日鐵の企業城下町として歩んできたために、地域の工業集積の内面が限られたものであり、必要とされる加工機能、要素技術が地域的に限られていることから、自ら内部化せざるをえないことを意味する。

　第一金属の場合、多様な事業分野で必要不可欠な設備投資を実施し、それぞれ一定の水準に達しているものの、反面、力が分散され、総合的なものになっていない。また、今後に意識される新規分野についても、酸洗に伴う廃水処理施設を前提にメッキへの展開、プレス金型から射出成形金型への展開、さらに、超薄板のプレス加工、また、鋼板、セラミックス、電子部品等の複合製品の開発などを想定しているが、いずれも地元に技術がなく、独自に対応していかざるをえない。工業集積の内面が深く、バランスがとれ、それぞれの機能が高い技術水準を示しているならば、それらの組合せにより効率的に新たな領域を切り拓くことは可能なのだが、大物機械加工、製缶・溶接といった領域が中心という特異な集積構造を示している室蘭ではそうしたあり方を期待することは難しい。新たな技術分野については、地元に頼らず、独自的に対応せざるをえない。このようなところに、企業城下町における新分野、新技術への進出の課題がみえ隠れするであろう。

（2）受注範囲の制約からの飛躍の課題（永澤機械）

　永澤機械は、1956年、機械部品の製作、原動機整備を目的に創業、当初から日本製鋼所の工事請負人（一次協力企業としての口座）に指名されていた。さらに、1967年には新日鐵からも工事請負人の指名を受けるなど、室蘭の代

表的二大企業との関係を深めていった。このような指名を得られた理由としては、熱処理技術を備えていたことが指摘される。特に、日本製鋼所は熱処理の日本のトップレベルの技術を保有しているのだが、小物の外注先として当時室蘭で唯一熱処理設備を備えていた永澤機械に注目していた。そのような枠組みの中で、その後、永澤機械は室蘭を代表する中小の精密機械加工企業として歩んでいった。

　永澤機械の従業員は47人、機械設備は大型MC1台、NC旋盤1台、NCフライス盤1台、治具フライス盤2台、フライス盤8台、プラノミラー1台、横中ぐり盤1台、センターレスグラインダー1台、クランクシャフトグラインダー2台、平面研削盤5台、円筒研削盤1台、自動プログラミング装置1式等に加え、熱処理設備までを保有するなど、中小物の機械加工業としては一通りの設備を保有している。そして。これらの機械設備を背景に、永澤機械の主要事業分野は、精密機械部品の加工組立、金属材料試験片製作、各種治工具製作等となっている。また、受注先は、日本製鋼所55％、新日鐵40％の2社が圧倒的であり、その他は単発的に北海道住電精密（奈井江）、いすゞエンジン製造北海道（苫小牧）などがある。

　このように、技術指向型の中小精密機械加工企業として室蘭でトップレベルにあるものの、主力の日本製鋼所、新日鐵のいずれもが合理化を進めているため、受注量は前年比70～80％程度に減少している。しかも、今後とも合理化、生産規模縮小は継続していくものとみられ、現在のままでは永澤機械自体も受注減を続けていくことを余儀なくされる。

　こうした事態に対し、永澤機械は新たな受注先を求めることを最大の課題としており、北海道内よりも、むしろ、京浜地区、中京地区への関心を寄せている。おそらく、永澤機械の設備体制、製品分野からすると、京浜地区、中京地区の仕事への適合性は高いと思う。ただし、長い間にわたって企業城下町の特定二大企業に依存してきたことから、以下のような課題を乗り越えていかなくてはならない。

　この点、まず、京浜地区あたりでは特定受注先から大量に仕事を受けることは難しいという点である。特殊な精密部品、試作関連、治工具、金型、試験片

など、京浜地区ではこのような領域が主流になっているのだが、各発注量はわずかなものであり、従業員50人前後の機械加工企業とすれば、かなりの数の受注先を確保することが必要になる。特定大企業による企業城下町とはこのあたりが決定的に異なる。当然、そのためには技術の高度化は不可欠であり、また、生産技術の面でも特定企業向けに終始していたところから、新たな対応を必要としよう。

　それらを含めて、工業集積の厚みに欠け、機能の偏在が著しい企業城下町において、中小物の精密部品、治工具等に展開してきた永澤機械は、企業城下町の室蘭の範囲では技術的なリーダーであったのだが、京浜地区や中京地区の奥行きは深く、それらとの相対の中で新たな可能性を見出していくことが課題とされよう。

5. 独自的展開の胎動と課題

　構造調整に揺れる企業城下町の中小企業は、何よりも特定企業への依存により生きてきたわけだが、今後はそうしたあり方を維持することはできず、存立構造そのものにメスを入れていかなくてはならない。事実、室蘭の代表的とされる中小企業の現状をみても、新日鐵の合理化の推進に直面し、その困惑ぶりは著しい。1990年に予定される高炉の休止までの間に、自らの発展構造を変革していくことが至上命令となっている。

　このような課題に対して、室蘭の中に独自的な展開方向に向かっている中小企業も認められる。ここでは、そうした企業の取組みに注目し、企業城下町における中小企業の課題を別の角度からみていく。

(1) 専門的技術の確立と独自的な展開（松岡工業）

　松岡工業は、1972年、日本石油の構内で塔槽類のメンテナンスを行うものとしてスタートした。特に、日本石油の場合、オイルフェンスのアンカーの取り付けなど水中での溶接が不可欠であり、現在の松岡工業の柱の一つになっている水中溶接技術の確立に向かった。このような水中溶接技術は、水力発電所

のゲートの補修、石油備蓄タンクの補修、ダムの補修等に不可欠であるが、松岡工業は北海道における唯一の企業として専門性、独自性は際立っている。

松岡工業のもう一つの専門的技術はインナーシールド溶接といわれるものであり、これも北海道では唯一の技術である。インナーシールド溶接とは、アメリカのリンカーン社の半自動溶接機を使用するものであり、裏張りをしないで開先形状にすることができる。現在のところ溶接機、溶接材料共に高価であるが、従来の溶接単価に比べてかなり安くできる。さらに、そのような溶接単価の削減に加え、添板やボルトが不要になることから、構造物全体の重量が軽くなり、しかも突起物が減って有効空間が拡がるなど、そのトータルメリットは大きい。

このように、松岡工業は現在従業員24人だが、水中溶接とインナーシールド溶接という特殊な技術を保有することによって、室蘭ばかりでなく全国レベルで特色のある専門的な企業となっているのである。主たる受注先については、新潟工事、清水建設、五洋建設などの建設業者の他に、楢崎製作所、函館どつく、日本石油などが目に付く。この点、室蘭の最大手企業である新日鐵、日本製鋼所の名前が上がってこないことは興味深い。

企業城下町特有の制約にとらわれないで、独自的展開を進めているところに、特殊技術の世界がみえてきたということであろう。もちろん、事業推進者の理念と新たな技術への取組み、市場的視野の拡がりなどが松岡工業の独自性を形づくったわけだが、特定大企業に依存することによる技術的、事業的な制約の外にいたことが現状を導いたのではないかと思う。

今後の課題についても、技術的な意欲が大きく、レーザー切断、溶射技術の研究、さらには海洋構築物その他の溶接分野への進出、インナーシールド溶接技法の拡大をあげ、また、冬季の作業量確保が難しい北海道から、本州方面での新市場開拓にも意欲を燃やしているのであった。

室蘭市は第3セクターの室蘭テクノセンターを受託機関として、特定地域中小企業対策臨時措置法による加速的技術開発支援事業の転換技術開発を進め、特に「化学工業関連設備における塔槽類、諸配管の現場補修技術の開発」というテーマで、実質的にはチタンの溶接、補修技術に取り組んでいる。そのプロ

ジェクトの中で、松岡工業は先の日鋼検査サービスなどと共に意欲的に参加の構えみせているのであった。

　新日鐵、日本製鋼所の枠の中にいた中小企業の場合、独自的な研究開発、営業活動の経験に乏しく、次の時代への展開方向を見出しえていない場合が少なくないが、室蘭においてほとんど唯一独自的な展開をみせている松岡工業のあり方は、事業分野を越えて注目されるべきであろう。特殊かつ高度な技術の獲得、市場的視野、そして、常に新しい技術への挑戦、それは、企業城下町に安住していた多くの中小企業の今後にとっての最も基本的な課題となっているのである。

(2) 共同出資会社による新分野への展開（ACT21）

　先の松岡工業のように自力で独自的展開に踏み込む中小企業が乏しい室蘭において、新事業分野への進出、企業誘致が不可欠との認識が強まっていた。そして、1980年代中頃に人手不足に悩む京浜地区（神奈川県）企業の誘致に成功していたのだが、円高に伴う輸出の減少などにより進出していた中小企業10社のうち、1986年7月の不二産業の倒産を皮切りに8月にはコスモ理研が事実上倒産するなど4社が倒産してしまった。そのため、企業誘致に問題が残された。

　こうした状況の中で、地域経済の活性化のためには地元中小企業のこれまで以上の自助努力と結束が必要との認識に立ち、1986年からスタートしていた室蘭市技術情報交換プラザで研究を進め、次のような理由から、室蘭、北海道の重要な戦略産業の一つとして金型工業に注目、事業化の可能性を検討していった[3]。

① 金型は金属加工の総合技術を背景とするものであり、技術的な波及力が大きく、また、先端技術産業にとって必要不可欠な技術であること。
② 金属加工はプレス加工やプラスチック成形加工などへの移行を進め、金型の比重が高まっていること。
③ 金型工業は、メカトロニクス機器、CAD、自動プログラミング装置等を不可欠とし、技術進歩の度合いが極めて早いこと。しかも、北海道と

本州とでは技術レベル、設備の導入状況等の格差が年々拡大しており、精密金型については、本州に仕事が流れていること。

　こうした流れに歯止めを掛け、北海道工業の自立化、先端技術化への戦略的な部分として金型工業の育成は不可欠であると認識された。そして、室蘭を再生する突破口として金型工業が位置づけられ、具体的な事業化に踏み出すことになった。具体的な事業化のための意思表明は1986年9月に行われ、地元企業4社が特定業種関連地域中小企業対策臨時措置法に基づき、事業実施計画を作成、共同出資会社の形態でスタートすることになる。

　参加企業のうち、富岡鉄工所は自動プログラミングの充実、馬場機械製作所、渡邉工業所は精密機械加工の充実を図っており、グリーンクロスは回路設計の新製品開発、マイコンCADの開発を手掛けている。これらを効果的に組み合わせれば、三次元金型を中心とする高精度機械部品の設計から製作及び販売、さらに、加工プログラム、システム等の販売企業として飛躍していくことが期待される。

　こうした事業を推進する上で、各企業の工場は手狭であり、設備も不十分であることから、中小企業高度化資金を借りて新工場を建設していく。室蘭は特定不況地域の指定を受けていることから1億6700万円の投資額に対して貸付率80％、無利子の貸付条件となった。主要設備はワイヤーカット放電加工機2台、形彫放電加工機2台、MC1台、三次元測定器1台、自動プログラミング装置等からなり、1987年秋に竣工する。当面の従業員は10人前後とし、将来的には40～50人程度を想定している。

　新会社のACT21と出資4社との関係は、ACT21の自立化と技術の先端化のインパクトを受けながら、出資4社それぞれの内面の高度化を図ろうというものであり、特定大企業に依存していた旧来の体質からの脱皮の契機にするというものである。こうした動きは、室蘭市内ばかりでなく、低迷する北海道工業全体から注目されるものとなり、北海道工業再生のシンボル的な意味を帯びつつある。

　ACT21の今後については、技術指導を本州の有力企業から受けていくとい

うものだが、受注先の開拓など、まだ多くの課題を残している。企業城下町に所在し、特定大企業依存の体質が染み込んでいる室蘭の中小企業の間から、このような動きが出てきたことは、まことに興味深い。ACT21 の今後は、企業城下町室蘭の将来を占う一つの重大なキッカケとなっていくことが期待される。

III　独自的工業展開の課題

　新日鐵と日本製鋼所を盟主とする企業城下町を編成してきた室蘭市は、1980年代中頃以降の日本産業の構造調整、円高以降のアジア太平洋圏の水平分業の進展という事態の中で新たな発展方向を見出すことができず、人口減少、経済力低下などに苦しんでいる。すでに、かつての盟主に依存して経済の再生を図るなどは現実的ではなく、地域の中小企業それぞれが、あるいは、地域の産業集積全体が、企業城下町以後の時代に向けて独自的な取組みをみせていかなくてはならない。

　こうした視点に立って、ここまで室蘭市工業の基本構造と、その中に生きる中小企業の具体的なあり方を検討し、基本的な発展課題を認識してきた。最後にここで、それらを総括する意味で、室蘭市工業全体が、今後、取り組んでいかなくてはならない課題についてふれていくことにしよう。

1. 城下町企業からの脱皮と独自化の課題
　　　──開発力、営業力の強化──

　企業城下町の中小企業の最も重大な構造問題は、長い間にわたって特定大企業に依存し、自立的な企業としての展開をしてこなかったことにある。常に特定大企業を盟主とする運命共同体の中にあり、その限界的なところに位置づけられながらも、全般的には居心地の良い時代を過ごしてきた。地域の発展はその特定大企業の動向次第であり、明治時代の殖産興業、近代工業化の要請の中

で主役であり続けた鉄鋼、造船などの大企業を基軸とする企業城下町は、多少の浮き沈みはあったものの、戦後の高度成長の中で活力豊かな地方経済を形づくっていたのであった。

▶企業城下町の中小企業の位置

こうした構図を基本とする発展構造を形づくってきた企業城下町の場合、そこに所属する中小企業は独自的な発展を願って苦労するよりも、特定大企業に関連して発生してくる事業機会に身を委ねていく方が無理はない。特定大企業は基幹的な部分を担い、付帯の補修、整備などのサービス部門の多くについては、中小企業に依存するという構造が強固に出来上がっていく。しかも、特定大企業にとって限界的かつ僅少な部分であるにしても、中小企業にとってはかなりの仕事量であり、自らの生産力の全てを提供せざるをえない場合が少なくない。そして、企業城下町の中小企業は特定大企業の事業展開の中にほぼ完全に組み込まれていくのである。構内企業、構内への労務提供などは、まさに、こうした構図を浮き彫りにするであろう。

そして、こうした構図に取り込まれている限り、城下町企業は特定大企業の必要に応じて存立基盤を決定されることになる。設備体制、技術レベル、さらには操業時間さえも、特定大企業の都合によって決定されていく。それは、まさしく、日本の中小企業の特定大企業に対する従属構造を象徴するであろう。企業としての自立性を特定大企業に譲り渡す替わりに、企業を維持するための仕事量を確保するということである。それは、他に有力な事業機会を見出すことが難しい地方経済において、ほとんど無理のない選択の方向であったといってよい。

だが、こうした構図に身を委ねる限り、企業としての自立性は失われていく。特に、閉鎖社会にいるために、世間一般の技術的な発展方向、事業機会への視野を持ちえないであろう。そのため、一つの時代が過ぎ、企業城下町以後の時代への対応を難しいものにしている。構造調整を余儀なくされた特定大企業は合理化、人員削減を進め、下請中小企業には自立化を呼びかけていく。特定大企業自体は豊富な経営資源をベースに再生に取り組み、反面、自立化を求めら

れ、放置される城下町企業は最大の経営資源であった受注先を失い途方に暮れることになろう。これまでの繁栄の中に隠れていた特定大企業を中心とする企業城下町の本質が、新たな時代の中で顕在化してくるであろう。

▶同質性の打破と独自性の追求

ところで、このような状況に追い込まれた地域中小企業は、事態の推移に黙って身を委ねているわけにもいかず、長い歩みの中で置き忘れてきた自立性を呼び戻さなくてはならない。そのためには、城下町企業として歩んできた存立構造の特殊性を認識し、世間の技術的、市場的流れとの相対の中で具体的な課題を見出していく必要がある。城下町企業としての一般的な課題としては、技術的な流れを視野に入れた開発力の強化、そして、市場の動きを見通す営業力の強化が重要であることはいうまでもない。

第1の開発力の強化については、特定大企業の枠の中での限られたものから、より広い範囲を視野に入れた自前の技術の確立が不可欠であろう。そのためには、現在の自分の技術の性格、設備体制等が特定大企業向けの極めて特殊なものであり、そのままでは他への応用可能性の幅は極端に狭いということの認識が必要である。企業城下町では常識であったことが、世間一般では通用しないことが少なくない。つまり、企業城下町における常識を突破するような取組みがなされない限り、新たな世界へ踏み出していくことは難しい。

第2の営業力の強化の課題については、従来の特定大企業から与えられるものを単純に受け入れてきたという構図からの脱皮、市場構造の大きな変化を受け止めるための柔軟性が求められる。現在の技術、設備、生産能力等を前提にするならば、慣れない営業活動を進めることさえ難しいであろう。先の開発力の強化、そして、営業力の強化のいずれにおいても、意識改革、城下町企業からの飛躍が求められているのである。

現状、室蘭の中小企業については、同質的な問題の構造の中で、危機意識が高まる反面、同窓生としての妙な安心感が漂っている。むしろ、そのような同質性から抜け出し、際立った独自性を身に着けていかない限り、城下町企業以後の時代はないと認識すべきではないかと思う。

2. 加工機能の拡がりと高度化の課題
　　　——支持基盤の形成——

　地域中小企業が特定大企業に依存していた室蘭の場合、工業集積のスタイルが特定大企業の必要性に応じて編成されてきたという点が重要である。約230事業所で構成される室蘭製造業の中で機械金属工業は約90事業所であるが、それらの機能は機械金属工業の体系からすればかなり偏ったものであった。

▶限られた加工機能の集積

　第2章の図2—1でみたように、一般に機械金属工業の場合、鉄、非鉄等の原材料関係から、鋳造、鍛造、製缶、溶接、鈑金、切削、研削、金型、プレス、熱処理、メッキ、塗装、射出成形、プリント基板、組立、検査等の加工業者、さらに、工具商、再生業までバランス良く編成されていなければ総合的な力は発揮できない。しかも、それぞれの加工機能が内部でさらに細分化され、狭い範囲での技術の高度化を推し進めてはじめて工業集積が高度化し、独自的な展開力を持ちうることになる。

　この点、室蘭市の工業については、リーディング企業であった新日鐵、日本製鋼所をはじめ、楢崎造船、楢崎製作所、函館どつくのいずれをとっても、鉄鋼、造船、大型産業用機械など、いわゆる重厚長大産業というべきであり、産業分野としてはかなり限られたものであった。しかも、新日鐵や日本製鋼所の場合、生産工程の基幹的な部分は当然内部化しているのであり、外部への依存は限られたものであった。この点は、本補論1のケーススタディで示したように、外部依存は構内への労務提供、補修、整備等が主流であり、加工外注は量的に少ないものに限られていた。

　その結果、室蘭の中小機械金属工業の加工機能の拡がりは極めて限定されたものになっている。この点、全体として目立つのは大物機械加工、大物製缶・溶接であり、その他の加工機能についてはほとんど注目されるべきものがない。中小物の精密機械加工、精密鈑金、プレス、メッキ、熱処理、射出成形、金型

などに加え、エレクトロニクス関係、制御関係の技術がほとんど存在しない点が指摘されねばならない。

したがって、独自製品を保有する製品開発型中小企業が成立することは難しい。機械金属工業の体系上、多様な機能を組織し、リードする製品開発型企業を期待できず、また、地域工業集積の内面的な展開力を支えるはずの加工業者について、その機能は実に偏ったものになっているのである。

▶工業集積全体の加工機能の拡がりの課題

このような状況にある限り、工業地域としての自立的な展開力を期待することは難しく、展開方向としても非常に限られたものとならざるをえない。地元では現在の工業集積のスタイル、全般的な設備体制、技術水準が地域の常識として定着している部分があるが、室蘭工業の現状は世間一般の工業集積構造からすると相当に特殊なものだといってよい。おそらく、現在、常識となっている部分を全て覆すような取組みがなされない限り、内発的な展開力を備える独自的な工業集積地室蘭を期待することは難しい。

この点、先に特定大企業への依存からの脱皮、開発力、営業力の強化を指摘したが、もう一つ、工業集積全体の加工機能の拡がり、内面の技術的な高度化が具体的に追求されていかなくてはならない。現状、新規の分野として金型、溶射、メッキ、チタンの溶接などへの取組みを重ねている部分もあり、城下町からの脱皮を模索しているが、今後は室蘭の中小企業全体が、それぞれの在来の事業分野から飛躍し、全体としてかなり多様かつ高度な機能を構成していくことが求められる。同じような機能を保有する同質的なタイプの企業が集積しているという現状から、個々に独自化された機能を保有し、それぞれが高い技術水準を獲得していくことが必要ということである。

北海道は全体として工業集積の密度が薄く、加工機能の拡がりの乏しい点が指摘される。本州からの誘致企業についても、若い人材が豊富な反面、地元にバラエティに富んだ中小企業の集積を期待できないことから、進出に二の足を踏んでいる場合も少なくない。こうした点からして、北海道内に機械金属工業のバラエティに富んだ集積構造を形成していく必要性は極めて大きい。室蘭地

区は北海道の中では最も機械金属工業が充実しているといわれているのであり、北海道機械金属工業の支持基盤として、加工機能の拡がりと内面の高度化を進めていくことが期待される。

3. 工業集積の充実と先進地域とのリンケージ

　北海道機械金属工業の支持基盤として独自的工業集積の形成が期待されている室蘭工業は、企業城下町として歩んできたことにより形成された特異な工業集積を形成している。ただし、企業城下町時代が終焉しつつある現在、新たな時代に向かっていくためには、その特異な集積構造を打破し、自立的な展開が可能なあり方を模索していかなくてはならない。この点については、個々の中小企業は開発力、営業力を身に着け、特定大企業への依存の体質を払拭していかなくてはならない。そして、工業集積全体としては、加工機能の偏在と同質的タイプの企業集積という現状を打破する中で、バラエティに富んだ加工機能を育成、集積させ、多様な加工要求、製品要求に対応できる形を構造化することが求められる。

　したがって、現在、模索されている新分野への取組みは従来事業とは訣別し、新たな企業として生まれ変わるほどのものでなくてはならない。現状のスタイルを維持しながら、部分的に新たな分野に触手を拡げる程度の取組みでは、期待されるような成果は獲得できないであろう。それほどまでに、企業城下町としての長い歩みを重ねてきた室蘭工業の課題は大きい。

▶先進地域との交流による意識改革の必要性

　こうした点からするならば、室蘭、あるいは北海道という枠を乗り越え、日本の機械金属工業の最大の集積地であり、著しい内面の高度化を進めている京浜地区との接触が不可欠であろう。先進地区を肌で感じ、強烈な刺激を受けて自身の意識を大きく変えていかなくてはならない。

　冒頭で述べたように、日本産業はその地域的な展開において、大都市圏と地方圏との分担の構図を形成し、地方圏は確立された技術による量産を受け持ち、

決して独自的な研究開発機能を身に着けることができないという構図に取り込まれていた。このような構図は1970年代以降の円高により鮮明なものになり、さらに、東アジア各国地域の近代工業化により、日本の地方圏を苦しいものにしてきた。日本の地方圏工業は、現在、東アジア各国地域との直接的な競合の場に立たされているのである。

　このような流れが不可避的なものであるならば、企業城下町以後の室蘭工業は積極的に最先進地域の京浜地区に乗り込み、東アジア各国地域とは差別化された先進国型の展開力を身に着けていかなくてはならない。地方工業のままでは新たなアジア太平洋圏水平分業の時代には生き残れない。周囲の中小企業も同じような問題で苦しんでいることによる妙な安心感に身を委ね、この変革期に的確に対応していかなければ、企業城下町以後の室蘭工業を展望していくことはできないであろう。

▶室蘭テクノセンターの担うべき役割

　このような構図にあるならば、室蘭市の行政、経済界をあげて1986年12月に発足させた財団法人室蘭市テクノセンターの担わなければならない役割の重大性が認識される。このテクノセンターは各種情報の提供、高度技術力の獲得、市場動向の把握等を効果的に行うための支援機関として。地元の産・学・官の連携の下に設立されたものであり、室蘭市工業の今後に重大な役割を担うことが期待されている。

　現在のところ、このテクノセンターは、経営管理者・技術者研修、異業種交流、技術指導、人材紹介、技術・市場情報の提供、さらに受注先の斡旋までを手掛けようとしている。こうした事業が円滑に実施され、室蘭市工業の構造変革がスムーズに進むことが期待される。この点について、以下のような幾つかの課題に応えていかなくてはならない。

　第1に、室蘭にとどまって情報収集するのではなく、先進地域に踏み込み、有益な情報を収集、交流の場の設定、さらに人脈づくりまで行っていく必要がある。

　第2に、先にバランスのとれた工業集積の形成という課題を提供したが、こ

の点についてはテクノセンターが目配りの効いた取組みを重ね、欠けている機能、必要な機能の育成についての支援を重ねていくことが必要であろう。

　そして、何よりも地域の中小企業がそれぞれ専門化し、全体として多様性を身に着けていくこと。それも、各企業が自立的に選択し、自分の力で独自化への道を進むための条件整備を行うことをテクノセンターの最大の使命としていくべきであろう。

　以上を含めて、テクノセンターは、個々の企業が独自的展開を進めていくための支援的な機能を担い、さらに、室蘭の工業集積が新たな時代への対応力のあるバランスのとれたものにリードしていく機能を担っていくことが求められる。そして、そのような機能が十分発揮され、室蘭の中小企業が企業城下町の歩みの中で常識化してきたものを打破し、新たなアジア太平洋圏水平分業の時代の中で、独自的な工業集積地の室蘭が展望されていくことが期待される。室蘭市工業とテクノセンターの今後に、そのような課題をみていかなくてはならない。

1）　日本産業の地域的展開における大都市圏と地方圏との分担の構図については、安東誠一『地方の経済学』日本経済新聞社、1986年、及び、関満博「燕、三条にみる地方工業集積地の構造問題」(『商工金融』第37巻第2号、1987年2月)を参照されたい。
2）　例えば、室蘭市所在の企業で、新日鐵の構内に常時入構している従業者は、室蘭市の調査によると、1987年4月現在、2215人を数えている。
3）　この間の事情については、『北の技術開発ネットワーク基本計画調査報告書』㈱開発計画研究所、1987年、を参照した。

補論2　1990年／函館テクノポリスと地域中小企業

　1980年代後半以降の構造不況の中で、鉄鋼、造船の企業城下町は苦しんでいく。北海道では鉄鋼の室蘭市、造船の函館市が最大の焦点とされた。この点、函館市は1984年にテクノポリスの地域指定を受け、北海道立工業技術センター、テクノポリス開発機構の㈶テクノポリス函館技術振興協会、臨空工業団地等が設置され、新たな産業として「メカトロニクス、新素材、バイオテクノロジー」を意識していく。その中で、1990年当時は新素材の中の「炭素繊維」が注目され、関心を示す企業による研究会も開催されていった。

　そのような状況を受けて、私は地域産業、特に新たな産業化の担い手となる中小機械金属工業を中心に、1989年から1990年にかけてその実態調査を行った。その報告が本補論2であるが、関係者に配布したものの、公開はされなかった。27年ほど前の事情だが、北海道地域工業、あるいは、企業城下町企業の基本構造を示しているものとして、ここに採り上げていく。企業城下町からの転換、また、新たな産業集積を目指していく場合の諸課題が浮き彫りにされるであろう。

　1989年12月と1990年1月の2度にわたって、函館地域の10企業のヒアリング調査を実施したが、ここでは、それを踏まえて函館地域中小企業の現状と課題について報告する。訪問対象企業は製造業ばかりでなく、建設関連、商業、百貨店等と多岐にわたった。地域の経済主体の多様な要素と面談することにより、地域経済の問題の構造がバランスよく把握できたようにも思える。

1．地域企業からみた函館経済の実態

（1）地場百貨店からみた函館地域経済（丸井今井函館支店）

　丸井今井は札幌で創業（1872［明治5］年）した呉服商出身の百貨店であり、地方百貨店の多くが中央の流通資本の傘下に組み入れられた中で、現在でも独

立性を維持している数少ない百貨店である。北海道の中だけの店舗展開であるが、札幌の本店を中心に函館、旭川、室蘭、小樽の5店舗体制をとっている。函館店は1892（明治25）年にすでに開設されていたが、1967年に旧市街地から現在地に移り、地元の名門百貨店として歩んできた。

　函館市民の購買力はかなり高いものであり、また、消費全般の高度化の中で、体質の改善を迫られ、数年前から丸井今井全体としてCI（Corporate Identity）を進め、シンボルマーク、包装紙を全面的に変更、さらに、店舗の設計も時代に合わせて、大幅に変えた。その結果、近年の消費ブームともあいまって、売上額、利益額ともに順調に推移している。今後はさらに、単なる物販業から「総合生活産業」として百貨店の店内だけでなく、別の施設などを利用して、生活全般にわたるサービスの提供を指向している。特に、この点、函館との関連では、JR用地に構想されている「シーポートプラザ」に参加し、500 m^2 程度の施設運営を行う予定である。

　このような地域の名門百貨店の目からみた函館地域経済は、基本的には小金を持っている層の厚い地域であり、青函博（1988年）、青函トンネル（1988年開通）以降の観光客の伸びが当面期待でき、また今後、ウォーターフロントの整備が進めば、さらに期待できるというものである。この点、おそらく、近年の全般的な消費の高度化の中で、函館の購買層もほぼ全国と同様の方向を歩み、市内の購買力をいかにリードしていくのかというところに主たる関心が置かれているものとみられる。市内の購買力という点に関する限り、函館においてもかなりの高まりがみられ、その前線に立つ地元の百貨店としては、地域間競争の中で独自的かつ戦略的な対応を求められているということであろう。

▶テクノポリス形成と百貨店

　函館テクノポリス（1984年地域指定）については、百貨店という事業的な性格から必ずしも強い関心を抱いているようではなく、事態の動きを静観しているかのようである。ただし、地域経営という側面からすると、地元の有力な百貨店は自治体とかなりの程度共通の歩調をとり、一つの主要な担い手として登場することが期待される。丸井今井については、今後の基本的なコンセプト

は「総合生活産業」というものであり、そのプロデューサーとして地域の経済の隅々にまで深く関わりを持っていこうとするであろう。その場合、地域のイメージの一つの重要な要素と期待されるテクノポリス構想には当然のこととして、総合生活産業としての立場から一定の役割を果たしていくことが期待される。

例えば、地域中小企業の新製品開発に関連して、流通サイドから情報を提供し、一定程度販売促進的な機能を担うであるとか、あるいは、単なる物販業から総合生活産業への転身という課題に向けて、自らが地域中小企業と一緒になってモノづくりに参加していくなどが課題とされるであろう。それは、地域産業の将来に対する深い貢献であると同時に、総合生活産業への課題に直面している丸井今井自身の将来に向けての基本的な取組みとなるであろう。

(2) 都市型漁村の現在（根崎漁業協同組合）

函館は太平洋と日本海に面し、そして、潮流の激しい津軽海峡に突き出ていることから、水産資源に恵まれている。観光に加え、水産業は函館を支えるもう一つの重要な産業となっている。当然、函館の水産業は集散地、流通加工基地としての性格に加え、地元漁業を内に含むものであり、それがベースになって集散地として、さらには、関連製造業の展開が可能になっているといってよい。

ところで、函館地域には五つの漁協が存在し、1990年現在、全体の組合員は850名から構成され、漁業組合連合会を組織している。組合員の大半は家族規模であり、近年、後継者問題が深刻となり、次第に構成員が減少している。ここで検討する根崎漁業協同組合は函館市の市町村合併によって組み入れられた根崎地区の漁業者94名により構成されている。組合員のうち5トン以上の動力船を利用して沖合いのイカを採取している漁業者は1名だけ、他の93名は1トンクラス以下の磯船でコンブ、ウニを採取する家族的規模の沿岸漁業者である。メインのコンブは6月から10月まで、その他は、12月～2月はウニ、2～4月は養殖ワカメ、4～5月はウニというサイクルになっている。漁協全体の1989年の売上額は約5億円、組合員1名当たり約700万円となっていた。

▶都市型漁業の課題

　ただし、現在の根崎漁協周辺の状況は、函館市街地の外延的拡大の中で宅地化が進み、いわば「都市型漁業」とでもいうべき形になっていること、高学歴化の中で後継者を期待できる状況ではなくなっていることなどが指摘される。市の中心部からわずかな距離であることから、今後とも重労働を要求するコンブ漁を中心とする漁業を維持発展させていくための条件はいっそう狭まっていくことが懸念される。

　このように都市型漁業として存立基盤そのものを突き崩されつつあるが、テクノポリス、あるいは地域の水産関連の中小機械金属工業との関係については、さほど密接なものではない。

　漁業者にとっての主要設備である小型のFRP船は1隻80万円程度であり、主として近隣の南茅部町の小さな造船所に依存している。船外機（エンジン）はほとんどヤマハの既製品であり、市内の代理店2店から購入している。地元の中小機械工場との付き合いは巻き上げ機のメンテナンス等に関して、2～3の機械工場に依存している程度にすぎない。当漁協の主力であるコンブ漁は採取後の乾燥等の後加工に重労働を不可欠なものにしており、自動化、ロボット化等を要求されているが、具体化はなかなか難しいようである。こうした全般的な状況の中で、根崎海岸の漁場の中に北海道立工業技術センターが海洋牧場の実験プラントを設置し、研究を進めているが、具体的な成果が出てくるには相当の時間が必要のようである。

　いずれにせよ、水産業でイメージされる函館は、集散地、流通加工基地としての性格に加え、ベーシックなところで零細沿岸漁業を抱えているのだが、函館の宅地の外延的拡大、そして、後継者問題等を契機に新たな問題を内包しつつある。テクノポリスと地場の零細漁業との間には、実はかなり深い断層が横たわっているのである。

(3) 港湾土木業者からみた函館工業（富士サルベージ）

　津軽海峡に突き出た函館は、その位置的条件から海運業、水産業を発達させたが、当然、その関連として港湾整備のための港湾土木業者を生み出してきた。

ここで検討する富士サルベージは、1951年の創業以来、海難救助作業、港湾・漁港整備、沿岸漁場整備開発等の事業に従事してきた。富士サルベージは、当初、自社船を保有せず、作業者の派遣の形態であったのだが、1982年頃から自社船を保有し、現在保有の作業船の数は55隻、従業者150人、北海道では最大の規模となっている。主たる事業分野は公共港湾土木80％、サルベージ5％、自社船修理を主体とする鉄工・造船関係が15％という構成になっている。従業者の編成は船舶職員が75人、工務30人、現場管理・事務で45人、さらに、個人契約の季節工が40人程度であった。

主なテリトリーは北海道だが、近年話題になるウォーターフロントに関連する事業は地元に少なく、首都圏をはじめとする本州方面へも進出せざるをえない。また、ここに来ての人手不足から本州方面の企業からの要請も強く、全体として仕事は忙しい。また、冬季の仕事の少ない北海道の場合、一定規模の港湾土木業者は本州方面への進出は不可欠であり、北海道の喉仏に位置し、さらに、本州の太平洋側、日本海側のいずれにもアクセスのよい函館の立地条件は際立っていると受け止めていた。

▶テクノポリスと海洋関連産業

「水産ベースの海洋関連産業群の形成」をメインテーマにした「函館テクノポリス」構想に関連して、海洋土木の富士サルベージへの期待は大きいが、事態の難しさはここ5年の経緯の中で次第に明確化してきている。富士サルベージ自身、テクノポリス地域指定に対しては「出番がやって来た」との受け止め方をしていたのだが、函館港の能力、荷上げに関連する機能、さらに、背後の関連業者全てが脆弱であり、当初の期待は実現性の難しいものであることが理解されてきている。背後を含めた港湾全体の整備、関連企業者の充実がみられない限り、「水産ベースの海洋関連産業群の形成」による函館テクノポリスの形成は期待できないということであろう。

函館の場合、優れた観光資源をベースに地域のイメージが次第に観光を主体とするものにシフトし、港湾整備もそうした点を視野に入れて進められつつある。それは一つの選択の方向であるが、海洋を軸とする長い目でみた地域の展

開力と活性化に関しては、もう一つの方向として技術基盤の充実にこそ力点を置いていくべきであろう。海洋土木に関連して独自的な内容を帯びてきている富士サルベージのような企業は、函館の次世代に向けて他の中小企業をリードする役割を期待されているのである。

(4) 地域特性を反映した事業展開（道南漁業資材）

　かつての北洋漁業の基地であった函館には、漁業に関連する独自的な企業が成立していた。海産物珍味などはその典型であるが、ここで検討するウキ、発泡スチロール箱を生産する道南漁業資材も、まさに、函館の地域的な特性を強く反映している。道南漁業資材の創業は1956年、現在地であり、当初は天然ゴムと合成ゴムによるスポンジのウキを生産していた。その後、押出成型、射出成型によるゴムのウキ玉、陸上のガスケット、発泡スチロール箱等に展開していく。現在の従業者は40人、その他に多い時には季節工が20人ほどいる。

　ゴム製のウキ玉のメーカーは全国で5社、東日本では1社であり、北海道を中心とする特殊な市場を対象にしている。主たる受注先は網屋であり、漁師が木で作って提案してきたり、当方で企画して売り出すなどの形態となっている。発泡スチロールの魚箱は使い捨ての消耗品であり、函館が水産物の集散地である限り、市場に対する不安はない。事実、メーカーは函館には1社であり、小樽にある同業者との間では地域的に市場が分割されていて、地域的な意味での競合はない。このように、主力のゴム製のウキ玉は東日本、発泡スチロールの魚箱は函館周辺という形で市場圏の拡がりには違いがあるものの、いずれも特殊な市場を対象にする専門的な形態をとっているところに、当社の際立った特色がある。

　函館テクノポリス関連で炭素繊維の海洋関連への利用が提案されているが、道南漁業資材の場合は、軽量化を要求されるコンブの取り棒への利用が想定されるため、それなりの関心を示している。現有設備についても、ゴム製のウキ玉用の電熱プレスは炭素繊維の焼結に応用可能であることが期待される。いずれにせよ、地域の特殊な市場を対象に歩んできた道南漁業資材については、現在のところ特別の競争相手もみえないが、水産業全体、あるいは、海洋開発全

体の大きな流れに規定される部分が多く、今後とも一定の発展過程を歩もうとするならば、技術革新の流れには最大限の目配りをしていかなくてはならない。この点は、道南漁業資材をめぐる特殊な地域的市場が維持されるにしろ、あるいは、大きな変革に直面するにしろ、常に念頭に置いておかなくてはならない。

2. 地域の中小機械金属工業の現在

　函館市の機械金属工業関連の工場(産業分類中分類の鉄鋼、非鉄金属、金属製品、一般機械、電気機械、輸送用機械、精密機械の7業種)は、1985年の工業統計では従業者4人以上で132工場(1975年は183工場)であり、この10年で約3割減少していた。表補2—1は1990年の工業統計であり、全数調査となった。函館市の1990年の機械金属系7業種の工業事業所数は173となった。従業者3人以下の事業所は47、構成比は27.2%であった。この中で、有力企業が組織されている「函館機械金属造船工業協同組合連合会」には68社が加入しているにすぎない。この連合会には、「道南機械工業協同組合」「道南鋳物工業協同組合」「函館製缶鉄工工業協同組合」「函館造船工業協同組合」「函館鉄工団地協同組合」「函館工業団地協同組合」の6団体が参加している。

　ところで、10年前までは明らかに函館は函館どつくの企業城下町であり、機械金属工業の大半の企業はそれに依存するものであった。この10年は函館

表補2—1　函館市機械金属工業の規模別事業所数 (1990)

業種 規模	機械7業種		鉄鋼		非鉄金属		金属製品		一般機械		電気機械		輸送用機械		精密機械	
	(件)	(%)	(件)	(%)	(件)	(%)	(件)	(%)	(件)	(%)	(件)	(%)	(件)	(%)	(件)	(%)
総　数	173	100.0	9	100.0	4	100.0	75	100.0	52	100.0	10	100.0	18	100.0	5	100.0
1〜3人	47	27.2	1	11.1	2	50.0	27	36.0	11	21.2	1	10.0	4	22.2	1	20.0
4〜9人	73	42.2	2	22.2	2	50.0	34	45.3	25	48.1	4	40.0	4	22.2	2	40.0
10〜19人	24	13.9	3	33.3	—	—	8	10.7	6	11.5	—	—	6	33.3	1	20.0
20〜29人	13	7.5	2	22.2	—	—	3	4.0	6	11.5	—	—	1	5.6	1	20.0
30〜49人	6	3.5	—	—	—	—	3	4.0	1	1.9	1	10.0	1	5.6	—	—
50〜99人	5	2.9	1	11.1	—	—	—	—	2	3.8	2	20.0	—	—	—	—
100〜299人	3	1.7	—	—	—	—	—	—	1	1.9	1	10.0	1	5.6	—	—
300人以上	2	1.2	—	—	—	—	—	—	—	—	1	10.0	1	5.6	—	—

資料:『工業統計』

どつく離れの時代であり、この間、函館どつくの有力下請企業3〜4社の倒産、さらに、20数社の連鎖倒産という事態が発生した。そのような過程を通じて、現在では数社を除き、函館どつくとは縁が切れている状況である。いわば、この10年は函館機械金属工業の自立化の過程であったといってよい。ただし、この10年を振り返ると、函館どつく離れには成功したものの、自立化の課題は必ずしも十分に成し遂げられたようにはみえない。函館どつくに依存していることの危機感からの脱出に全精力が費やされたといってよいだろう。

この点、現在の函館の機械金属工業の機能別の企業構成が示唆的である。函館機械金属工業協同組合連合会の受け止め方からすると、函館の機械金属工業の構成とは次のようなものである。

まず、地域工業の中核的な機能を期待される自社製品保有の「メーカー」というべき存在は、8〜10社程度であり、目立つ企業は合板機械製造のウロコ製作所、缶詰機械製造の本間鉄工場、イカ釣り機械の東和電機製作所の他には、水産関連機械を製作している幾つかの中小企業があるにすぎない。特に、水産関連の機械については、精密というよりも、頑丈であることが求められ、地域技術の高度化に寄与する点は少ないものとみられる。

▶脆弱な加工機能

これらのメーカーに対して、加工機能はさらに脆弱である。独立的な加工機能として指摘されるのは、旋盤系の機械加工業者が20社程度、鋳物が6社、さらに、メッキが1社（亜鉛）程度にしかすぎず、残りは、厚物の製缶、溶接に従事するいわゆる鉄工所といった形態である。エレクトロニクス企業、精密な切削・研削、熱処理、精密鈑金、精密メッキ等の企業は函館には一切成立していない。そうした意味では、函館の機械金属工業は、その集積構造上、極めて対応力、展開力の乏しいものといわねばならない。現代の先端技術に関連する企業が期待する機械金属工業の高度集積とは無縁なところで、函館の機械金属工業の集積が取り残されているということであろう。

また、函館の機械金属関連の企業は地域の外に視野を拡げようとしない点も指摘される。全国的な人手不足を反映して、近年、首都圏方面からの仕事を受

けている企業もみられるようになってきたが、自ら首都圏にアプローチしている企業は、後に検討するウロコ製作所のみである。このような市場的視野の欠如は、企業城下町以降の函館にとって、大きな課題になりそうである。

　この点、最近やや活発化してきた企業誘致においても、明確な方向性がみえない。1989年12月末現在、立地表明まで含めて22社がリストに挙がっているが、地域工業に重大なインパクトを与えそうな企業は少ない。現在、すでに立地している水晶振動子の函館エヌ・デー・ケー（現従業員221人、将来800人を計画）は当面の最大企業のようであるが、水晶振動子の仕事は機械設備による単純労働集約的なものである。しかも、地域に技術が定着し、地域工業集積の高度化に寄与するものは少ない。かつての紡績工場、半導体工場等と極めて似かよったものである。地域に当初は雇用の場を提供するという効果以外に多くを期待することはできない。

　以上のように、函館地域工業の中核的な機能を期待される機械金属工業は函館どつくへの依存からの回避という点にここ10年の課題があり、どつく離れには一定程度成功したものの、現在のところ、次世代に向けた工業集積の高度化という課題については、依然としてその契機さえ見出すことができないでいるのである。

（1）特殊市場と開発型企業の現在（東和電機製作所）

　1963年に設立された東和電機製作所は、函館地域では数少ない独自な自社製品を保有する企業として知られている。現在の主力製品はイカ釣り機、イカ釣りロボットであり売上額の約70％を占めている。その他ではホタテ養殖関連の機材、船舶用省力自動機器類等であり、漁業基地である函館の特色を濃厚に反映した事業分野を手掛けている。

　主力のイカ釣り機械関係の競合先は、かつては全国に30社程度存在していたのだが、現在では4社になり、東日本では競争相手はいない。事実上、イカ釣り機械に関しては全国の約60％程度のシェアを握っている特殊分野の有力企業ということができる。さらに、東和電機製作所の製品は世界的にも市場が開け、韓国、台湾、スペイン、東独、ソ連、オーストラリア、ニュージランド

等に広く輸出されている。現在の従業者は約60人、その他にパートタイマーが15人程の編成になっている。

社内には開発・設計に加え、鈑金、機械加工、電気、組立工場が配備され、外注利用は一部に鈑金、機械加工があるにすぎない。このあたりは、工業集積の脆弱な函館地域で独自製品を保有している企業の基本的な特徴といえそうである。また、函館の本社、工場に加え、当社の場合には国民的な食糧であるイカ釣り機械に関連していることから、青森県、石川県、鳥取県など道外に4カ所の営業所を保有している。実際の商売は全国各地の漁業協同組合連合会を通すものであり、その指定商品として販売している。

今後の東和電機製作所のあり方については、船を工場として見立て、省力化できる余地を探し、その省力化のための機械を開発していく構えである。また、炭素繊維については、当面はイカ釣り機の軽量化に応える方向で取り組んで行くことになる。すでに、市内企業20数社で研究会を発足させ、実用化に向けて歩み始めている。

▶電子部品関連の新たな取組み

また、東和電機製作所は1989年に函館に進出してきた水晶振動子のメーカーである函館エヌ・デー・ケーの下請（水晶振動子の研磨）として、別会社のトーア電子を設立、20人体制で加工に従事している。これは、エヌ・デー・ケーの函館進出に伴い、下請加工の要請があり、市、および、函館機械金属造船工業協同組合連合会を通じての打診に応えたものである。現在のところ、東和電機製作所としては、従来からの守備範囲であるイカ釣り機械の自社製品部分を中心とし、下請加工の水晶振動子の研磨を一部に編成するという形で歩んでいく模様である。

おそらく、製品開発型企業として展開している東和電機製作所にとって、現在までの歩みは、イカ釣り機という領域での追求というものであったが、その市場的な範囲が限られていることから、今後は船舶関係だけでなく、陸上も含めて事業分野の拡大が不可欠になってくるであろう。その場合、函館に進出してくる有力な企業群の存在は当社の次の時代にとって極めて重要な役割を果た

すであろう。

　この点、水晶振動子に関しては、際立った装置型で単純労働を周辺に編成するというタイプの仕事であり、限りなく自動化、省力化が推進されていく事業という点がカギになっていくと思う。当社の自動機、省力機の開発力が電子部品産業の自動化、省力化とどのように結びついていくのか、それは、市場の限られているイカ釣り機からの飛躍を不可欠としている当社の将来にとって基本的な問題になっていくであろう。さらに、水晶振動子の下請研磨から何を学ぶのか、それは当社ばかりでなく、市場的な視野に乏しかった函館工業の将来に重要な意味を与えるであろう。

(2) 海から陸上への展開の課題（菅製作所）

　菅製作所は、かつて函館の有力企業の一つであった日魯漁業で機械製作に従事していた先代が、1946年に独立創業した函館では数少ない機械メーカーの一つである。事業分野は漁業用の電磁クラッチ50％、漁労機械25％、クラッチに付随するプーリー10％、その他は機械加工等の下請加工である。基本的には、これまで海に向かって仕事をしており、漁船関係のエンジンディーラー、各地の鉄工所、造船会社を主たる受注先としていた。

　現在の従業者は20人、開発は社長（1936年生まれ）を中心に3人で対応、鋳物と製缶を市内の企業に外注する程度で、機械加工、組立は社内で行っている。現在の製品群は付加価値のあまり高くない機械構成要素というべきものであり、機械全体をプロデュースしたいのだが、現在、それだけの力量がない。また、市内には機械加工業者が30ほど存在しているが、コスト的に問題があり、また、高周波焼入れができないなど不都合なことが多く、社内で余分な負担を強いられている。このように、工業集積が十分でないことが、函館地域の企業が多様かつ高度な展開をしようとする際の重大なネックとなっている。

　ただし、人材的にはこれまで高校卒プラス1年の専門学校の卒業生を順調に採用してきており、また、ここにきてOKKの立型MC（1987年12月導入）、日立精機のNC旋盤（1989年6月導入）等のNC工作機械等の設備投資に踏み切っているなど、事業に対する構えには積極的なものがある。こうした点を

背景に、当社は今後の展開について、次のような意向を示している。

まず第1に、現在までに培ってきた手持ちの製品の販路を拡大する。第2に、これまで海に向かって商売してきたが、今後は陸に向かって仕事をしたい。そして、第3に、クラッチといった機械構成要素に留まることなく、機械そのものを手掛けたいというものである。

▶先鋭的市場への視野

さらに、具体的な新分野への進出については、メカトロニクスと新素材への関心を高めながら、市の「新技術開発サロン（22社）」の幹事長を務め、また、漁労機械の軽量化、耐食性を睨んで炭素繊維へも視野を拡げている。炭素繊維に関しては、成形加工上の問題、金属との接合の問題に加え、需要者として想定される零細漁業者の資金力の問題が強く意識されていた。このような具体的な課題にどのように対応していくかはこれからだが、函館において数少ない自社製品を保有する機械加工系のメーカーとして、今後はリーダー的な役割が期待される。

現在、従事している製品の領域は付加価値が低く、このままでは大きな展望は抱けない。しかも、受注先が地域の漁船関係という狭いものであり、事業的な拡がりにも乏しかった。

どのような企業でも、従来の自分の守備範囲というものは極めて大事なものであり、その枠の中から抜け出すことは非常に難しい。そうした点からすると、新規の分野ということでメカトロニクス、新素材に注目しているものの、それはあくまでも従来の事業の技術的な意味での関心の拡がりにすぎない場合が多く、実際の事業として実を結ぶ保証はない。もちろん、メーカーとして技術革新への視野は最も基本的なものだが、菅製作所のように狭い特殊な地域市場を対象に、限られた製品を生産していた企業とすれば、次の時代に向けては、先鋭的な市場への視野を十分に身につける方向で技術革新の成果を吸収するという取組みが不可欠であろう。技術指向性の強い企業は技術革新への関心が人一倍強く現れるが、函館地域で仕事をしてきた企業にとって今一番必要であるのは市場への関心であることはいうまでもない。

(3) 地域市場から自社製品への指向（ガンマ工業）

　FRP 製品の製造に従事する当社は、ホタテの養殖全盛の 1972 年に青森県陸奥湾の小港で創業したが、廃棄物、臭気等の環境問題に悩まされ、1974 年に函館に転出、その後、函館郊外の現在地に 1987 年に移ってきた。現在地は周囲を山で囲まれた閑静な場所であり、苦情等の心配はない。青森県から函館への移転といった足跡は、道南と青森県との近接性を物語るものとして注目される。しかも、近年は青函トンネルも開通し、いっそう経済圏としての一体性は高まっているものとみられる。

　ガンマ工業の製品は、養殖用（活魚）の水槽が 55％、水道のメーターボックス 30％、下水の防臭ボックス 15％ といったものが主流であり、その他には漁船の魚槽の内装等の仕事も受けている。水槽関係の受注は漁業協同組合などから、また、水道、下水は官公需である。

　北海道には同業が 50〜60 社あり、競争は激しい。さらに、当社の場合、FRP の大型製品に展開しているため、運賃コスト負担が大きく、また、営業効率の悪い官公需の比重が大きい。そうしたことから、将来は官公需ではなく、一般消費者を対象とするものに展開していくとの構えであった。

▶炭素繊維への関心

　函館テクノポリスで話題になりつつある炭素繊維については、非常に関心が深く、現在のある程度成熟し、競争の激しい FRP からの発展的拡大の契機として受け止めていた。この点、将来、確実に炭素繊維の時代が来るとの受け止め方をしており、特に、アメリカの場合は宇宙産業がベースになるのに対して、日本の場合はレジャーを焦点として進むものとみていた。そして、このあたりに関連して、特殊な強度を要求するようなもの、大型の成型、さらに、一般消費者向けのものを手掛けたいとの考えであった。

　いずれにしろ、当社の場合には、すでに、かつての新素材であった FRP を手掛けてきた経験があり、時代の流れに対しては敏感なものがある。また、新素材の応用範囲についても、地域の特殊市場では限界があることを十分理解し

ている。こうした事情を背景に、「自社ブランド製品の開発」が至上命令とされており、炭素繊維のような次世代型の新素材には大きな関心を抱いているのである。

ガンマ工業の場合には、函館の技術交流プラザへ参加し、また、北海道立工業技術センターの主催する炭素繊維に関するセミナーへも熱心に参加するなど、時代の流れにかなり敏感な企業であるといってよい。造船以後の時代を模索している函館地域の企業群にとって、今後一つの重要な牽引役として機能することが期待される。

(4) 地方における機械製作専業メーカーの課題(ウロコ製作所)

ウロコ製作所は1922(大正11)年、東京の日本橋北新堀町にて製材機械、木工機械の輸入販売を目的とするウロコ商会として創業する。1933(昭和8)年にはウロコ製作所に改組し、江東区南砂町に工場を新設、合板機械、木工機械の製作を開始する。1938(昭和13)年には金属工作機械の製造も開始するが、1945年3月の東京大空襲によって全工場罹災焼失、合板機械、木工機械部門は函館市追分町、工作機械部門は長野県屋代町に移転する。

戦後は函館に拠点を構え、ベニヤレース機を主軸とする木工機械専業メーカーとして独自的な歩みをみせてきた。この間、1961年に神奈川県平塚市工業団地に1.6haの用地を取得し、平塚工場としている。この結果、1990年現在、ウロコ製作所は函館の本社・函館工場、平塚工場、そして、東京営業所(中央区日本橋室町)の3カ所体制となっている。

▶東京から函館に進出

本社・函館工場は110人で編成され、主力であるベニヤレース機の開発、生産工場となっている。平塚工場は60人で編成され、営業本部とソフトの開発センター、ロッグチャージャー、ドライヤー等の周辺機器の生産、そして、東京営業所は10人で編成され、主として輸出業務に従事している。市場は国内が30%、輸出70%であり、従来、半々であった状況からかなり変化している。輸出先はインドネシア、マレーシア、フィリピン、ブラジルあたりが多かった

のだが、ここに来て、台湾、韓国、中国が目立つようになってきた。ここ数年の傾向として、原産国での加工、世界的なレベルの資源環境問題等の進行により、国内で大きな設備投資は期待できず、輸出の比重が高まらざるをえない。そうした事情の下で、専業メーカーである当社とすれば、他の事業分野の模索は将来に関わるものになっている。

　また、東京営業所、平塚工場、函館工場という地域的な展開は函館の企業としては他に例のないものとして注目される。ウロコ製作所の場合、元々、東京で創業した疎開企業であるということも反映して、市場の窓口を東京に置き、生産工場も京浜地区という展開に踏み出してきたわけだが、当社の歩みと現在は函館の一般の中小企業が将来を考えていく場合の幾つかの示唆を与えるものになろう。

　平塚工場については、当然、情報量などは大きく、周りにレベルの高い企業が多いことから重要な役割を果たしているのだが、神奈川の中では目立たず、知名度が低いことから、人材調達難、材料入手難、外注加工賃が高いなどに直面している。北海道では知名度の高い当社が函館で採用して平塚に赴任、転勤させようとしても、最近の傾向としは、平塚に行きたがらないという場合が少なくない。こうした全般的な傾向から平塚工場の拡大は制限されているのが実態である。

　他方、函館の場合、一定レベルの製品を製作している当社にとって満足できる外注先は少なく、外注先の地域的な範囲は北海道全域から東北地方にまで拡がっている。特に、函館に欠けている熱処理や大物の鋳物等は札幌に依存しているのが実態である。主要な外注先25社のうち、函館は10社程度、小物の切削、歯切、小物の鋳物等を依存しているにすぎない。逆に、当社の函館工場の体制は開発部門、機械加工部門、組立部門からなり、鋳物と表面処理を除いて、ほぼ内製のスタイルになっている。このあたりは、地方圏の機械メーカーのごく一般的な形といってよい。

▶新たに向かう方向

　現在のウロコ製作所の最大の課題は、国内の市場的な見通しが必ずしも明る

くない木工機械専業メーカーであるという点に深く関わっている。ウロコ製作所自身、この点は十分理解されており、専業からの脱出、木でないところ、木の景気と反対のものをという視野の下に、新規事業分野を模索している。テクノポリスの北海道立工業技術センターとは技術的には今のところ関わりはないが、遠赤外線関連で今後つながりを持てそうとみている。炭素繊維についても、製造用の機械設備の開発にはかなり強い関心を持っているようであった。

　ウロコ製作所の場合は、当初から木工機械という地元産業とは関わりの乏しい分野で、孤立的に独自的歩みをみせて来たのであり、他の城下町企業とは趣は異なるが、それでもやはり狭い事業分野の中で生きてきたことが、次世代に向けて大きく横たわっている。函館に少ない自社製品を保有するメーカーであることからすると、やはり、地域工業の主要なリーダーの一つとして、自らの内面の高度化に加え、周辺の企業群を大きくリードする役割を担っていくことが期待される。

（5）地域条件変化の中でのあり方の模索（北函造船鉄工所）

　北函造船鉄工所は日本人が初めて洋船を作った際の舟大工であった曽祖父が創業した100年程の歴史のある企業であり、1943（昭和18）年に鉄工所と木工所が合併して現在の形になっている。1990年現在の従業者は23人、事業分野は船舶修繕、ボート製作、FRPの水槽の製造である。受注先は従来、官庁、北海道大学、防衛庁等の比重が大きかったが、現在では30％程度に減少し、むしろ地元のウロコ製作所、日本セメント等の比重が大きなものになっている。

　現在の最大の課題は、腕の良い舟大工が高齢化、減少しているという点であり、10～15年先に懸念がもたれている。そうした意味では、将来的には事業分野の再構築、生産方式の検討、技術革新、素材転換等への対応などが不可欠になるであろう。そのため、現在、函館で話題になりつつある炭素繊維などについては、早急な対応を必要としているわけではないが、知識としては十分に関心があるといった構えであった。

　当社の場合、より現実的な問題としては、現在地の立地条件を活かした事業展開という点にある。当社の周辺は函館の歴史的建造物の集積している地域で

あり、遊覧船の発着場に面するという観光都市函館でも非常に優れた立地条件である。さらに、造船所である北函造船鉄工所の場合、木造船も製作しており、イメージ的に手づくりの工芸工房的な要素を備えている。観光都市函館の中でも優れた立地条件と、手づくり工房の要素を活かし、従来の鉄工所のイメージからの大幅な転換を図るならば、当社の事業的な拡がりもさることながら、周辺地域を含めた新たなイメージ形成に寄与するところは大きい。

　また、小回りのきく中小造船所として、木造船からFRPのボート、鋼鉄船までに対応できるということからすると、高級化、個性化、手づくりという消費サイドの流れに対して、新たな展開が考えられる。それは、消費者を工房の中に呼び込み、消費者をモノづくりに参加させていくというものであり、究極の消費に応えていくものになろう。当社の地域的な条件と時代の風を考慮するならば、函館地域工業の一つの新たな展開の方向として、当社をめぐる可能性の幅は大きい。

(6) 地域レベルからの脱出の模索（原工業／ひょうたん）

　ここ10年の函館工業界の最大の課題は、函館どつくの企業城下町からの脱却であり、また、1984年のテクノポリス地域指定以来の地域工業高度化への期待であった。テクノポリス地域指定後は、1984年4月、テクノポリス開発機構としての「㈶テクノポリス函館技術振興協会」の設立、1986年10月の「北海道立工業技術センター」の開所、さらに、「臨空工業団地」計画等が用意され、テクノポリス形成に向けて踏み出しつつある。

　ただし、函館工業は集積の規模が小さく、企業城下町としての歩みによって規定されてきた技術基盤の脆弱性による産業としての展開力の欠如、さらに、特定企業に依存し、閉塞された地域に所在することによる市場的視野の欠如などにより、必ずしも十分に将来に向けた発展基盤を確保しているようにはみえない。むしろ、青函博、青函トンネル等による一時的に盛り上がった地域経済に目を奪われ、しっかりとした産業基盤形成に向けての視野を見失っているようにもみえる。先の事例研究でも明らかなように、各企業は現状からの脱出の方向を模索することに苦しんでいる。

ところで、ここで検討する原工業は日本セメントを主力受注先とするプラント製作の製缶業者であるが、他に、プラントの中の機器類の設計、加工、組立、エンジニアリングに従事する㈱ゼロワン、労務請負の㈲アルファー技研を合わせて経営し、従業者規模は全体で45人ほどである。さらに、こうした多面的な展開に加え、先の北海道立工業技術センターの事業に積極的に参加し、現在では耐変色性銀合金の開発に目処をつけつつあった。そうした意味で、原工業グループは事業的な拡がり、展開の柔軟性という側面からは、函館の制約を越えようとしているようにみえる。

▶テクノポリス形成の担い手として期待される

また、この原工業がリーダーを務める異業種交流グループ「ひょうたん」は、1985年8月の発足以来、試行錯誤を積み重ね、メンバーの入替えなどもあり、現在では7社で落ち着いているが、函館工業の中では異色の企業が集まり、東京圏とも積極的に接触しながら次世代に向けた取組みを進めている。当然、このメンバーは北海道立工業技術センターを軸とする新技術などへの関心も深く、函館工業の将来に向けた新たな集団として注目される。

ただし、今のところ、明確な集団としての方向が見通せず、エネルギーを蓄積しながら、次の時代に向けた行動課題を模索しているといってよい。いずれも年代的に若い経営者であり、はっきりとした方向を定めていくならば、函館の次世代をリードする機動力に満ちた集団となることは間違いない。こうした集団に対しては、地域の工業発展戦略という視点からすると、彼らのエネルギーが十分発揮できるような場を用意していくことが不可欠であろう。テクノポリス形成に関連して、テクノポリス函館技術振興協会、北海道立工業技術センターといった基礎的なものが作られてきたが、テクノポリス全体をリードする担い手は、これら地域の若くてエネルギーに満ちた中小企業集団ということになろう。

現状、この集団は北海道立工業技術センターの近接地にテクノパーク的なものを構想しつつあるが、そうした民間企業レベルでの意欲的な事業には地域をあげて応援し、テクノポリス全体をダイナミックなものにしていく主体として

登場させていくことが必要であろう。こうした企業群の独自的な取組みが、地域工業高度化への先導的な役割を果たしていくことが期待される。

　以上のように、函館地域の中小工業をめぐる環境条件は現在大きく変わり、かつての函館どつくの企業城下町の時代や、テクノポリスへの期待が満たされるものとはかなり異なってきているようにみえる。現実の函館工業の集積の構造は脆弱なものであり、必ずしも十分な発展基盤を確保しているようにはみえない。この点は、地域の中小企業者ばかりでなく、地域産業振興に携わる人びとにも強く理解されているようである。

　テクノポリス関連施設がいくら立派に建設されても、それを利用する企業者が独自性を発揮してダイナミックに活動していかなければ、地域工業の振興は期待できない。むしろ、地域の中にわずかながら潜在している活力を秘めた企業に注目し、彼らが独自的に活動しやすい条件作りをしていくことが、古い殻から脱出できない函館地域工業の基本的な条件となっていくであろう。

　おそらく、函館地域をめぐる全般的な状況からすると、行政が地域工業全体をリードするプロデューサーとして登場し、地域の活力のある企業群と一緒になって、古い殻を破り、新たな時代を作り上げていくことが求められる。行政は地域全体に対する目配りに縛られ、後ろ向きの対策に追われる場合が多いが、地域間競争が激しい現在、独自な活力に優れた地域を形成していくためには、地域の中に隠れているわずかな芽に注目し、そこに重点的に精力を投入し、地域に渦を巻き起こしていかなくてはならない。

補論3　1993年／造船企業城下町からテクノポリスへ
――函館機械金属工業の現状と高度化への課題――

　1980年代後半の頃から、かつての基幹企業であった造船の函館どつくのリストラの推進により、函館経済及び函館の中小企業は新たな対応を迫られていく。他方、1984年には函館テクノポリスの地域指定があり、北海道立工業技術センターの開設、臨空工業団地の開発も進められた。函館は、あたかも「造船企業城下町からテクノポリス」への転換を進めているようにみえた。

　本補論3は、テクノポリスの地域指定からほぼ10年を経過した1993年における函館の企業の状況と構造的な側面を具体的な訪問調査によって切り取ってみたものである。本補論3も補論2と同様、関係者に配布されただけで、公表はされなかった。四半世紀ほど前の事情だが、函館の機械金属工業、中小企業が抱える特質と問題点等が明示されており、今後の北海道産業、函館産業を論じていく場合の基礎的な点が含まれていることから、補論3として掲載しておく。

　かつては北海道の玄関口であり、さらに、北洋漁業の基地として栄えた函館は、現在では、観光と水産物加工を基幹産業として歩んでいるようにみえる。函館山からの夜景と周辺の歴史的な建築物を売り物に観光客を集め、湯の川の温泉に客を泊め、イカを中心とする水産物加工品をお土産として用意するというのが基本的なパターンのようである。

　もちろん、水産物加工品は函館珍味として、あるいは全国へ向けてのOEM製品として全国流通に乗せられ、一定の競争力はあるものの、こうした加工品の市場は縮小気味であることに加え、全国の各地でも生産されている。また、観光にしても、近年、青函トンネルの開通によりブーム的な状況を呈していたが、通過型、あるいは、せいぜい一泊型の観光資源を保有しているにすぎず、今後に残された課題も少なくない。

　こうした点は、地元の経済界、行政も深く認識しているようであり、また、拡がりゆく札幌との格差を意識しながら、道南の中心都市として、地域活性化

の突破口をテクノポリスの形成に求めているようである。1993年現在の31万人の人口を2000年には45万人を期待するという目標の実現のためには、観光、水産物加工だけでは十分ではなく、雇用吸収力に加え、展開力に優れた次世代型の産業の育成が課題とされるであろう。そうした期待が、まさに、函館テクノポリス構想の「メカトロニクス、新素材、バイオテクノロジー」の3本柱に集約されている。

こうした構想の評価は別の機会に行うにして、全体の印象として、函館は過剰なほどに「テクノポリス」への期待が大きく、それが思い通りに進まないことに強い苛立ちを背負い込んでいるようにみえる。例えば、「北海道立工業技術センター」や「臨空工業団地に立地した誘致企業」への期待感の大きさ、また、「異業種交流」による新製品・新技術開発への期待は、函館工業のハイテク化なくして次世代は展望できないとの共通認識が、函館の産業界と行政に拡がっているのではないかと思わせる。

もちろん、30～40万都市が自立的な発展を獲得していくためには、展開力に優れる次世代産業が不可欠ではあるが、特に、ハイテク化を不可欠とするならば、地域中小企業の地力をいかに高め、その担い手として糾合するかを焦点にしていかなくてはならない。在来の中小企業とハイテク化との距離はあまりにも大きく、造船の企業城下町として閉ざされ、安住していた地域である函館の企業を、いかに現代の技術革新の流れの中に引き出していくのかが課題とされているのであろう。

北海道立工業技術センターや企業誘致、異業種交流等は、そうした役割を担う象徴的なものなのだが、期待される技術移転や在来企業のレベルアップは、空転しているのが実態のようである。他方、これまでの函館のリーディング・カンパニーであった函館どつくについては、数次にわたる合理化を重ね、人員削減の中に取り込まれている。

以上のような点を意識しながら、本補論3においては、函館の次世代型展開にとって最も基本となる機械金属工業に注目し、その構造的な問題とポテンシャルを明らかにしながら、今後の展開力を基礎づける戦略的な課題を考えていくことにしたい。

1. 函館地域の企業の存立構造

まず、1993年の函館でのヒアリング企業の概要をまとめていくと、次のようなものである。

(1) 北海道を代表した企業城下町企業の現在（函館どつく）

優れた港湾と北洋漁業で繁栄した函館では、関東以北では最大といわれた造船の函館どつくがリーディング・カンパニーとして存在していた。第1次オイルショック直後の1975年頃の函館製造業の中に占める函館どつくの比重は、従業者数で15.3％、製造品出荷額等23.8％であった。おそらく、関連企業を含めた函館どつくの比重は、函館製造業の約3分の1はあったとみてよい。まさに、函館は函館どつくを頂点とする造船の企業城下町を形成していたのであった。だが、1975年に2649人を数えた函館どつくの従業者は、1993年現在683人となり、函館製造業に占める比重は5％程度、製造品出荷額等でも5％ほどのものに縮小している。

そして、オイルショック後に続いた人員削減を経験した函館は、次の時代の基幹産業を重厚長大型の「造船」とは相当距離のある「メカトロニクス、新素材、バイオテクノロジー」に求めていくことになる。むしろ、造船と函館どつくの状況を受け止め、その反動として、ひたすらハイテク部門へ過剰な期待をかけているとさえいってよい。

ここでは、まず、長い間にわたって函館のリーディング企業として存在していた函館どつくとは何であったのか、また、現状から将来に向けて、函館どつくはどのような意味を持つのかを検討することから始めていきたい。

▶人員削減から再建への道のり

1979年の第2次オイルショック後から始まった日本の造船業の合理化の過程の中で、東京以北で最大の造船所といわれた函館どつくは、数次にわたる合理化、人員削減を実施し、1975年の従業員2649人から、1993年現在では683

人になっている。この間、造船所の生産力の基盤である新造船船台能力は、1979年の4万6000総トンから、一時は4900総トンに縮小、最近ではようやく2万総トンに回復している状況である。

構造不況に喘いでいた造船業界は、タンカーの更新時期であること、また、環境保全問題の高まりの中での二重船底問題の緊迫化により、2000年までの10年間は、大型タンカー需要が予想されているが、建造能力からして期待さ

表補3—1　函館どつく㈱函館造船所の合理化等の主な動き

年月	内容
1976年6月	海造審「今後の建造需要の見通しと造船施設の整備のあり方について」答申
1978年1月	函館ドック第1次合理化　　504人（函館394人）
12月	函館ドック第2次合理化　　748人（函館652人）
1979年1月	〃　　（追加分）　　　　　14人（函館 12人）
6月	自己都合退職者優遇措置制度　94人（函館 71人）
6月	函館ドック新造船船台能力 46,500総トンを4,900総トンに縮小
6月	安定事業協会に設備売却
8月	函館ドック特別退職者　　　80人（函館 65人）
10月	函館ドック「社員他社派遣」　150人
1984年1月	船台能力 4,900総トンを18,500総トンに変更（室蘭と入替え）
9月	函館ドック合理化　　　　642人（函館492人）
12月	新会社「函館どつく㈱」発足
1985年6月	船台能力 18,500総トンを30,000総トンに変更（運輸省の特別措置）
1986年6月	海造審が船台能力の20％削減を骨子とする答申を出す
1987年3月	来島どつく（株）が削減案を提示
	①　船台能力の縮小（3万総トンを2万総トン強へ）
	②　200人の人員削減
6月	函館どつく（株）が事業改善計画案を提示
	①　台能力を2万総トン強に縮小
	②　人員は、ア．100名を関連会社に出向させる
	イ．100名を限度として、高齢者早期退職優遇措置制度を設ける
12月	組合執行部が了承
	①　新規事業・関連会社へ出向（約30人）　②他企業へ出向派遣（約70人）
	②　高齢者早期退職優遇措置制度の新設
1988年3月	ヂーゼル機器㈱へ40人出向（8月帰函）
1989年2月	函館どつく（株）が、㈱来島興産に対し、経営合理化資金（9億円）申込み
4月	人員合理化計画（100人）について、全造船と基本合意
10月	2年ぶりに大型貨物船進水（6,150総トン）
12月	来島グループとの資本関係解消。来島興産の約43億円の債権切り捨て。
1990年5月	三菱グループが支援、資本参加、役員派遣
1991年4月	再建後、新造船第1号進水

資料：函館市商工観光部ほか。

れるのは大手6社（三菱重工、川崎重工、三井造船、日立造船、日本鋼管、石川島播磨重工）にすぎず、当函館どつくでは、大手からあふれた需要を確保するという形が期待できる程度である。

　この間、函館どつくの再建が注目され、来島グループからの離脱、運輸省OBを迎えての再建計画の推進により、一応、息をついているというのが実態であろう。再建開始以降、ここ2年間で25人の新卒を採用するなど、過去15年間の人員削減が下げ止まり、今後の展開に向けて、新たに踏み出そうとしているかのようにみえる。現在の仕事内容は、新造船30～40%、修繕船20～30%、陸上40～50%というものであり、将来的には、パイを大きくしながら、船：陸＝50：50にしていこうとしている。

▶新分野への展開と函館どつくの技術波及

　陸上への展開といっても、実態的には、鋼構築物等の分野が現在のところ中心であり、必ずしも明るい展望が抱けているわけではない。鋼構築物自体、かなり競争は厳しいものであり、また、各造船所がリストラの一つの焦点として、当面、手掛けやすい鋼構築物に進出している場合も多いなど、存立基盤を確保していくためには、越えなければならない壁は大きい。ただし、現状の函館どつくからすれば、こうした領域は不可避なものといえるであろう。そうした意味では、少なくとも、北海道内の仕事はキチンと確保していく構えが必要である。公共投資の多い北海道は本州企業にとっても草刈り場的な意味を持っているのである。

　また、新製品分野として、ゴミ処理（焼却）用ボイラーの開発に踏み出し、函館どつくの新規事業分野として大いに期待しているようである。ただし、こうしたボイラー等の製品は、造船に限らず、製缶・溶接等の重厚長大型に展開していた企業群がこぞって参入を進めている領域であり、競争条件は厳しい。全国のどこの企業に行っても、新製品としてのボイラー、焼却炉をみせられる場合が多い。この点は、販売チャネルをどう築くのか、他社の製品との差別化をどう進めていくのか、今後の課題は大きい。

　地域のリーディング・カンパニーであった函館どつくは、これまでは函館地

域の技術の中核としての機能を担ってきた。函館どつくの定年退職者の多くは、地域の関連中小企業に再就職し、地域技術の基盤を形成するものであった。ただし、函館どつくは東京以北最大の造船所といわれながらも、船殻と艤装が中心であり、造船の基幹部門であるエンジンの製作を他社に依存してきた。造船所を軸にする企業城下町を観察していくと、エンジンの製作を行っているかどうかによって、関連中小企業の技術のレベルと集積の厚さが大きく異なっていることが指摘される。

例えば、エンジンの製作を行っている三井造船の企業城下町の岡山県玉野などの場合は、関連中小企業は機械加工技術を軸にかなりの技術レベルにあるが、船殻と艤装のみという場合、関連中小企業は製缶・溶接に限られてしまう場合が少なくない。

函館はまさに後者のケースであり、地域の関連中小企業に厚みのある技術集積がみられない。つまり、ポスト造船を意識しても、技術的な蓄積の幅の狭さと浅さがネックとなり、期待されるような新規事業分野への展開が難しい。リーディング・カンパニーのリストラによる困難に加え、関連中小企業群の集積による展開力もなかなか期待できないであろう。

また、1970年代中頃以降の合理化、人員削減の中で、退職者の多くは函館から離れて道外に散っていった場合が多く、地域企業の人的蓄積になっていかなかったという点も指摘されている。そして、函館の中小企業は、盟主を失い、また、新たな展開力を基礎づける技術者の確保もままならず、次への展開の方向を見出すことに苦慮している。それが、また、テクノポリスへの過剰な期待の背景になっているのであろう。

▶函館どつくと地域技術の今後

函館の現状は、不透明なテクノポリスへの過剰な期待に身を委ね、かつてのリーディング・カンパニーである函館どつくのリストラの苦しみに目をつむりながら、それでも、函館どつくの去就が気になるという、複雑な心境の中にあるようにみえる。そして、政策的なテコ入れが続く限り、函館地域としては大きな仕事が動き、関連中小企業にも、一定の仕事が出ていくということになろ

う。このことが、さらに、地域の工業集積、技術集積の高度化への取組みを足踏みさせる。ドラスティックな変化が起こりにくいのである。函館どつくの動向に目を奪われ、テクノポリスに身を委ねたいという現状の函館地域の意識のあり方は、現状の手詰まりを象徴しているといってよい。

　だが、こうした状況のままでは、事態が良い方向に進むものとは思えない。テクノポリスを現実のものとしていくための、地域技術の高度化が求められる。この点、「北海道立工業技術センターの充実」「企業誘致の活発化」「異業種交流の推進」等が切り札的に位置付けられているが、その点は後にふれるにして、函館どつくとの関係からすれば、どつくの保有する技術を詳細に検討し、小規模な形で多方面にわたって地域の中で再生させるような仕組みを用意していくことが求められよう。

　この点、函館どつくの中の要素技術部門を小グループで独立させ、その受け皿（ハード）は函館どつくと行政等が用意し、多方面にわたる支援、例えば、資金的、あるいは、受注斡旋等を積極的に行い、専業技術集団を自立させていくなどが求められよう。市内に函館どつくを含めて空スペースはいくらでもあり、それらを安価に提供し、下請振興協会等のネットワークを通じて支援していくなどが必要である。そして、そのためには、函館どつくの従業員の意識改革を推進するような事業を地域産業政策の基本として位置づけ、実施していかなくてはならない。一つ、二つの実験的な取り組みと、それをなんとしてでも成功させる支援体制を組み、サクセス・ストーリーとしていかなくては、函館どつくと地域の長期停滞傾向は回避できないであろう。

(2) 函館どつくからの独立創業の唯一の企業（エンジニアリングHD）

　函館どつくの長期低迷の中で、かなりの数の従業員が離散したが、退職した従業員が函館で新たに独立創業したというケースは極めて少ない。せいぜい、函館どつくの子会社として用意された幾つかの企業に再就職したケースがあるにすぎない。そうした中で、ここで検討するエンジニアリングHDは、函館どつくを退職した技術者が函館で独立創業しているほとんど唯一のケースである。

▶エンジニアリング HD の歩み

　このエンジニアリング HD の歩みは次のようなものである。

　函館どつくの合理化の一環として、老朽化した社宅をつぶして駐車場経営を開始するが、その駐車場管理のための子会社として、1986 年に㈱ユウ・アイが設立された。他方、1975 年代の中頃以降の函館どつくの合理化、希望退職によって減少した設計技術者を補う必要が生じ、さらに、Uターンの受け皿として、子会社の設計会社を作ることになる。その受け皿としてユウ・アイに注目、1991 年 2 月には、㈱エンジニアリング HD と改称、駐車場の管理業務を函館どつくに戻し、設計子会社として再発足させた。

　1991 年 4 月には、船舶、及び土木建築の設計・施工を業務として、事業を開始する。スタート時は、実質的に函館どつくの定年退職者 1 人と楢崎造船の退職者 1 人の計 2 人であったが、その後、函館どつくの希望退職者で本州に行っていた数人のUターン者を採用し、1993 年現在では、役員 5 人（常勤 1 人）、従業員 12 人（男性 10 人、女性 2 人）の実質 13 人体制となっている。

　市内の事務所には、陸上機械を中心として 6 人が常駐し、残りの 6 人は函館どつく内の事務所（無償貸与）に常駐し、船舶設計を手掛けている。女性の 2 人を含めて、全員が設計技術者から構成されている。

　受注先は函館どつくの比重が 80% 程度であり、次第に函館どつく以外の部門の比重が高まりつつある。例えば、石川島播磨重工からの受注による羽田飛行場の格納庫の設計などの実績がある。こうした函館どつく以外の仕事は、十数年にわたる函館どつくの人員削減で技術者が全国のメーカーに散っていて、そうした人的ネットワークから得られたものである。現実に、函館どつく退職者は東京のメーカーの中枢部門にいることも多く、重要な情報源になっている。それは、函館に限らず、北海道から流失した頭脳を引きつけておく必要のあることを示唆するであろう。

　そうした人的ネットワークを系統的に把握し、北海道工業の基本的な共有財産にしていくことも今後検討されるべきであろう。人員削減、合理化をマイナスにだけとらえるべきではなく、むしろ、ネットワークが拡がったと考えて、地域産業の活性化につなげていくことも必要である。

▶Uターンと人的ネットワークの再編と設計技術者集団の形成

　この点、このエンジニアリングHDの事実上のリーダーである木村氏の場合が示唆的である。木村氏は函館どつくの設計部門に20数年間在職し、希望退職に応じた後、東京の設計企業の函館支社に就職していた。函館どつくの人員削減の中で、人的資源に注目した東京の設計企業の函館支社の設置は幾つかみられたようである。木村氏の勤務した支社は10人ほどの規模であり、ほとんど函館どつくの出身者で占められていた。そして、その中で、木村氏がリーダー的な存在になっていた。

　その後、函館どつくが子会社のユウ・アイを改組して、エンジニアリングHDを設立するに際し、誘われて先の支社から5人を引き連れてきた。木村氏を軸として5～6人の設計技術者集団が移動してきたのであった。このあたりは、設計技術者特有の行動パターンというべきであろう。

　Uターンしたい、函館で仕事をしたいという場合、特に、特殊な能力を保有する設計技術者のような場合、函館の現状では納得できる就業の場をみつけ出すことは容易ではない。地域の最大企業が縮小を続けてきた場合、そうしたレベルの仕事を函館で他に見出すことは難しいであろう。そうした構図の中で、木村氏を中心とする集団は、とりあえず函館どつくの子会社であるエンジニアリングHDに参集し、さらに、函館どつく以外の仕事を模索するという形になっているのであろう。

　エンジニアリングHD自体、100％函館どつくの出資（資本金200万円）であり、給料、待遇は函館どつくと同じとなっている。こうした待遇面での安心感が底流にあるが、エンジニアリングHDに参集した技術者集団は、函館に居住しながら、納得のいく仕事をしたいと願っているようである。今後の課題として、「大手のメーカーやコンサルをいかにつかむか」という点が経営陣からも指摘されたが、それは、函館で特殊な能力を保有する設計技術者が自己実現していくための最大の課題となることはいうまでもない。

(3) 函館どつくの退職者の雇用（ユージット）

　函館どつくからは、その人員削減の過程の中で、かなり多くの人びとが道外

に散っていったが、諸般の事情から函館に留まらざるをえない人びとも少なくなかった。そうした人材は函館の中小企業にその再就職の場を見出していくことになる。ここでは、そうしたケースの一つとして、ユージット㈱の歩みと現状に注目する。

　ユージットは、函館市内で1938（昭和13）年以来、大物機械加工企業として歩んできた田辺鉄工所の別会社として、1989年4月にスタートしている。この母体である田辺鉄工所は、従来は函館どつくの大物機械加工から製缶部門の外注企業というものであったのだが、函館どつくの低迷以降、東洋食品の子会社であり、缶詰機械のメーカーである函館市内の本間鉄工場の仕事に転じ、機械加工から組立までを手掛けている。

　函館どつくが縮小し、関連の中小製缶業者が倒産するなどが起こり、田辺鉄工所にとっての製缶外注をできるところがなくなり、やむなく自主的に製缶部門を始めることになる。この部門がユージットとして別組織となった。現在の主要受注先は、日本真空技術からの自動車関連の真空容器であり、その他には、鋼構築物等の部門に携わっている。1993年現在、従業員数は32人、年商約12億円といったところである。

▶地域技術の受け皿を形成

　ユージットの技術的な特色は「溶接」にあり、この技術は函館どつくの技術を受け継ぐものである。現在の従業員32人のうち、約20人は函館どつくの退職者であり、そのほとんどは、ベテランの職長クラスの人材である。こうした技能者が函館で再就職する場合、どこを選ぶのかという点について、ユージットの経営者は「当社ぐらいしか受け皿がない」と語っていた。むしろ、ユージットは、函館どつく退職者のうち有能な人材を積極的にリクルートし、技術的な基盤を整備しているといってもよい。このあたりに、地域の有力企業が人員をはき出す際の一つの人材獲得のチャンスが横たわっているとみることもできる。

　それは、個々の企業のチャンスであると同時に、地域技術という側面からするならば、地域全体として、受け皿を用意し、技術が離散、消失しないように

していかなくてはならないことを意味する。特に、大企業で一定の技能を身に着けた人びとは、そのレベルはかなりのものであることが多く、地域技術にとっては重要である場合が少なくない。また、そうした大企業で育った人びとは、むしろ、企業家精神に乏しく、自ら事業に踏みだすことは難しい。一般に明確な方針もないまま、流れていってしまう懸念が大きい。

　こうした人びとを地域の財産として把握し、系統的な受け皿を用意し、地域の次の時代の基盤としていくことが求められよう。そのためには、彼らの技術を活かせる仕事をとってくる機能の充実が必要であろう。ここで検討したユージットのような民間企業に依存することに加え、自治体と地域の経済団体が、意識的にそうした受け皿作りと、仕事を供給していくための営業機能を保有していくための努力が求められる。一度、技術が離散すると、その回復は極めて難しい。この点を嚙みしめて、地域技術の保存と高度化に向けた地域全体の取り組みが課題とされよう。

(4) 期待される有力誘致企業（函館エヌ・デー・ケー）

　「テクノポリス」の地域指定以後、函館は「北海道立技術工業センター」の設置、「臨空工業団地」の造成と企業誘致を柱に、地域産業の高度化に向けて邁進している。北海道立工業技術センターは既に稼働し、臨空工業団地の1期分は完売、2期分の準備が進められているなど、函館は「テクノポリス」地域として、着実な歩みをみせているかのようにみえる。

　だが、北海道立工業技術センターを取り巻く地域技術の状況、また、臨空工業団地に進出している企業の実態を見る限り、高度で厚みのある地域技術の集積という課題に対して、必ずしも十分なものとなっているようにはみえない。むしろ、「テクノポリス」地域指定以後のハードな施設の整備が進むほどに、函館の地域技術をめぐる構造的な問題が鮮明になっている。ここでは、臨空工業団地に誘致され、現在の函館の工業を代表するものとして注目されている函館エヌ・デー・ケーの実態と、地域技術高度化への道に横たわる構造問題をみていくことにする。

▶電子部品をめぐる環境変化と函館エヌ・デー・ケーの成立

　半導体と並んで、ハイテク産業の基礎的部分を構成する水晶振動子は、通信機器、時計、電子機器、玩具等に広く利用され、1000億円市場を形成している。用途も当初の通信機器、時計から、家電製品、自動車、カメラ、コンピュータ、マイコン、宇宙衛星などに半導体と共に組み込まれ、需要量と用途は著しく拡大している。

　これに伴い、周波数の多様化、高周波数化も進み、また、生産方式も設備機械の自動化が次第に確立してきている。生産ロットも何十万個から1個までと多様であり、業界の体制もそれに見合った形で編成され、エヌ・デー・ケーを含む大手4社への生産集中（90％）、残りの10％程度の多種少量市場での50社程度の中小企業による競争という構図が形成されている。

　さらに、従来、水晶振動子の生産は東京圏西側の八王子、山梨、神奈川、埼玉西部方面が中心であったが、低価格化、設備機械の自動化の進行、他方での単純労働集約部分の存在という基本的な構図の中で、量産部門の地方から東アジア諸国への展開という地域的な外延化が顕著に進み、半導体などのエレクトロニクス部品全般の傾向と歩調を合わせながら、生産の主力はマレーシア等のASEAN諸国にシフトしつつあるというのが実態である。むしろ、水晶振動子はエレクトロニクス部品の中でも量産的な部分は最もASEAN諸国向きであるとさえいってよい。

　こうした一般的な構図の中で、従来、埼玉県狭山市を拠点にし、生産工場を宮城県古川市とマレーシアに展開していた日本電波工業は、1988年の景気拡大の時期に生産力拡大を意図して、函館に進出を決定、1989年3月に操業に入っている。函館事業所は日本電波工業の全額出資（資本金5000万円）の現地法人であり、函館エヌ・デー・ケー㈱とされ、その後、3期にわたって工場を拡大し、現在では従業員570人、売上高55億円（1991年度）を数え、先の函館どつくと並ぶ地域の大企業となっている。

　ところで、これより先、日本電波工業の先代社長が函館に地縁があったことから、テクノポリスの地域指定の1984年頃から企業進出の勧誘を受け、また、狭山工場、古川工場の人材確保難から地方進出を検討していたこともあり、函

館進出を意思決定した。テクノポリスの地域指定以後、北海道立工業技術センターが設置され、また、Uターン人材も豊富であるという事情から、将来的には、研究開発部門の設置も期待されている。

▶研究開発部門への期待と現実

　函館エヌ・デー・ケーの現状は、水晶振動子生産の既に確立された生産設備を大量に設置し、量産に踏み出すというのであり、函館でとりたてて特別の研究開発を実施しているわけではない。水晶振動子という一応ハイテク部門に関連する整備された生産工場ということになる。工場も新しく、設備も先鋭的で、生産している製品もハイテク部門であるということで、従業員も、地域の側もハイテク工場というイメージを抱いているようにみえる。

　ただし、実際的には、現在のところ頭脳部門を保有しているわけではなく、スペースと労働力を求めて函館に立地しているにすぎない。こうしたギャップを将来どのように埋めていくのかは、函館エヌ・デー・ケーにとっても、函館地域にとっても重要な課題となろう。この点に関し、エヌ・デー・ケー側は、将来的には、現在、狭山工場が保有している研究開発機能のかなりの部分を函館に移行させるとの構えのようである。

　現実に、函館エヌ・デー・ケーの570人の従業員のうち、高専卒以上の技術者は73人を数え、現在、そのうちの36人が狭山工場で2年間の研修を受けている。おそらく、数年のうちには、函館エヌ・デー・ケーは一定の頭脳部門を保有した拠点工場としての性格を強めていくのであろう。73人の技術者は電気・電子ばかりでなく、機械、物理、化学、生産工学等から構成されており、かなり幅の広い展開が期待されるものになっている。

　また、水晶振動子に関しては、将来的に革新的な研究開発が進むものとは考えにくく、原石育成、研磨、エッチング、真空蒸着、封止等の各工程において、生産技術の高度化、つまり、自動化、省力化等が技術革新の焦点であり続けるだろうという点が重要である。

　そして、こうした生産技術の開発に邁進できる研究開発環境を将来にわたって用意していかないならば、参集している技術者を満足させることはできない。

それは、不断の生産技術の革新を不可避としている水晶振動子業界に生きる企業の存続発展に関わるものとなろう。東京圏で技術者を確保することが難しくなっている現在、エヌ・デー・ケー・グループにとって函館は死活的な意味を帯びつつあるといってよい。今後、否応なく、函館への依存が高まることが予想される。

▶エヌ・デー・ケーの今後と函館

ところで、このような水晶振動子生産の自動化、省力化を焦点とする開発課題が地域に発生していく場合、それを具体化するものとしての精密加工技術の蓄積が重大な問題になってこよう。自動機械、省力化機械を具体化していくためには、実に多方面にわたる精密加工技術の拡がりが不可欠となる。そうしたことから、地域技術高度化への契機として、こうした要請が地域に降りてくることは好ましい。

ただし、函館機械業界の現状をみる限り、当面そうしたサポーティング・インダストリーを期待することは難しい。厚物の製缶、溶接と、一部に大物の機械加工があるのみという現実に直面するばかりであろう。こうした事態をエヌ・デー・ケーはどのように受け止めるのか、あるいは、そうした契機を地域の側はどのように受け止めるのか、それは、函館地域工業の技術集積の将来を大きく規定していくことになろう。

おそらく、こうした事態に対しては、一つに、地域の工業界、さらに、北海道立工業技術センターが軸になって、在来の地域企業の技術レベルの向上を何らかの形で推進していくこと、二つに、今後の企業誘致の焦点を東京圏のレベルの高い精密加工企業に置き、地域の在来企業に強烈なインパクトを与えていくこと、さらに、既に精密加工業種の集積の気配を見せている室蘭地区とのリンケージを形成し、道南地区での新たなネットワークを形成していくことなどが推進されていく必要がある。そして、それらを通じて、函館にそうした技術基盤を形成していくことが必要であろう。

また、エヌ・デー・ケーに関しては、国内で函館以後を期待することは現実的ではなく、将来の函館のリーディング・カンパニーとして、生産技術の開発

拠点を形成し、地域企業の技術高度化に寄与できるあり方を常に模索していかなくてはならないであろう。

(5) 函館エヌ・デー・ケーの協力企業として展開（朝日金属工業）

函館どつくと並ぶ地域のリーディング・カンパニーとして期待される函館エヌ・デー・ケーは、現在のところ水晶振動子の組立工場であり、量産部分は狭山工場から移行した自動機、省力機によって生産しているものの、少量生産部門等については、高密度な労働集約的作業を伴っている。そのため、先の570人の従業員のうち、270人は女性であり、細かな組立作業に従事している。

こうした事情から、自社工場以外に地域に大量の研磨、組立工場を期待しているわけだが、造船と水産という仕事に終始してきた函館では細かな仕事を出来るところは少なく、現在、研磨、組立外注は2社にしかすぎない。その内の1社は地域の名門企業である東和電機製作所であり、もう1社がここで検討する朝日金属工業である。

▶朝日金属工業の存立基盤

朝日金属工業は本社が東京都足立区千住にあり、専務の夫人が函館出身であることから、1988年に函館に進出してきた。当初の業務は20人ほどの人員でティアックの磁気ヘッドの加工というものであったが、音響機器の不振の中で苦しんでいるところに、函館エヌ・デー・ケーが1989年に進出してきた。函館エヌ・デー・ケー自身も組立外注を欲していたことから両者の関係が生まれ、現在では、朝日金属工業の売上額は函館エヌ・デー・ケー75％、ティアック25％となっている。

函館エヌ・デー・ケーからは研磨機を貸与され、材料は無償支給である。函館エヌ・デー・ケーの仕事をしている第1工場の人員は女性50人、男性3人であり、女性は全員パートタイマーである。時給は560〜610円程度であった。なお、第2工場はティアック向けに編成され、女性15人、男性1人で構成されている。

また、第1工場、第2工場共に借工場であり、機械設備も全て貸与されてい

るなど、企業としてハードな資産はほとんど保有していない。そうした意味では、地域的な基盤は極めて不鮮明である。事情が変われば、いつでも撤収できるというものであろう。

　地元に研磨、組立外注を期待しにくいという構図の中で、函館エヌ・デー・ケーにとって朝日金属工業は貴重な存在であり、函館工場の生産力を補う衛星工場としての意義はそれなりに大きいものだと思われる。それでも朝日金属工業の現状からすると、その存立基盤は極めて脆弱なものだといわざるをえない。

▶対応の方向

　こうした構図の中で、朝日金属工業函館工場を預かっている工場長は、かなり危機感を強めており、水晶振動子の最近のコストダウン要請に対して、独自に省力化を推進していく構えであった。当面は、水晶自動供給装置、リード線加工装置、封止装置等の省力化を意図し、東京の自動機メーカーに開発を依頼している。

　当然、こうした自動機はエヌ・デー・ケーでは開発されているものであるが、朝日金属工業側としても、100～200個といった、より小ロットの部分で独自性を主張できなければ、今後の展望を抱けない。千住の本社は、函館工場で積極的に事業を推進しようという風でもなく、函館工場自体で独立採算的に収益を上げていかない限り、工場長以下の従業員の将来は安定したものではなさそうである。

　工場を賃借し、設備は全て親企業から借りており、安価なパートタイマーに依存するという朝日金属工業函館工場の現状は、造船、水産からハイテクへの飛躍を期待する函館地域工業の一つの側面を象徴するものとして注目していく必要がありそうである。

　おそらく、地域技術が高度化していくためには、多様性に富んだ仕事が発生していくこと、細かな、緻密な作業を必要とする仕事の一つひとつの積み重ねが必要であること、そして、その延長上で、地域的なレベルで工夫され、試行錯誤を積み重ねて、独自な解決力を身につけていくということになろう。それが地域技術の集積であり、独自な技術的展開力を身につけることになる。そう

した意味では、この朝日金属工業が直面している現実は、函館の現状を象徴しているのであり、ここをいかに乗り越えるかに函館の今後がかかっているということであろう。

（6）異業種交流、広域への視野の拡がり（八州工機製作所）

函館のテクノポリス地域指定、臨空工業団地への企業誘致以来、先の函館エヌ・デー・ケーを始め、幾つかの企業が首都圏から進出してきている。ただし、函館地域で適当な外注先を見出すことが難しく、地域技術の充実の課題が指摘されている。ここでは、そうした要請に対し、一定程度応えている企業として八州工機製作所を注目し、函館地域技術高度化の課題をみていくことにする。さらに、函館地域は北海道立工業技術センターを軸として、幾つかの異業種交流団体がそれなりに活動し、一部に共同開発の成果がみられるものになっているが、その一つのケースとしても、この八州工機製作所は重要な役割を演じているのである。

▶誘致企業とのリンケージ

八州工機製作所は、1955年に創業し、薄物の鈑金加工業として歩んできた。造船を主体としてきた函館では厚物の製缶を得意とする中小企業は数多く発生したが、薄物の精度を必要とする鈑金加工業は、市内に従業員5～6人規模のところが5～6軒あるにすぎない。それらも、地域に市場が十分になかったことから、設備的にも、技術的にも課題が多かった。

そうした中で、八州工機製作所は函館の鈑金加工業のリーダー的な存在であり、特に、ステンレスの溶接を得意として、従業員9人で多方面にわたる仕事に従事している。事業分野としては、薄物鈑金加工全般、鋼・ステンレス・アルミボックス加工、鋼・ステンレスタンク製作、水産加工用諸機械製作、真空チャンバー製作、機械製缶といったものになっている。従来の主要な受注先は、地元の名門企業である東和電機製作所、本間鉄工場等であり、水産加工関係のステンレスを軸にした鈑金加工に従事するものであった。

ところが、テクノポリスの地域指定以来、首都圏から開発型の企業が函館に

立地し、機械装置等の筐体製作のための薄物鈑金加工業が求められてくる。例えば、地元出身であることから臨空工業団地に立地した光学精密計測機メーカーのオペレックスは、筐体製作のための鈑金加工業を探しており、八州工機製作所と付き合うようになった。八州工機製作所自身は鈑金加工でも大物を得意としていたが、オペレックス等との交流の中で、小物の精密鈑金への視野が拡大していった。

こうした事情から、現在の八州工機製作所の受注先は、東和電機製作所40％、本間鉄工場15％ということになり、むしろ、臨空工業団地に進出しているオペレックス15％、新興のメデック15％となるなど、次第に誘致企業などの比重が高まりつつある。

▶異業種交流、共同開発

以上のような企業群との交流の中で、視野の拡がった八州工機製作所は、他方、テクノポリス地域指定以来、地域企業の交流活動が活発化する中に飛び込み、新たなネットワーク活動を通じて、共同開発などにも踏み込んでいる。現在の函館地域の異業種交流団体は三つほどといわれているが、八州工機製作所が参加している異業種交流団体は、北海道立工業技術センターが用意した「新技術開発サロン」であり、1988年頃に発足、19社で構成されている。この「新技術開発サロン」はメカトロニクス、真空、バイオテクノロジー、新素材の四つの分科会から構成されており、八州工機製作所はメカトロニクス、真空に参加している。これまでのところ、特別に新製品が生まれたなどの経緯はないが、北海道立工業技術センターのサポートによって、現在、サロンメンバー4社で「昆布の佃煮の真空冷却攪拌装置」を共同開発している。

また、北海道立工業技術センターと付き合ううちに、視野が函館レベルからかなり広域的なものになり、現在、真空関係の自社製品の開発の技術的な指導者として、神奈川県の工業試験場の研究員を紹介され、開発に目処が立ちつつある。現在のところ、八州工機製作所は、設備的にも、人材的にも課題が多いが、造船と水産加工に終始してきた函館地域において、新たな可能性を示すものとして注目される。

2. 函館地域の技術的ポテンシャルと今後のトランスファーの課題

　以上のように、非常に限られた数の事例研究にしかすぎないが、それでも、ここで検討した六つの企業の技術をめぐる状況は、函館地域の技術高度化、技術トランスファーにとっての主要な論点を提示しているようにみえる。そうした論点を、先の事例研究の中から引き出すと、ほぼ次のようなものであろう。

(1) かつての盟主である「函館どつく」の遺産をどう評価するか

　この点は、①函館どつく自体の問題、②退職し、離散していった技術者の問題、③そして、退職した技術者の受け皿の形成をどう進めるかという三つの側面から議論される必要がある。

　函館どつくの新分野展開については、鋼構築物、ボイラー等ということだが、これは、全国の同様の立場にある企業がこぞって取り組んでいるものであり、期待するような成果を得るためには、相当の差別化と営業力の強化が不可欠となろう。この点は、少なくとも北海道市場をキチンと押さえていくことが必要であろう。

　上記の分野が期待されるほどのものでないとしたら、保有している要素技術をキチンと評価し直し、要素技術毎に小集団を組織し、事業部的な性格を帯びさせながら、他からも積極的に仕事を取ってくる形を追求していくことが望ましい。この点に関し、スペース、資金、設備等を函館どつく、及び、地元が支援していくなどの仕組みを検討していくことが必要である。こうした先行事例については、富山市の「ハイテクミニ企業団地」が参考になろう。

　退職し、離散していった技術者の足跡がキチンとフォローされているのかどうか、この点は将来の函館にとって極めて重要である。エンジニアリングHDのケースにみられるように、函館どつくの退職者の多くは本州のメーカーに再就職し、それなりの地位についている場合もみられる。こうした人びととの濃密なネットワークを形成し、多方面にわたる支援体制、情報収集体制を形成していくことは、函館産業の視野の拡大にとっての重要な契機となるであろう。

函館どつく自体がこうしたネットワークを形成することは難しいであろうから、函館に残った函館どつくOBを前面に立てながら、行政、北海道立工業技術センター、テクノポリス函館技術振興協会がそうした条件づくりをしていくことも必要であろう。

　先に指摘したように、大企業で一定の技能を身につけた人びとは、そのレベルはかなりのものであることが多い。これらの人びとをいかに活用していくかは、地域技術の集積、高度化にとって極めて重要である。こうした人びとを地域の財産として把握し、彼ら自身が事業化していけるような仕組み（例えば、富山のハイテクミニ企業団地）を形成すること、行政やテクノポリス函館技術振興協会が事実上の営業機能を保有し、新たな企業をインキュベートしていくなどが、今後、十分に検討される必要がある。

（2）誘致企業の地域化をどう進めるか

　誘致企業の多くは、当初、首都圏で十分に検討された機械設備を導入し、一見、ハイテクの装いをみせながら、実は、単純労働集約的な性格の強い事業分野を移転させてくる場合が少なくない。ただし、そうした企業の多くも、研究開発部門を首都圏にいつまでも維持していくことはできず、将来的には、研究開発部門の函館への移管が問題になってくる。こうした研究開発部門の移管という事態をどのように受け止めるかは、函館地域産業の将来にとって極めて重要である。

　その場合、今後、検討されねばならないのは次のような点であろう。①進出企業の研究開発部門をいかに函館に持ってくるか、②そうした研究開発部門をサポートする機能をいかに育成するか、である。

　首都圏への研究開発機能の一極集中は著しいが、他方で、地方圏への研究開発機能の外延化も推進されつつある。おそらく、大都市圏で技術者を確保することが難しい現在、函館に進出してきている企業の多くは、研究開発機能を函館などの地方圏に移行せざるをえない状況になりつつある。その場合、Ｕターン技術者を想定するならば、彼らにそれなりに納得できるレベルの仕事と待遇を提供することが必要であろう。企業がそうした意思決定をできるような地

元の環境づくりが不可欠である。この点、北海道立工業技術センターの活動の重要性が認められる。

また、函館へのIターンによる技術者の受入れに関しては、函館の街づくり全体に関わってくる。単なる観光都市というスタイルで技術者の定住が期待できるものかどうか、この点は、街づくり全体の中で議論される必要がありそうである。

研究開発部門をサポートするための機能に関しては、現状では、その脆弱性が目につく。この点に関しては、首都圏からレベルの高い精密加工企業を系統的に誘致し、地元企業にインパクトを与えること、既に、そうした集積が形成されつつある室蘭とのリンケージを密接に形成することなどが不可欠である。

▶サポーティング・インダストリーの充実

これまでの函館の企業誘致は、ハイテクの装いさえあれば何でもよいというものであったようにみえる。地域工業が高度化していくためには、サポーティング・インダストリーの充実が最も基本的な課題だと思われるが、そうした視点からの誘致が推進されているようにはみえない。むしろ、首都圏の中小のハイレベルの加工技術を保有している企業に焦点を当て、基盤技術の底上げを指向していく必要がある。

この点、臨空工業団地には、誘致企業しかみえないが、地元企業も配置する混合団地を形成し、地元企業に重大なインパクトを与えるなどの仕掛けも必要であろう。

都市規模が小さく、産業集積の密度の薄い北海道では、当面、一つの都市で展開力にすぐれる工業集積を形成していくことは期待しにくい。むしろ、函館をめぐる地域的配置からすれば、室蘭や小樽、あるいは、青森県の幾つかの都市とのリンケージを密接に形成し、相互補完的な関係を形成していくことが求められよう。特に、室蘭はかなり早い時期から基盤技術の形成に取り組んでおり、一定の成果が蓄積されている。こうした地域と技術的な相互補完関係が形成されるならば、函館の課題もより鮮明なものとなろう。そうした視野の拡がりが期待される。

(3) テクノポリスの地域指定以後の新たな動きをどう結集するか

　この点に関しては、①北海道立工業技術センターに期待される役割、②異業種交流活動にいかに求心力を植えつけるかが課題になりそうである。そして、先にふれたが、③企業誘致のあり方が重大である。

　テクノポリスの地域指定以来、特に、新たに設置された北海道立工業技術センターへの期待は大きい。技術的な支援ばかりでなく、函館で孤立分散的に存在していた企業群の交流のための場としても機能し、北海道立工業技術センターを通じて各企業の視野が大きく拡がっているようにみえる。こうした点では、北海道立工業技術センターは一つの役割を果している。さらに、今後、この北海道立工業技術センター、及び、テクノポリス函館技術振興協会に期待したいのは、域内企業の交流の場を提供するばかりでなく、域外、特に、最も先鋭的な企業群が存在している首都圏とのつなぎを積極的に推進して欲しいという点である。

　北海道立工業技術センターに集まる企業は、現状の函館の地元企業の中でも有力なところであろう。それでも、全国レベルでみるならば、相当に課題を抱えている。こうした企業にいっそうの飛躍の契機を与えるためには、よりレベルの高い企業群との交流が何よりも必要であろう。そうしたコーディネートは、現在のところ、北海道立工業技術センター、及び、テクノポリス函館技術振興協会以外には考えにくい。そのあたりの突破口をぜひ開いてもらいたい。

　函館の異業種交流は、誘致企業も含めてかなり意欲的に推進されている。参加者の様子をみると、一定の成果は上がっているものとみられる。これまでの函館は、造船と水産加工に終始し、ある決まりきった付き合いの中に身を委ね、他の発想を受入れ難いものにしていた。そうした意味では、閉塞された函館という土地で異業種交流が活発化することは、異質なものを受入れ、新たな発想を生み出すという意味で重要な取組みということになる。ただし、函館の中だけでの交流では、あまりにもメンバーが固定的であり、大きな発想の転換は望みにくい。どの異業種交流もほぼ同じメンバーから構成されているといった事態は、函館の限界を象徴している。

こうした限界を突破していくためには、他の地域の同様な異業種交流集団とも積極的に交流し、異質なものからの刺激を常に受けられる形にしていくことが必要である。現在、一部では、他との交流に踏み出しているようだが、この点は、函館という閉鎖性を突破していくためには最も基本的な課題となろう。

　以上、限られたヒアリングからの問題指摘であり、論点の不十分なところもあると思うが、道南の拠点地域であり、産業展開を意識した位置的ポテンシャルからすれば、北海道でも有数の地域である函館の今後の発展に向けてのささやかな提言として受け取ってもらえれば幸いである。

著者紹介

関　満博（せき　みつひろ）

1948 年	富山県小矢部市生まれ
1976 年	成城大学大学院経済学研究科博士課程単位取得
現　在	明星大学経済学部教授　一橋大学名誉教授　博士（経済学） 東京都墨田区産業振興専門員 岩手県北上市産業振興アドバイザー 宮城県気仙沼市震災復興会議委員 福島県浪江町復興有識者会議委員
著　書	『地域を豊かにする働き方』（ちくまプリマー新書、2012 年） 『沖縄地域産業の未来』（編著、新評論、2012 年） 『6 次産業化と中山間地域』（編著、新評論、2014 年） 『震災復興と地域産業　1～6』（編著、新評論、2012～2015 年） 『中山間地域の「買い物弱者」を支える』（新評論、2015 年） 『東日本大震災と地域産業復興　I～V』（新評論、2011～2016 年） 『地域産業の「現場」を行く　第 1～9 集』（新評論、2008～2016 年） 『「地方創生」時代の中小都市の挑戦』（新評論、2017 年）他
受　賞	1984 年　第 9 回中小企業研究奨励賞特賞 1994 年　第 34 回エコノミスト賞 1997 年　第 19 回サントリー学芸賞 1998 年　第 14 回大平正芳記念賞特別賞

北海道／地域産業と中小企業の未来
——成熟社会に向かう北の「現場」から——

2017 年 8 月 10 日　初版第 1 刷発行

著　者	関　　満　博
発行者	武　市　一　幸
発行所	株式会社　新評論

〒169-0051　東京都新宿区西早稲田 3-16-28
http://www.shinhyoron.co.jp

TEL　03（3202）7391
FAX　03（3202）5832
振替　00160-1-113487

落丁・乱丁本はお取り替えします。
定価はカバーに表示してあります。

装　丁　山田英春
印　刷　理想社
製　本　松岳社

© 関　満博 2017

Printed in Japan
ISBN978-4-7948-1075-5

JCOPY ＜（社）出版者著作権管理機構　委託出版物＞
本書の無断複写は著作権法上での例外を除き禁じられています。複写される場合は、そのつど事前に、（社）出版者著作権管理機構（電話 03-3513-6969、FAX 03-3513-6979、e-mail info@jcopy.or.jp）の許諾を得てください。

好評刊　地域の産業と暮らしの未来を見つめる本

関 満博 編
沖縄地域産業の未来
豊かな自然資源，東アジアの中心的な位置。本土復帰40年を迎え新たな方向へ向かう沖縄の「現場」から，地域産業の未来を展望。
(A5上製　432頁　5300円　ISBN978-4-7948-0911-7)

関 満博 著
鹿児島地域産業の未来
日本の食料基地がいま，食・農・工の取り組みを深めている。その瞠目すべき挑戦に，地域産業の未来と指針を読みとる。
(A5上製　408頁　5400円　ISBN978-4-7948-0938-4)

関 満博 著
「地方創生」時代の中小都市の挑戦
産業集積の先駆モデル・岩手県北上市の現場から
「現場」の息吹を伝える経済学者の原点，30年越しの訪問調査の集大成！行政関係者・企業人必携，「北上モデル」のすべて。
(A5上製　420頁　6000円　ISBN978-4-7948-1063-2)

関 満博 編
６次産業化と中山間地域
日本の未来を先取る高知地域産業の挑戦
成熟社会の先端県、高知の暮らしと仕事に今こそ学ぶべき時。訪問事業者100超、６次産業化の多彩な事例満載！
(A5上製　400頁　5500円　ISBN978-4-7948-0970-4)

関 満博 著
中山間地域の「買い物弱者」を支える
移動販売・買い物代行・送迎バス・店舗設置
人口減少・高齢化の中で、「買い物」が困難になっている—人びとの「普通の生活」を支える持続可能な仕組みを探る。
(A5上製　370頁　5200円　ISBN978-4-7948-1020-5)

＊表示価格はすべて税抜本体価格です